Faróis no caos

SESC

SERVIÇO SOCIAL DO COMÉRCIO
Administração Regional no Estado de São Paulo

Presidente do Conselho Regional
Abram Szajman

Diretor Regional
Danilo Santos de Miranda

edições
SESCSP

Conselho editorial
Ivan Giannini
Joel Naimayer Padula
Luiz Deoclécio Massaro Galina
Sérgio José Battistelli

Gerente Marcos Lepiscopo
Adjunto Évelim Lúcia Moraes
Coordenação Editorial Clívia Ramiro
Produção Editorial Juliana Gardim e Ana Cristina Pinho
Colaboradores desta Edição Marta Colabone e Iã Paulo Ribeiro

SESC
Edições SESC SP
Av. Álvaro Ramos, 991
03331-000 São Paulo SP Brasil
Tel. 55 11 2607-8000
edicoes@edicoes.sescsp.org.br
www.sescsp.org.br

Faróis no caos

Ademir Assunção

Entrevistas com Alice Ruiz, Antonio Risério, Arnaldo Antunes, Arrigo Barnabé, Augusto de Campos, Caetano Veloso, Chacal, Claudio Daniel, Geraldo Carneiro, Glauco Mattoso, Grande Otelo, Haroldo de Campos, Heriberto Yépez, Hermeto Pascoal, Itamar Assumpção, Jorge Mautner, Kaká Werá Jecupé, Lenine, Luis Fernando Verissimo, Luiz Melodia, Marcatti, Márcia Denser, Mário Bortolotto, Monge Daiju, Nelson de Oliveira, Néstor Perlongher, Paulo Leminski, Roberto Piva e Sebastião Nunes

Composição
Denis Tchepelentyky

Preparação
José Muniz Jr.

Revisão
Beatriz de Freitas Moreira, Luiza Delamare

Capa
Hélio de Almeida

F228

    Faróis no caos / Entrevistas de Ademir Assunção. – São Paulo : Edições SESC SP, 2012. –
    407 p.

    ISBN 978-85-7995-023-0

    1. Entrevistas. 2. Literatura. 3. Cultura Brasileira. I. Assunção, Ademir.

                                       CDD 869.904

Copyright © 2012 Ademir Assunção
Copyright © 2012 Edições SESC SP
Todos os direitos reservados

Sumário

Apresentação – Danilo Santos de Miranda 7
Breves palavras para semear o terreno 9

Haroldo de Campos: galáxias em rotação 13
Paulo Leminski: um kamiquase na Idade Mídia 27
Augusto de Campos: na língua da linguagem...................... 39
Roberto Piva e sua poesia de possessão 55
Roberto Piva: o gavião-caburé no olho do caos sangrento 63
Antonio Risério: contra o eurocentrismo na poesia................. 83
Glauco fez *crack* com a literatura 89
Glauco Mattoso é dinamite pura...................................... 97
Sebastião Nunes: um marginal clássico da literatura 113
A história do Brasil segundo Sebastião Nunes 119
Geraldo Carneiro e as volúpias da linguagem..................... 129
Chacal: "A palavra virou pregão, bordão, mixaria"................. 145
Tempero tropical nos haicais de Alice Ruiz........................ 159
A poesia desoriental de Alice Ruiz 163
As tatuagens verbais de Claudio Daniel............................ 173
Néstor Perlongher: a língua como máquina de mutação 185
Heriberto Yépez: o furacão de Tijuana............................. 193

Nelson de Oliveira: realismo no limite da alucinação 201
Jorge Mautner: o mundo vai explodir 209
Márcia Denser: lu(cide)z na boca do túnel. 217
Luis Fernando Verissimo: "Minha vocação é a preguiça" 233
Arrigo Barnabé e seu atonalismo radical. 245
A volta do monstro mutante. 261
Itamar Assumpção: isso não vai ficar assim. 269
Na cadência bonita de Itamar Assumpção 277
Luiz Melodia em tempos de harmonia 285
Hermetismos Pascoais. 297
Caetano Veloso: Narciso no olho do furacão. 307
Lenine: "O futuro é aqui". 317
O silêncio ruidoso de Arnaldo Antunes 327
Grande Otelo: um rei amargurado 337
Mário Bortolotto: o vagabundo do asfalto 355
Marcatti: o bizarro método da podridão. 363
Daiju: um monge capixaba 377
Monge Daiju e o tambor silencioso do zen 383
Kaká Werá Jecupé: palavras de um Homem-Lua 395

Apresentação

O papel do artista é iluminar a cena e não só ela: iluminar a alma alheia. Instaurado em meio à vida, o caos predomina em esferas distintas da experiência humana, sobre as quais o artista deve se posicionar, cabendo-lhe, se necessário, a coragem da não aceitação. Seja por sensibilidade, seja por dissonância, o artista é um ser incomum, sedento e que não se contenta meramente com a matéria, uma vez que deseja a essência. Sua busca, porém, tende a ser inglória, dada a insatisfação criativa que movimenta seu talento.

Se a melhor forma de convívio com a arte é a interação direta com ela, por meio de sua apreciação e fruição, não se pode negar que ouvir um artista é sempre uma oportunidade bem-vinda. A reflexão sobre uma trajetória, as escolhas feitas, os enganos cometidos, o sentimento de que se avança ou recua em meio a um projeto crítico e inventivo maior podem encontrar na palavra um espaço capaz de ampliar o vínculo entre o artista e o público.

Entretanto, enquanto ao artista cabe definir a forma mais propícia para se expressar, a quem deseja desvendá-lo, é preciso conhecer não só sua obra, mas intuir suas razões, desrazões, segredos e confidências. Daí a atenção necessária àquele que anseia questionar o outro, sabendo-lhe uma pessoa rara, e aspira também torná-lo público para o compartilhamento alheio. O cerne da arte da entrevista está no encontro de duas pessoas, uma disposta a conhecer, outra predisposta a contar, cada qual trazendo consigo repertórios e visões de mundo, compatíveis ou não, passíveis de ser divididos entre si e com os demais.

Eis a proposta do livro que ora temos em mãos, *Faróis no caos*, organizado com as mais reprentativas entrevistas feitas pelo jornalista Ademir Assunção junto a artistas brasileiros e estrangeiros, expoentes da literatura e da música, entre outras linguagens, ao longo de quase 30 anos de vida profissional. As entrevistas foram publicadas inicialmente em jornais como *O Estado de São Paulo*, *Folha de São Paulo*, *Jornal da Tarde*, *O Tempo*, *Folha de Londrina*, assim como em revistas como *Marie Claire*, *Cult*, *Isto É*, *Veja São Paulo* e *Coyote*, entre outras publicações.

Ferramenta essencial ao jornalismo, a entrevista implica na construção de uma cumplicidade entre o entrevistado e o entrevistador, muito mais do que o simples domínio de estratégias capazes de conduzir ou, quem sabe, seduzir o outro a falar. Em *Faróis no caos*, é possível divisar aspectos relevantes do panorama artístico-cultural das duas últimas décadas, especialmente no Brasil, sem que haja inquietações quanto à representação de grupos ou tendências determinados. Busca-se, ao contrário, entrever o artista em sua complexidade como criador em si mesmo, ainda que se procure enfatizar o contexto de produção, assim como o conjunto da obra em questão.

A palavra do artista tem o potencial instaurador de ordenar o caos. Ela atravessa o tempo e, ao lado da obra, permite que lancemos a ambas o anseio vivificante da nossa curiosidade, aquilo que nos move como indivíduos, isto é, o desejo de saber.

Para o SESC, eis uma oportunidade para valorizar a arte e a cultura, aproximando o fazer artístico da reflexão que lhe é própria e que muito diz do mundo em que vivemos.

DANILO SANTOS DE MIRANDA
Diretor Regional do SESC São Paulo

Breves palavras para semear o terreno

Quando Augusto de Campos abriu a porta do seu apartamento, na rua Bocaina, em Perdizes, senti um frio na barriga. Era a segunda grande entrevista que faria em minha vida profissional – a primeira fora com Caetano Veloso, em um hotel de Londrina, Paraná. Conhecia a obra do poeta, havia preparado um roteiro de perguntas e temas, mas ainda não tinha muita experiência em conduzir uma conversa de fôlego com um grande artista. Porém, achava que minha infinita curiosidade me garantiria. Augusto facilitou as coisas: abriu logo uma garrafa de cerveja e se mostrou disposto a falar. Dois dias depois, ao terminar a transcrição das quase três horas de gravações, em um velho gravador de fitas K7, percebi a encrenca em que havia me metido. Como editar as mais de cinquenta laudas e fazê-las caber em uma página de jornal? Impossível. Convenci o editor Nilson Monteiro a publicar três páginas, e a edição da entrevista saiu quase na íntegra. Na verdade, não precisei de muita lábia para convencê-lo. Ele também era poeta e nutria um vívido interesse pelas ideias de Augusto.

O Brasil, o cenário artístico e as redações de jornais eram bem diferentes em 1985. No início da década, Arrigo Barnabé e Itamar Assumpção haviam assombrado a música brasileira com os discos *Clara Crocodilo* e *Beleléu, leléu, eu*, respectivamente. As editoras Brasiliense e L&PM chacoalhavam o mercado editorial com livros de Allen Ginsberg, William Burroughs, Gregory Corso, Sam Shepard, Charles Bukowski, Paulo Leminski, Roberto Piva e

Chacal. Angeli, Laerte e Glauco renovavam as tirinhas de jornais, flagrando o comportamento da juventude urbana, com suas mazelas, maluquices e neuroses. A ditadura militar vivia seus estertores e, nas redações de jornais, ouvia-se o tamborilar das máquinas de escrever. Não havia internet, nem sequer computadores pessoais. Jornais alternativos proliferavam e a grande imprensa era chamada de imprensa burguesa. Havia uma necessidade de abertura de ideias, mudanças de comportamento e uma anárquica curiosidade no ar – a despeito dos incipientes *yuppies* que já começavam a ganhar terreno. O sinal parecia aberto para os jovens e ninguém queria viver como nossos pais.

Foi nesse ambiente que estas entrevistas começaram a ser feitas. Elas perfazem um arco de mais de duas décadas e meia: a primeira, com Caetano Veloso, foi publicada em agosto de 1985; a última, com o poeta Geraldo Carneiro, em maio de 2011. Nesse período, o Brasil mudou muito. As redações e o jornalismo cultural, mais ainda. Mas estes longos diálogos continuam apresentando questões perenes e atuais, com uma riqueza de ideias de que só me dei conta quando comecei a retrabalhar todo o material bruto para reuni-lo nesta coletânea.

Jornalismo nunca foi, para mim, apenas um ganha-pão. Interessado em vários assuntos, mas especialmente em literatura, poesia e música, logo que consegui meu primeiro emprego percebi que teria a oportunidade de conversar com escritores, compositores, poetas, artistas em geral, e de socializar esses diálogos nas páginas de jornais e revistas. Entre as várias formas possíveis de jornalismo, tenho apreço especial pelas entrevistas pergunta-resposta – ou pingue-pongue, como são chamadas no jargão profissional. Quando feitas em profundidade, com pesquisa prévia sobre a obra do entrevistado, perguntas bem elaboradas e interesse verdadeiro pelo assunto, geralmente resultam em material rico de ideias, opiniões, visões e experiências.

Essa é uma das coisas que tenho procurado fazer em 28 anos de trabalho profissional: boas entrevistas. Entre as dezenas delas que realizei nos jornais e revistas em que trabalhei (*Folha de Londrina*, *O Estado de S. Paulo*, *Folha de S.Paulo*, *Jornal da Tarde*, *Marie Claire*, *Veja São Paulo*, *IstoÉ*), como contratado ou *freelancer*, acredito que as selecionadas para este volume montam um painel, não completo, óbvio, mas bastante significativo de uma parcela da arte e da cultura brasileiras da década de 1980 até os dias atuais. No mínimo, apresentam personalidades múltiplas e visões profundas sobre o fazer artístico e sobre outros temas que sempre despertaram o fascínio, a curiosidade e o interesse de muita gente. Pode parecer surpreendente, mas todas elas foram pensadas e realizadas nesse ambiente, nas páginas de papel-jornal, aquele mesmo que embrulha o peixe na feira no dia seguinte. Isso é um dado significativo.

Não é todo dia que se abre espaço em um grande veículo de informações a opiniões tão polêmicas como as de Glauco Mattoso – que, aliás, causaram um terremoto entre os leitores do jornal *O Estado de S. Paulo*. Ou a visão extremamente crítica de Roberto Piva e Sebastião Nunes. Ou a irreverência de Paulo Leminski. Ou mesmo a densidade de Haroldo de Campos, Arrigo Barnabé, Itamar Assumpção e do monge zen Kogaku Daiju. Alguns deles foram diversas vezes entrevistados por outros colegas de profissão, mas nem sempre tiveram a oportunidade de expor em profundidade suas ideias, especialmente de uns tempos para cá, quando o jornalismo se torna cada vez mais "sintético", em nome de uma rapidez de comunicação que acaba resultando, quase sempre, em visível superficialidade.

É verdade que uma parte delas saiu em publicações "alternativas" – inclusive na revista *Coyote*, da qual sou um dos editores, como as com os poetas Chacal, Claudio Daniel e Geraldo Carneiro, os escritores Nelson de Oliveira e Márcia Denser, o dramaturgo Mário Bortolotto e o quadrinista Marcatti. Bem, quando se torna quase impossível conseguir espaços nos grandes veículos, é preciso insistir na tarefa de fazer a informação circular, de um modo ou de outro. Obviamente, além dos que aqui estão, há muitos outros que eu gostaria de ter entrevistado. Quem sabe em um próximo livro.

Nunca me preocupei em entrevistar apenas os famosos ou já estabelecidos na cultura oficial. Ao contrário: sabia que muitos que estavam "na sombra", circulando pelas margens, ou completamente esquecidos, tinham o que dizer. Bastava ligar o gravador e, depois, convencer os editores de que as ideias deles mereciam ganhar o mesmo tratamento dado a um artista, digamos, já canonizado. Nem sempre foi fácil. Alguns dos entrevistados, inclusive, não eram muito palatáveis a certos padrões editoriais, devido às suas críticas contundentes, às vezes ao próprio jornalismo cultural.

Alguns detalhes relevantes: a maior parte das entrevistas aqui publicadas foi ampliada, a partir das gravações integrais, com inserção de trechos que não saíram nos jornais e revistas devido a limitações de espaço. Vários textos de abertura foram reescritos e, sempre que necessário, atualizados, com breves parágrafos complementares – porém, procurei preservar ao máximo as versões originais. Alguns títulos, por vezes modificados pelos editores, voltam aqui na primeira versão. Optei, ainda, por não quebrar o ritmo da leitura nem aborrecer o leitor com excessivas notas de rodapé, utilizando-as somente quando julguei indispensáveis – preferi o recurso, mais jornalístico, de contextualizar algumas informações dentro das próprias falas, usando parênteses em itálico. Por fim, em vez de organizá-las em ordem cronológica, decidi agrupá-las por blocos de afinidades ou contrastes de opiniões.

Poderia esboçar um bocado de reflexões a partir do conjunto de ideias e visões reunidas nestes depoimentos, às vezes abertamente divergentes, mas deixo essa tarefa para o leitor. No mais, é como já cantou o compositor Itamar Assumpção: "o real é a rocha que o poeta lapida". Eis aqui a rocha lapidada por alguns dos múltiplos escultores desse fascinante organismo vivo que se chama, por aí, de cultura brasileira.

Por último, agradeço a todos os que contribuíram para a concretização desta coletânea, em especial aos entrevistados e aos colegas de redação que suportaram minha teimosia. Sem esse "defeito de fabricação" herdado de meu pai (um ferroviário turrão, que quando enfiava uma ideia na cabeça não havia Cristo que o fizesse desistir), este livro não existiria.

Ademir Assunção
São Paulo, abril de 2012

Haroldo de Campos:
galáxias em rotação

Poeta, tradutor e ensaísta, Haroldo de Campos é uma presença marcante na literatura brasileira deste século. Um dos criadores da Poesia Concreta – movimento de vanguarda lançado em dezembro de 1956, que alcançou repercussão internacional –, ele demonstra um fôlego incansável para abastecer as reservas poéticas da língua, seja costurando sua própria obra, seja traduzindo autores fundamentais do inglês, francês, italiano, russo, espanhol, alemão, chinês, japonês e até mesmo do hebraico – como Ezra Pound, James Joyce, Mallarmé, Dante Alighieri, Maiakóvski, Octavio Paz, Li Tai Pô, entre muitos outros. Uma de suas mais recentes ousadias linguísticas foi a recriação de textos bíblicos para o português sob a ótica da poesia moderna, com os livros *Bere'shith – A cena da origem* (Gênesis) e *Qohélet – O que sabe* (Eclesiastes).

Desde os anos *(19)*50, quando publicou seu primeiro livro, *O auto do possesso* (1952), e ao longo das décadas seguintes, tornou-se um dos intelectuais brasileiros mais respeitados internacionalmente, mantendo constante interlocução com alguns dos grandes artistas e teóricos do século xx, como Ezra Pound, Octavio Paz, Severo Sarduy, Cabrera Infante, Karlheinz Stockhausen, Pierre Boulez, Max Bense, Umberto Eco, Jacques Derrida e Julio Cortázar – que fez dele um dos personagens do livro *Un tal Lucas*. Em 1966 participou em Nova York do debate "O escritor na era eletrônica", coordenado por Marshall McLuhan, e representou o Brasil na mesa-redonda "A situação do escritor na América Latina", com Victoria Ocampo, Pablo Neruda, Mario Vargas Llosa e Emir Rodríguez Monegal. Em 1978 foi professor visitante na Universidade de Yale, nos Estados Unidos, e em 1995 recebeu o título de *Cavaleiro da Ordem das Palmas Acadêmicas* da França.

Presença polêmica na cultura brasileira, atacado por muitos como formalista, frio e cerebral, endeusado por outros como um dos maiores poetas brasileiros do século xx, o autor de *Xadrez de estrelas* (1976), *Signantia: quasi coelum* (1979), *Galáxias* (1984), *A educação dos cinco sentidos* (1985) e *Finismundo: a última viagem* (1990), entre outros, revela-se interessado pelas tradições orais africanas e das tribos indígenas brasileiras. Com mais de quarenta livros publicados – entre poesia, tradução e crítica literária –, do alto de uma erudição vertiginosa, afirma que as vanguardas artísticas já cumpriram seu ciclo histórico e que o que interessa atualmente é a pluralidade de vozes e dicções.

Habituado aos ataques e contra-ataques por seus rigorosos posicionamentos estilísticos, parece interessado em desfazer ortodoxias engessadas e deixar como dístico de sua intensa dedicação à arte o trecho das *Galáxias* musicado pelo compositor Edvaldo Santana: "e não me peça que eu te guie não me peça despeça que eu te guie desguie que eu te peça promessa que eu te fie me deixe me esqueça me largue [...] que no fim eu acerto que no fim eu reverto que no fim eu conserto e para o fim me reservo e se verá que estou certo se verá que tem jeito se verá que está feito que pelo torto fiz direito".

* * *

Nesta entrevista, feita na tarde de 4 de julho de 1996, Haroldo de Campos fala longamente sobre poesia, cultura e também sobre política, assunto não muito comum em seus inúmeros depoimentos à imprensa. A conversa foi gravada na sala de sua bibliocasa – como ele chamava sua residência na rua Monte Alegre, em São Paulo. Na época, estava com 67 anos de idade e vinha se dedicando à tradução integral da Ilíada, *de Homero, diretamente do original grego, o que ele chamava, bem-humorado, de "Homeroterapia", para aliviar os períodos de aguda depressão. Três meses depois receberia uma grande homenagem da Pontifícia Universidade Católica de São Paulo (*puc-

-SP), no evento "Diálogo das Artes", ocasião em que foi impresso um álbum de tiragem limitada com manifestações de Octavio Paz, Guillermo Cabrera Infante, Jacques Derrida e João Cabral de Melo Neto sobre sua obra. Nos anos seguintes, publicaria ainda os livros de poesia Crisantempo (1998) e A máquina do mundo repensada (2000), e a tradução da Ilíada, em dois volumes (2001 e 2002), entre outros. Haroldo faleceu sete anos depois, em 16 de agosto de 2003, três dias antes de completar 74 anos de idade.

* * *

Você vem de uma linhagem de poetas de invenção, sempre com uma preocupação muito grande com a linguagem. Que lugar tem a "inspiração" no seu trabalho? Sua poesia é totalmente controlada racionalmente?
Vejo a questão da "inspiração" dentro de uma articulação dialética entre inteligência e sensibilidade. Como dizia Fernando Pessoa, naquela formulação tão bonita: "tudo que em mim sente está pensando". Tem muito a ver com a concepção oriental, que não faz essa distinção entre corpo e mente. Basta dizer que a palavra "coração" em japonês, *kokoro*, significa ao mesmo tempo o coração, órgão vital, e a mente. É como se os eflúvios vitais do coração subissem à cabeça e se transformassem em pensamentos. De modo que vejo a inspiração não como algo que diga respeito à genialidade pensada pelos românticos, mas como um processo dialógico entre o intelecto e a sensibilidade. A distinção entre corpo e espírito é uma coisa que diz respeito aos dualismos ocidentais. Na realidade, a gente pensa com o corpo todo.

Você tem uma disciplina cotidiana? Escreve diariamente?
Não poderia dizer que tenho isso. Tenho uma disciplina cotidiana de dedicação à poesia, seja através da leitura, seja da reflexão crítica. Mas nem sempre escrevo. Às vezes estou lendo, anotando. Atualmente estou aposentado; a minha única e exclusiva dedicação é a poesia e os trabalhos correlatos: a ensaística, as conferências que faço, a participação em congressos no Brasil e no exterior... Tudo isso é uma extensão da minha atividade de poeta.

Como surgiu a poesia na sua vida? Havia um ambiente literário na sua casa?
Não, não havia. Venho de uma família de classe burguesa empobrecida. A minha mãe é Almeida Prado, de Jaú, filha de médico. O meu avô era de origem irlandesa. Era nascido na Bahia, formado em medicina, mas filho de um irlandês que trabalhava no Consulado Britânico. O avô da minha mãe era fazendeiro e perdeu suas propriedades na ocasião do *crack* da Bolsa, em 1929. Meu pai, por seu turno, dedicava-se ao comércio. Ele nunca pôde fazer um curso superior, mas era uma pessoa com muito talento artístico, compôs muitas músicas populares, sambas, canções; também gostava de pintar e tinha muita facilidade para escrever. Tinha leituras, mas nada sistemático, organizado. Não nasci em uma casa que tinha já a sua biblioteca. Hoje a minha casa é uma biblioteca, estou com não sei quantos mil livros, em torno de vinte mil ou mais.

Ninguém consegue viver de poesia no Brasil. Você é advogado e professor aposentado, sempre teve uma profissão paralela e ao mesmo tempo tem uma produção literária bem extensa. Foram muitas e muitas madrugadas escrevendo?
Era uma questão de organização. Se você tem objetivos definidos, uma organização do seu tempo, você consegue fazer as coisas. Por outro lado, você encontra pessoas com plenitude de tempo, mas que não produzem. Porque não sentem essa urgência do fazer, como eu e meu irmão Augusto *(de Campos)* sempre sentimos. É uma questão de disciplina. Nós tínhamos um projeto e uma paixão por esse projeto.

Neste século, a poesia brasileira tem três momentos bem definidos: a Semana de 22, a Geração de 45 e depois a Poesia Concreta. Diferente dos dois movimentos anteriores, vocês fizeram um rastreamento rigoroso do que havia acontecido antes. Isso foi realmente para planejar o que fazer a partir dali?
Sim. Houve muita consciência nesse projeto. A ideia era levantar aquilo que havia de fundamental na poesia, seja na poesia universal, seja na tradição brasileira. Era um projeto de morfologia cultural ou até, como diz Nietzsche, de criar nossos próprios antepassados através de uma releitura do passado com um olhar do presente. Isso nós fizemos deliberadamente. É claro que há

coisas que acontecem que surpreendem até quem se propõe fazer uma coisa desse tipo. Foi o caso do Sousândrade que, de repente, caiu nas nossas mãos – o mais importante poeta brasileiro do romantismo. Hoje ele é considerado por vários historiadores da literatura, que nada têm de historiadores de vanguarda, como Antonio Candido, Alfredo Bosi, com exceção de um ou dois renitentes, tipo o Wilson Martins, que é um sujeito inimigo do novo. É um homem erudito, mas fundamentalmente conservador.

Em função desse rastreamento vocês também delimitaram a poesia que iriam produzir?
Há dois momentos que devem ser considerados nesse processo. Um é o momento da poesia concreta em si, o momento em que se programou determinada vanguarda, que envolvia determinadas posições e uma atitude coletiva. Todos os poetas engajados na poesia concreta, num certo momento, assumiram quase que tacitamente o compromisso de buscar um mínimo múltiplo comum na sua poesia, quase aquela ideia mallarmaica de esvaziar o eu romântico, de fazer uma poesia que pudesse ser quase anônima, criada não coletivamente, mas que pudesse ter uma atribuição coletiva. E houve um momento, que eu chamo de pós-utópico, em que houve realmente certo esgotamento da produção como movimento coletivo, em que já não era mais possível programar o futuro, em que a vanguarda, como movimento coletivo, já não tinha mais condições históricas adequadas para isso. Porque essas coisas não se inventam. A vanguarda nasce em um contexto histórico específico. A poesia concreta, não por acaso, nasceu no momento do pós-guerra. Era mais fácil no Brasil, por exemplo, ter informações da poesia internacional do que na França ou na Alemanha, onde os resíduos da guerra ainda afastavam as pessoas. Nós aqui, em São Paulo, tínhamos acesso ao que vinha da Alemanha, da Itália, da França, da Inglaterra. Tinha a famosa livraria Pioneira, na rua Quinze de Novembro, em que a gente comprava as primeiras edições dos *Cantos* de Ezra Pound, a obra completa do Maiakóvski, baratíssima, a preço de banana. Tenho uma biblioteca joyciana e uma poundiana que vêm sendo constituídas desde os anos *(19)*50 e que são preciosas, porque possuem obras hoje em dia raras. Há quem diga que a poesia concreta é fruto do desenvolvimentismo de Juscelino Kubitschek. Várias pessoas dizem isso, com um desejo de jogar sobre a poesia concreta uma pecha ligada ao desenvolvimentismo, um signo capitalista.

Você rejeita essa pecha?
É uma balela. Qual foi o artista do governo Juscelino? Não foi nenhum poeta. Ele se chama Oscar Niemeyer, um comunista militante. Até hoje continua stalinista. Ninguém poderá negar que o artista do governo Juscelino era um arquiteto – notável, com uma contribuição inegável para a arquitetura mundial – e que a arte era a arquitetura, jamais a poesia. Nós nunca tivemos contato com Juscelino. Éramos muito jovens.

Mas o próprio termo "plano piloto da poesia concreta" não demonstra um fascínio pela construção de Brasília, símbolo da era JK?
É fato que a criação de Brasília foi, para usar uma expressão de Umberto Eco, uma "metáfora epistemológica" para a nossa geração. Não é toda hora que um país faz toda uma nova capital. Nós, jovens, achávamos que aquele plano piloto mostrava um Brasil capaz de mais progresso e de incorporar mais gente na sua estrutura democrática. Houve um período de grande liberdade de ideias no governo Juscelino. Ele conseguiu fazer um governo extremamente livre do ponto de vista das ideias e conseguiu incorporar novas parcelas da população ao jogo democrático.

Há alguma comparação entre esse período do Juscelino e o momento em que vivemos hoje?
Enquanto não houver uma redistribuição de renda pra valer neste país, enquanto não houver uma reforma agrária, um projeto educacional e de saúde de verdade, essas liberdades acabam sendo meramente virtuais. Uma pessoa que não tem o que comer não tem liberdade. Claro que do ponto de vista da liberdade de imprensa, da expressão das opiniões, estamos em um momento de bastante abertura. Quem viveu o período da ditadura militar pode medir bem isso.

A gente percebe hoje, com a "vitória" do capitalismo, uma massificação muito grande, uma uniformização principalmente em torno dos valores da classe média, do consumo, do sucesso, de se dar bem na vida. Você não acha que, ao mesmo tempo que temos maior liberdade de expressão nos meios de comunicação de massa, sutilmente estão se varrendo amplas camadas culturais e políticas desse processo de ideias?
Esse é um fenômeno muito complexo, que não ocorre somente no Brasil.

É o fenômeno da grande imprensa, da concessão das redes televisivas, que obedece a critérios que nunca foram muito claros. Por que a Rede Globo tem a concessão que tem? De fato, esses aspectos existem. Mas a gente está vendo que, apesar de tudo isso, os meios de comunicação não conseguem mais deixar de transmitir os problemas graves. Basta ver o massacre dos sem-terra *(refere-se ao massacre de Eldorado de Carajás, que resultou na morte de 19 manifestantes sem-terra, em abril de 1996)*, que mobilizou toda a imprensa. Há problemas no Brasil de hoje que já não são problemas de ideologia. São problemas básicos de solidariedade humana. O caso dos sem-terra é um novo momento de abolicionismo.

É uma questão fundamental para o país?
Não é possível que um país como o Brasil, que tem aspirações à modernidade, mantenha uma estrutura agrária feudal, que não difere da estrutura da época da colônia. Mudaram os escravos. Antes eram escravos que vinham da África, hoje são escravos que são marginalizados aqui mesmo, dentro do país. Não há país moderno que não tenha uma distribuição adequada, seja de terra, seja de renda. O Brasil, nas estatísticas, parece que está em um dos primeiros lugares em termos de desigualdade de renda. Isso é um escândalo. Você não pode estar feliz quando vê grande parte da população brasileira em estado de miséria total, crianças que não chegam nem a desenvolver suficientemente seus órgãos intelectivos por falta de alimentação, e têm a sua vida útil prejudicada por falta de comida, de condições mínimas de sobrevivência.

Você publicou no jornal *Folha de S.Paulo* um poema sobre o massacre dos sem-terra no Pará: "O Anjo esquerdo da história". Acredita que a literatura pode ou deve ter algum peso nesses problemas sociais?
Sei que, como poeta, minha ação é muito limitada. Nosso país só poderá ter um público adequado para a literatura quando tiver um público não só alfabetizado, mas habituado à leitura, com bibliotecas que possam levá-lo a ler textos cada vez mais complexos. Quem no Brasil, não tendo as mínimas condições, poderá ler um Guimarães Rosa, um Machado de Assis, um Camões? Por baixo de qualquer problema cultural está o problema básico, estrutural, de saúde, comida, condições de alfabetização.

Sobre esse poema, ele é realmente muito elaborado, com um vocabulário

difícil. Não acaba sendo lido por uma pequena elite? Como você encara esse problema?
A poesia, em geral, é minoritária. Não só no Brasil. No caso específico desse poema, me surpreendi com a difusão e a comunicação que ele teve. O *(ator)* Sérgio Mamberti, que leu o poema em uma manifestação pública, chegou a me dizer que os próprios sem-terra com quem ele teve contato ficaram emocionados. Quando vejo isso, penso no Augusto dos Anjos, que é um poeta extremamente complexo em termos de vocabulário, um poeta meio cientificista, e que é um dos poetas mais populares do Brasil. *Eu*, do Augusto dos Anjos, foi um dos livros mais editados em toda a história da poesia brasileira. O meu poema está impregnado de uma carga semântica muito imediata, porque é um poema que fiz sob a emoção do choque de ter visto aquele massacre. Maiakóvski faz uma série de especulações no texto "Camponeses e operários não o compreendem", que considero de grande atualidade. Diz que há poetas que, num primeiro momento, são poetas para produtores, são como usinas que acendem as lâmpadas elétricas e disseminam novas formas por toda uma série de outros poetas. Ele dá o exemplo do *(Vielimir)* Khlébnikov, que era o mestre da maioria dos poetas modernos russos. No início ele só era compreendido pelos seus companheiros futuristas. O grande linguista Roman Jakobson compara Khlébnikov, dentro do espaço e da língua russa, ao James Joyce. Foi um imenso inovador. Hoje Khlébnikov tem edições de duzentos mil exemplares na ex-União Soviética. Alguma razão tinha Maiakóvski quando falava que o problema não é baixar a poesia a níveis rudimentares para torná-la acessível ao povo. O problema é dar ao povo acesso a instrumentos culturais. Maiakóvski dava o exemplo de uma bibliotecária que tinha a preocupação de conduzir seus leitores a lerem livros cada vez mais complexos, e a experiência é que esses leitores ficavam enriquecidos. Quem lê *A divina comédia* de Dante? Se a pessoa não tiver o mínimo de informação cultural, não consegue ler. Tem jogos mitológicos, históricos. E Dante é o maior poeta da Itália. Não há um italiano hoje que, diante do nome de Dante Alighieri, não se comova, não saiba pelo menos um fragmento de cor. A poesia tem mecanismos estranhos de comunicação, mas não se pode colocar o problema da comunicação da poesia de maneira isolada. Ele está vinculado a problemas básicos de educação, está profundamente ligado a problemas educacionais e culturais.

No seu poema "Refrão à maneira de Brecht", há um verso que diz "contra o bloqueio a Cuba/ mas também contra a contumácia dinossáurica de Fidel", citando uma frase de Mário Soares (fundador do Partido Socialista português)...
Mário Soares falava sobre essa resistência dinossáurica do Fidel em se submeter ao processo democrático. Não sou incondicionalmente a favor do Fidel. Cuba não merece esse bloqueio promovido pelos Estados Unidos, é uma coisa absurda. Cuba, inclusive, tem o direito de escolher um regime socialista para viver. Compreendo que Cuba está sob várias pressões. Mas, nas condições do mundo moderno, acho que Fidel deveria se submeter ao escrutínio. Muito provavelmente, inclusive, ganharia as eleições. Ele tem um poder carismático muito grande. Agora, não posso aceitar censura de imprensa, sob qualquer motivo. Não posso aceitar a não submissão a critérios democráticos – esse é o pacto básico para o convívio, um pacto mínimo de democracia que deve reger todas as diferenças. Agora, o bloqueio dos Estados Unidos, as medidas punitivas, são muito ambíguas. Os Estados Unidos tratam muito bem o Fujimori, no Peru, e não se imiscui nas questões da China, porque não interessa. Cuba teve progressos importantes no campo da alfabetização, da saúde, mas passou por momentos de forte stalinismo. Houve muitos momentos repressivos. Não tenho condições de avaliar, mas há muitas críticas nesse campo. Neste momento há uma grande abertura do ponto de vista cultural. Todo aquele histórico de perseguição a homossexuais e a escritores de vanguarda, que levaram à não reedição do livro *Paradiso*, de Lezama Lima, por exemplo, me parece que é realmente uma coisa do passado. No ano passado *(1995)* houve um simpósio sobre Severo Sarduy. Agora mesmo acabou de ocorrer um simpósio sobre Lezama Lima.

Durante a Segunda Guerra, o poeta norte-americano Ezra Pound chegou a fazer transmissões de rádio apoiando o regime fascista de Mussolini. Quando vocês traduziram Pound no Brasil, foram muito criticados pela esquerda. A ideologia política de um escritor é um parâmetro para se medir a importância cultural dele?
O poeta Ernesto Cardenal, que foi ministro da Cultura da Nicarágua sandinista, considerava Ezra Pound o maior poeta contemporâneo. Sou absolutamente contrário às posições políticas do Pound. Mas houve circunstâncias

históricas em que não só ele esteve envolvido. Sabemos, por exemplo, que Fernando Pessoa teve simpatias fascistas. Posteriormente, foram descobertos alguns poemas inéditos dele antissalazaristas. Sabemos que *(Paul)* Valéry tinha simpatias à direita. Nem todos sabem que o primeiro livro do Ungaretti, grande humanista, fundador da cátedra de literatura italiana aqui no Brasil, foi prefaciado por Mussolini. O que não anula o fato de ele ser um grande humanista. Não acredito que ele tenha se mantido fascista. Sabemos, por exemplo, que Tristão de Ataíde apoiava Mussolini e depois se transformou num líder de esquerda. Nós conhecemos vários casos de ex-integralistas que se tornaram intelectuais de esquerda. Um dos grandes filósofos contemporâneos era nazista de carteirinha: Heidegger, que é muito estudado aqui por pessoas respeitadas, como o Benedito Nunes, tão bem acolhido na revista do Eduardo Portela. Isso não significa que algumas das principais obras de Heidegger não sejam realmente fundamentais ao patrimônio filosófico contemporâneo. Por outro lado, há uma parte das obras dele que está muito afetada por essas posturas ideológicas. Então, houve muitas pessoas que cometeram equívocos ideológicos. Pound foi um dos raros que pagaram. Esteve durante 12 anos no manicômio judiciário. No final da vida teve fases de profunda depressão, de arrependimento. Pound pagou pelos seus erros ideológicos, e isso não impede que ele seja um grande poeta. Agora, o que me causa estranhamento é que as pessoas nos tenham criticado por traduzir Pound sem ressaltar que sempre nos declaramos contrários ao pensamento político dele. Traduzimos Pound porque sua poesia é fundamental. Hemingway dizia que tinha pena de um poeta que quisesse fazer poesia sem ter lido Pound. Essas pessoas não se lembravam de que nós havíamos estudado russo para traduzir Maiakóvski. E que publicamos a antologia *Poesia russa moderna* em 1968, pela Civilização Brasileira – e, naquela altura, com ensaios que indicavam a nossa simpatia por posições políticas do Maiakóvski.

Ideologicamente, então, como você se posiciona? Você é um socialista?
Sempre tive ideias socialistas, democráticas. Sempre fui antistalinista, contrário a tudo aquilo que representasse a ditadura e a perversão do marxismo. Eu me considero um socialista democrático. Socialismo no sentido de que é necessário haver uma maior integração dos cidadãos em geral aos benefícios do país, que tem a ver com um sentido mais comunitário dessa

partilha. Mas isso deve ser feito sem prejuízo das liberdades individuais, que não são meros ornatos burgueses – dizem respeito à própria individualidade de cada ser humano. O ser humano é comunitário e, ao mesmo tempo, uma pessoa. Diferente de todas as demais pessoas.

Você comentou a necessidade de criar instrumentos para que as pessoas tenham acesso a textos cada vez mais elaborados. Seria realmente um ato insano virar as costas para toda a tradição literária que vem da Europa. Por outro lado, existe a supremacia da cultura branca. No Brasil, nós temos a confluência de várias culturas, ou pelo menos de mais duas, a negra e a indígena. A intelectualidade olha para essa cara miscigenada do Brasil?
Sou pelo plural. É do maior interesse a reincorporação de todas essas tradições ao patrimônio cultural brasileiro. Nós temos, parece, mais de 150 línguas indígenas. Apesar de toda a ação predatória do colonizador, parte da poesia das tribos brasileiras continua viva, porque se trata de literaturas de fonte oral. Tem os cantos sacros da tradição iorubá, trazidos pelos escravos africanos, magnificamente traduzidos por Antonio Risério, que é poeta e antropólogo – e que estão no livro *Oriki Orixá*. Não considero que exista poesia primitiva. Todas as tradições poéticas são altamente sofisticadas. Desde a poesia medieval de língua portuguesa, até a poesia chinesa, e certos aspectos da poesia japonesa mais antiga, são extremamente requintados, como é requintado o desafio, o martelo agalopado de um cantador do Nordeste. Tenho um amigo – o Sérgio Medeiros, um estudioso da mitologia xavante, pessoa muito sofisticada, que conhece muito bem literatura – que tem uma tese sobre os narradores xavantes, aquelas pessoas que têm o encargo de sonhar pela tribo e contar o resultado desses sonhos. É uma espécie de poeta e sonhador da tribo, encarregado de formular, em termos de narração, os sonhos que ele sonha. Existe na sociedade atual dos xavantes essa personalidade. Qual é o povo ocidental que tem um poeta com o encargo de unir sonho e poesia para a tribo? Realmente, é de uma sofisticação! Diante de coisas como essa, o Ocidente tem que baixar a cabeça. O eurocentrismo fica paralisado. Quando soube disso fiquei realmente arrepiado de emoção.

Há muitas línguas ainda totalmente marginalizadas dentro do próprio país. E como é para um poeta, um escritor, escrever em português, uma

língua periférica, sem muita expressão no contexto mundial?
O português é uma língua que tem muitos falantes, mas como sempre há um problema de ordem econômica. É a última flor do Lácio, inculta e bela, como dizia o Bilac. É a sepultura também.

O espanhol hoje tem mais expressão do que o português, não tem?
Tem mais expressão. O futuro do português é o futuro do Brasil. Na medida em que o Brasil se afirmar como uma grande nação, que possa representar, ao longo do novo milênio, um papel mais relevante, com soluções mais justas para os grandes problemas como a concentração de renda, os latifúndios, na medida em que o Brasil for um país mais emergente, sem dúvida a cultura brasileira ganhará mais expressão.

Esse isolamento não é angustiante?
É angustiante, mas a vida é angustiante. Veja: não acredito em prêmio, acho que prêmio é uma coisa muito relativa, como julgamento de valor é uma coisa muito aleatória. Quando se fala em prêmio Nobel, você vê que Jorge Luis Borges não recebeu, James Joyce não recebeu, Ezra Pound, Proust, outros grandes escritores como Thomas Mann não receberam. Agora, se há uma razão pela qual João Cabral não recebe o prêmio Nobel de literatura é porque o português não é uma língua conhecida. Sem dúvida ele é, junto com Octavio Paz no mundo hispânico, o maior poeta vivo. De todas as literaturas que conheço, atualmente não há nenhuma que tenha um poeta com uma obra tão coerente como a de João Cabral.

O próprio Guimarães Rosa também nunca foi cogitado para o Nobel.
O próprio Guimarães. No plano da prosa, Guimarães estava entre os cimos da expressão da arte verbal em prosa da literatura universal. Só não recebeu porque o português é uma língua realmente não divulgada como deveria ser, e porque também não foi traduzido adequadamente. *Grande sertão: veredas*, em inglês, é um desastre. A tradutora chega a suprimir todas as passagens de elaboração mais difícil. O texto vira um *spaghetti-banana-western*. A tradução é péssima. Tenho uma carta do Guimarães Rosa, em que o interpelo a esse respeito e ele reconhece esse fato. Na França também. Há uma nova tradução, que não conheço, parece que é melhor. Mas a primeira foi muito ruim, transformava toda a estranheza da língua do Rosa em um fran-

cês normativo. Ninguém podia imaginar que aquele fosse o Joyce brasileiro. Há boas traduções para o italiano, o alemão e o espanhol, mas tenho a impressão de que para a Academia Sueca as publicações sobretudo em inglês e francês são mais relevantes.

Que dicas você daria aos novos poetas? É possível estudar poesia seriamente nas universidades? Enfim, como se informar a respeito de poesia?
Sem dúvida existem hoje, até nos cursinhos pré-universitários, professores capazes de levar os alunos a gostar de poesia. Conheço alguns. Agora, isso não é a regra geral. Em geral parece que acaba acontecendo aquilo que o Borges dizia em seus aforismos, que há pessoas que não gostam de literatura – geralmente se dedicam a ensiná-la. Esse parodoxo borgiano muitas vezes acontece no mundo universitário, que é um mundo que tem mais facilidade de convívio com os defuntos do que com as pessoas vivas. Nós, por exemplo, fomos marginalizados, sobretudo na USP, através de uma campanha absurda, preconceituosa, contra o nosso trabalho de poetas da linguagem. Nos taxavam de formalistas, alienados, degenerados. Houve sempre essa reação ao nosso trabalho, mas nós persistimos nas nossas ideias, lutamos por elas.

Mas hoje em dia essa reação não existe mais de forma tão violenta. Vocês passaram a ter um grande reconhecimento, não?
Hoje em dia duvido que alguém tenha a coragem de formular isso. Agora, ainda assim existem resistências. Nós estamos acostumados a enfrentar polêmicas. Desde que publiquei meu primeiro livro já enfrentei polêmicas, agressivas, inclusive. Em todo o processo da poesia concreta nós éramos atacados e respondíamos. Sempre nos organizamos para teorizar e fazer críticas, exatamente para poder ter um organismo de defesa das nossas ideias. Não poderíamos depender dos críticos, que não entendiam o nosso trabalho, com raras exceções.

Certa vez o poeta Paulo Leminski me disse que é difícil se livrar de rótulos. De certa forma, vocês acabaram recebendo o carimbo de "poetas concretos", embora façam trabalhos diferentes atualmente. Isso não acaba sendo limitante?
Sim. Não faço poesia concreta há mais de vinte anos. Se amanhã eu ficasse

esclerosado e escrevesse um livro de sonetos, a imprensa ia dizer: "o poeta concretista Haroldo de Campos acaba de publicar um livro de sonetos concretos". Ainda que fossem sonetos camonianos.

Nós falamos de poesia, de cultura, de política, você se referiu a um momento pós-utópico. Podemos acreditar em um futuro cultural promissor pela frente?
Bom, ou você é pessimista radical e não vê nenhum futuro para a humanidade – e se apoia, para essa visão, na própria natureza humana tal como é descrita desde o Eclesiastes, o homem que é predador do homem, o opressor que está sempre por cima do oprimido e não quer ceder nada, basta olhar para as elites brasileiras que não querem ceder nem um pedaço de pão –, ou você tem uma visão informada por aquilo que é chamado de "utopia concreta". Acho que há condições para que a humanidade possa, se tudo funcionar num sentido mais solidário, chegar a uma espécie de pluralismo onde todas as diferenças possam conviver sem restrições censórias, com um único pacto que é a preservação democrática. A cultura, a tolerância, nasce em um ambiente dialógico. Onde existe monologia, fundamentalismo, há ditadura, opressão.

O Tempo *(Caderno Magazine), 30 de novembro de 1996*

Paulo Leminski:
um kamiquase na Idade Mídia

Numa época em que "chique é ser careta", como disse emblematicamente o poeta-publicitário Mauro Salles, no limiar do terceiro milênio a poesia de Paulo Leminski continua chovendo no piquenique entediante daqueles que insistem em fechar as portas da percepção e abrir as janelas da decepção. Não é pra menos. Desde que soltou no zoológico literário as feras de seu *Catatau* (1975), antirromance lisérgico, o polaco endiabrado configurou uma nova constelação poética, elétrica, irônica e extremamente inventiva. Logo na estreia, imaginou o filósofo Descartes, com todo o seu aparato lógico, perambulando pelos trópicos com uma luneta e um cachimbo de maconha, sem entender bulhufas da miscigenada e exuberante realidade tupiniquim: "O poliglota analfabeto, de tanto virar o mundo, ver as coisas e falar os papos, parou para pensar ao pé de uma montanha. Assaltaram-no dois pensamentos. Um na língua materna, outro em língua estrangeira. O primeiro fez a pergunta, o outro respondeu. Resultado: sou pai de minhas perguntas e filho de minhas respostas". Em seguida, disparou suas baterias poéticas nos livros *Não fosse isso e era menos / não fosse tanto e era quase* e *Polonaises* (ambos de 1980) para deixar bem claro que não estava para papo furado: "nunca quis ser/ freguês distinto/ pedindo isso e aquilo/ vinho tinto/ obrigado/ hasta la vista// queria entrar/ com os dois pés/ no peito dos porteiros/ dizendo pro espelho/ – cala a boca/ e pro relógio/ – abaixo os ponteiros".

Poeta, prosador, compositor, letrista de música popular, ensaísta, tradutor, jornalista, faixa preta de judô, Paulo Leminski Filho, nascido em Curitiba (1944), assumiu desde o início a postura de um valente guerrilheiro contra a "ditadura da realidade", dedicando a vida inteira à "insurreição da fantasia", como ele mesmo disse. Sua vasta cultura e inesgotável imaginação se desdobraram em livros de poesia, prosa e ensaios – como *Caprichos & relaxos* (1983), *Agora é que são elas* (1984), *Anseios crípticos* (1986) e *Distraídos venceremos* (1987) –, letras e músicas gravadas por Caetano Veloso (*Verdura*), Itamar Assumpção (*Filho de Santa Maria*), Moraes Moreira (*Oxalá*), Ney Matogrosso (*Promessas demais*), Edvaldo Santana (*Mãos ao alto*) e Ângela Maria (*Sempre Ângela*), traduções de James Joyce (*Giacomo Joyce*), Samuel Beckett (*Malone morre*), Yukio Mishima (*Sol e aço*), John Fante (*Pergunte ao pó*) e Petrônio (*Satyricon*), além de biografias-ensaios sobre Matsuo Bashô, Cruz e Souza, Jesus e Trótski.

Libertário da linhagem de Walt Whitman, Rimbaud e Oswald de Andrade, Paulo Leminski sempre se insurgiu no próprio tecido da linguagem, consciente das tempestades causadas por James Joyce, Guimarães Rosa ou Haroldo de Campos, um dos seus grandes interlocutores. Por outro lado, jamais se distanciou de uma postura *rock'n'roll* e das fontes das múltiplas culturas populares. Ele mesmo disse, em uma entrevista, que "ler Nietzsche ouvindo Rolling Stones causa um terceiro resultado". Junto com Torquato Neto, encarnou o espírito de uma nova geração de poetas, já totalmente à vontade com os signos da comunicação de massa e com a realidade fragmentária do século XX – prontos, inclusive, para contra-atacar com as mesmas armas.

A intensidade, o vigor intelectual, o frescor das ideias e a capacidade de articular raciocínios surpreendentes estão presentes nesta entrevista, na qual transparecem seu espírito polêmico e suas profundas influências do zen-budismo. Influências, aliás, que ele soube transmutar em sua poesia com o brilho incomum de uma lâmina samurai: "quem nunca viu/ que a flor, a faca e a fera/ tanto fez como tanto faz,/ e a forte flor que a faca faz/ na fraca carne,/ um pouco menos, um pouco mais,/ quem nunca viu/ a ternura que vai/ no fio da lâmina samurai/ esse, nunca vai ser capaz".

***

O encontro foi em uma tarde de outubro de 1986, no apartamento da cantora e compositora Neuza Pinheiro, na rua Apinagés. Leminski estava em São Paulo para dar um curso promovido pela editora Brasiliense: "Poesia em cinco noites". Ele abriu a porta com um baseado pendendo entre os fios de seu vasto bigode. Antes mesmo que o gravador fosse ligado, disparou a falar e não parou depois que a fita chegou ao fim.

O poeta morreu três anos depois, de cirrose hepática, no dia 7 de junho de 1989, aos 44 anos de idade. Uma morte precoce, lamentada de norte a sul do país. Sobre ele escreveu o poeta Geraldo Carneiro, ao comentar o relançamento de Anseios crípticos, *já no limiar do século XXI: "Leminski é uma das mais perfeitas encarnações do herói cultural dos anos 70, para quem a realidade não passa de uma alucinação provocada pela falta de utopia". E concluiu, em tom de lamento: "Pois é, Leminski. Você partiu para os jardins suspensos do Copacabana Palace da Eternidade, enquanto nós continuamos aqui, neste país careta e corrupto dos primeiros anos do novo milênio, com a vaga impressão de que o princípio de realidade prevaleceu sobre a utopia".*

Depois de sua morte, saíram ainda os livros inéditos La vie en close *(1991),* Winterverno *(em parceria com João Virmond) e* Metaformose *(ambos em 1994),* O ex-estranho *(1996) e* Gozo fabuloso *(2004), além de diversas antologias no Brasil, Cuba, México, Argentina e Estados Unidos. Suas músicas e parcerias continuaram a ser gravadas por Itamar Assumpção, Edvaldo Santana, José Miguel Wisnik, Arnaldo Antunes, Zizi Possi, Carlos Careqa, Bernardo Pellegrini e Ivo Rodrigues, da banda Blindagem. Diversos ensaístas escreveram sobre sua obra, entre eles Haroldo de Campos, Boris Schnaiderman, Maurício Arruda Mendonça, Antonio Risério, Régis Bonvicino, Rodrigo Garcia Lopes e Romulo Valle Salvino. Em 2001, Toninho Vaz publicou a biografia* Paulo Leminski – O bandido que sabia latim, *e em 2005 os poetas André Dick e Fabiano Calixto organizaram a coletânea de ensaios* A linha que nunca termina – Pensando Paulo Leminski.

Esta entrevista foi publicada parcialmente no jornal O Estado de S. Paulo *(1986) e posteriormente, em edição ampliada, na revista*

Medusa (1999). Aqui está a versão mais próxima da integral. Foi o que consegui salvar da fita, que naufragou em um copo de vodca.

* * *

A ideia de inutensílio, de que a arte não serve a causa nenhuma, como você teorizou em um ensaio, certamente acabaria em uma boa troca de sopapos em um simpósio sobre o papel da poesia nas transformações sociais brasileiras. Essa rebeldia contra a transformação do prazer estético em mercadoria é uma atitude diante da linguagem?
O *(linguista russo)* Roman Jakobson traz uma contribuição importante quando diz que existe uma função poética na linguagem, que é quando o discurso incide sobre a própria linguagem. É o prazer do homem na prática da linguagem. É como Freud distinguia: o princípio do prazer e o princípio da realidade. O princípio da realidade, no uso da linguagem, seria a função referencial, que é quando a linguagem se refere a uma coisa exterior a ela mesma. E o princípio do prazer é quando a linguagem é o puro exercício do prazer. É um caráter lúdico da linguagem, que é inegável. Porque a linguagem é a obra-prima do homem, é a condição da sociabilidade dele. Então, a poesia é realmente isso. A gente precisa resgatar a grandeza da ideia de brincar com a linguagem. Para algumas pessoas é até a brincadeira suprema, que pode ser a razão de ser da sua vida.

É esse sentido de prazer com a linguagem que impulsiona o seu trabalho?
Eu faço poesia como a aranha faz sua teia. Não tem por quê. Estou além do por quê. É o resto da minha vida que tem que se explicar em relação a isso. Esse é o resultado do meu viver. A minha poesia, para mim, é uma atividade intransitiva. Como pular o carnaval. Não se pula o carnaval para alguma coisa. Simplesmente se pula. Ou não. E pode-se fazer disso um exercício de sadismo ou de masoquismo.

O exercício da linguagem é um exercício sádico?
É um exercício de poder. Porque o idioma é um fato acabado. Quando você nasce, já nasce no interior de determinada língua. A língua é uma fatalidade, como você ter nascido homem, mulher ou corcunda.

Existe alguma língua melhor do que outra para a poesia?
Não existe nenhuma língua no mundo que seja superior a outra quanto ao seu potencial expressivo. Todas as línguas são igualmente capazes de expressar, são igualmente ricas, musicais. A questão toda tem a ver com a experiência histórica do povo que fala essa língua. A língua grega, em si, não é dotada de propriedades que a tornem superior à língua vietnamita. Tudo vai das circunstâncias. A questão toda é você perguntar, por exemplo, se Shakespeare seria o grande teatrólogo que é se ele não tivesse vivido durante o apogeu imperial da Inglaterra.

Depende da importância que o país que fala aquela língua consegue obter no contexto mundial?
É. Veja o caso do português. Camões teve a sorte de escrever em português em um momento imperial. A sorte que um Fernando Pessoa já não teve: ele fez uma grande poesia portuguesa, mas escreveu num momento em que Portugal não era mais nada. Portugal é apenas a sombra de um passado que já houve. Então, você é vítima, é uma espécie de objeto sexual da língua em que nasceu. Você não pode ser maior do que ela. Você pode escrever um grande poema épico num dialeto da Índia e não adianta nada, ele não terá realmente um reconhecimento planetário. O português é uma província, em nível planetário. O português é mais do que o basco mas é menos do que o espanhol. Nesse sentido, o poeta, o escritor, a gente que lida com a palavra, a gente é vítima da nossa língua.

Dentro disso, algum futuro promissor para a língua portuguesa?
O problema não está na língua portuguesa. Está no que os falantes da língua portuguesa vão fazer de si. O dia em que o Brasil for uma grande potência mundial, em todos os sentidos, tecnológico, científico, artístico, a língua portuguesa ganhará um vulto maior. Não existe a língua portuguesa. A *langue* não existe. Existe a *parole*, naquela distinção de Saussure. O ato de falar é que existe. Ninguém sabe onde é que está a *langue*. Está em Machado de Assis, em Guimarães Rosa, em você, em mim? A *langue* não está em lugar nenhum. Ela está em todos e não está em lugar nenhum. Ela é como Deus, é onipresente. Você só verá a *parole*, a manifestação. Dentro da tradição cristã, a *parole* seria Jesus. Você não vê Deus. Você verá Jesus, verá a encarnação. A *parole* é a encarnação da *langue*. Onde é que está a língua portuguesa? Ela está, como

uma possibilidade de seus falantes, tanto em Guimarães Rosa quanto em Sebastião da Silva, que é estivador no porto de Santos. Todos eles, no ato da *parole*, tornam real a *langue*, que é a língua portuguesa, a qual não está em lugar nenhum. Então, no caso do masoquismo, é a ditadura da *langue* sobre a *parole*.

E no caso do sadismo?
Em termos de texto, seria o caso da poesia dita experimental, por exemplo, na qual você pode violar as regras, e essa violação é portadora de uma valoração positiva. As vanguardas são momentos de sadismo, momentos em que o criador se volta contra a *langue* e faz imperar sua *parole*.

A poesia brasileira tem mais masoquistas do que sádicos?
Muito mais masoquistas. Em todos os lugares. O masoquismo é a regra e o sadismo, a exceção.

Esse masoquismo acontece também em outras manifestações artísticas ou apenas na cultura letrada?
Se estendermos isso também às formas herdadas, e não apenas ao idioma, vamos perceber que quando você nasce já se insere em determinada tradição – e você vai ter que se relacionar com ela. Já tem todo um estoque, um elenco de formas prontas e acabadas. Ou você as aceita, e se torna um acadêmico, ou você as nega, as agride, as estupra, as dinamita. Quer dizer, você opera artisticamente já no interior de um código. Se você quiser mexer nas formas, é por sua própria conta e risco.

Seu primeiro livro, *Catatau*, já chegou provocando, dinamitando os limites. Não é conto, não é romance, não é poesia. Nele, o personagem central é ninguém menos que Descartes. E ele tem uma luneta em uma mão e um cachimbo de maconha na outra. São dois símbolos?
É, são dois símbolos elementares. Um de distanciamento crítico e outro de integração. A luneta é o distanciamento, e o cachimbo de maconha é a integração. A maconha gera uma integração. Numa roda de gente queimando fumo gera-se um tipo de comunicação diferente daquele gerado num simpósio, por exemplo, sobre a metafísica e a psicologia de Jung. É uma comunicação via substância, não via palavra.

Esse tipo de experiência, de alguma forma, tem a ver com a experiência poética?
É até um lugar-comum a tradição de que os poetas criam de madrugada, de que são alcoólatras. Baudelaire, por exemplo, escreveu muitos poemas numa mesa de bar, sob efeito do absinto. A ideia de que o discurso poético se produz em estados anômalos é uma coisa normal, que rima com a própria natureza anômala da linguagem poética. O normal da linguagem é a função referencial. E ela se voltar sobre si mesma, como no caso da poesia, é uma espécie de hipertrofia. Escrever um livro inteiro em que prevaleça a função poética é um exagero, um excesso. Essa linguagem ocorre com os exagerados e os excessivos. A ideia de que os poetas são loucos é até absolutamente correta. Isso se tornou quase mitológico do romantismo em diante.

Voltando um pouco à ideia do "inutensílio". Você pode explicar melhor isso?
A ideia da arte como um inutensílio é muito recente. Ela aparece no século XIX, com os simbolistas, com Mallarmé, Baudelaire. No Renascimento, não passaria pela cabeça de ninguém, de Rafael, de Leonardo da Vinci, de Caravaggio, que a sua arte não servia pra nada. Um mural pintado numa igreja no período renascentista não é apenas um jogo de cores, como seria um quadro impressionista, de um Manet, de um Matisse. Só pode aparecer a ideia da arte pela arte no momento em que ela se transforma em mercadoria.

O inutensílio é a negação da arte como mercadoria?
É muito complexo. O negócio é o seguinte: a arte ou é tutelada pelo Estado ou é tutelada pelo mercado. Um dos dois mandará na arte – essas são as leis que o real quer pregar. No Ocidente, é o mercado que determina a obra de arte. O mesmo escritor que acha indecente que em Cuba o Estado financie a arte não acha indecente que seu trabalho seja tratado como mercadoria. A ideia de inutensílio é uma negação de ambos. Ela afirma que a arte não serve pra nada justamente porque só serve para o engrandecimento da experiência humana. Apenas isso.

Até mesmo os poetas engajados acabam se transformando em mercadoria, não é?

Claro. Thiago de Mello, Ferreira Gullar, Moacyr Félix, Affonso Romano de Sant'Anna vendem muito mais do que Augusto de Campos.

Você acredita que a arte pode causar revoluções?
Pode, claro. Mas revoluções não acontecem toda segunda-feira. As vanguardas do início do século surgiram quando a burguesia desabou, com a Primeira Guerra. A Europa passou para segundo plano como potência mundial, e a hegemonia foi assumida pelos Estados Unidos e pela União Soviética. Na Segunda Guerra isso se consagrou. O que é a Europa hoje? É um imenso museu. Então, as vanguardas europeias, surrealismo, cubismo, futurismo, dadá, surgiram num momento histórico irrepetível. Hoje nós estamos vivendo numa época retrô: neoexpressionismo, neodadá, neocubismo. Não está acontecendo nenhuma revolução. *High-tech* não é revolução. As revoluções Francesa e Russa, sim. A chamada Revolução Americana não é revolução nenhuma. George Washington era um dos homens mais ricos dos Estados Unidos quando liderou a chamada Revolução Americana. Ela não alterou as relações de poder nem de propriedade. Não redistribuiu nada. A Francesa e a Russa, sim, alteraram profundamente as relações entre as pessoas. *High-tech* não revoluciona nada. Pode ser apenas uma *re-carga* dentro do poderio de uma classe dominante. É uma revolução entre aspas.

Mas a arte se faz revolucionária quando é feita para o povo, como acreditavam os poetas engajados?
O que é o povo? Há uma mitologização em torno dessa palavra. Onde está o povo? Quem é o povo? O povo são todas as pessoas que assistem à novela das sete? Onde é que está esse povo? Que povo é esse? Que idade tem o povo? No interior dessa coisa chamada povo há mil distinções a serem feitas, de gosto, de estatística, de origem. Eu me considero povo. Não tenho nenhuma dificuldade em conversar com o garçom, com o dono do botequim ou com o motorista de táxi. E de repente eu estou pensando em Webern. E daí? Sou povo. O povo não pode pensar em Webern? O povo não pode ouvir Stockhausen? O povo seria algo inventado por um certo tipo de esquerda? Onde é que está esse povo? Glauber Rocha, Júlio Bressane, Arrigo Barnabé, Mario Schenberg, Oscar Niemeyer e Paulo Francis – embora ele desteste a ideia – fazem parte do povo brasileiro. Assim como Joãosinho

Trinta. Tem que repensar todo esse conceito de cultura popular à luz dos meios de comunicação de massa. É como pensar uma cidade como São Paulo. Quem é mais paulistano? É o cara que está ouvindo Chitãozinho e Xororó no rádio? É o cara que está ouvindo Afanasio Jazadji às sete da manhã dizer: "mata, corta, fura o olho"? É. Mas São Paulo é também Haroldo de Campos conversando com Octavio Paz na noite paulistana. Isso é São Paulo também.

Há um texto seu muito interessante sobre a poesia no receptor[1]. Trabalha com a ideia de que um bom leitor de poesia também é, de alguma forma, um poeta. Como é isso?
Uma pessoa pode dizer assim: "eu sou incapaz de escrever um bom verso, mas não consigo passar uma noite sem ler umas páginas de Fernando Pessoa". Para mim, essa pessoa é poeta. A poesia tem que existir nos dois polos: no emissor e no receptor. Quem sabe ler bem poesia é tão poeta quanto quem escreve. *(Jorge Luis)* Borges tem uma frase magistral sobre isso. Ele diz: "outros se orgulham dos livros que escreveram, eu me orgulho dos livros que li".

Você se lembra de quando começou a fazer poesia?
Já fazia versinhos quando estava no primário. Tinha um avô que fazia poesia, ele era militar. O meu avô é uma figura totêmica na família. Ele fazia uns sonetos, meio religiosos. O fato de fazer poesia já estava embutido dentro de uma programação familiar. E dentro disso existe também um componente inexplicável. Não acho que tudo tenha explicação. É como perguntar quem é Deus.

A propósito, quem é Deus?
Acredito que, como um ser vivo do planeta, eu pertenço a uma ordem maior do que a mim, uma ordem que vai do tubarão ao gafanhoto. Desde um carvalho até um amor-perfeito. Eu estou no interior do mistério. É difícil compreender o mistério. As religiões todas, pra mim, são uma tentativa tosca e grosseira de homenagear o Mistério, com letra maiúscula. Eu me

---

1   "Poesia no Receptor", no livro *Anseios crípticos*, Edições Criar (Curitiba), 1986. Republicado em *Ensaios e Anseios crípticos*, Editora Unicamp (Campinas), 2011.

dou por satisfeito de ter a sensação de pertencer ao Mistério. Que nome esse Mistério tem, isso não importa. Isso é historicamente determinado. Nem os mais geniais economistas brasileiros conseguem compreender o funcionamento da economia, como nós vamos compreender o Mistério? Porra, é um pouco demais. Tudo o que a gente tem a fazer é realmente homenagear o Mistério.

Como você homenageia o Mistério?
Escrevendo. É o único tipo de oração que eu sei.

Essa oração tem a ver com o zen, algo a que você é tão ligado?
De todos esses tipos de atitude de homenagear o Mistério, para mim, a atitude superior é o zen. Claro.

É tudo aqui e agora?
É. Tudo é milagre. Não precisa curar leprosos. Não preciso de milagres desse tipo. A cor amarela, para mim, é um milagre. A percepção é um grande milagre. Poder ouvir um som, mi bemol, é um milagre. O azul, as experiências biológicas, o gosto da batata frita, são milagres. Dar três trepadas numa noite é um milagre. O mundo é cheio de milagres. E as pessoas ficam procurando... As pessoas querem circo. Não preciso de circo, o zen não precisa de circo. O zen diz: "é aqui e agora".

É só isso. E é tudo isso.
Por isso que os jesuítas, na catequização do Japão, conseguiram converter todo mundo, menos os caras que praticavam o zen. Estes eram inacessíveis à conversão.

Por quê?
Primeiro porque eles não aceitam a divisão entre corpo e alma. A visão zen é holística, unitária. Quer dizer, ou eu me salvo por inteiro ou nada se salva.

Mas se salvar do quê?
Salvar o quê? Estou salvo aqui e agora. É só pegar aqueles *koans* dos grandes mestres zen, todos eles continham a iluminação. Como aquele em que

o discípulo perguntou para o mestre qual o significado de Bodhidharma ter vindo do oeste.

E o que o mestre respondeu?
O vento no salgueiro.

Revista Medusa *n. 6, agosto/setembro de 1999*

Augusto de Campos:
na língua da linguagem[1]

Quando decolou do coração industrial do país (São Paulo, em meados da década de (19)50), a poesia concreta causou um rebuliço na cultura brasileira como poucas vezes se viu. Os poemas visuais compostos com tipologias diferentes, cores, páginas negativas e signos não verbais rompiam com o discurso linear da poesia, radicalizando experiências das vanguardas artísticas do início do século xx – especialmente o cubofuturismo russo e autores como o francês Stéphane Mallarmé, o irlandês James Joyce e os americanos Ezra Pound e e. e. cummings. Dialogavam também com a música de vanguarda de Anton Webern, Arnold Schoenberg, Karlheinz Stockhausen e Pierre Boulez, e com o *design* gráfico. Na mesma medida em que foi recebida com paus e pedras pela maioria dos poetas da época, a poesia concreta rapidamente ganhou dimensões internacionais e também dividiu as gerações posteriores, exercendo grande influência, despertando paixões desmedidas ou angariando repúdio de muitos artistas fundamentais.

Dos poetas que deflagraram o movimento, Augusto de Campos talvez seja o que mais se mantém alinhado às experiências iniciais, mais do que seu irmão Haroldo de Campos e Décio Pignatari, os outros criadores da poesia concreta. Se em seu primeiro livro, *O rei menos o reino* (1951), ain-

---

1 Revisada pelo poeta, que também redigiu as notas de rodapé, em abril de 2011.

da surgiam poemas versificados, as publicações seguintes deram vazão a poemas altamente visuais, alguns até abolindo as palavras ou se transformando em poemas-objetos: *Poetamenos* (1953), *Popcretos* (1964), *Poemóbiles* (1974) e *Caixa preta* (1975), ambos em colaboração com Julio Plaza, VIVA VAIA (1979) e *Expoemas* (1985), em colaboração com Omar Guedes. Vários de seus poemas ganharam versões em videoclipe, computação gráfica e holografia, dialogando intensamente com essas tecnologias quando ainda eram incipientes no Brasil.

Ao mesmo tempo, sua intensa atividade tradutória, buscando sempre a recriação em português de autores e textos estilisticamente radicais, resultou em antologias de grande repercussão no país, como *Panaroma do Finnegans Wake*, de James Joyce (com Haroldo de Campos), *Poesia russa moderna* (com Haroldo e Boris Schnaiderman), *Paul Valéry: A serpente e o pensar*, e *Verso reverso controverso*, em que apresenta traduções de Arnaut Daniel, Bertran de Born, Marcabru, John Donne, Jules Laforgue, Tristan Corbière e Arthur Rimbaud. Seu interesse pela poesia de outras culturas levou à recriação primorosa de alguns *blues* de Robert Johnson.

A paixão pela música, aliás, tanto popular como erudita, também vem merecendo sua atenção em instigantes estudos críticos, quanto o volume *Balanço da bossa e outras bossas* (1974), com Brasil Rocha Brito, Júlio Medaglia e Gilberto Mendes, em que lança uma luz intensa sobre a obra de Alban Berg a Lupicínio Rodrigues, passando pelos tropicalistas Caetano Veloso e Gilberto Gil. O livro, inclusive, exerceu influência sobre compositores radicalmente inovadores que surgiram no início dos anos 1980, como Arrigo Barnabé e Itamar Assumpção. *Pulsar*, um de seus poemas fortemente marcados pela visualidade e pela musicalidade, foi difundido em larga escala ao ser gravado por Caetano no disco *Velô* (1984).

As fortes polêmicas que sempre marcaram a poesia concreta muitas vezes nublam a visão dos caminhos percorridos pelos seus criadores e criam antagonismos quase indissolúveis, reforçados pelo dogmatismo de muitos "discípulos". Mas quem conhece Augusto de Campos (paulistano de 1931) percebe que a poesia é o motor que o movimenta. Como ele mesmo escreveu, certa vez, na revista *Código*: "Ser poeta para mim é inelutável. A flor flore. A aranha tece. O uirapuru, no fundo da floresta, toca uma vez por ano a sua flauta, para ninguém. O poeta poeta, quer o vejam, quer não, ele pulsa. O pulsar quase mudo".

*　*　*

A entrevista foi gravada numa tarde de sábado, na primavera de 1985, no apartamento de Augusto de Campos, na rua Bocaina, em Perdizes (São Paulo). Foram duas horas e meia de uma conversa regada a cerveja e amendoins. Descontraído e animado, o poeta rememorou detalhadamente o contexto em que surgiu o movimento da poesia concreta e os pressupostos teóricos que determinaram seu próprio trabalho. Nos anos seguintes, continuou trabalhando ativamente, lançando o livro Despoesia *(1994), o* CD Poesia é risco, *em parceria com o músico Cid Campos (1995), e o* CD-ROM Não *(2003), além de outros livros de crítica e tradução, como* O anticrítico *(1986),* Linguaviagem *(1987),* À margem da margem *(1989),* Rimbaud livre *(1992),* Música de invenção *(1998),* Coisas e anjos de Rilke *(2001) e* Poesia da recusa *(2006).*

*　*　*

Você, seu irmão Haroldo de Campos e Décio Pignatari, na década de *(19)*50, percebiam o acelerado progresso industrial, discordavam dos poetas da geração de *(19)*45 – que voltavam a uma poesia mais classicista –, resgatavam os modernistas mais radicais, como Oswald de Andrade, e procuravam colocar a linguagem poética dentro de um voo que desse sequência às vanguardas do início do século XX. Naquele momento, com quais frentes estéticas exatamente vocês pretendiam combater e romper?
No início do século houve uma série de movimentos de ruptura: o futurismo italiano, o cubofuturismo russo, o movimento dadá, figuras independentes como Apollinaire, mais tarde um Cummings, nos Estados Unidos, e antes desse período, como um limiar desses movimentos, o poema-livro *Um lance de dados*, do Mallarmé. Mas houve uma ruptura e uma revolução extraordinárias na linguagem artística, e não só na linguagem poética. Você encontrará a mesma escalada revolucionária no campo da música e no campo das artes visuais. Com a intervenção das duas Guerras Mundiais – a Primeira, que de certa maneira ainda gerou impulsos revolucionários,

mas também cerceou outros, e especialmente a Segunda, que interferiu drasticamente na Europa –, houve uma paralisação, houve um acomodamento, quase que um apagamento do registro dessa revolução. Essa revolução ficou um tanto paralisada pela própria emergência de questões de sobrevivência. Nos anos *(19)50*, tanto no campo da poesia como em outros, houve uma espécie de reavaliação do que tinha sido feito. E surgiu um certo número de artistas com a intenção de retomar aquele movimento revolucionário em prol de uma linguagem mais adequada ao nosso tempo – e que ficou interrompido. Isso nós sentimos que aconteceu muito nitidamente no campo da música, e nosso contato com essa área de revolução na linguagem musical foi muito pronto. Nós tivemos um contato, muito em cima dos fatos, com o trabalho, por exemplo, que o Pierre Boulez estava fazendo. Ele inclusive veio a São Paulo em 1954 e nós tivemos um contato com ele. Eu mostrei a ele os poemas do *Poetamenos (série de poemas radicalmente visuais de Augusto de Campos, considerados marcos da fase inicial da poesia concreta)*, e lemos alguns deles a quatro vozes, depois de uma conferência que ele fez aqui na Escola Livre de Música, dirigida pelo compositor e professor *(Hans-Joachim)* Koellreutter. Nós o levamos ao apartamento do *(artista plástico)* Waldemar Cordeiro, que era um dos líderes do grupo dos pintores concretos. Esse contato foi muito intenso e percebemos que os problemas que estavam nos preocupando eram os mesmos que estavam preocupando a ele.

Quais eram esses problemas?
Em primeiro lugar, a ideia de uma poesia que não ficasse restrita a uma linguagem discursiva e linear. Nós já víamos isso no poema de Mallarmé (refere-se a *Um lance de dados*), que nós rapidamente separamos do restante da produção dele próprio e do restante da produção generalizada que se fazia em poesia moderna. Era uma coisa difícil de ver àquela altura. Todos que falavam aqui do Mallarmé e desse poema especificamente – "Um lance de dados jamais abolirá o acaso" –, como o Sérgio Milliet, por exemplo, davam esse poema como uma coisa fracassada, desprezível, marginal, que se deveria considerar lateralmente. Nós, ao contrário, sentimos que ali havia realmente um futuro embutido de desenvolvimento da linguagem poética, que nos pareceu essencial. Esse poema já tinha em embrião muitas das preocupações que a gente tentaria desenvolver depois: essa

ruptura com a linearidade do discurso. No caso dele não era uma ruptura total, mas uma prismatização da linguagem. Uma espécie de cubismo da linguagem, divisionismo da estrutura frásica, alguma espécie já de fragmentação do discurso, que nos pareceu extremamente importante porque dava à linguagem poética possibilidades de até relativizar um pouco – em termos de Física – esse direcionalismo, essa organização fechada do verso tradicional. A nossa luta era esta: ir contra a linearidade do discurso, contra uma sintaxe já predeterminada, no sentido de buscar novas formas de linguagem capazes de captar essas multiperspectivas, essas novas possibilidades de expressão.

O desejo de partir para uma linguagem que fosse "verbo, visual e som" é anterior ao conhecimento, por parte de vocês, da poesia de Ezra Pound?
Acho que não, porque a gente travou conhecimento da poesia de Pound em 1949. Foi numa época muito inicial. A cristalização da poesia concreta na nossa cabeça veio depois do conhecimento do Pound, do Mallarmé, do James Joyce, do qual nós tiramos a expressão "verbivocovisual", e do Cummings. Em dois artigos da época do *Poetamenos* eu já cito todos[2]. Nós já tínhamos essa constelação de autores. Não partimos do nada. Procuramos filtrar, de toda uma série de trabalhos poéticos, alguns extraordinários. A gente fez uma triagem tendo em vista o problema da linguagem. Dessa constelação toda de poetas sobrou isso para nós: Cummings, Pound, Joyce e Mallarmé. São pilares, digamos assim. E, também, na mesma filtragem em relação à poesia brasileira, pegamos Oswald *(de Andrade)* e João Cabral. João Cabral, e não Drummond. E, é claro, aqui e ali, outras descobertas foram sendo feitas. Como Sousândrade, que se revelou como um grande precursor de tudo isso no cenário da linguagem brasileira.

A descoberta dessa linguagem verbivocovisual significou, então, um salto à frente no trabalho de vocês?
Sim. Em si mesma, descontextualizada, a expressão "verbivocovisual" talvez não diga muito, porque fala de uma poesia que seja ao mesmo tempo

---

2 "Poesia estrutura" e "Poema ideograma", publicados em *O Diário de São Paulo*, respectivamente em 20 e 27 de março de 1955, ano em que o conjunto de poemas em questão apareceu em impressão tipográfica em seis cores na revista-livro *Noigandres* n. 2, fevereiro de 1955.

visual e sonora, e que use palavras. Isso está praticamente em toda a poesia. Mas contextualizada como a gente contextualizou, ela indica um tipo de poesia de ênfase ao mesmo tempo visual e sonora, onde esse elemento plástico subia ao primeiro plano – o elemento da própria plasticidade da configuração do poema na página. Isso tinha a ver com essa desestruturação da sintaxe – a possibilidade de arrebentar a frase e rearticulá-la por critérios que envolviam o aspecto gráfico. Porque para rearticular em termos de percepção sensível uma linguagem poética não sintática, ou parassintática, ou plurissintática, você tinha que criar articulações dentro do limite da página, que permitissem ler em vários sentidos e não numa sequência de ordenação gráfica ligada a preordenação da linguagem. Daí o interesse pela coisa visual, que está muita ligada a essa ideia de ruptura dentro do discurso mesmo. Isso por um lado. Por outro, a experiência de considerar o aspecto musical da linguagem poética de uma maneira também não linear. Porque pressupunha uma leitura de várias vozes interrompendo e atomizando o discurso. Então, esse "verbivocovisual" significava uma dupla ênfase nos aspectos plásticos e nos aspectos sonoros de uma forma que não vinha sendo praticada nos últimos tempos. Se você pegar o início dos movimentos de vanguarda, até os anos *(19)*20, encontra trabalhos nessa direção.

Aí entra o fato de considerar a própria página como elemento estrutural do poema, e o uso de vários tipos de letras?
Exato. A materialidade do uso do espaço em que se inscrevem as palavras tinha muito a ver com essa ruptura da sintaxe, a ruptura do discurso poético e a multiplicidade. A gente partiu logo para poemas como "tensão", por exemplo, que poderia começar de qualquer ponto, e não de um ponto só. Às vezes, eu diria, não tanto uma liberação total da sintaxe, porque em muitos poemas, mesmo os da fase mais radical, a gente fez uso de sintagmas, de pequenos trechos de frases. Por exemplo: "o organismo quer perdurar", do Décio *(Pignatari)*. Tem uma frase, mas essa frase vai sendo bombardeada, ela sofre uma espécie de *zoom* na parte do "orgasmo", no final aparece aquele "ó", como um *zoom* cinematográfico mesmo. São elementos que bombardeiam a sintaxe. A sintaxe sobrevive, fragmentariamente, mas ela é ao mesmo tempo microscopada e, às vezes, telescopada. Todas essas intervenções significam, pra gente, uma espécie de liberação das amarras da construção

de tipo lógico-sintático que, num certo sentido, estavam bastante esgotadas como processo poético. Importava, dentro da infinidade de possibilidades de se usar a linguagem, encontrar novos meios que permitissem abranger ou aprofundar outras camadas do discurso poético.

Você acha que a resistência ao trabalho de vocês tem a ver com as convenções do discurso lógico do mundo ocidental? Quer dizer: se vocês estivessem fazendo um trabalho desses em certas línguas orientais ele seria mais assimilável?

É difícil dizer. No Oriente também se criaram convenções. A partir do Pound e do Fenollosa, a gente vê toda uma característica da estrutura interna do ideograma, a linguagem associativa, que traduz um conceito em dois ou três sinais que, às vezes, associando elementos concretos da realidade, ou signos da realidade, conseguem definir uma sensação abstrata. Mas essa análise espectral, na prática do uso do ideograma, também se convencionalizou de tal modo que as pessoas não a reconhecem. O oriental que usa essa linguagem muitas vezes não reconhece essa metáfora viva ou associação viva que a gente percebe quando faz essa análise. É como determinados tipos de problemas, digamos, etimológicos, dentro do nosso tipo de linguagem. Muitas vezes não se reconhece mais uma palavra original que está embutida numa palavra que você passou a usar convencionalmente. No Japão, especificamente, surgiu um movimento de poesia concreta a partir do que surgiu no Ocidente. Foi o caso do Kitasono Katsue, um poeta que já era, até certo ponto, discípulo de Pound, e que modificou a poesia dele a partir do contato que teve com o Haroldo *(de Campos)*. Ele passou a fazer poemas usando o ideograma de maneira não convencional. O Seiichi Niikuni também, naquele poema em que ele coloca vinte ideogramas iguais e só um diferente, a palavra "chuva", por exemplo, explorando o caráter icônico a partir da própria configuração do ideograma – o que não era uma coisa usual na poesia do Japão. Estava embutida na origem do ideograma, mas não estava mais conscientizada. Porque o seu próprio uso convencional tinha apagado as pegadas desses elementos icônicos que estavam embutidos dentro do ideograma.

O desejo de fazer com que a palavra se tornasse um ícone, que o poema fosse em si um objeto, que passasse a ser uma realidade – e não dentro

daquela tradição de que a poesia é um discurso que se refere à realidade –, foi um dos motivos que causou, e até hoje causa, uma certa incompreensão do trabalho de vocês?

Sem dúvida. Mas isso não foi uma circunstância inteiramente peculiar da poesia concreta. Nós simplesmente nos inserimos dentro de uma tradição de ruptura. As mesmas dificuldades que nós encontramos no confronto com a recepção, tiveram também os grupos de vanguarda do início do século. O próprio Mallarmé. Ou, se você recuar mais, historicamente, são numerosos os momentos em que os poetas, por usarem uma linguagem que de algum modo se afastava da linguagem convencional do seu tempo, entravam em choque. Não faz muito tempo, traduzi duas odes do Keats *(refere-se à "Ode a um rouxinol" e à "Ode sobre uma urna grega")*. Ele morreu com 24 anos, tuberculoso, claro, um mal físico, mas também profundamente desgostoso com a reação da crítica, que o arrasou. A crítica entrou para esmagar o Keats. A frase que ele mandou colocar no epitáfio dele é assim: "Aqui jaz um homem cujo nome foi escrito na água". De certo modo aquilo refletia um estado de desconforto, de profunda mágoa, porque os poemas dele, que hoje nos parecem tão aceitáveis, tão assimiláveis, eram estranhos de algum modo. Era uma linguagem estranha, como é estranha a linguagem da poesia. Veja a situação de poetas como Fernando Pessoa, que hoje é um poeta ultraconsumível, ou Mário de Sá-Carneiro, que era o grande amigo e interlocutor de Fernando Pessoa, e que se suicidou em Paris com vinte e poucos anos – também eles eram poetas que eram acusados de tudo. Eram detestados, considerados marginais na época. Porque aquela linguagem das odes do Álvaro de Campos era profundamente ofensiva aos padrões convencionais, aos padrões éticos, e trazia rupturas também de linguagem – em outras modalidades, não exatamente naquelas em que nós nos desenvolvemos, mas traduziam também rupturas. Esses confrontos são inevitáveis. Não são uma prerrogativa da poesia concreta. Na medida em que mexeu num ponto essencial de algumas convenções, a poesia concreta criou um antagonismo com o ambiente em que ela se colocava. Mas isso é um problema permanente. Continua sendo. Ocorreu na música popular, no caso da Tropicália. Os confrontos, a vaia, toda aquela discussão que se precipitou, aconteceu porque eles mexeram com determinado tipo de convenção. Então, eu acho que esse é um quadro móvel, no qual, em certo momento, nós nos envolvemos.

Mas hoje seu livro *Poemóbiles* está sendo reeditado por uma grande editora, a Brasiliense, que também está publicando o Haroldo; seu poema "Pulsar" está saindo num disco comercial do Caetano Veloso. Você acha que o Brasil mudou, a linguagem de vocês mudou, houve uma confluência de mudanças?
Isso é muito relativo. Você citou, por exemplo, o *Poemóbiles*. Ele foi apenas distribuído pela Brasiliense. Foi financiado por um grupo de particulares. Foram sete samurais, a quem o livro é dedicado. Quer dizer, a edição não é viável ainda do ponto de vista editorial. Pra citar apenas um exemplo.

Mas o fato de você fazer a cabeça de muita gente mais jovem e de um poema seu entrar num disco do Caetano não indica uma mudança?
Isso indica uma mudança. Eu apenas citava o caso do *Poemóbiles* para acentuar a relatividade disso. Agora, a situação melhorou. O tempo passa. O tempo vai passando, e depois de trinta anos aquilo que era inviável vai ficando um pouco mais viável. O pessoal jovem que vem para a poesia agora tem a cabeça mais aberta. Já foi trabalhado por uma porção de coisas que aconteceram, inclusive pela intervenção da música popular mais sofisticada, da Tropicália, que foi muito liberadora, e que incorporou certos dados da poesia concreta. A cabeça das pessoas está mais aberta para esse tipo de coisa. Não de todas as pessoas, mas dos jovens ligados à criação artística. Acho que há muita gente hoje, como também houve na nossa geração, que certamente vai ter uma contribuição interessante a dar. Talvez com a mesma antena com que a gente captou coisas que estavam meio invisíveis na época.

Você disse uma vez que a poesia está mais para a música do que para a literatura, concordando com a afirmação de Pound. No seu trabalho existem influências da música do Webern. Você falou também da influência que a poesia concreta exerceu, de algum modo, na Tropicália. E a Tropicália, ela exerceu alguma influência no seu trabalho?
Poesia, pelo próprio lado material com que os poetas lidam com as palavras, tende a se aproximar de algumas outras disciplinas não verbais, como as artes plásticas ou a música, que tratam também o som como som e a pintura como uma configuração, independentemente daquilo que se chama vulgarmente de "conteúdo", ou de uma semântica, ainda que mais sofisticada,

ligada à mera descrição de uma realidade, como é o caso de certa prosa de tipo ficcional. A poesia é mais desligada desse contato com a realidade porque tende a lidar mais com a materialidade da palavra enquanto som, enquanto forma, ainda que envolvendo também significados. Isso geralmente aproxima os poetas da música e das artes visuais. A minha poesia está mais próxima do silêncio, mais próxima do uso de poucas palavras. É uma questão de temperamento. Talvez porque eu tivesse uma propensão maior para a música, embora eu não seja músico. E para o visual também, porque eu lido com a grafia das palavras. Gosto de executar meus próprios poemas.

E a ligação com a música do Webern e com as canções do Caetano?
A música do Webern, a música contemporânea, interessou a gente muito cedo, porque sentíamos que os mesmos problemas que estavam nos interessando no campo da poesia estavam ocorrendo simetricamente, ou paralelamente, no campo da música. Por exemplo: você pode situar o tipo de intervenção musical que o Webern fez num plano muito próximo ao do Mallarmé. Ele subdividiu prismaticamente a melodia, através daquilo que o Schoenberg denominou "melodia de timbres". A mesma linha melódica era toda fraturada. O saxofone dá duas notas, o violino dá três, o piano dá mais uma, e a frase musical é prismatizada, é toda dividida entre os vários instrumentos, de maneira extremamente pontilhista. Não é o divisionismo normal de uma estrutura frásica, que passa de um instrumento para outro. É uma atomização mesmo da frase musical. Isso é uma característica da música do Webern. Ao mesmo tempo, outra característica é a inserção dos espaços, das pausas musicais, mas numa dimensão em que elas adquirem o sentido de uma verdadeira estrutura negativa. Funcionam como um silêncio, como uma página em branco, como os espaços em branco entre uma palavra e outra. Essas coisas interessaram muito a gente. No plano da estrutura musical, isso tudo confirmava esse universo em que estávamos envolvidos.

E no caso da Tropicália?
Com a Tropicália aconteceu em outro plano, no da inserção da música popular, que é diferente. Música popular é genericamente mais convencional. Ela lida com um universo sonoro mais sedimentado. Não corresponderia exatamente aos mesmos problemas estruturais que a gente encontra-

va na música de um Webern ou de um Pierre Boulez, na época. Mas no quadro da música popular ela significou também uma ruptura muito radical, uma série de processos de invenção, de reinvenção da linguagem musical e poética. Sem contar a própria mudança no plano comportamental, que seria uma outra discussão, mas que é uma característica daquela geração em que eles intervieram, de maneira decisiva e extraordinária. Houve um momento em que eles travaram contato com o nosso trabalho. Eu mesmo fui o intermediário desse contato. Desde o primeiro momento eu levei para eles alguns números da revista *Invenção (revista editada pelos poetas concretos)* e eles tomaram contato com aquelas coisas – Oswald de Andrade, que o Caetano conhecia apenas através da peça *O rei da vela*, na montagem do Zé Celso... Eu levei para ele um livrinho que o Haroldo acabara de publicar, em 1967, com os poemas e manifestos do Oswald. Então, houve esse inter-relacionamento e acredito que o contato com essa liberdade sintática da poesia concreta, com tudo aquilo que havia de novo nessa linguagem, de algum modo interessou a eles e os ajudou, quem sabe, a também romperem com algumas barreiras dentro da própria linguagem mais convencional da poesia da música popular. Sem contar a própria música, em que eles tiveram a colaboração de alguns compositores de vanguarda que eram muito ligados à gente, caso do Rogério Duprat, mais que todos, mas também do Júlio Medaglia, do Damiano Cozzella. Eram todos ligados à poesia e tinham publicado na revista *Invenção* um manifesto chamado "Música Nova". Havia todo um contexto que envolveu muita gente ligada à poesia concreta.

Mas eu gostaria de saber se a postura deles, de alguma forma, influenciou no trabalho em andamento de vocês?
Acredito que sim. Pra mim foi uma motivação muito inspiradora, foi uma coisa muito apaixonante ter encontrado aqueles jovens. Aquele momento me tocou muito e eu tive uma grande empatia por aqueles jovens no campo da música popular, que é diferente do nosso. O nosso trabalho é mais laboratorial. Atinge um pequeno público. O trabalho que se joga dentro do consumo, para ter uma cursividade, uma sequência, provavelmente tem que adotar certo tipo de linguagem compatível. É uma lei elementar da informação: se você parte em bruto de uma linguagem absolutamente incompatível com o código, você não tem condições de estabelecer uma

comunicação. Mas é claro que nesse contato com eles, certamente alguma coisa veio para mim também, suponho. Pelo fato de surgirem coisas como essa colaboração no caso do poema "Pulsar" *(gravado no disco* Velô, *de Caetano Veloso, de 1984)*. O fato de Caetano ter aceito fazer a música do poema e de que a tenha realizado tão bem, o quanto eu posso julgar, mostra que nesse poema, de certa maneira, a minha linguagem se compatibilizou com a dele. Talvez em outros poemas isso não fosse tão fácil.

Como surgiu essa parceria?
Em 1973 foi organizada uma exposição de poesia concreta na Bahia, pelo Antonio Risério. Eu e o Décio estivemos lá. O Risério pediu ao Caetano que fizesse a oralização do poema "dias dias dias". Naquela ocasião, o Caetano morava em Amaralina e tinha um pequeno estúdio de quatro canais e um piano elétrico. Ele fez "dias dias dias". Acho lindíssimo aquilo que ele fez – e eu não tinha explicado para ele como deveria ler o poema. Apenas numa dedicatória, quando enviei o *Poetamenos* pra ele, havia dito que quando fiz o poema eu tinha na minha cabeça Webern e Lupicínio *(Rodrigues)*. Quando cheguei na casa do Caetano, foi uma surpresa. Ele disse: "Eu fiz uma oralização, não sei se você vai gostar". E eu fiquei absolutamente deslumbrado porque, de algum modo, ele tinha radiografado a minha cabeça vinte anos depois. Ele conseguiu fundir certos critérios da música do Webern com uma canção do Lupicínio. Ele aplicou critérios webernianos usando os pedais do piano elétrico; o som ora se expande, parece um órgão elétrico, depois se torna mais leve. Ele usou muitos espaços, fragmentando toda a frase, de tal modo que você só reconhece a melodia no final, quando ele canta um pedaço da música. Foi uma coisa fantástica.

E a parceria com o poema "Pulsar", propriamente?
Então, em 1975 comecei a preparar a *Caixa preta* junto com o *(artista visual)* Julio Plaza, uma caixa com poemas soltos, objetos. E surgiu a ideia de fazer um disco, para completar esse tipo de trabalho que já saía fora do veículo livro. Naquela altura mostrei o "Pulsar" pro Caetano e ele gostou demais. Eu falei pra ele que estava com a ideia de um compacto e, quem sabe, ele podia fazer alguma coisa com o poema. E nós viemos conversando no carro. Tem até uma coisa interessante, que poucas pessoas sabem: esse poema tinha uma linha a mais, que era de uma canção do Caetano. O poema era assim:

"Onde quer que você esteja/ em Marte ou Eldorado/ abra a janela e veja/ *como um objeto não identificado*/ o pulsar quase mudo/ abraço de anos-luz/ que nenhum sol aquece/ o oco (eco) escuro esquece". Esse verso "como um objeto não identificado" é de uma música do Caetano. Depois eu tirei essa linha, porque achei que ela desequilibrava. Dava uma rima com Eldorado, mas desequilibrava. Na fase de elaboração visual do poema, achei que a linha do "pulsar", que vinha a dar nome ao poema, era a linha mais importante, tinha que ficar no meio, três linhas pra cima, três pra baixo. Dava um equilíbrio geral. Acabei tirando a frase. Mas contei pro Caetano. Então, aquela melodia que ele toca no piano, naquele trecho, é esse verso que foi tirado. Essa sensibilidade do Caetano é muito interessante. Isso foi uma conversa no carro, eu contei a ele, ele achou graça e nunca mais falamos no assunto. Depois, quando estava terminando o livro, ele falou que tinha feito a música. Foi assim. Aí completou com o "dias dias dias" no outro lado da bolacha e a gente pôde fazer o compacto, que apareceu primeiro na *Caixa preta* e depois no *viva vaia*. Essa versão que aparece no disco dele agora é uma segunda versão. E existe um videoclipe também, a partir de outra versão feita em computação gráfica[3]. Deu um trabalho imenso. A gente teve que desenhar letra a letra, tendo como modelo a versão impressa.

Lendo seu trabalho percebo que esse lado cerebral identificado com a poesia concreta passa por algumas mudanças, que de alguns anos pra cá foi entrando uma carga mais emocional, mais vivencial, sem que fossem abandonadas todas essas coisas que norteiam o trabalho da poesia concreta. Você concorda?
Talvez tenha sido uma característica daquela fase mais ortodoxa da poesia concreta, em que se fez muito poema sobre o poema, muito poema metalinguístico. Desapareceram um pouco esses elementos que ligam à experiência vivencial mesmo. Isso acontece com vários poemas daquela época. Naturalmente, naqueles poemas, esse lado cerebral aflora bem mais. Acho que realmente existe, como característica geral da poesia concreta,

---

3   *Pulsar,* videoclipe exibido na mostra "Level 5", realizada no Masp, de 22 de novembro a 2 de dezembro de 1984, com organização de José Wagner Garcia e Mário Ramiro. Realizado em computador de alta resolução, "Intergraph". Videoclipe animado pela equipe do *Olhar eletrônico* (Fernando Meirelles, Marcelo Tas e outros) com a colaboração dos organizadores e do autor. Apresentado também na tv Gazeta (programa *Crig Ra*) e na tv Cultura.

um registro assim, muito de cabeça, mesmo. Agora, Fernando Pessoa dizia: "O que em mim sente está pensando". E, às vezes, a gente chega ao outro lado: "O que em mim pensa está sentindo". Pessoa dizia mais: "Dizem que finjo ou minto tudo o que escrevo. Não, eu simplesmente sinto, não uso coração". Ele fazia uma distinção entre o *sentir* e a própria coisa emocional. A poesia concreta – isso é indiscutível, seria loucura negar – é mais cerebral do que outros tipos de poesia, que são mais emocionais, digamos, o que provocou certo confronto com um tipo de poesia de uma safra de jovens poetas, que era conhecida como poesia marginal, uma poesia muito da primeira pessoa, muito subjetiva, anotação do dia a dia. Não todos, evidentemente, mas houve certo número de poetas dessa área que se incompatibilizou muito com a poesia concreta. Viam uma coisa assim detestável, cerebral, fria, formalista. Houve isso talvez porque se sentisse essa natureza da poesia concreta. A poesia concreta se inscreve num plano mais geral da "poesia-arte".

Mas o "Pulsar", por exemplo, tem uma elaboração que não deve em nada às experiências mais radicais e, ao mesmo tempo, tem uma carga emocional, imediata.
É, ele tem certa paixão. Acho que alguns poemas meus têm isso. Mas é uma questão de temperamento, de ser mais emocional ou menos emocional. Cito o caso do *(John) Cage*, que é um artista que admiro imensamente. Cage é bastante radical. Ele justifica todo o uso do acaso que ele faz na obra dele como uma disciplina do ego. Ele é antiemocional. Talvez seja um lado que também o aproxima da poesia concreta, embora ele seja até mais radical, às vezes. Ele diz que a emoção deve existir, mas que exibir a emoção nem sempre é interessante. Frequentemente até aborrece. E o uso da operação do acaso, na obra dele, visa bloquear esse curso emotivo que vem toda vez que você faz a poesia do ego, que é a poesia em que você traduz os seus sentimentos. Você joga os seus sentimentos e, segundo Cage, os impõe ao espectador passivo. A operação do acaso visa eliminar a intervenção do ego. Por outro lado, os trabalhos dele emocionam, interessam a gente, estimulam. Talvez estimulem mais do que emocionem.

A poesia concreta sempre teve um diálogo aberto com a tecnologia. Com o holograma, a cibernética, esse avanço tecnológico todo, pra onde tende seu trabalho?

A minha experiência ainda é pequena nesses novos *media*, mas me sinto muito estimulado a trabalhar com eles. Em holografia, fiz uma versão do poema "cor/luz/mente" *(de Poemóbiles)*, que foi projetada pelo Julio Plaza. Essa experiência me interessou muito porque você tem a possibilidade de jogar com a ambiguidade do ver/não ver. Conforme a posição em que você fica diante do holograma, mudam todas as cores, as palavras aparecem e desaparecem de acordo com o seu movimento. Tudo isso me interessa. Mas eu não fetichizo esse material. Não acredito que vão se resolver os problemas da linguagem poética só por usar esse material. O problema continua no plano da linguagem. É um problema difícil de resolver, porque a gente quer liberar a linguagem poética e, ao mesmo tempo, tem uma amarração muito forte da sintaxe, do discurso que nós usamos, que é o nosso dia a dia, que é a linguagem com a qual nós estamos conversando e nos entendemos aqui. O problema continua de difícil solução.

O desenvolvimento da tecnologia, da maneira como está sendo direcionado, causa também certo temor em relação ao futuro. Parece uma coisa meio sombria, aquele cenário do filme *Blade runner*, com as cidades cada vez mais sufocantes. O que você pensa sobre o futuro?
Não sei. Concordo muito com John Cage, embora ele tenha um temperamento mais otimista do que o meu. Ele é uma figura muito sorridente, realmente alto-astral. Eu perguntei isso a ele. Essa pergunta que você está me fazendo eu fiz exatamente a ele. Porque ele dizia, no livro mais recente, que ele é um otimista, mas que as notícias dos jornais, que chegam diariamente, eram tão ruins que ele tinha acabado ficando mudo. Mas ele me disse: apesar disso eu acho que nós temos que ter esperanças, mesmo que seja pra nada. Acho que por um lado nós temos uma perspectiva apocalíptica. Existe, é um risco, você tem que computar até a destruição da humanidade através do estoque de bombas e armamentos destrutivos que as grandes potências têm. Nós temos um quadro sinistro do ponto de vista econômico. Os regimes políticos, em vez de se humanizarem, tanto da esquerda quanto da direita, se desumanizam. Parece que existe um recrudescimento da desumanização. O regime dos países comunistas não parece ter evoluído. Por outro lado, há o superegoísmo dos regimes capitalistas, esse verdadeiro complô internacional em que os países menos favorecidos economicamente são colocados numa posição de devedores insolventes. Esse quadro todo não dá

muitas chances para o otimismo. Mas, apesar disso, a gente tem que apostar um pouco no contraditório das coisas. Quem sabe as coisas se articulem.

Folha de Londrina *(Caderno 2), 1º e 3 de dezembro de 1985*

Roberto Piva
e sua poesia de possessão

Roberto Piva garante: quando escreveu *Quizumba* (1983), sete demônios não largavam do seu pé. Copos quebravam sozinhos na cozinha, garrafas de vinho se estilhaçavam no chão. Foi preciso um despacho na Serra da Cantareira para limpar a barra com as entidades. Oito anos depois o poeta paulistano continua defendendo uma poesia de possessão, obra de xamãs, diálogo dionisíaco com as forças irracionais do animal bípede chamado homem.

Entre leituras de Dante, flertes com *office-boys* e viagens ao litoral sul para beber na fonte experiências xamânicas, Piva escreveu um novo livro: *Ciclones*[1]. Os originais estão escritos à mão num pequeno bloco tilibra, meio surrado, folhas amarrotadas. Ele jura que o volume está pronto, embora não pareça. Não tem a menor preocupação de quando vai entregá-lo a um editor.

Contracultura, candomblé, Artaud, *beat generation*, pederastia são temas e influências que vem apresentando desde seu primeiro livro, *Paranoia*, de 1963. Acusa parte dos poetas brasileiros de serem frios e cerebrais. Muitos acusam sua poesia de retórica e metaforizante, sem rompimentos radicais com a linguagem.

Mãos ligeiramente trêmulas, Piva coloca na vitrola um disco de sauda-

---

1   *Ciclones* foi publicado em 1997, pela editora Nankin.

ções a Exu, abre uma garrafa de vinho, esparrama-se na poltrona e brinda ao Deus da Farra: "Evoé, Baco!".

* * *

O texto de abertura da primeira entrevista que realizei com Roberto Piva, no outono de 1991, deixou-o intrigado. Na mesma manhã em que o texto saiu publicado no Jornal da Tarde, *ele me ligou se queixando: "Que história é essa de sete demônios me perseguindo? E esse negócio de mãos ligeiramente trêmulas?". Eu disse que ele mesmo me contara sobre os demônios, e que eu achara uma metáfora interessante da sua poesia. Quanto às "mãos trêmulas", era apenas uma observação circunstancial (anos mais tarde Roberto Bicelli, seu grande amigo, me diria que fui um dos primeiros a perceber os sintomas iniciais do mal de Parkinson, que se manifestaria nos anos seguintes). Argumentei que a entrevista tinha ficado excelente e que declarações como as que ele dera não eram comuns na imprensa. Conversamos durante um bom tempo pelo telefone. Ao final, ele concordava comigo que a entrevista estava ótima.*
Doze anos depois, voltei a entrevistá-lo para a revista Coyote. *Ele estava, então, com 67 anos de idade (na primeira, tinha 54). É notável a coerência entre os dois depoimentos. A essa altura, Roberto Piva, embora marginalizado pela imprensa e pelo sistema editorial, já era considerado por muitos um dos maiores poetas brasileiros. Mais que isso: uma lenda viva. Foi assim até a sua morte, em 3 de julho de 2010.*

* * *

Seu último livro, *Quizumba*, é de 1983. Você está com algum livro novo pronto?
Estou. *Ciclones*. Reflete todos os meus mergulhos no conhecimento através dos abismos da experiência alucinógena, que vem de longa data, e o mergulho em realidades paralelas. Uma experiência xamânica com as palavras.

Como é essa experiência xamânica?
Uma experiência de volta às origens da poesia. Os primeiros poetas foram xamãs, foram profetas, faziam poesias que relatavam seus relacionamentos com espíritos tutelares, com os totens, com as forças incontroláveis da orgia dionisíaca. E, principalmente, o caminho do coração, que é o caminho do xamã.

Você tem contato direto com xamãs indígenas?
Sim. Tive experiências em matas perto de Guararema, Ilha Comprida, Ilha do Cardoso, na Jureia. Tive experiências poderosas, de ficar três dias colhendo as informações do Universo, do Cosmo.

Como são essas experiências?
A experiência xamânica é principalmente para você descobrir seus animais totêmicos, seus espíritos guardiães. Como nós vivemos numa sociedade urbano-industrial em desintegração, toda cimentada, essas forças da natureza se afastaram de nós. As pessoas perderam essa energia e ficam com uma série de doenças, como esclerose múltipla, que é uma doença típica de sociedades industriais. As pessoas deixam de mexer com determinados neurônios, determinados aspectos do sistema nervoso, que vão se atrofiando por causa do sedentarismo da sociedade industrial.

A poesia está ligada a forças irracionais, então?
Existe um livro de um professor de Oxford, *Poesia épica e xamanismo*, mostrando que os poetas épicos foram grandes xamãs, que eram possessos de uma força maior do que eles. Isso tudo é a recuperação do irracional, que foi perdido dentro dessa sociedade industrial, com a doutrina do taylorismo, que é a eficiência, a racionalidade, a produtividade, a linha de montagem. Tudo isso que Charlie Chaplin desmontou naquele filme magnífico dadá-surrealista-anarquista que é o *Tempos modernos*.

Mas existem correntes científicas que observam uma aproximação cada vez maior entre a ciência e o conhecimento místico dos povos antigos. Não pode ocorrer uma síntese entre esses dois tipos de conhecimento?
Mas isso só foi possível com a desintegração da visão newtoniana da natureza. E com a física quântica. O que você lê em *(Carlos)* Castañeda? O Don Juan diz: "aqui é um lugar de poder". Provavelmente um físico quântico di-

ria: "aqui é um campo de força". Ambos você não vê. Porque ambos lidam com o invisível. Por isso que há uma recuperação do xamanismo, fenômeno com que eu lido desde que li Artaud. Ele foi um típico xamã, que rompeu com o cartesianismo da sociedade francesa e partiu para o México para tomar peiote e fazer experiências xamânicas com os índios tarahumaras. Num livro de Michael Harner, Ph.D. em antropologia, estudioso do xamanismo, ele mostra que fizeram pesquisas com grupos de biólogos, físicos e antropólogos e descobriram que o uso de tambores e chocalhos no xamanismo serve para acionar determinados centros nervosos, determinados lóbulos cerebrais, e provocam a cura, e provocam o estado alterado de consciência. Não é curioso? Um conhecimento de trinta mil anos precisou esperar a física quântica para mostrar que eles tinham razão.

Você costuma escrever sob efeito de drogas?
Não, não necessariamente. Digo experiência alucinógena como coisa presente na cultura xamânica. Apesar de muitas tribos fazerem a experiência xamânica sem drogas, a experiência alucinógena é muito grande. O próprio vinho no dionisismo – era uma experiência em que se usava o vinho para promover aquelas orgias monumentais, que eram os festivais dionisíacos.

São Paulo sempre foi tema de sua poesia. Há pouco tempo você disse que São Paulo se tornou uma grande caixa registradora em decadência. O que mudou?
Mudou tudo. A avenida Paulista inteira é um túmulo. Parece o túmulo dos Matarazzo no cemitério da Consolação. Aqueles túmulos com vidro fumê, do Bank of Tokyo. O Darcy Ribeiro falou que é um estilo Geisel-funério. O Geisel *(refere-se ao general Ernesto Geisel, presidente da República no período da ditadura militar)* usava aqueles óculos escuros enormes. O que nós estamos assistindo no mundo é a desintegração da sociedade industrial. Quanto tempo durou a civilização egípcia? Quanto tempo durou o Império Romano? Quanto tempo durou a civilização grega? Nada é eterno. Por que a sociedade industrial vai durar eternamente? Veja o marxismo: durou setenta anos. Porque o marxismo não tinha nada a ver com os arquétipos do inconsciente coletivo e com a energia irracional do instinto.

Você é extremamente crítico do comunismo. Por quê?

O comunismo é o último rebento do cristianismo, de uma visão judaico-cristã da realidade. Tanto o capitalismo quanto o marxismo são duas faces de uma mesma moeda, que é o cristianismo. O Lula vive cercado de padres. O primeiro ato da Igreja neste país foi um ato antiecológico: cortaram árvores para fazer cruzes. A única forma de salvar o planeta é a selvagização de novo. Eu quero onça-pintada na avenida São João.

Oswald de Andrade passou pelo comunismo ortodoxo, saiu dele mas continuou propondo uma espécie de "comunismo" baseado nos modelos indígenas. O que você acha disso?
Acho fantástico. O Zé Celso esteve nos arquivos do Oswald, na Unicamp, e pegou as últimas coisas que ele escreveu. O que ele dizia? Por favor, salvem a cultura indígena, é a melhor coisa que o Brasil tem. Toda hora ele escrevia isso. Porque Oswald sabia que quando morre um pajé morre uma biblioteca viva. Coisa que os nossos intelectuais acadêmicos não sabem. Comemorou-se o centenário de Oswald de Andrade, mas ele não foi comido. Não há penetração nesta estética que está no poder atualmente no Brasil.

Há uma informação cada vez mais burocratizada atualmente?
Burocratizada e dirigida para um certo tipo de conformismo estético sem ruptura com a civilização urbano-industrial e os seus valores de disciplina e domesticação do instinto. Grande parte da intelectualidade brasileira está sendo envolvida pelo próprio *marketing* e pelo *lobby* imenso que foi armado.

Que *lobby* é esse?
Aquilo que Pasolini disse: a uniformização do planeta em torno dos valores da classe média. E isso é irreversível – dizia Pasolini. É o horror. Minha poesia é diferente de tudo isso. Tem ligação com pessoas de outras décadas, como Murilo Mendes, Jorge de Lima. E muita ligação com o *Serafim Ponte Grande*, do Oswald de Andrade, que eu considero o grande livro anarquista-surrealista de todos os tempos no Brasil.

Murilo Mendes e Jorge de Lima?
Pois é. São poetas que depois se tornaram católicos mas que têm uma força muito grande. Isso não quer dizer muita coisa. Dante era um católico, um cristão, e produziu a viagem xamânica mais espantosa que já li. Ele desceu

aos infernos, depois foi para o purgatório, depois para o paraíso. E nos infernos, como diz Pasolini, ele, como profundo conhecedor da *mala vita*, da vida marginal da Itália do seu tempo, descreve com fidelidade, inclusive na linguagem, na gíria, o aristocrata ladrão de sacristia que é o Vanni Fucci. E você percebe que Dante vivenciava profundamente a vida da marginália, dos bandidos. Ele conhecia as várias camadas sociais, desde os heréticos, passando pelos sodomitas, indo pelos saqueadores de sacristia, pelos ladrões. Ele conhecia tudo.

O surrealismo é uma grande influência na sua poesia?
Muito. A *beat generation* também. Sou influenciado por várias correntes. Certos futuristas italianos – apesar daquele fetiche pela máquina, eles têm uma visão especial, uma visão dinâmica da poesia, muito interessante. O Khlébnikov, um grande poeta russo, um bruxo. Mas o Artaud é o que mais me influenciou nos anos 1960. O Artaud descreve a dança dos tarahumaras, do tutuguri, do sol negro, aquilo é uma obra-prima. Ninguém consegue um aprofundamento nas raízes viscerais do ser humano como naquele livro, *Viagem ao país dos Tarahumaras*. Tudo isso foi levantado pelo xamanismo, pela *beat generation*, pela contracultura e por toda essa corrente de pensamento que vem de Nietzsche, do surrealismo, do dadaísmo, dos poetas negros surrealistas de expressão francesa, Aimé Césaire, Léopold Sédar Senghor. Todos eles sabiam que uma cultura africana é um ecossistema preciosíssimo, com uma riqueza cultural enorme, e que a devastação da sociedade industrial, uniformizando a riqueza daquele ecossistema, que é único, vem desertificar a cultura da humanidade.

Você está falando dessa experiência do xamanismo, que é além do racional. Ao mesmo tempo você escreve em português, uma língua branca europeia. Como é o seu embate com a língua no momento em que você traz essa experiência irracional para um código racional?
Os poetas negros africanos de expressão francesa escrevem em francês, que é uma língua mais racional. Lá é a pátria de Descartes. Isso é apenas uma contingência. Em que língua se escreveria? É aquilo que Norman O. Brown disse: toda língua é uma neurose. Os surrealistas usavam a língua para tirar uma solução irracional. A maioria dos poetas. Blake, a energia, diz ele, provém do corpo e é a eterna delícia. Os poetas *beats* cursaram Harvard, mas

usaram aquilo contra essa instituição da língua como forma burocrática de poder. É a poesia de possessão, não de posse.

Jornal da Tarde *(Artes e Espetáculos)*, *4 de abril de 1991*

Roberto Piva:
o gavião-caburé no olho do caos sangrento[1]

Quando publicou *Paranoia* (1963), seu primeiro livro, o então jovem poeta Roberto Piva, aos 25 anos, chegou arrombando as portas da percepção – para parafrasear William Blake. Os versos de longo fôlego abriram rombos na realidade com uma contundência jamais vislumbrada na poesia brasileira. Ao contrário do que se consagrou, não se tratava de uma poética urbana, mas totalmente antiurbana, marcada por imagens violentamente visionárias: a cidade focada em sua grande-angular se parece mais com a São Paulo do século XXI do que com a São Paulo de quarenta anos atrás. Como não reconhecer as sucatas do abismo urbano-industrial em versos como "A estátua de Álvares de Avezedo é devorada com paciência pela paisagem de morfina"? Ou: "Eu sonhei que era um serafim e as putas de São Paulo avançavam na densidade exasperante". Ou ainda: "hoje pela manhã as árvores estavam em coma/ meu amor cuspia brasas nas bundas dos loucos/ havia tinteiros medalhas esqueletos vidrados flocos dálias explodindo no cu ensanguentado dos órfãos".

Nas quatro décadas seguintes, Piva traçou meticulosos planos de fuga do "pesadelo da civilização industrial", que ele identifica como repressora da subjetividade, da imaginação e da ritualização sexual. *Piazzas* (1964), *Abra os olhos e diga ah* (1976), *Coxas* (1979), *20 poemas com brócolis* (1981),

[1] Com a colaboração de Marcos Losnak e Rodrigo Garcia Lopes

Quizumba (1983), *Ciclones* (1997) e os manifestos da parte final da *Antologia poética* (1985) demarcam uma crescente visibilidade do xamanismo, dos animais totêmicos (o gavião, a onça-pintada) e das realidades extra-humanas em sua poesia.

Na sua trajetória artística, vida e obra formam um único amálgama. "Ele entende (e vive) a literatura, não apenas como uma criação estilística, estéril, sem ligação com a existência", como frisou o poeta Paulo César Ruiz. Pode parecer uma observação sem sentido, pois apenas os vivos são capazes da criação artística, mas no caso de Roberto Piva a relação arte/vida é levada às ultimas consequências, a ponto de ele expressar, como provocação: "só acredito em poeta experimental que tenha vida experimental"; ou em outra máxima: "faço poesia com os restos da orgia".

O entendimento da poesia como experiência vital de máxima liberdade e o anarquismo desenfreado de sua vida/obra incompatibizaram-no tanto com o pensamento político de direita quanto de esquerda, polaridades fortemente marcadas nos anos *(19)*60 e *(19)*70. Também vem daí sua conhecida incompatibilidade com as vanguardas experimentais da segunda metade do século xx, como a poesia concreta. Onde uma buscava rigor técnico, racionalidade construtiva e concisão, outro almejava desregramento de sentidos, irracionalismo órfico e alongamento de imagens. Somados à cegueira da crítica acadêmica, esses fatores acabaram empurrando-o para a marginalidade. Mas qualquer panorama da poesia brasileira das últimas décadas que exclua Roberto Piva só pode soar lamentável e grotesco. Livres da polarização e de dogmatismos burros, os poetas mais vivos e instigantes das novas gerações se sentem mais à vontade para realizar suas sínteses.

Espíritos estreitos inúmeras vezes taxaram sua poesia como simples herdeira tardia do surrealismo – imagem até certo ponto reforçada por surrealistas dogmáticos. Sem renunciar à evidente influência surrealista, mas longe desse reducionismo estéril, Piva se mostra um catalisador de múltiplas experiências poéticas e artísticas, interessado tanto em Allen Ginsberg quanto no pai de santo Joãozinho da Gomeia, em Rimbaud e Cartola, em Antonin Artaud e Oswald de Andrade. Um homem extremamente erudito, que detém um repertório raríssimo entre os intelectuais brasileiros.

Aos 67 anos, tratando-se do mal de Parkinson com remédios alopáticos e práticas alternativas, Roberto Piva continua ativo, curioso e crítico dos sistemas de repressão, sejam políticos ou poéticos, que afastam o ser humano da verdadeira experiência – como se pode perceber nesta entrevista gravada em Jarinu (a cinquenta quilômetros de São Paulo), na tarde de 6 de dezembro de 2003, num caramanchão coberto com folhas secas de palmeira, debaixo de uma bruta chuva, e sob a proteção de um gavião-caburé.

* * *

Após esta entrevista, as "obras reunidas" de Roberto Piva foram lançadas em três volumes pela editora Globo: Um estrangeiro na legião *(2005),* Mala na mão & asas pretas *(2006) e* Estranhos sinais de Saturno *(2008), com todos os livros do poeta, além de manifestos e textos esparsos publicados em jornais e revistas. Os volumes trazem também ensaios críticos de Alcir Pécora (organizador), Claudio Willer e Davi Arrigucci Jr.*

* * *

Você sempre reafirma sua poesia como sendo de uma linhagem xamânica. O que é exatamente essa poesia xamânica?
Poesia xamânica é poesia do inconsciente coletivo. Na definição de Octavio Paz, poesia é a perversão do corpo – esta, aliás, é uma das belas definições de poesia. A outra é de André Breton: poesia é a mais fascinante orgia ao alcance do homem. Para mim, a poesia é sempre xamânica e o poeta é sempre um xamã. Artaud aproxima a poesia da feitiçaria. Kerouac dizia que os músculos contêm a essência. Então, pra que escrever?

Pra que escrever?
O próprio Kerouac responde: continuar escrevendo pra nada.

Como foi sua iniciação xamânica?
Eu sempre pratiquei e pesquisei o xamanismo, desde os 12 anos. Meu pai tinha fazenda em Analândia, perto de Rio Claro. Tinha um empregado mestiço de índio com negro, o Irineu. Ele me fazia ficar olhando para o

fogo. E me iniciou na piromancia, ver as imagens e os espectros que saem do fogo. Mais tarde tive contato com o grupo do Vicente Ferreira da Silva e passei a ler os livros do Mircea Eliade. Em 1961 encontrei *O xamanismo e as técnicas arcaicas do êxtase*, edição italiana, na livraria Leia, na Xavier de Toledo. Pelo Mircea Eliade entendi que aquilo é universal, está presente no inconsciente de todas as culturas. Nos índios brasileiros e nos xamãs siberianos, na Europa, na América do Sul, na América Central, no México, nas tribos peles-vermelhas americanas. Portanto, fui beneficiado pelo inconsciente coletivo que permeia a humanidade. Isso é a origem da poesia xamânica. É a origem da própria poesia, na visão de Cortázar, Artaud, Octavio Paz, Mircea Eliade. Os primeiros poetas, legisladores, artistas, curandeiros, eram xamãs.

Em uma entrevista recente você cita Walter Benjamim, que define a poesia como "uma historiografia do insconsciente".
Historiografia inconsciente. Seria uma visão arquetípica da poesia que estaria presente em todos os seres humanos e acentuadamente nos poetas, que desenvolvem isso mediante técnicas arcaicas do êxtase.

Apesar da ligação com o xamanismo, você sempre viveu em São Paulo e não é difícil perceber que os grandes centros urbanos exercem forte repressão do inconsciente, em função de uma lógica do trabalho, do "progresso". Logo no seu primeiro livro, *Paranoia*, São Paulo é vista como um cenário fantasmagórico. Já no início da década de (19)60 você estava percebendo o colapso da sociedade industrial urbana?
Completamente. Você pegou a questão. Só pessoas de grande sensibilidade percebem que *Paranoia* não é um poema urbano, é um poema contra o urbano. É um pesadelo, um delírio de uma pessoa que quer ser um extraterrestre, quer sumir do mapa, quer pegar o disco voador das seis e partir para Alfa Centauro. É um poema em que eu vejo a falência da cidade, a sociedade industrial como uma vasta sucata, as ruas, os postes, os luminosos, tudo sucateado, a população sucateada, uma vasta sucata rolando no infinito do planeta.

Com seus sistemas de repressão?
Com seus sistemas de repressão, de opressão, de exaltação de um movimento para fazer caminhar o rebanho.

Onde se manifestam exatamente esses sistemas de repressão da sociedade urbano-industrial?
A repressão não é um atributo de um partido, nem de esquerda nem de direita, mas uma forma de fazer você esquecer da autêntica liberdade cósmica.

Recentemente você disse também que nos dias de hoje existe um movimento cada vez mais restritivo da subjetividade...
Isso a gente pode ver na educação. Temos uma geração paparicada por psicólogos, pedagogos, e que a cada dia tem menos iniciativa.

Que mecanismos são esses que causam o estrangulamento da subjetividade?
As pessoas não podem ter uma experiência autêntica, solipsista, subjetiva, individual. Atualmente tudo tem que ser compartilhado. De uma forma babaca. Isso é uma forma de ser policiado pelos outros.

Sem subjetividade não existe arte?
Kierkegaard dizia que "a subjetividade é a suprema verdade".

Robôs não vão fazer poesia...
Acredito que não, embora...

... eles possam se tornar mais humanos do que os humanos...
Exatamente (*risos*).

Estamos vivendo um período de conformismo?
O grande período de conformismo foram os anos (19)80. Aquilo foi um horror. Foi quando terminou o período dionisíaco dos anos (19)60 e (19)70, e embarcou-se naquele beco sem saída de fim de civilização, em que vários deuses morreram e os novos ainda não chegaram. Mas Jung dizia que neste momento, em que nós estamos aqui conversando sobre essas coisas, em algum lugar do planeta está surgindo uma nova divindade, um novo deus. É preciso estar atento e de olhos bem abertos, como eu digo no poema "Piazzas I": "os olhos bem abertos para algum milagre da sorte".

Você vislumbra uma fase de anticonformismo novamente?
Eu vislumbro em indivíduos.

Quem, por exemplo?
Não posso citar nominalmente, mas de vez em quando aparece no cenário planetário um indivíduo que está em ruptura com uma série de valores da civilização ocidental. E está havendo uma troca benéfica entre civilizações. Da civilização oriental para a ocidental. E vice-versa. Conhece aquela frase do Spengler: "Quando o primeiro automóvel atravessou Nova Délhi, na Índia, acabou o Oriente"? E ao mesmo tempo, quando o primeiro monge tibetano desceu em São Paulo, acabou o Ocidente.

Pasolini dizia que a grande tragédia do mundo contemporâneo é a uniformização dos valores em torno dos valores da classe média...
Exatamente. É o que nós estamos assistindo. Mas, ao mesmo tempo, você vê canais de televisão, como o Discovery Channel ou o National Geographic, que apontam culturas alternativas tendo solucionado problemas nos quais nós estamos nos debatendo.

Agora, a que valores da classe média Pasolini se referia exatamente?
Ele se referia ao casal consumista. A sociedade de consumo, para ele, é pior do que o fascismo. Porque no fascismo o cara tirava aquele uniforme, ia pra casa e lia Rimbaud, fazia troca-troca, dançava, ao passo que a sociedade de consumo, de acordo com Pasolini, nos coopta pela subjetividade, pelo nosso mundo interior. A televisão nos impõe modelos de comportamento.

Quer dizer que os fascistas, quando chegavam em casa, davam a bunda? (*risos*)
Não sei se seria isso. Os fascistas, talvez, não fizessem isso. Por moralismo, né?

Então eles não tiravam o uniforme. Eles continuavam com o uniforme.
Pasolini fez uma metáfora, você não entendeu?

Simbolicamente eles não tiravam o uniforme. Eu estou fazendo outra metáfora.
Tirando ou não tirando o uniforme, o fascista não era fascista o dia inteiro.

Agora, nós somos cooptados pela televisão, pela sociedade de consumo, o dia inteiro. Mas eu ponho em dúvida isso aí, porque a sociedade romana antiga, imperial, no tempo de Trajano, por exemplo, foi a maior sociedade de consumo que já houve no planeta. As lojas em torno do Coliseu vendiam sedas da Arábia, vinhos da Palestina, azeitonas, damascos do Oriente, tudo isso. Era um verdadeiro *shopping*. Dentro lutavam os gladiadores, em torno se faziam compras. O imperador Caracala, que foi o primeiro economista moderno, que percebeu que não se pode gastar mais do que se arrecada, estendeu a cidadania romana a todo o império, e com isso passou a arrecadar muito mais. Porque, para ser cidadão romano, tinha que pagar impostos. Dizem os livros de história antiga que um dia ele chegou no mercado de escravos – que não tem nada a ver com escravidão de português, de africano, tinha de tudo, gauleses, egípcios, palestinos – e comprou trezentas mulheres e trezentos adolescentes para dar de presente aos amigos. Quer mais consumo que isso?

Você é um crítico do taylorismo, da ideia da linha de montagem, que está no centro da organização produtiva da sociedade industrial...
A linha de montagem reprime a imaginação. A ideia de linha de montagem foi criação do Taylor e foi levada pra União Soviética pelo Lênin, que dizia que o operário não precisa fazer o serviço militar porque ele já tem a disciplina de fábrica. Isso foi implantado no Brasil na década de (19)50, quando, de acordo com o filósofo americano Lewis Mumford, no livro *Técnica e civilização*, a sociedade industrial já estava em franca decadência. Então, os movimentos de vanguarda que se apoiaram na linha de montagem eram, no fundo, movimentos de retaguarda.

Voltando um pouco ao *Paranoia*: o livro foi publicado no início dos anos (19)60, uma década de grandes mudanças comportamentais, políticas, artísticas. Era assim que você percebia o contexto naquela época, um mundo em efervescência?
Ah, sim, nós estávamos antenados com as vertentes novas do pensamento, como a *beat generation*, o psicodelismo do Timothy Leary... Junto com outras pessoas, eu fui um dos primeiros a tomar LSD-25 em São Paulo, que é uma experiência xamânica levada ao contexto urbano. Ela foi desvirtuada pela curtição, mas no fundo leva a pessoa a um estado alterado de consciência xamânica, que é propícia às visões da poesia.

Pra você não era simplesmente uma curtição?
Era um ritual. Tanto é que, na maioria das vezes, eu ia tomar na praia ou nas matas.

Você nunca tomava um ácido em São Paulo?
Muito difícil. Uma vez só, pra assistir ao *Satyricon*, do Fellini, no começo dos anos *(19)*70. Vi esse filme 38 vezes. Você sabia que Fellini deu ácido para os atores? Inclusive tem paisagens completamente lisérgicas no filme. Ele contratou alguns loucos pra fazer os figurantes. Porque, de acordo com a própria teoria do inconsciente coletivo do Jung, os loucos, as crianças e os poetas é que têm no seu inconsciente imagens das culturas arcaicas.

O grande artista está necessariamente próximo da loucura?
No sentido da criatividade, sim. Tem um livro chamado *Homo ludens*, do *(Johan)* Huizinga, em que ele também acentua esse lado complementar da criança, do louco e do poeta. Os três se complementam.

Por que a arte está próxima da loucura?
Por causa do delírio da imaginação. A poesia será convulsiva ou não será, dizia Breton.

Hoje a gente percebe uma banalização das drogas. Em qualquer esquina você compra um papelote de cocaína. Virou um grande negócio e um consumo banalizado. O que mudou?
A cocaína, a não ser no estado de folhas, como querem os índios bolivianos e peruanos, é uma droga para *business men*. Uma droga *speed*. A essência que os alucinógenos partilham com a poesia é a contemplação. Quer seja o cogumelo, o LSD, a *Cannabis sativa*. A cocaína não, ela é uma droga produtiva.

Não houve uma banalização também da maconha ou do ácido?
Completamente. Se desritualizou o uso e se misturou com a criminalidade.

Com um vazio burguês também?
Com um vazio burguês, um vazio proletário, um vazio geral. As substâncias alucinógenas não pertencem a nenhuma classe social.

Mas dificilmente os pobres tomam ácido.
Mas usam *crack*, que é um pavor, um pesadelo. Isso é completamente diferente de um pajé que toma *ayahuasca* no meio da selva. O pajé faz um processo ritualístico, religioso, interior, subjetivo. E as danças propiciam a elaboração de energias de cura, ao contrário dessas drogas químicas, *crack*, cocaína, que destroem o sistema nervoso central.

Por outro lado, as drogas viraram uma questão de escamoteamento. Parece que tudo que acontece de ruim na sociedade é culpa das drogas. O que é isso? Um sintoma de uma sociedade doente?
O problema das drogas é muito complexo. Tem que passar por uma experiência religiosa. Quando não tem experiência religiosa, é aquele bando de gente louca pulando numa danceteria, mas sem Dioniso. Ao mesmo tempo, o problema das drogas é de uma sociedade que não tem mais iniciação. Não tem rituais de passagem. A mesma sociedade que desrespeita nos povos ditos primitivos esses rituais de passagem. É preciso iniciação para a pessoa se transformar num ser unido a um deus.

Você acredita, então, que aquelas ideias otimistas do McLuhan, de aldeia global, dançaram?
Eu acho que nós estamos caminhando pra isso, mas já num outro tipo de sociedade. Veja, por exemplo, que o canal a cabo Discovery Channel só mostra rituais xamânicos. Só mostra culturas alternativas. Então, a aldeia global e o rito tribal de McLuhan estão completamente presentes, mas num outro tipo de cultura, que ainda não se conseguiu abordar porque os conceitos da sociedade industrial estavam aquém da eletrônica. O perigo da eletrônica também é o Grande Irmão. Mas tudo é uma faca de dois gumes. A sociedade industrial tem sua contrapartida nas drogas alucinógenas. A sociedade eletrônica, eu não sei qual será a contrapartida dela. Provavelmente a volta aos ritos de passagem.

Você vê saídas para esse "pesadelo industrial"?
Como diria Nietzsche, para os que vivem solitários ou aos pares ainda existem muitas ilhas onde se respira o perfume dos mares silenciosos.

A poesia é uma saída para os solitários?

A poesia é uma arte de minoria. Como diria Octavio Paz, a poesia não tem existência no real. Aliás, ele disse, naquele famoso discurso na ONU, antes de ganhar o prêmio Nobel, que o século XX será conhecido não como o século do marxismo, mas como o século do surrealismo.

Por quê?
O marxismo se transformou em mais um pesadelo histórico, e o surrealismo é a porta de emergência que se abre para se fugir de todos os pesadelos. Aliás, as vanguardas industriais são pré-freudianas, porque desprezaram o sonho, desprezaram o inconsciente, e o surrealismo, ao contrário, foi aquela corrente do pensamento que aproveitou todo o Freud. E uma parte mais avançada dos surrealistas já tinha embarcado no Jung.

Mas Breton foi do Partido Comunista francês.
Por isso é um dos surrealistas mais limitados, embora tenha vislumbres de genialidade e tenha aberto uma brecha na realidade suficientemente larga para todos nós passarmos.

O surrealismo do Artaud e o surrealismo do Breton são bem diferentes.
Como diz o próprio Breton, Artaud foi aquele que levou a experiência surrealista às suas últimas consequências.

Bem, o bloco comunista ruiu e nós estamos vendo o triunfo da sociedade capitalista. E aí, nós temos liberdade nesta sociedade?
Claro que não, porque é uma sociedade baseada na dominação também. Eu acho que uma grande síntese será necessária, pra quem ainda acredita em sociedade. Eu acredito no Nietzsche, que citei há pouco.

Vamos voltar mais uma vez ao início. Você começou a publicar quando havia, no contexto poético, duas grandes forças: a geração de (19)45 e a poesia concreta. Como você se situava nesse contexto?
Eu preferi seguir meu próprio caminho, fazendo uma poesia magmática. Já lia os cantos xamânicos dos índios navajos, na época. Não dei muita importância pra luta interna dessas igrejinhas. Eu era um herético de todas as tradições, um dissidente interno, anarcossuicidário.

Com quem você dialogava na poesia brasileira?
Murilo Mendes e Jorge de Lima.

E Oswald de Andrade?
Também. Ele tem muita coisa interessante. Mas foi cooptado por uma série de vanguardinhas de colégio de freira. Ele era um cara que tinha uma visão muito precisa do arcaico. Ele diz, no livro *Estética e política*, que em qualquer igrejinha de beira de estrada, qualquer terreiro de candomblé, pode-se ter uma união com o sagrado, que é chamada de sentimento órfico, que não pode ser perdido no homem. Oswald de Andrade é de grande importância. E nesse sentido ele chamava atenção para as culturas indígenas brasileiras.

E o que te interessava em Murilo Mendes e Jorge de Lima?
Aquele surrealismo bêbado de Murilo Mendes e *Invenção de Orfeu*, de Jorge de Lima, que é um vasto poema mitológico sobre o Brasil.

E o tropicalismo, o que significou na sua trajetória?
Eu sempre gostei, achei aquilo uma nova abertura para a música, para um estilo de vida, um comportamento. Aquilo foi muito interessante. E foi apoiado nas peças de Oswald de Andrade, principalmente em *O rei da vela*. Gostei muito. Tive muita simpatia por aquele movimento.

Você chegou a ter uma interlocução com os tropicalistas?
Não, porque os meus circuitos eram outros. Era mais o Vicente Ferreira da Silva, de quem ninguém fala. Oswald de Andrade o citava como o grande filósofo autenticamente brasileiro. Ele se correspondia com Heidegger.

Hoje, Caetano Veloso parece um burguesão. O que isso significa?
Significa que poesia não dá dinheiro e música dá. Porque a poesia não tem existência no real. É uma arte minoritária. Todas as sociedades são imunes a essa coisa de comprar as palavras.

Você gostaria de levar uma vida burguesa?
Vida burguesa eu não sei, porque não conheço a vida dele. Mas eu estou precisando muito de dinheiro.

Você identifica uma tradição visionária dentro da poesia brasileira, como temos em Blake, em Rimbaud?
Acredito que nesses dois a que me referi, no Murilo e no Jorge de Lima.

Mas eles eram diplomatas, funcionários públicos. Rimbaud era diferente, um andarilho.
Por isso que eu chamo sempre a cultura literária brasileira de uma cultura de sedentários.

Nós estamos ocupando um território que era, originalmente, dos índios, fortemente ligados ao êxtase, à religiosidade. Os negros, com toda a sua religiosidade e sensualidade, foram trazidos para cá. Temos aqui uma proliferação de religiosidades, de danças. E por que a cultura letrada é tão impermeável a esse êxtase que existe na alma brasileira?
Porque é feita por pessoas integradas, todas de classe média e sedentárias. É aquela coisa de primeiro aluno da classe, que tem que ser elogiado pelo professor. É muito chato isso. É o cu de ferro.

Parece incrível que esse êxtase todo não chegue na cultura letrada, não é?
Chegou em Oswald de Andrade. No *Serafim Ponte Grande*, no *Estética e política*, nas peças de teatro, *O rei da vela*. Aflorou dionisiacamente em tudo isso. Nos poemas de Murilo Mendes, no *Invenção de Orfeu*, de Jorge de Lima, no Qorpo Santo, de certa forma no Augusto dos Anjos, que entrou naquele delírio expressionista.

Na tua poesia, a gente percebe logo de cara a exuberância das imagens. Você tem preocupações com o ritmo, a musicalidade?
Ah, mas o ritmo está intrinsecamente ligado à minha poesia. O ritmo é o lado pagão.

Que ritmo tem na sua poesia? O ritmo da pulsação sanguínea?
Não só o ritmo da pulsação sanguínea. Tem o ritmo do ditirambo dionisíaco.

E o diálogo com as culturas populares, que foram sempre férteis no Brasil. De quem você gosta na cultura popular brasileira?
Ismael Silva, Cartola, Paulinho da Viola, Dona Ivone Lara, Hermeto Pascoal,

Tom Jobim... Toda uma tradição popular. Sem contar as religiões populares, o candomblé, a umbanda, as benzedeiras. Tudo isso me influenciou muito.

Esse ritmo que existe nos terreiros de candomblé, os tambores, os atabaques, isso você procurou trazer para a sua poesia?
Completamente. Aliás, tenho uma poesia sobre isso, "Xangô e Paracelso", no *Ciclones*. Tenho um poema dedicado ao maior babalorixá que já existiu no Brasil, na minha opinião, que foi o Joãozinho da Gomeia. E tenho um poema dedicado ao meu pai de santo, meu amigo, que já faleceu, o Marco Antônio de Ossain.

Você diz também que não é um marginal, que, na verdade, foi marginalizado dentro da cultura brasileira. Por quê?
Pelo próprio sistema de mídia, de mão única, da cultura brasileira, que detesta a biodiversidade poética. Mas agora está acontecendo um movimento contrário. O pessoal mais jovem gosta da minha poesia. Porque eles estão relacionados com novos valores.

A crítica universitária, que acaba exercendo um forte controle sobre a difusão da poesia, é totalmente impermeável a essa poesia mais magmática?
Depende. Há pequenos grupos de alunos, espalhados pelas universidades, que se interessam. Há um pequeno grupo na PUC, outro pequeno grupo na USP, em Araraquara, em Rio Claro, em Assis. Você não pode perder de vista aquilo que eu já disse, citando Octavio Paz, que a poesia é uma arte para minorias.

Para um poeta dionisíaco, magmático, como é a velhice?
Não sei se já cheguei na velhice, mas pra mim ela tem a sua elegância, tem a sua diversidade, tem a sua alegria.

Quero lembrar um verso seu do *Ciclones*: "que você conheça esse relógio sem nuvens, chamado morte, dependurado no planeta". A morte te assusta?
A morte é um mistério. Como todo mistério, aponta para o desconhecido. O desconhecido faz parte da poesia.

Revista Coyote *n. 9, outono de 2004*

Uma gravação secreta

A entrevista que você acabou de ler tem um histórico curioso. Há tempos queríamos gravar uma longa conversa com Roberto Piva para a revista Coyote *(eu e os outros dois editores, Marcos Losnak e Rodrigo Garcia Lopes). Marcamos um domingo de outubro de 2003. Losnak e Rodrigo vieram de Londrina. Fomos até um restaurante na Serra da Cantareira, na Zona Norte da cidade de São Paulo, almoçamos e, na hora H, Piva não quis falar. Disse que estava muito cansado. Tentamos convencê-lo de todas as maneiras, mas não houve jeito.*
No Dia de Finados (2 de novembro), marquei um novo almoço com Piva, no mesmo restaurante. Dessa vez, disse a ele que iríamos com um casal de amigos, Eyler Faria (Piti) e Fabiana Strambio (Fabi), pois meu carro estava quebrado. Combinei com Piti que Piva se sentaria no banco da frente e eu no banco traseiro, atrás dele, pois eu tinha a intenção de gravar a conversa no carro, enquanto nos dirigíamos para a serra. Eu queria a entrevista de todo jeito. Foi o que fiz.
Depois disso, finalmente Piva concedeu a longa entrevista que você acabou de ler, no dia 6 de dezembro. Quando editei o material para a Coyote, *tinha a intenção de publicar também a parte gravada no carro, algumas semanas antes. Mas acabou não saindo.*
A conversa permaneceu inédita. São fragmentos que consegui registrar durante o percurso, ligando e desligando o gravador – pois tivemos longos períodos de silêncio. Piva nunca soube que a conversa estava sendo gravada. Foi por uma boa causa. Os fragmentos são muito interessantes, pois registram um bate-papo descontraído que, algumas vezes, beira o total surrealismo. Segue abaixo a íntegra.

Fragmento 1 – Ainda no centro de São Paulo

ADEMIR: Há duas semanas eu estava saindo de casa, era umas onze horas da manhã, e eu senti um vento passando na minha cabeça. Olhei para cima e era um gavião.
PIVA: Era eu (*risos*).
ADEMIR: Qual é o significado disso, Piva?

PIVA: Você provavelmente está tendo uma empatia muito forte com seu animal protetor. A mulher do Nando Ramos, que é especialista em Aristóteles, aquela coisa de lógica e racionalismo, me convidou para um almoço, e na hora em que eu fui dormir na sala da casa, depois de um lauto almoço regado a vinho chileno, ela viu duas onças deitadas ao lado do sofá. Ela não sabia que a onça é meu animal totêmico.
ADEMIR: Mas o teu animal totêmico não é o gavião?
PIVA: O gavião, a onça e o arminho, aquele animal do Ártico que parece uma raposinha.
ADEMIR: Cada animal totêmico representa uma força ou uma qualidade que você tem, não é isso?
PIVA: Exatamente.
ADEMIR: No teu caso, o que significa cada um desses animais?
PIVA: Ah, é uma história muito comprida. Eu peço licença pra omitir.
(*Risos gerais.*)
ADEMIR: Mas num dia de chuva, dentro de um carro, a gente não tem muito o que fazer.
PIVA: É, mas eu estou muito cansado. Ontem me obrigaram a falar sobre filosofia, um monte de professores de faculdade. (*Pausa.*) Mas é basicamente o seguinte: você pega a energia desses animais. O arminho é da família das doninhas, aquele compridinho, que come cobra. A pele branca dele servia para fazer as roupas dos reis medievais.
(*Pausa.*)
ADEMIR: E o gavião?
PIVA: O gavião é a energia criadora. E a onça é a energia psíquica contra mau-olhado, contra poderes ocultos, essas coisas.
ADEMIR: Mas, no caso do gavião, é a energia criativa ligada ao voo ou à força?
PIVA: Tudo. (*Pausa.*) Você sentiu o quê, um vento?
ADEMIR: É, ele roçou na minha cabeça.
PIVA: Que coisa, hein? (*Pausa.*) Me aconteceu isso no Parque Estadual Anhanguera. Depois que eu fiz um ritual no mato, com chocalho, uma dança xamânica, o gavião-preto, o tauató, passou também em cima da minha cabeça, na hora em que eu saí do mato, numa estradinha. O Bicelli (*refere-se ao poeta Roberto Bicelli*) estava comigo, ficou de cabelo em pé. E o Gustavo (*refere-se a Gustavo Benini, que morava com o poeta*) um dia viajou e

eu falei pra ele: "Olha, eu vou aparecer pra você em tal lugar, assim, assim, sob a forma de um gavião". Ele também ficou de cabelo em pé, porque ele foi pra umas montanhas e, na hora que eu falei, apareceu um gavião. Eu apareci por lá (*risos*). O Joãozinho da Gomeia, aquele que foi o maior pai de santo do Brasil, ele ficava invisível. Quem contava a história era a madame Cossard, que foi esposa do adido cultural da França no Rio de Janeiro, e depois foi filha de santo do Joãozinho.

ADEMIR: Esses rituais xamânicos que você faz, como são?

PIVA: Ah, é principalmente dançar o animal. (*Pausa. Em seguida Piva se dirige ao Piti.*) Piti, né?

PITI: Piti. É apelido.

PIVA: Como é o nome?

PITI: Eyler.

PIVA: Eyler. (*Pausa.*) Interessante.

PITI: Diferente, né?

PIVA: Completamente.

Fragmento 2 – O carro está rodando pelo bairro de Santana

PIVA: ... num dos canais estava passando um ritual de xamanismo africano. Eu pensei: porra, mas que esquisito, esse xamã parece que está se arrastando. Ele tinha uma perna como a do Curupira. A perna direita era menor do que a esquerda, e o pé era virado pra trás.

ADEMIR: Inteiramente virado pra trás?

PIVA: Inteiramente. O pé direito. O esquerdo, não. Dava pra sentir a energia, a força do cara. Isso é muito comum, o xamã ser doente. Omulu, Obaluaê, que é o orixá da doença, da peste e da cura, é um orixá xamânico do candomblé, doente, tem varíola. Traz a doença e a cura.

ADEMIR: Xamãs normalmente são todos desequilibrados, né?

PIVA: São tidos como desequilibrados. Porque antes a única forma de abordagem era através da psiquiatra. Não tinha a antropologia científica.

ADEMIR: Você viu essa cena na televisão?

PIVA: No Discovery Channel. Nesses canais só passa isso. História dos maias... Só sociedades arcaicas. Bichos. Comunidades de leões africanos.

ADEMIR: Interessante, porque o Curupira tem as duas pernas viradas pra trás.

PIVA: Esse tinha uma.
ADEMIR: Uma pra cada direção?
PIVA: Uma pra cada direção.
ADEMIR: Isso deixa o caçador mais confuso ainda. (*Risos.*)
PIVA: Puta, é mesmo.
(*Pausa.*)
FABI: É interessante esse negócio do xamã também ser doente.
PIVA: Senão ele não pode curar.
FABI: Isso na mitologia grega é bastante comum. O médico ferido. Quíron tem uma flecha na perna, uma cicatriz que não se cura nunca. É uma ferida que ele não consegue curar. Ele cura todos os outros, mas não consegue curar a própria doença. Porque ele tem que compreender o que é ser doente pra poder curar.
PIVA: Exatamente. Ó, ela sabe. Escute bem o que ela está falando.
ADEMIR: É, ele tem que conhecer de uma maneira empírica.
FABI: É. Tem que conhecer o sofrimento.
ADEMIR: Isso é o que você fala de poeta experimental com vida experimental, não é, Piva?
PIVA: Exatamente. (*Pausa.*) Como diz Octavio Paz: não me fale que poesia é trabalho. Poesia nunca foi trabalho. É outra coisa. (*Longa pausa.*) O discurso dele na ONU, antes de ganhar o prêmio Nobel, é muito bonito. Do Octavio Paz: "O século XX será conhecido não como o século do marxismo, mas como o século do surrealismo".
ADEMIR: É, mas tem uma parte do surrealismo que flertou com o marxismo. Breton...
PIVA: Por isso que se foderam. Ele expulsou os melhores caras do grupo e depois ficou vendo navio por aí.
ADEMIR: O surrealismo se dogmatizou também, né?
PIVA: Ah, claro.
FABI: Surrealista dogmático é uma coisa paradoxal.
PIVA: Exatamente. Porque a base do surrealismo é o anarquismo.
ADEMIR: Exatamente. (*Pausa.*) É, entre o surrealismo do Artaud e do Breton, no final...
PIVA: Ah, eu prefiro o do Artaud. De acordo com a Susan Sontag, Artaud era um xamã. Um xamã que pegou o projeto cristão e tentou renová-lo através do próprio corpo. E ficou louco.

Fragmento 3 – Ainda no bairro de Santana

PIVA: ... vocês precisam ler *O segredo do xamã*, de um antropólogo chamado Douglas Gillette. Aliás, ele merece o nome que tem, porque é um livro que você espreme e sai sangue. (*Risos.*) Vocês já ouviram falar desse livro? Sobre o xamanismo maia?
TODOS: Não.
PIVA (*Até tremendo a voz*): Puuuuuta queeeeeee ooooooo pariuuuuuuu. Porra, então, corram pra livraria e, se não tiver, encomendem.
ADEMIR: Douglas Gillette é brasileiro?
PIVA: Americano. Xamanismo maia. Puta que o pariu, cara. Era de uma violência!
ADEMIR: Eram os maias que jogavam futebol com cabeça humana, não eram?
PIVA: Exatamente. Agora, por que a cabeça? Porra, porque cortando a cabeça você dá entrada para as serpentes do mundo inferior. São as serpentes de sangue... (*Passa uma viatura policial a milhão com a sirene ligada.*) Eh, nós erramos o caminho. Pode voltar.

Fragmento 4 – Já entrando na Serra da Cantareira

ADEMIR: O que os maias usavam? Peiote?
PIVA: Sangue humano. (*Risos gerais.*) Uma coisa mais poderosa ainda.

Fragmento 5 – Já chegando ao restaurante, no coração da Serra da Cantareira

PIVA: ... eu tenho três tambores do Lumumba. A gente fez uma troca, há muitos anos. Eu dei meu livro *Quizumba*, ele me deu um tambor.
PITI: Ele é músico?
PIVA: Não, o Lumumba é um negro, feiticeiro. Não é nem pai de santo, é feiticeiro. É uma coisa mais embaixo ainda. Mas é do candomblé também. Ele faz tambores de acordo com uma técnica antiga. Com ritual. Ele não vende. Ele mora no Vale do Paraíba. (*Começa a falar com grande entusiasmo.*) Olha o gavião, olha o gavião! (*Pausa.*) Ouviram o gavião?
ADEMIR: Eu ainda estou ouvindo.
PIVA (*pausa, ouvindo*): Não, isso é periquito. É maritaca. Era um gavião-

-carijó. E aqui na Cantareira tem um gavião em extinção, que é o gavião-pombo-grande e o gavião-pombo-pequeno. (*Pausa. Com uma voz demonstrando grande felicidade.*) Chegamos no restaurante!

Antonio Risério:
contra o eurocentrismo na poesia

Não é de hoje que o poeta, antropólogo e tradutor Antonio Risério vem demonstrando seu interesse pelas culturas afrobrasileiras. Já em *Carnaval Ijexá* (1981), ele lançava luzes sobre uma das correntes formadoras do povo brasileiro, muitas vezes correndo subterraneamente e vista com certo "exotismo" no mundo letrado. Com *Textos e tribos* (1993), coletânea de ensaios sobre as poéticas indígenas e negras de tradição oral, Risério chamou a atenção para a ausência desses textos na literatura de nosso país. Com *Oriki Orixá*, o poeta baiano traz à tona uma coleção de belíssimos e intrigantes poemas nagô-iorubás, traduzidos com o rigor obstinado de um esteta zeloso e consciente, demonstrando na prática toda a riqueza que vinha afirmando através de suas investigações teóricas. Antes dele, Pierre Verger e Sikiru Salami verteram alguns desses textos para o português, mas com uma visada mais antropológica do que propriamente poética.

Um dos diversos gêneros da poesia oral nagô-iorubá, os *orikis* não se restringem apenas ao louvor dos deuses da cosmogonia africana. São produzidos também para assinalar o rito de chegada de uma nova criança na comunidade, numa espécie de batismo, e para encaminhar o espírito de um ancião que passa do mundo terreno para outras esferas. Os textos escolhidos por Risério, no entanto, são justamente os que celebram as façanhas dos orixás. Através de uma estrutura linguística não linear, atapetada com sofisticados paralelismos verbais, palavras-valise e uma percussiva tessitura sonora, os poemas coligidos no livro louvam a faiscante sensualidade de Iansã, a fêmea-leopardo, a coragem guerreira de Xangô ou a justiça serena de Oxalá, o velho sábio.

Embora trabalhando na trilha do que se convencionou chamar de "etnopoesia" – a exemplo da recuperação de textos criativos dos peles-vermelhas norte-americanos, levada a cabo pelo poeta Jerome Rothenberg – Risério rejeita esse rótulo, tanto quanto o de "multiculturalismo". Para ele, não passam de novas formas de manter essas ricas tradições orais em guetos, numa espécie de *apartheid* mantido com a benevolência acadêmica. "Um poeta europeu é poeta. Por que um poeta indígena é etnopoeta?", questiona.

* * *

No texto "Toques para uma poética nagô", você lembra que parte da África tinha uma tradição letrada, erigida sob influência árabe. Como essa África islâmica se relaciona com a tradição oral dos *orikis*?
Os *orikis* são classificados, pelos especialistas, numa espécie textual mais ampla, os chamados *praise poems* (uma denominação totalmente inadequada), que existem por quase todo o continente africano. Muitos iorubanos, inclusive no Brasil, como se viu na Revolta dos Malês, se islamizaram. Mas confesso que não sei como lhe responder. A tradição dos orixás, configurando uma floresta politeísta de deuses distantes de qualquer vertente cristã, não me parece compatível também com a tradição cultural islâmica.

Trazidos para o Brasil, esses textos sofreram muitas modificações?
O problema não está nas modificações. Anos atrás, Pierre Verger registrou *orikis* praticamente idênticos nos dois lados do Atlântico Sul: em Abeokutá e na Bahia, por exemplo. A questão é que os *orikis* foram desaparecendo com o progressivo desaparecimento, no Brasil, da língua iorubá, que, ainda no século XIX, era uma espécie de língua geral de negros e mestiços da Bahia. O *oriki* resiste onde o iorubá resiste, que é na esfera do sagrado, da prática litúrgica. Em compensação, temos produzido, no Brasil, textos

que classifico como "neo-*orikis*". Podemos encontrá-los em romances e na poesia. Não só no Brasil, aliás. Neo-*orikis* surgem entre poemas de Severo Sarduy e naqueles espetáculos fônico-fisionômicos de dor e ironia de Bola de Nieve, por exemplo.

Orikis são apresentados no livro como formas poéticas, ou "textos criativos" que pressupõem autores. No entanto, não há nenhum autor nomeado em todo o livro. Como são encarados os conceitos de arte e de artista na tradição nagô-iorubá?
O fato da gente não saber o nome do autor não significa que o autor inexista. A ideia de criação coletiva em sociedades "primitivas" é uma falácia literofilosófica criada pela modernidade ocidental. No seu *Tratato descritivo do Brasil em 1587*, (Gabriel) Soares de Sousa nos diz que os grandes poetas-músicos tupinambás podiam atravessar sem problemas terras inimigas: eram reconhecidos e respeitados. Ainda hoje, a criação estética de nossos índios, antes que coletiva, é personalizada, às vezes se dando numa dialética entre a invenção individual e o cânone tribal. Enfim, a figura do autor pode ter características historicamente variáveis, mas o autor existe. Sempre. Existia no passado, ao contrário do que pensava Hegel. E vai existir no futuro, ao contrário do que pensava Foucault.

É possível fixar a data desses *orikis* traduzidos? Em que século foram criados originalmente?
Em alguns casos sim, mas apenas aproximadamente. Quando encontramos, num *oriki* de Oxóssi, a expressão *ibon*, por exemplo, sabemos que esse *oriki* é posterior à chegada dos portugueses na África, às grandes navegações portuguesas, pelo menos. Por um motivo muito simples: *ibon* significa arma de fogo. E essa expressão aparece, de fato, num *oriki*: o arco e flecha (*ofá*) é visto como uma espécie de fuzil daquele orixá. Mas, de um modo geral, é muito difícil fixar datas. Para fazer isso, mesmo vagamente, teríamos que juntar coisas como a história das tecnologias e os exercícios de erudição filológica.

Você traduz os *orikis* à luz de técnicas poéticas modernas. Quais os cuidados a serem tomados nesse tipo de tradução?
É impossível pretender se descolar de sua época. Tenho que encarar os *ori-*

kis a partir do que me é dado pela "maravilha fatal de nossa idade", como diz o verso de Camões. Mas lhe garanto que não fiz violações anacrônicas. O iorubá é uma língua monossilábica, tonal e aglutinante. O meu desafio foi um desafio linguístico. É claro que, nas traduções, você vai encontrar a marca de meu tempo. É inevitável. Mas, ao contrário do antropólogo que transforma um índio brasileiro em estruturalista francês ou em pós-modernista anglo-saxão, não transformei nenhum autor de *oriki* em poeta dadaísta ou cubofuturista.

O que esses poemas têm a apresentar para a poesia moderna?
O simples contato com uma vigorosa linguagem poética extraocidental já promove uma espécie de desrotinização da sensibilidade. Entramos em outro universo estético-cultural, onde reina uma outra imagética, com metáforas inesperadas e onomatopeias explodindo numa sintaxe livre, não linear, de justaposição de blocos verbais. Tudo isso é inspirador. E é muito mais rico, colorido e contundente do que o que anda fazendo algum sucesso por aí, gerando coisas como esse culto colonizado e provinciano da *language poetry* norte-americana, por exemplo, ou baboseiras em torno de um poeta menor, um diluidor, como Bob Creeley.

Em suas traduções, você parte de um princípio diverso dos antropólogos. Enquanto estes se preocupam mais com o conteúdo dos textos, você procura recriar a própria linguagem, verter para o português a informação estética embutida neles. É possível resgatar os dois aspectos na tradução?
Costumo exemplificar assim: ao ouvir o nome de uma ave num canto indígena, o antropólogo vai em busca do pássaro, ao passo que o poeta se concentra na plumagem do texto. É algo caricatural, mas não muito. Regra geral – salvo raras exceções, como as de Bruna Franchetto, Eduardo Viveiros de Castro e Rafael Bastos –, nossos antropólogos não conhecem poesia, nem estão interessados no assunto. Do mesmo modo, nossos poetas não costumam se dar às reflexões antropológicas, o que, num país como o Brasil, é lamentável. Mas acho que é possível tentar reduzir a distância entre esses extremos, trabalhando criativamente numa encruzilhada poético-antropológica. Foi o que defendi em meu livro *Textos e tribos*, de onde nasceu este *Oriki Orixá*.

Percebemos nos originais em iorubá que os *orikis* são altamente sonoros, às vezes quase mântricos. Os encadeamentos sonoros, especialmente no caso de *orikis* de orixás, têm a função de induzir ao transe religioso?
Orikis podem desencadear um estado assim, levando um sacerdote ou um filho de santo às profundezas energéticas do transe. Mas esse assunto é muito complexo. Existe toda uma sofisticada e minuciosa preparação do sacerdote para a possibilidade do transe, na cultura nagô-iorubá. É um processo iniciático, que envolve toda uma reeducação dos sentidos. Canções, *orikis* de orixá, podem induzir ao transe, mas não necessariamente.

Levando-se em conta que os *orikis* são textos orais e, no caso, associados aos cultos dos orixás, quanto se perde numa versão escrita? Não seria uma espécie de traição do original?
É claro que sim. Uma coisa é a palavra vibrando na pele do ar, outra é a palavra inscrita num espaço gráfico. Cada uma dessas palavras tem a sua poesia, faz suas próprias exigências no domínio da linguagem. A passagem do oral para o escrito significa sempre um empobrecimento. Mas acho que nem tudo se perde. O tradutor tem que fazer o máximo para empobrecer o mínimo – e, assim, tentar dar uma ideia do que é aquela poesia a pessoas que não dispõem de uma orquestra africana no quarto ao lado.

Há muito sexo e violência nos *orikis* de orixás. Como os nagô-iorubás tratam seus deuses?
O deus judaico-cristão é um ser racional, justo e assexuado. Os orixás, não. Eles representam a multiplicidade humana, e não uma visão amputada desta. São deuses temperamentais, eróticos, às vezes extremamente violentos, que fazem festas, vão ao mercado, promovem guerras. Nesse aspecto, a cultura nagô-iorubá está muito mais próxima da antiga cultura grega do que do judaico-cristianismo. E a poesia dos orixás celebra essas coisas, até de modo hiperbólico. São textos que, em vez de ocultar possíveis "pecados", explicitam e louvam a potência física e as proezas sexuais das divindades. E assim como Xangô tem um falo comparável ao de um elefante, Iansã é a volúpia que abrasa, a labareda erótica.

Apesar de seu interesse pelas poéticas africanas e indígenas, você rejeita os termos "etnopoesia" e "multiculturalismo", muito em voga nos

Estados Unidos e na Europa. Haveria nesses termos uma nova forma de hipocrisia?
Para que falar de etnopoesia? Por que tentar impor esse rótulo à criação poética extraocidental? O que existe é poesia, pura e simplesmente. Um poeta ocidental, literário, é um poeta, e um poeta iorubano ou araweté tem que ser um etnopoeta? Tem que carregar essa corcunda taxonômica imposta pela erudição ocidental? Não faz sentido. Quanto ao multiculturalismo, é uma espécie de *apartheid*, de segregacionismo cultural, que pode até ter algum nexo na recente onda migratória para a Europa. No Brasil, onde falamos a mesma língua e partilhamos basicamente os mesmos códigos naturais, é uma tolice. Uma importação ideológica típica do capachismo mental dos colonizados.

O Estado de S. Paulo *(Caderno 2), 3 de agosto de 1996*

Glauco
fez *crack* com a literatura

Pedro José Ferreira da Silva, bancário, dono de um apartamento de dois quartos na Vila Mariana e pagador de impostos, seria apenas mais um pacato cidadão (um burocrata, até) se não fosse também o transgressor chulo-erudito Glauco Mattoso. Autor mais que maldito, citado na música "Língua" de Caetano Veloso, ele causou um *crack* na literatura brasileira ao assumir em seus livros o sadomasoquismo, a escatologia e o sexo totalmente pervertido.

Este paulistano da Zona Leste, do ano de 1951, surgiu na cena literária nos anos (19)70 – tempos de contracultura e repressão política – com os antológicos *Jornal Dobrabil* e *Revista Dedo Mingo* (ironias ao *Jornal do Brasil* e sua *Revista de Domingo*), jornais marginais feitos numa máquina de escrever, com criativa tipografia e infernizantes sátiras aos monstros sagrados da cultura brasileira. Na sequência, ampliou sua literatura perturbadora com os livros *Memórias de um pueteiro*, *Línguas na papa* (ambos de 1982), *O que é poesia marginal* (1981), *O que é tortura* (1984), *O calvário dos carecas* e *Manual do pedólatra amador – Aventuras e leituras de um tarado por pés*[1] (ambos de 1985).

---

1 Na década de 1980, era comum referir-se ao fetiche pelos pés como "pedolatria". Anos depois passou-se a usar o termo "podolatria", para distinguir-se de "pedofilia". A segunda edição do livro, inclusive, lançada pela Casa do Psicólogo, saiu com o título atualizado: *Manual do Podólatra Amador*. Na entrevista, por fidelidade ao original, foi mantido o termo "pedólatra".

Mistura de Gregório de Matos, Sade e Masoch do século xx, o poeta vai fundo nos seus temas preferidos: sexo, poesia e estranhos prazeres.

* * *

Gravada nos primeiros dias de janeiro de 1987, esta entrevista gerou um verdadeiro escândalo quando publicada no jornal O Estado de S. Paulo. *Choveram cartas e telefonemas na redação, protestando contra as opiniões "depravadas, pervertidas e monstruosas" de Glauco Mattoso. Jamais um grande jornal havia concedido matéria de capa do seu caderno de cultura ao poeta, muito menos numa conversa tão perturbadora. Onze anos depois eu voltaria a entrevistá-lo. A comparação entre os dois depoimentos revela um autor extremamente coerente dentro de sua estratégia transgressiva. A versão aqui publicada inclui trechos suprimidos no jornal, por motivo de espaço.*

* * *

Principalmente no seu trabalho de poesia você tem um lado bem escatológico, de sujeira, vícios, perversões e, ao mesmo tempo, tem uma proximidade com as experiências poéticas mais experimentais, de um lado, e com as formas tradicionais, como o soneto, de outro. Como se configuram esses dois universos?
Você notou bem. Talvez a principal característica do meu trabalho seja essa convivência de extremos, uma literatura de banheiro, aquele grafite de privada, a coisa mais chula, junto com uma poesia de extração erudita, concreta, experimental, inclusive intertextual, vários idiomas. Essa convivência de extremos é uma coisa muito coerente com aquilo que eu vivo. Sou um sujeito extremamente careta. Sou um burocrata, um pequeno-burguês. Isso convive com aquelas minhas fantasias mais transgressivas, mais sujas, mais submundo. E ambas são verdadeiras. A ambiguidade é da própria natureza humana. Para mim, a coerência é justamente estar em harmonia com os dois extremos. Convivo com isso. Daí o fato de refletir no

meu trabalho tanto o lado cerebral, construído, pesquisado, quanto o lado sujo, feito nas coxas.

É essa convivência com os extremos que o impulsiona a escrever livros como o *Manual do pedólatra amador*, onde você relata sua tara pelo pé masculino?
Exato. O próprio *Manual do pedólatra* é uma biografia sexual, mas ao mesmo tempo é a demonstração de uma trajetória extremamente frustrada, em muitos casos, em termos sexuais. Porque a maior parte do tempo eu não conseguia aquilo que queria. Então, ficava apenas imaginando.

E o que você queria?
Era justamente ficar saboreando os pés que eu imaginava. Essas oportunidades foram muito raras. Tanto que tive que fabricar situações para colocar no livro. Inventei a massagem linguopedal e a divulguei como se fosse realmente uma coisa terapêutica, para poder atrair clientes. E realmente atraí. Mas se eu deixasse por conta do meu convívio normal, dificilmente essas coisas aconteceriam. Sou um sujeito muito recolhido. Não saio caçando por aí. Não faço como muitas pessoas que conheço, que vão em banheiros de cinema, em saunas, se aventuram mesmo, metem a cara. Nunca consegui fazer isso.

Os folhetos de propaganda que você espalhou por diversos pontos de São Paulo sobre a massagem dos pés com a língua, era uma forma de recolher material para o livro?
Era. Foi uma coisa premeditada. Bolei todo o prospecto, a teorização sobre as propriedades terapêuticas, a vinculação com a massagem oriental, o *do-in*, para dar a impressão de que estava praticando aquilo há muito tempo. Estudei bastante para fazer tudo aquilo. Estudei reflexologia, conversei com massagistas profissionais e médicos para saber exatamente qual era a função da sola dos pés em relação ao resto do corpo.

Na literatura não é de todo incomum o fetiche pelo pé. Quando o autor é masculino, às vezes aparece o fetiche pelo pé feminino, ou vice-versa. No seu caso é uma coisa extraordinária: o fetiche de um autor masculino pelo pé masculino.

Acho que é a primeira vez que acontece isso na literatura.

Que tipo de intenção o move a pensar nisso como um livro, de inserir isso num contexto literário?
Existe uma intenção clara, deliberada. Estou em cima de um muro muito conflitante. Estou tentando furar, embora debilmente, uma barreira que existe entra a literatura e a subliteratura. Existe um conceito em termos críticos, acadêmicos, de que a subliteratura não chega a ser literatura. Por que isso? A meu ver é um problema de temática. Não é o meio, não é o recurso, não é a forma. É a temática. Sexo, principalmente o sexo sujo, transgressivo, o sexo que foge aos padrões familiares, ditos normais, continua sendo considerado de mau gosto. Por consequência, a temática, por mais bem elaborada, por mais eficaz que seja em termos mercadológicos, continua reprimida e rebaixada a um plano inferior em termos de conceitos críticos. Em termos de público, não. Se analisarmos um curso ou um compêndio de literatura em língua portuguesa, principalmente no Brasil, e verificarmos o lado feminino dessa literatura, que é minoritário, como em tudo, quem vamos identificar como nomes literários de expressão? Rachel de Queiroz, Lygia Fagundes Telles, Clarice Lispector. Em poesia, Cecília Meireles. Nesses cursos, não vamos verificar a presença de Cassandra Rios. Ora, Cassandra Rios vende tanto quanto Jorge Amado, eu acredito. É autora de dezenas de livros, grande parte deles censurada durante toda a vigência do AI-5. E não me consta que ela escreva mal. Ela escreve razoavelmente bem. Agora, ela insiste em termos transgressivos. Além de ser sexo, é sexo lésbico, frequentemente. Quer dizer, ela vende muito, é um nome superconhecido, só que para critérios artísticos, de bom gosto, ela é considerada subliteratura. Bom, essa fronteira eu me proponho a furar.

Você também trata do sexo fora da esfera, digamos, familiar. Além de fazer isso, trata o sexo de uma maneira homossexual e vai escancarando isso ao extremo do fetiche. Só que, em vez de um pé bonito, perfumado, você afirma ter preferência pelo pé com chulé, sujo, com frieira. De onde vem esse desejo?
Evidentemente, no pé masculino, pelo fato de ser mais rude, o cheiro é mais forte. Isso influencia em termos de masoquismo psicológico. Você se

humilha muito mais dessa forma do que debaixo de um pé feminino, perfumadinho, que dá até gosto pra outras pessoas que não se consideram masoquistas.

A humilhação te dá prazer?
A humilhação me dá prazer. Lógico. Agora, voltando um pouco àquilo que eu estava dizendo, em termos literários procuro furar uma barreira, porque esses conceitos de bom gosto e mau gosto são determinados por uma fronteira artificial. Os conceitos não podem ser éticos. Devem ser estéticos. A estética não pode depender da ética, embora sejam ambas parte da filosofia, segundo o conceito clássico. Mas acho que deve haver uma separação aí. Batalho nesse sentido.

Quando você trabalha com subliteratura, com o perverso, o sujo, e ao mesmo tempo se utiliza de técnicas e conceitos trazidos pela arte contemporânea, de movimentos de vanguarda, há uma tentativa de transgredir dos dois lados, tanto do lado considerado mesmo como arte quanto naquele considerado subarte?
Exatamente. Isso é uma coisa intencional. Quando pego a literatura de banheiro e dou a ela um cunho elaborado, experimental, estou transgredindo a sua própria essência, que é algo espontâneo, sujo, ao acaso. Por isso até bolei uma teoria, uma paródia, uma brincadeira em cima da antropofagia, que é a coprofagia. A antropofagia oswaldiana sugeria a devoração do outro para reciclar o conhecimento. Eu faço uma reciclagem da devoração. A coprofagia vai reciclar a merda, o resultado daquilo que já foi devorado. Por isso, faço uma apologia do plágio, da paródia, da sátira. É o reaproveitamento daquilo que já foi aproveitado – e isso pressupõe uma forma de elaboração. Pego aquilo que está no banheiro, que já foi lido por muita gente, e trago para um outro veículo. Da mesma forma, pego a poesia concreta, que é feita num ambiente com muita informação, que pressupõe a erudição, e trago para um panfleto datilografado, uma coisa que vai ser veiculada de forma mais marginal. E, ao mesmo tempo, faço uma caricatura do concretismo, brinco com o próprio conceito. A sátira, muitas vezes, revela uma grande admiração. Não se satiriza aquilo a que você não dá importância. É lógico que isso pressupõe a minha admiração pelo trabalho cerebral que a poesia concreta representa.

Esse reaproveitamento do que já foi reaproveitado, a coprofagia, como você se refere, está presente também na ideia do *Jornal Dobrabil* e da *Revista Dedo Mingo*, que evidenciam, já nos títulos, uma sátira ao *Jornal do Brasil* e à *Revista de Domingo*?
Claro. Tanto que o próprio desenho das letras imitava o cabeçalho do *Jornal do Brasil* e da *Revista de Domingo*. E as letras eram datilografadas em forma de retícula, como se fosse um painel computadorizado. Era uma sátira dupla. Porque eu satirizava a grande imprensa, através de um panfleto, e ao mesmo tempo satirizava os panfletos mimeografados da literatura marginal, bastante numerosos na época, e que em geral eram feitos completamente a olho. A maioria dos autores achava que estava descobrindo alguma coisa nova, mas, na verdade, eles faziam uma poesia extremamente ingênua e precária.

Mas você foi taxado de poeta marginal. Você se encaixa dentro desse rótulo?
Aceito o rótulo porque só considero a literatura marginal por causa da forma de veicular a sua criação, e a minha forma de veicular foi marginal, porque eu estava fora dos esquemas da grande imprensa. Distribuía o *Jornal Dobrabil* e a *Revista Dedo Mingo* pelo correio, com poucas cópias. Eu me considero marginal por causa disso, mas não no sentido de uma tendência, como se acreditou durante algum tempo.

Você publicou também o livro *O que é tortura*, que foi distribuído em bancas de jornal e deixou muita gente de cabelo em pé. Você já foi torturado?
Não fui torturado no esquema que normalmente aconteceu durante a ditadura militar, o esquema repressivo. Só participei de situações em que eu estava de comum acordo com o torturador. E onde fui torturador, o torturado também estava de comum acordo comigo. Não houve uma situação contra a minha vontade. Mas já passei por situações um pouco perigosas. Nunca a ponto de ameaçar minha integridade física. Acho que aí é que está realmente o limite entre a tortura propriamente dita e aquilo que dá prazer. Respeito inclusive a tese de que haveria menos torturadores se houvesse maior naturalidade para se encarar o sadomasoquismo. As pessoas ficariam mais à vontade para fazer aquilo que gostam e não ficariam tão frustradas

em termos sadomasoquistas. Os torturadores profissionais seriam em menor número, porque estariam fazendo aquilo que gostam na cama e não no porão da delegacia.

Qualquer projeto utópico de mudança de comportamento dificilmente toca no sadomasoquismo, pelo menos nesses termos...
É verdade. É uma questão que ainda vai perdurar por muito tempo, porque ela ameaça a estrutura social. É uma questão muito perigosa, porque politicamente ela escapa do controle dos regimes de governo, escapa das estruturas tradicionais de controle do comportamento coletivo. Se você abre uma brecha por aí, as transformações podem ser imprevisíveis. Mas tudo isso torna a coisa mais interessante porque, voltando o clima de tabu e transgressão, a coisa fica mais nos porões, nos subterrâneos. Portanto, excita muito mais a imaginação. Se a sociedade é muito permissiva, o sadomasoquismo começa a ser encarado com naturalidade e começa a perder a graça. Por que lemos Jean Genet, por exemplo, com tanto fascínio? Ele não era apenas um homossexual; era também um ladrão, um viciado. Genet fascina justamente por misturar tudo isso sem critério de moral. Ele não quer saber se roubar é crime. Ele acha a traição uma virtude.

Todos esses temas que você aborda e a maneira como você os trabalha fazem parte de uma estratégia de interferência no contexto literário?
Existe um projeto, não é nada gratuito. Tem uma concepção onde tudo se amarra. Fiz poesia satírica, me interessei por sadomasoquismo, pesquisei tortura, me interessei por uma forma específica de tortura, que é o trote estudantil – uma tortura socialmente aceita, mas com muito sadomasoquismo –, e terminei me biografando. Parei de fazer poesia, fui fazer prosa e teorizar sobre tortura, aparentemente coisas bem distantes. Mas não, tudo se amarra. Desde a minha preferência pelo concretismo, minha admiração pelo trabalho cerebral que ele representa, até o sadomasoquismo, tudo se amarra em termos de transgressão.

Muitas pessoas ficariam tremendamente surpresas em saber que você é bancário e, ainda por cima, do Banco do Brasil.
Pois é, mas não ficarão com o que eu disse no começo, que sou uma pessoa careta, um sujeito burocrata, mas que convivo bem com o meu outro lado.

Vivo numa harmonia grande comigo mesmo. Não há problema. O dia em que eu precisar me suicidar, inclusive, vou fazer isso com um sorriso nos lábios.

O Estado de S. Paulo *(Caderno 2), 16 de janeiro de 1987*

Glauco Mattoso
é dinamite pura

No ensaio "Arte in-útil, arte livre?", Paulo Leminski reflete sobre o esvaziamento de grande parte da produção artística com sua transformação em mera mercadoria. "Um quadro de Manabu Mabe na sala de um banqueiro é apenas um complemento do tapete e do padrão dos sofás", escreve. A literatura de Glauco Mattoso, de antemão, já está imune a esse esvaziamento: dificilmente um industrial, banqueiro ou magnata gostaria de manter um de seus livros na estante da sala. Subversão nº 1 (que certamente agradaria a pensadores da cultura como Walter Benjamin).

Mas a temática corrosiva deste paulistano da Zona Leste é um banquete difícil de ser engolido até mesmo para a maioria dos críticos e intelectuais brasileiros. O sadomasoquismo explícito, a pedolatria escancarada (com pés impregnados de chulé, frieiras e cascões de toda espécie), a coprofagia, o sarcasmo feroz e a ironia ferina, presentes em toda a sua obra, ainda estão longe de serem assimilados pela "alta e nobre" cultura, mesmo que Glauco Mattoso escreva sonetos tecnicamente perfeitos, poemas concretos de intensa inventividade, versos livres com ricas cadências rítmicas – sempre com uma consciência cínica escancarada, claro. Muitos cultores das formas nobres gostariam que ele jamais tivesse escrito sonetos com versos desse tipo: "Pelo pelo na boca, jiló com uva!/ Merda na piroca cai como uma luva!/ Cago de pau duro! Nojo? Uma ova!". Subversão nº 2.

A rigorosa estratégia transgressiva de Glauco Mattoso, muitos preferem esquecer, não é algo isolado – ao contrário: tem ecos dentro das tradições literárias as mais antigas. A começar pelo fundador da literatura brasileira – Gregório de Matos, o Boca do Inferno –, passando por Bocage, Marcial, Petrônio, chegando ao Marquês de Sade e aos mais contemporâneos Jean Genet e William Burroughs. Basta lembrar os versos de Gregório escritos no século XVII: "Sal, cal e alho/ caiam no teu maldito caralho. Amém./ O fogo de Sodoma e de Gomorra/ em cinza te reduzam essa porra. Amém./ Tudo em fogo arda,/ Tu, e teus filhos, e o Capitão da Guarda". Ou os de Marcial (40-104 d.C.): "Você, agora, é amante de Aufídia/ Que já foi sua mulher/ E hoje é casada com o ex-amante./ Como se explica isso,/ Escavino? O seguro/ É contra o seu pau-duro?" (na tradução de Décio Pignatari).

Como se explica, então, que em pleno século XX Glauco seja tão marginal dentro da poesia e da literatura brasileira? Como se explica que, comparada à obra desses autores "clássicos", a poesia da maioria dos jovens brasileiros que rumam para o século XXI pareça tão bem-comportada e isenta de visão crítica, como se fossem Cinderelas preocupadas com joias e cristais? Será que o relativo ostracismo de Glauco Mattoso (para não citar Sebastião Nunes ou Roberto Piva ou José Agrippino de Paula) não está diretamente ligado ao triunfo temporário de estéticas "cabaço", que servem tão bem aos elogios da imprensa burguesa e ao higiênico mundo acadêmico?

Desde os antológicos *Jornal Dobrabil* e *Revista Dedo Mingo*, espécies de fanzines antropofágicos e com altas doses de informação, Glauco Mattoso vem transgredindo, criticando, ironizando e escandalizando os cânones literários. Com os volumes de poesia *Línguas na papa* (1982), *Memórias de um pueteiro* (1982) e *Limeiriques & outros debiques glauquianos* (1989), subverteu sonetos, poemas concretos, haicais e versos livres, com temáticas sadomasoquistas, sociais e políticas. Na prosa escatológica *Manual do pedólatra amador* (1986), radicalizou o fetiche da pedolatria. Escreveu ainda ensaios (*O que é poesia marginal* e *O que é tortura* – ambos da coleção Primeiros Passos, da editora Brasiliense), quadrinhos (*As aventuras de Glaucomix, o pedólatra*, em parceria com Marcatti) e letras de música, gravadas pelo cantor/compositor Edvaldo Santana e pelas bandas *punk* Billy Brothers, Baratas Tontas e T.I.T., entre outras.

Nesta entrevista, ele teoriza sobre as origens de suas tramoias transgressivas, fala da relação de sua obra com a contracultura e se revela um criador/intelectual na tradição dos grandes satíricos e humoristas.

* * *

A conversa foi gravada no apartamento de Glauco Mattoso, na Vila Mariana (São Paulo), em um domingo de junho de 1998. O poeta estava com 47 anos e perdera totalmente a visão, devido a um glaucoma congênito, havia três anos. Na época, como se pode confirmar no final da entrevista, não escrevia mais – dedicava-se apenas à produção de CDs *de bandas* punk *para o selo Rotten Records, do qual era sócio. Curiosamente, alguns meses depois passou a produzir sonetos em quantidade impressionante, ultrapassando a marca dos 4.500 em junho de 2011. Toda essa produção passou a sair em sucessivos livros, como* Centopeia: sonetos nojentos & quejandos, Paulisseia ilhada: sonetos tópicos, Geleia de rococó: sonetos barrocos *(os três em 1999),* Panaceia: sonetos colaterais *(2000),* Contos familiares: sonetos requentados *(2003),* Cavalo dado: sonetos cariados *(2004),* A aranha punk *(2007),* As mil e uma línguas *(2008),* Malcriados recriados & sonetário sanitário *(2009) e* Callo à bocca *(2010). Grande parte dessa safra foi reunida na caixa com dez volumes* Bibliotheca Mattosiana *(2011), lançada pelo selo Demônio Negro, em comemoração aos sessenta anos do poeta.*

* * *

No livro *O sequestro do barroco*, Haroldo de Campos relembra que a literatura brasileira começa com Gregório de Matos. E grande parte da obra de Gregório de Matos está marcada pela sacanagem, pelo erotismo, pela crítica de costumes. Quer dizer, a literatura brasileira já começa com ênfase nesse tipo de temática. Isso aparece também na sua obra. Gregório de Matos é uma referência importante no seu trabalho?
É. Ele se insere naquilo que o José Paulo Paes chama de "veio subterrâneo"

da literatura. José Paulo Paes é um grande cultor desse gênero. Ele traduziu poesia erótica de várias fontes e, inclusive, me forneceu subsídios na época em que eu estava iniciando minhas pesquisas nesse campo. Se você considerar que, antes de Gregório, já na carta de Caminha havia sacanagem – aquela história de ressaltar o erotismo das índias...

As suas vergonhas expostas, saradinhas e limpas das cabeleiras...
Exatamente. A literatura brasileira já começou com sacanagem. Talvez porque o Brasil seja um país para onde se mandavam os degredados. Aquelas pessoas que não estavam muito bem encaixadas na sociedade, que tinham algum tipo de delito na sua biografia, eram mandadas pra cá. Aqui era um paraíso onde valia tudo. Agora, além de Gregório de Matos, nós temos todo um fio condutor desse tipo de literatura, que remonta ao fescenino, aos epigramas de Marcial, remonta à Idade Média – existe toda uma tradição. A sacanagem parece algo inconsequente, mas na verdade ela é clássica – talvez a coisa mais clássica que exista em literatura. Ela sobrevive a todo tipo de censura. Os polos literários flutuam ao sabor de alterações históricas, econômicas, políticas, mas a sacanagem parece ter durado, porque ela fica sempre à margem de qualquer *establishment*. Então, o que eu faço... Na verdade a motivação disso tudo é que me formei bibliotecário. Na época estávamos no auge do AI-5. Havia um *Index Librorum Prohibitorum* aqui no Brasil. Como bibliotecário, eu tinha acesso àquilo que eles chamam de "inferno das bibliotecas", o lugar onde ficam os livros que não podem ser consultados pelo público.

Você trabalhava numa biblioteca?
Não, cursando biblioteconomia eu era obrigado a fazer estágio. Então, fiz estágio não só na Biblioteca Pública Municipal Mário de Andrade, de São Paulo, como em bibliotecas universitárias.

Você tinha amplo acesso aos livros proibidos?
Exato. Eu ficava nas bibliotecas fuçando. A literatura considerada pornográfica ou erótica sempre foi vendida. Por baixo do pano, mas sempre foi vendida, com ou sem regime militar. Aliás, era bom que tivesse censura porque, como diz o ditado, "o proibido aguça o dente". Quanto mais proibição, mais gostoso fica transgredir. Isso talvez tenha sido uma espécie de

pontapé inicial para o meu trabalho, porque sempre fui um cara que teve consciência da diferença. Eu nasci diferente: nasci com glaucoma. Era portador de deficiência física, sabia que não ia poder fazer o que os outros faziam. Desde a escola eu já estava meio marginalizado.

Que tipo de coisa os outros faziam e você não podia fazer?
Andar de bicicleta, por exemplo. Porque você não tem equilíbrio suficiente. Eu enxergava menos de um olho do que do outro, não poderia nem dirigir automóveis, não jogava bola. Então, tinha que compensar isso de alguma forma. Resolvi me dedicar ao estudo. Virei um CDF. Essa consciência da minha deficiência me mostrou que eu teria que ser diferente. Por fatalismo, mas também por opção. Até certo ponto, o destino, a natureza, seja lá o que for, me impôs uma diferença. Mas dali pra frente eu poderia também escolher alguma coisa que me tornasse diferente, num sentido que, em vez de me inferiorizar, compensasse a minha inferioridade. Daí nasceu a procura pelo transgressivo – fugir daquilo que era norma, daquilo que a maioria fazia. Já que não podia fazer algumas coisas que gostaria e que todos podiam fazer, eu passaria a fazer algumas coisas que gostaria e que os outros não gostam de fazer. Foi meio intuitivo no começo. Depois fui adquirindo consciência, e adquirindo consciência fui procurar na literatura aqueles que transgrediam, que não eram aceitos pela maioria, que não faziam parte do gosto comum.

Quem você encontrou nessas primeiras leituras?
Antes de mais nada, Sade e Masoch. Depois, Bocage. Ninguém sabia quem era Bocage, mas todo mundo sabia uma piada dele. Era uma coisa quase tão comum quanto ler gibi. Tão comum quanto...

Os catecismos do Carlos Zéfiro...
É, o Zéfiro. Então, claro, eu tinha que saber quem era Bocage. Na minha pesquisa descobri que cada autor, por mais clássico que seja – e Bocage foi um clássico – tem o seu lado de mr. Hyde contrastando com o seu dr. Jekyll. Com isso, descobri outra coisa que é inerente à natureza humana, quer seja você deficiente ou não, que é a dualidade do ser. Toda lógica, todo raciocínio humano, toda filosofia, principalmente do lado institucional, do lado político, tenta artificialmente impor a ideia de que o ser humano, por

ser racional, deseja o Bem, a Justiça, a Igualdade, que ele caminha, enfim, na direção da Utopia. Isso não é verdade. A Utopia, a Justiça são apenas um ponto na bússola; mas isso não quer dizer que o ponteiro da bússola não esteja tendendo para os outros pontos cardeais. Essa consciência de que a parte institucional da cultura humana quer impor artificialmente esse conceito, inclusive através de censura, e que o ser humano é mais frágil, mais dividido, isso por si só já se associou à problemática da minha diferença. Então, comecei a trabalhar com dois conceitos. Primeiro, o conceito da diferença, de me diferenciar da maioria. Fazer alguma coisa que fosse sempre um percentual minoritário em relação ao restante. Segundo, trabalhar sempre a contradição, pesquisar o antagonismo. Descobri que um dos grandes conceitos já criados pelo ser humano é o do sadomasoquismo. Porque convivem nele os opostos. O yin-yang, aquela esfera onde você vê a divisão em partes iguais do preto e do branco, da noite e do dia...

Do masculino e do feminino...
Ou seja, o conceito da dualidade. Essa noção básica começou a me instigar. O que faço, os meus referenciais são Gregório de Matos, Bocage, Laurindo Rabelo. Esses referenciais da transgressão se somaram a outros referenciais conservadores. Por quê? Por causa do antagonismo.

Mas esse lado conservador aparece onde na sua obra?
Não, não é que apareça. Mas é que existe sempre um ponto de referência no qual me baseio para transgredir. Torço para que exista censura, para que eu possa transgredir. Isso parece contraditório. Uma pessoa que tem uma obra transgressiva, provocadora, deveria torcer para que houvesse a maior liberalidade possível para que a sua obra florescesse e para que ele se tornasse conhecido amplamente. Mas como vivo essa contradição, quero que haja sempre repressão para que eu fique sempre transgredindo. Um dos meus provérbios favoritos, e que adotei como lema, é justamente esse: mais vale ser um sapão de brejinho do que um sapinho de brejão.

Essa ideia da transgressão, que está bem definida no seu trabalho como um impulso da sua criação, foi favorecida pela época em que você começou a escrever? Você nasceu na década de *(19)*50.
Isso.

No auge da contracultura você estava na sua juventude.
Estava na minha adolescência.

Esse contexto da contracultura reforçou essa vontade da transgressão no seu trabalho?
Posso dizer, com toda a sinceridade, que talvez se não existisse a contracultura a minha transgressão fosse mais feroz.

Por quê?
Porque haveria mais conservadorismo. Veja a Era Vitoriana. Nunca existiu tanto clube de flagelação, tanta perversão entre quatro paredes, quanto no tempo da Rainha Vitória. Se não houvesse a contracultura, talvez eu fosse um sujeito muito mais obscuro, isolado, mas acho que seria ainda mais atrevido na minha transgressão. Mas com certeza a contracultura favoreceu no sentido de que me ajudou a entrar em contato com outros que faziam esse tipo de coisa. Eu me enturmei, me tornei um pouco conhecido por causa disso.

A sua consciência de transgressão veio antes da sua consciência a respeito da contracultura?
Com certeza. As primeiras sacanagens, a minha sexualidade precoce, a própria pedolatria, tudo isso veio antes que eu começasse a tomar conhecimento da literatura. Eu já tinha consciência de que não estava errado por não fazer aquilo que a sociedade aceitava. Mas, ao mesmo tempo, tinha que ficar na minha, não podia dar muita bandeira. Inclusive do ponto de vista da sexualidade, posso dizer que não me sinto nem um pouco à vontade com essa noção geral que fazem sobre a homossexualidade. Não me identifico nem um pouco com a cultura *gay*.

Como assim?
Para se afirmar socialmente, o homossexual foi, na verdade, ampliando o gueto em que estava. Com isso foi adotando como universo cultural toda uma série de valores que, para mim, são extremamente antipáticos.

Quais?
A música que os *gays* ouvem, por exemplo, é absolutamente descartável,

um verdadeiro lixo – a *dance music*, o *techno*. Não estou sendo elitista, veja bem. Não estou contrapondo a *dance music* à música erudita, nada disso. Sou um roqueiro de medula, um roqueiro que gosta de *punk*, de música podrona, bem primária, barulhenta. Mas não aceito de forma nenhuma aquelas coisas do universo *gay*, telenovela... Gosto de futebol. Sou um cara muito machista. Não me sinto à vontade com esses valores *gays*. Eu me solidarizo. Fiz parte de todo um movimento cultural de minorias que aconteceu justamente no final do período militar, um pouco antes da vinda do *(Fernando)* Gabeira com aquela história de política do corpo. Fundamos o *(jornal) Lampião*, o grupo Somos. Então, lógico, eu me solidarizo, tenho cumplicidade nisso. Mas não me identifico com o estereótipo homossexual. Na verdade, não sou um homossexual. Os dois maiores mitos do homossexualismo quais são? O sexo anal e o culto priápico levado ao exagero – o culto do pau grande. Não sou adepto de nenhuma dessas duas coisas. Não gosto do sexo anal. Inclusive talvez tenha sido isso que tenha me salvado da aids. Com ou sem campanha de prevenção, eu não pegaria aids justamente porque não me exponho a esse tipo de coisa. Ironicamente, acabei me salvando da vala pública...

Pelos seus hábitos?
Pelos meus hábitos, que não eram promíscuos.

Quais hábitos exatamente?
O gosto por pés, por exemplo. A pedolatria, por mais excêntrica que pareça socialmente, na verdade é muito mais inofensiva que a prática sexual comum, de penetração. Posso estar lambendo uma sola de sapato, por exemplo, e na verdade não estou absorvendo mais sujeira do que você absorve respirando o ar poluído. Ao passo que se você tem um contato sexual carnal com penetração, está se expondo automaticamente à aids, quer seja *gay* ou não.

Mas você tem prazer, chega ao orgasmo com uma lambida no pé?
As pessoas costumam pensar que são coisas automáticas, que vou me esporrar todo, que vou ficar completamente fora de mim. Na verdade, tenho uma atividade mental, sou um punheteiro. Então, vou retrabalhar mentalmente todas aquelas cenas, experiências, quer elas tenham acontecido,

quer sejam apenas probabilidades de acontecimento, apenas virtuais. E vou trabalhar isso como fantasia masturbatória.

Você é essencialmente um ser solitário?
Mais do que solitário, sou solipsista. O solipsismo é justamente essa posição filosófica, muito comum na Idade Média, de as pessoas se isolarem. Como se fossem eremitas. Sou um cara muito autoritário. Eis uma de minhas contradições. Embora o que eu escreva tenha um cunho masoquista, na verdade sou muito mais sádico do que masoquista. Tenho um temperamento muito forte, me imponho demais. Por isso digo que sou muito machista. Esse machismo é que não me deixa muito à vontade no universo *gay*. É um mundo muito efeminado, muito desmunhecado pro meu gosto. Não que eu vá discriminar ou censurar alguém por ser efeminado, mas não posso aceitar isso pra mim. Estou lembrando agora de Nelson Rodrigues. Ele transgredia, denunciava, punha o dedo na ferida e era o tempo todo a imagem de um reaça, de um cara conservador, intolerante. Eu me sinto mais ou menos assim. Sou um paradoxo.

Você pode até se dizer um moralista, mas jamais um puritano.
Exato. Pra chegar ao moralismo a gente tem que passar pela perversão e pela transgressão. Moralismo com puritanismo é um falso moralismo. O moralismo que passa pela perversão está forçando a reflexão.

Vendo grande parte da poesia que está se fazendo hoje, até a dos mais jovens, dá a impressão de uma volta à Era Vitoriana. Tudo muito bem-comportado. Nós começamos a conversa falando da literatura brasileira a partir de Gregório de Matos, já com a sacanagem, o erotismo, a perversão como uma coisa clássica, que aparece já na Roma Antiga, na Grécia, chegando até hoje no cordel, na literatura popular brasileira...
Isso, bem lembrado.

E a intelectualidade brasileira parece totalmente impermeável. A intelectualidade brasileira é puritana?
Não é só a brasileira, não. Recentemente tomei conhecimento de uma pesquisa que revela que a atividade sexual vai diminuindo à medida que a pessoa tem uma atividade intelectual mais intensa. No meio acadêmico

as pessoas se queixam de pouca atividade sexual. Existe a punheta intelectual. É uma coisa meio compensatória.

É, eu digo puritanismo nesse sentido, como uma visão de mundo, inclusive. Porque muitos artistas se pretendem transgressores na linguagem mas possuem uma visão de mundo bastante cabacinho, inocente, o que se reflete em suas obras.
É verdade. Entendo o que você quer dizer.

Quero situar essa conversa um pouco no momento em que estamos vivendo. Falamos aqui de transgressão, de crítica, de ironia, de sarcasmo, falamos de contracultura. Conceitos, ideias, atitudes muito fortes de alguns anos atrás que parecem ter sido substituídas por um comportamento-padrão de conformismo. Se antes você tinha a ideia da transgressão, da crítica, da ironia, hoje parece que a ideia do sucesso é muito mais balizadora pra muita gente.
O consumismo é o que está predominando; são as leis de mercado. Dentro desse conceito a obra bem-acabada é aquela que vai ser bem consumida. Aquela que é vendável, que é palatável. É uma ditadura absoluta do consumo. O autor que não se enquadra simplesmente é excluído.

Você tem uma formação intelectual forte. Mas é um tipo de intelectual que gosta de *punk rock*, que tem referências dentro do universo cultural que vão de Gregório de Matos a Bocage, a Sade. Por outro lado, tem uma formação da poesia de vanguarda, vários poemas seus são poemas concretos. Quer dizer, uma formação bem diferente da intelectualidade tradicional. Isso tem a ver, novamente, com a contracultura? Está ligado a uma ideia de ruptura com a própria tradição mais acadêmica? Essa ruptura é que formaria intelectuais como você, Leminski, Sebastião Nunes, artistas que sabem ver com nitidez os signos da sua época?
É verdade. Não sou um precursor de nada. Sou uma antena daquilo que está ao meu redor. Fui criado na periferia de uma grande metrópole do século XX. Sou da Zona Leste de São Paulo. Andava descalço, na terra. Eram ruas de terra. Lá para os lados da Penha, Vila Formosa.

Barra-pesada?

É, muito pesada. Tanto que eu era cobaia dos meninos mais velhos, que sempre me escolhiam como vítima de brincadeiras cruéis. Fui disciplinado na humilhação. Toda essa mística de masoquismo, de pedolatria, não é um trauma pra mim. Não sou um cara de gabinete, aquele intelectual que fica fantasiando situações. Primeiro tomei conhecimento do *rock* para depois conhecer a literatura. Primeiro conheci a barra-pesada da periferia onde vivia, para depois conhecer os meios acadêmicos, as bibliotecas. A formação intelectual foi uma espécie de crivo para que eu trabalhasse elementos que já possuía. Por isso mesmo que, em matéria de literatura, talvez eu seja muito conservador em algumas coisas. Gosto de histórias que sejam verossímeis, que tenham uma base na realidade. A minha maior fonte de prazer na ficção é o naturalismo. Pode parecer uma coisa paradoxal para um cara que deveria gostar mais de vanguarda. Gosto muito mais do Aluísio Azevedo do que do Guimarães Rosa. Pela lógica, eu deveria valorizar mais aquela pesquisa linguística do Guimarães Rosa, que também tem como pano de fundo a realidade. Mas gosto mais de Aluísio Azevedo. Não é que eu desvalorize Rosa. É questão de preferência. Da mesma forma, se for pra escolher entre a música atonal, dodecafônica, e o *punk rock*, prefiro o *punk rock*. Se for fazer avaliações culturais, atribuo valores igualmente importantes às duas coisas. Mas, se for pra ouvir, por gosto, fico com um bom *punk rock*.

Com a sua formação, você poderia ser um poeta com uma situação confortável dentro da literatura brasileira. Você teria plenamente condições...
Teria, teria.

Mas você partiu pra uma estratégia...
Bem suicida.

Uma estratégia do escândalo?
É.

Por que essa opção?
Eu tinha um pouco de medo da fama. Sou uma pessoa muito avessa à popularidade. Sou uma espécie de anti-Caetano. O Caetano Veloso adora

holofotes. Eu, quanto mais distante ficar dos holofotes, melhor. Mas, ao mesmo tempo – você vê como o paradoxo funciona –, pra poder fugir da popularidade, fui obrigado a provocar escândalo, para que as pessoas não me aceitassem como uma coisa facilmente consumível. Pulei da frigideira pra cair no forno. Foi meio suicida, reconheço. Por outro lado, como eu tinha uma profissão estável, entrei no Banco do Brasil, não me esforçava muito para ocupar espaços que me dessem outras opções profissionais. Mas o que realmente determinou essa minha reclusão foi o meu problema da visão. Eu sabia que o glaucoma não tem cura e que, mais cedo ou mais tarde, eu perderia a visão. Estava fadado ao isolamento. Fui de certa forma antecipando esse meu ostracismo, essa clausura. Se tivesse programado uma coisa de mais popularidade, de mais sucesso, no momento em que perdesse a visão ia ficar muito mais sem pé de apoio, muito mais desestruturado. Talvez tenha sido esse instinto de autodefesa que tenha me provocado essa espécie de autoexílio do *mainstream* literário.

Você transitou por várias linguagens: a poesia, a prosa, o quadrinho, a letra de música, o ensaio. Que lugar você acha que a sua obra vai ocupar na literatura e na arte brasileira?
Se é que vai ocupar, né?

Você tem dúvidas?
Tenho, tenho. A não ser que, por alguma obra do acaso, meu trabalho tenha potencial para consumo. Porque, na verdade, tudo o que determina a reavaliação da importância de um autor é se ele vai ser consumido ou não.

Ou se ele vai entrar para os cânones universitários.
Isso também passa pelo consumismo. Porque são critérios de valor que vão fazer com que você se transforme em escola, e a partir daí pessoas vão estudar você em todo canto. Mas se existe um lugar onde eu preferia ser enquadrado, seria talvez o humor. Veja o caso do Millôr Fernandes. Ele faz haicais excelentes, escreve peças, traduz, é capaz de fazer um dicionário. Ele é polivalente. Mas qual é o destino do Millôr? Ser um humorista. E humorista no melhor sentido – naquele sentido quase filosófico da palavra. Se tivesse alguma ambição, do ponto de vista intelectual, seria me aproximar desse tipo de patamar. O patamar do humorismo filosófico.

Para os cânones intelectuais, o humor parece uma coisa menor do que a grande literatura.
Isso é relativo. Se você olhar atentamente, os maiores gênios da literatura foram grandes humoristas. Shakespeare é um comediógrafo. Voltaire, que é considerado um dos papas do humanismo, era um grande satírico. Jonathan Swift era um grande satírico. Mark Twain, Monteiro Lobato, Pirandello. Todos se enquadram na categoria do humorismo.

O próprio Gregório de Matos.
O próprio Gregório. O modernismo...

Oswald de Andrade.
Oswald de Andrade, o poema-piada. O humorismo está na essência daquilo que é considerado a nata da literatura. Se houvesse ambição em alguma coisa que faço, seria ser enquadrado como humorista. Agora, é lógico que, do ponto de vista do ego, de gostinho pessoal, o que eu queria ser mesmo era letrista de uma banda de *rock*. Eu escrevo letras mas gostaria de ser um integrante da banda, ser o vocalista de uma banda.

Mais do que um autor de livros?
Com certeza. A admiração que eu tenho, por exemplo, por um Renato Russo é muito maior do que a que tenho por um... digamos... Augusto dos Anjos.

O Ricardo Corona, um dos editores da revista, enviou três perguntas. Gostaria que você respondesse. Primeira: a sociedade brasileira e do mundo está passando por um processo de higienização cultural. A regra é: limpeza e tolerância zero. Isso tem se refletido na arte, com, por exemplo, Paulo Leminski e Hélio Oiticica, nomes emblemáticos – pois engendraram um vigoroso processo de desobediência. E você, Glauco, que também tem uma produção que incomoda, parece ser o artista mais indicado a opinar sobre isso. O que você acha que está acontecendo?
A palavra "higiene" vai no cerne do problema. Essa questão da assepsia cultural é muito séria. Transgredir as regras implica você combater o bom gosto vigente.

E isso é uma coisa muito presente na sua obra.

Exatamente. A escatologia, a insistência com que tematizo a merda, por exemplo, é uma coisa deliberada, uma coisa calculada.

Temática barra-pesada escrita, muitas vezes, em forma de soneto, uma forma bastante tradicional.
Aí está a contradição. A merda, se você for considerá-la em termos absolutos, é o produto mais desprezível do homem. Quando se tematiza a merda, pode parecer uma posição bastante irreverente. Mas também pode ser muito conservadora. Porque, falando francamente, quando comecei a mexer com merda, era uma forma simples de dizer que a maior parte do que estava vendo em volta era uma merda. Estava simplesmente indignado. É aquela história, se as pessoas estão fazendo merda e estão sendo bem-aceitas, então vou falar de merda no sentido próprio e no figurado.

Segunda pergunta: você sempre fez poemas diretos, expressando-se sem enrolação. Você defende a comunicação através de uma superfície perfeitamente legível? Ou não tem nada disso, seus poemas vão direto ao assunto porque você é um poeta de linguagem e vida experimentais?
Ir direto ao assunto pode ser uma estratégia. Pode ser também puro cinismo. Cinismo significa usar as mesmas armas do oponente. Se você está lidando com questões muito delicadas, que mexem com a susceptibilidade das pessoas, muitas vezes você tem que ser politicamente incorreto. Mas, às vezes, você pode dar uma de politicamente correto como uma forma de cinismo. Quando todo mundo espera que você vá ser grosso, você age de forma contrária. Tudo o que faço é cerebral. Não existe em mim aquela história de "escrita automática, o que vier sai", nada disso. É tudo elaborado. Poesia é uma coisa fria, não tem nada de muito emocional. É trabalho de relojoeiro mesmo. Você fica montando as pecinhas.

Terceira pergunta: há toda uma tendência na poesia contemporânea de exercitar a forma fixa do soneto. Mas o que vejo são meras repetições, sem injeção de fôlego. São exceções, por exemplo, os sonetos de Paulo Henriques Britto, que cruza essa forma com a linguagem do tráfico, da malandragem, das favelas, e Antonio Cicero, que mistura o soneto à linguagem dos surfistas e do flerte *gay*, impregnando-o de um ritmo novo. Mas sempre observei isso em sua poesia. Como em Leminski, que

tropicalizou o haicai japonês. Você fez haicais urbanos e fez limeriques com temática *gay* escrachada. O que você acha dessa contaminação das formas fixas tradicionais?
As fôrmas *(sic)* poéticas, os formatos, as formatações, sempre vão existir. E quanto mais camisa de força elas possam parecer, maior é o desafio pra você mexer com elas. A melhor maneira de transgredir é trabalhar dentro daquilo que é considerado regra e transgredir dentro dessa regra. Comecei a fazer poesia concreta, por exemplo, por brincadeira. O resultado é que alguns poemas acabaram caindo entre os cânones do concretismo. Mas há um conteúdo ali de provocação, uma certa avacalhação do concretismo. Da mesma forma, trabalho o soneto, o haicai, e mesmo a música. A maior criatividade não é você transgredir tudo, fazer versos sem métrica, sem rimas, sem padrão nem nada. É transgredir dentro de um pequeno espaço. É a mesma coisa que fazer malabarismo dentro de um pequeno espaço físico. Aqueles que estão perpetrando isso são meio artistas de circo.

Você perdeu a visão. Naturalmente, perdeu uma porção de coisas junto com a visão. E o que você ganhou, se é que ganhou algo?
No senso comum, existe a ideia de que o cego, por perder a visão, acaba ganhando nos outros sentidos. Isso pode ser parcialmente verdade, a pessoa fica com a audição mais aguçada. Mas o que venho notando é que estou desenvolvendo uma capacidade meio mística, meio transcendental, que já possuía. Acho que tenho alguma coisa ligada com a trajetória mística dos gnósticos. A libido está muito ligada a isso. Quando você mexe com muita força na libido – principalmente no plano masturbatório, da fantasia erótica –, você está mexendo com uma energia vital que transcende a materialidade. Apesar das religiões clássicas, como o cristianismo e o judaísmo, abominarem a carnalidade, penso que está na libido a ponte entre o animal que nós somos e o espiritual que nós queremos ser.

Isso é estranho na sua personalidade, na sua obra. Você acabou de falar que é um racionalista, que poema é uma coisa cerebral.
É por isso que estou dizendo que sou um paradoxo. Estou trabalhando sempre com coisas muito antagônicas – há sempre uma camisa de força e o desejo de me libertar.

Mas que sinais você tem desse misticismo?
Tenho pesadelos diários. Esses pesadelos coincidem com períodos de insônia. Sonho com a visão e com a cegueira. Sonho colorido e lembro que estou cego. Então acordo assustado e entro num estado masturbatório, até para poder relaxar. No auge desse processo masturbatório, dentro desse contexto de pesadelo e de insônia, no momento em que estou com energias muito fortes sendo processadas, consigo trabalhar mentalmente o desejo de que algumas coisas aconteçam. E elas vão se concretizando.

Caramba! O quê, por exemplo?
Uma série de realizações pessoais. E uma espécie de telepatia, de influência no comportamento de outras pessoas. É uma forma meio mística de trabalhar. Isso não tem limite. Posso pesquisar empiricamente até o infinito. E também não tem regra. A religião é sempre regra, mas eu fujo de qualquer dogmatismo religioso. Sou um solitário. Uma espécie de franco-atirador nessa questão. Agora que estou cego, tenho muito tempo pra progredir nesse campo. Tenho umas décadas ainda pra experimentar.

E a criação artística, como ficou após a cegueira?
É lógico que se puder continuar fazendo alguma coisa do que eu fazia, vou fazer. Alguma poesia que possa memorizar e ditar para as pessoas, como os haicais.

E você tem feito?
De vez em quando. Algumas letras de música, alguns haicais.

Mas você tem interesse, ainda é um impulso forte?
Não é uma coisa que seja uma necessidade como a fome, o sono ou o sexo.

Revista Medusa *n. 1, novembro de 1998*

Sebastião Nunes:
um marginal clássico da literatura

Sebastião Nunes não nasceu em São Paulo, nem em Nova York, nem em Paris; por completo sarcasmo do destino, veio ao mundo na minúscula Bocaiuva, cidade do norte de Minas Gerais. Cedo, porém, levantou suas antenas a uma altura muito acima da maioria dos poetas de sua geração. Publicando desde fins da década de (19)60, Nunes é um marginal clássico. Sobre ele escreveu o crítico Pascoal Motta, do *Suplemento Literário de Minas Gerais*: "A literatura de Sebastião Nunes está deixando de ser estudada pela total e absoluta falta de instrumental de nossa crítica, a dita especializada".

Aclamado por escritores como Affonso Ávila, Fausto Cunha e Sérgio Sant'Anna, sua poesia está mergulhada até a medula na era pós-McLuhan: é feita não só de palavras, mas de fotografias, pinturas, cartuns, colagens e vastas tipologias, publicada em folhetos, cartazes, dobraduras e, também, em livros. Aos múltiplos recursos gráficos soma-se uma iconoclastia ácida, crítica e extremamente lúcida, alimentada pelas imagens fragmentárias do cinema de Jean-Luc Godard, pela violência de Rimbaud, pelo surto visionário de Van Gogh e pela prosa radical de James Joyce.

Desde a publicação de *Última carta da América*, em 1968, seu coquetel explosivo se desdobrou em dezenas de outras obras, como *A cidade de Deus, Finis operis, Zovos, O suicídio do ator, A velhice do poeta marginal, Somos todos assassinos* e muitos outros. Em 1988 publicou o primeiro volume da *Antologia mamaluca*, em 1989, o segundo – reunindo quase toda sua obra poética –, e anunciou que abandonaria a poesia, pela prosa.

Crítico feroz da manipulação de ideias pela mídia e pela publicidade, sua língua afiada não poupa ninguém. "Talvez toda a agressividade da minha poesia seja contra a classe média. Já disse, inclusive, que a classe média de Belo Horizonte é uma das provas de que a humanidade não tem futuro" – dispara.

Certamente, muitos figurões do *establishment* cultural brasileiro gostariam de apagar a presença de Sebastião Nunes. Não poupam esforços, aliás: daí o silêncio que cerca sua obra. Mas, ao que tudo indica, vai ser difícil.

* * *

A entrevista foi gravada em um boteco da pequena Sabará, vizinha de Belo Horizonte – onde o poeta reside há muitos anos –, em janeiro de 1991. A versão integral era bem maior do que a que foi publicada. Infelizmente, a fita e a transcrição se perderam. No entanto, a essência foi preservada. Nove anos depois eu voltaria a entrevistá-lo. Nesse meio-tempo, Sebastião Nunes continuou em franca atividade, produzindo novos livros e enveredando pela computação gráfica. Também fundou um selo da sua própria editora, Dubolso, para a publicação de livros infantis, a Dubolsinho, pelo qual lançou diversos autores e vários livros de sua própria autoria, como O rei dos pássaros, O inventor do xadrez *e* A cidade das estrelas *(todos de 2000). Alguns trechos da conversa foram aqui suprimidos, pois se referiam a um contexto muito específico da época.*

* * *

Você disse recentemente que parou de escrever poesia. Qual o motivo?
Todo mundo tem uma faixa de atuação. Tem poetas que escrevem a vida inteira a mesma coisa, numa faixa muito estreita. Não quero dizer que sejam ruins. O João Cabral, por exemplo, tem uma faixa estreitíssima. Ele escreve só aquilo. A vida inteira. Outros são amplos: o Décio Pignatari, por

exemplo. Eu tenho uma faixa, fui até onde podia ir, parei. Não tenho mais o que fazer. Não quero me repetir. Só isso.

Você usou várias mídias para publicar sua poesia: cartazes, pôsteres, folhetos e até livros. Por quê?
Fui influenciado basicamente por propaganda. Trabalho em propaganda há muito tempo. Levei sete anos para perceber o potencial de informação que a propaganda poderia ter. Percebi também, com o concretismo e com o José Paulo Paes, que poderia usar outros meios além da palavra pura e da página para fazer poesia.

Você usa técnicas da publicidade, que tem por finalidade vender produtos, e ao mesmo tempo faz uma poesia totalmente escatológica, agressiva – o avesso da lógica de consumo. Isso é um diálogo crítico?
Publicidade é babaquíssima. Você pega um Washington Olivetto, um Alex Periscinoto, um Roberto Duailibi, um Roberto Medina (*donos de algumas das maiores agências de São Paulo e do Rio de Janeiro*), são caras extremamente babacas. Inteligentes, mas extremamente superficiais. São exemplos de babacões metidos a criadores e filhotes diletos do universo pasteurizado do consumo *made in America*. O publicitário é isso. É um vendedor do máximo de superficialidade, um cara que só enxerga o estereótipo. Publicidade é estereótipo. Se você foge um pouco, você faz um negócio mais rico, usando talvez os mesmos elementos.

Mas no seu caso você não foge um pouco – você faz totalmente o contrário da publicidade.
É a antipublicidade, tudo bem. Não uso a tipologia fresquinha da publicidade, a foto arrumadinha, a disposição gráfica certinha, toda matematicamente dominada. Muita sujeira gráfica que fiz nos meus primeiros trabalhos era proposital. Sujeira de *layout*. O livro *Somos todos assassinos* eu fiz dentro de uma agência de publicidade do Rio de Janeiro. Fiz de tanta raiva que sentia do meio publicitário.

Qual o contexto literário em que você desenvolveu o seu trabalho?
O processo é muito longo e meio difícil. Escrevi teatro. Escrevi contos. Passei uns dez anos escrevendo contos. Escrevi romance. Com 17 anos estava

plagiando Graciliano Ramos, escrevendo romance comprido, sertanejo, cheio de poeira. Poesia foi muito tempo depois, já na faculdade de direito. Eu tinha uns 27 anos, ficava vagabundeando por aí. Descobri a poesia e comecei a sofrer muita influência de João Cabral, Drummond, Pessoa. Ao mesmo tempo, fazia fotografia, desenhava cartuns. Quando entrei em publicidade, fui tipógrafo, montador de anúncio, fotógrafo, pintor, isso tudo na década de *(19)*60. Quando percebi que poderia usar todos esses recursos em poesia, passei a usar. Meus livros são isso. A agressividade dos poemas já é outra coisa. Sou eu.

A agressividade na sua poesia é um revide ao lirismo brasileiro?
Sou eu. Fazer o quê? Sou assim. Também detesto a classe média. Talvez toda a agressividade da minha poesia seja contra a classe média. Já disse, inclusive, que a classe média de Belo Horizonte é uma das provas de que a humanidade não tem futuro.

Quais ideias principais determinaram o tipo de poesia que você veio a fazer?
Bom, eu sou muito orgulhoso e detesto a ideia de plagiar alguém, ou de pelo menos passar perto de alguém. Minha briga toda durante vinte anos foi fazer um negócio que fosse absolutamente meu. Guimarães Rosa disse uma vez que o ideal seria o escritor não precisar assinar seus livros, que o texto dele fosse reconhecido sem precisar assinar. O que busquei, de certo modo, foi isso. Porque eu jamais gostaria de chegar perto do Augusto de Campos e dizer: "Augusto, fiz um poema concreto".

Mas na sua poesia existe uma forte influência da prática e da discussão teórica dos poetas concretos, não existe?
Claro, eles foram muito importantes. Descobri o que eu queria fazer a partir da revista *Invenção (revista criada pelos poetas concretos na década de 1950)*, principalmente com o Décio Pignatari. Eles é que me deram a ideia de que eu poderia, fazendo poesia, fazer uma coisa que extrapolasse a literatura.

Você é mineiro, mora em Sabará, e na sua poesia não tem nada do que se tornou meio que um estereótipo da mineiridade. Foi difícil escapar disso?

Não tenho nada a ver com Minas. Acho esse negócio de mineiridade uma coisa muito boba. Pra ser absolutamente sincero, só escrevo sobre as coisas de que realmente tenho raiva. Por isso a minha poesia é tão agressiva. Acho que o grande poeta é aquele que muda tudo. Eu queria que cada livro meu fosse absolutamente diferente um do outro. Parei de escrever poesia por isso. Porque cheguei num ponto em que não tinha mais como fazer um livro completamente diferente do outro.

Você não acha que está sobrando conformismo e faltando rebeldia, não só na poesia, mas em todas as áreas?
Está. Mas volta. Você é rebelde não porque queira, mas porque vive isolado. Tenho problemas sérios. Viver em Minas com a cor que eu tenho é um negócio dramaticíssimo. Sou de uma família de classe média, branca, nasci por acaso marrom, nossa, você come o pão que o diabo amassou. Em Belo Horizonte é horrível. Na minha terra, então, nortão de Minas, nem se fala. É uma descendência total de portugueses, baixinhos, feios e reaças.

Você acha que os poetas brasileiros conhecem o Brasil negro, o Brasil índio, o Brasil não europeu?
Se conhecem, conhecem mal. Escrevem mal a respeito. O poeta preto ou índio ainda não apareceu. Aquele que diz os problemas que sente na relação com o mundo, do ponto de visto do índio, do preto, ainda não apareceu.

Nas décadas de (19)50 e (19)60, a ação dos movimentos de vanguarda dava a ilusão de que havia maior clareza em relação aos rumos da poesia. Hoje as coisas estão mais difusas e há uma grande dúvida: que rumos vai tomar? O que você pensa sobre isso?
Não tenho a menor ideia e nem quero saber. Cada um faz a sua poesia. Sofri feito um cachorro pra saber o que é que eu ia fazer. Passava noites e noites acordado, larguei um emprego, fiquei um ano à toa, filava dinheiro pra comprar cigarro. Um ano lendo o tempo todo pra tentar descobrir o que é que eu queria fazer na vida. Foi quando, no fim do ano, me deu um *insight*. Então, é assim mesmo: cada um tem que descobrir o que quer fazer.

Jornal da Tarde *(Artes e Espetáculos)*, 25 de fevereiro de 1991

A história do Brasil segundo Sebastião Nunes

"Extra, extra, extra: escritor mineiro publica sua versão da História do Brasil e a Coroa manda enforcá-lo em paineira no centro de Ouro Preto." Vivesse em meados do século XVIII, esta poderia ter sido a sorte do poeta e prosador Sebastião Nunes. Como vivemos em tempos de "democracia" (e não pega bem sair executando escritores a torto e a direito), sua pena é mais branda: o abissal silêncio da imprensa, a forma mais sutil e sofisticada de censura às ideias daqueles que realmente incomodam.

Mineiro da pequena Bocaiuva (1938), Sebastião Nunes é um dos mais criativos escritores brasileiros contemporâneos, tão criativo quanto desconhecido pelo público. As edições de *Somos todos assassinos* (1980), *Antologia mamaluca volumes 1 e 2* (1988/1989), *Sacanagem pura* (1995) e *Decálogo da classe média* (1998) – alguns de seus títulos –, porém, são disputadas a tapas por um seleto grupo de leitores, geralmente poetas, escritores e intelectuais. São livros singulares, em que o autor escreve, diagrama, faz fotomontagens e trabalha cuidadosamente a tipologia – todos publicados pelas edições DuBolso (leia-se: com recursos "do próprio bolso"), sem jamais despertar o interesse de nenhum editor.

Mas algo parece estar mudando. *História do Brasil*, uma delirante, demolidora e bem-humorada ficção sobre a ficção que costumamos chamar de "História do Brasil", foi lançada pela editora paulista Altana (em segunda edição, pois a original saiu em 1992), com direito a noite de autógrafos no *shopping* literário Fnac, em São Paulo.

Escrito em forma de verbetes, como uma autêntica enciclopédia, *História do Brasil* espalha erudição, invenção e dessacralização por suas páginas. "Será apenas, toda história pátria, o ideológico empilhamento de trapaças consentidas, a histérica antologia de sórdidas aventuras pessoais?", questiona Nunes no verbete destinado ao barão do Rio Branco. A síntese que elabora sobre os "heroicos" bandeirantes não é menos cortante: "Malcomidos e maldormidos, cortavam cipós e amarravam índios e seguiam em frente". E o que dizer da ironia que despeja sobre a "lendária" saga de desbravamento dos sertões brasileiros? "Caramuru fez brôôúúúõõm! com sua espingarda e os índios presentes caíram de quatro, bobos que eram, enquanto Caramuru ria a bandeiras despregadas. Um pássaro, que passava distraído por aqueles ares, recebeu a descarga e tombou fulminado. Como a cavalo dado não se olham os dentes, assaram e comeram ali mesmo o infeliz pássaro."

O livro certamente não será adotado em cursos de História, mas os leitores terão motivos de sobra para rir (ou chorar) de suas próprias caras. Afinal, brasileiros e brasileiras, essa é a "nossa" história.

* * *

A entrevista foi feita por e-mail, *no inverno de 2000. Nos anos seguintes a pequena editora Altana relançou* Somos todos assassinos, Sacanagem pura *e* Decálogo da classe média, *este último, porém, sem o caráter performático da primeira edição, que foi enviada para 120 artistas e intelectuais brasileiros num caixãozinho de madeira, simbolizando o enterro da classe média. Saíram ainda* Elogio da punheta *(2004), pela editora Lamparina, e* Adão e Eva no paraíso amazônico *(2009), pela Edições Dubolsinho. Nesta entrevista, o escritor dispara sua metralhadora giratória para múltiplos lados, mostrando todo o sarcasmo de um criador lúcido, crítico e radical.*

* * *

História do Brasil tem como subtítulo "Novos estudos sobre guerrilha cultural e estética de provocaçam". Sua guerrilha cultural é contra quem e contra o quê exatamente? E a "provocaçam"?
"Guerrilha cultural e estética de provocaçam" é uma expressão que uso desde 1985. A ideia de guerrilha sempre me fascinou, desde Espártaco, que quase derrubou o todo-poderoso Império Romano, com uma ideia na cabeça e uma espada na mão. Se 95% da humanidade é conservadora e só 5% revolucionária, o mundo é dos medíocres. Eles fazem os *best-sellers*, os automóveis, os hipermercados, os programas de auditório e estão controlando o poder na terra inteira. Por isso a minha "provocaçam", em legítimo português arcaico: pra dizer que não gosto deles, que prefiro um assaltante a um banqueiro, um bêbado a um industrial e um pivete a um publicitário.

O livro é paródico do começo ao fim. A paródia é um bom recurso para expor a manipulação da história?
Sim, a paródia é um recurso extraordinário, tanto que as crianças vivem fazendo paródias. A paródia é essencialmente lúdica, o que a história não é, nem pode ser. A história é coisa de gente grande e, quase sempre, de gente grande séria, o que não chega a ser um elogio. Aliás, na própria *História* discuto o tempo todo a manipulação da história, através de notas de críticos da história e outros cientistas sociais.

Você utiliza como epígrafe uma sentença de Graciliano Ramos: "Mas que significa isso? Essas coisas verdadeiras podem não ser verossímeis". Utilizando um estilo claramente ficcional, sua intenção é mostrar o quanto de ficção pode abrigar isso que chamamos de História, com H maiúsculo?
Sem dúvida. Aprendi isso na faculdade de direito, quando descobri que o direito era pura ficção a favor dos poderosos. Existe um romance pouco conhecido do Brecht, *Os negócios do senhor Júlio César*, em que fica bem claro que, num determinado momento, César só tinha duas saídas: ou se tornava imperador de Roma ou ia parar na cadeia. Deu sorte. É mais ou menos o que acontece com a grande maioria dos heróis brasílicos e deveria acontecer com todos os nossos poderosos: ou poder ou cana, sem meio-termo. Mas, infelizmente, sempre dá poder.

Você constrói versões escrachadas de personagens históricos como Anita Garibaldi, dom Pedro I e o conde d'Eu, ou de acontecimentos como a Abertura dos Portos, a Guerra de Canudos e a Independência do Brasil. Isso me lembra *Viva o povo brasileiro*, em que João Ubaldo expõe as vísceras do charlatanismo e do instinto assassino presentes em muitos "heróis nacionais". Era essa também a sua intenção ao escrever o livro?
Na verdade, não. Na maioria dos casos, penso que o charlatanismo é do historiador ufanista e não do herói, que às vezes é até um pobre coitado, levado pela correnteza. A desumanização dos personagens, mudados de gente em fantoches, estraga tudo que existe neles de humano. Como todo mundo, os heróis, falsos ou verdadeiros, são seres humanos extremamente complexos. A história oficial os achata, transforma todos em bonecos. O que fiz, na verdade, foi brincar com essa impostura histórica, criando pistas falsas para personagens e acontecimentos. Foi assim que criei vários personagens híbridos, como o exemplar José Carlos Bonifácio Drummond de Andrade e Silva, uma mistura de José Bonifácio de Andrada e Silva e Carlos Drummond de Andrade. Ele nasce em 1902 e morre em 1838, portanto com "menos" 64 anos de idade. É uma palhaçada? É. A história oficial quase sempre também é uma palhaçada. Só que muito mal escrita.

Você utiliza vários estilos bem diferentes na escrita de *História do Brasil*. Qual o motivo?
Na verdade, eu queria mesmo era experimentar com a linguagem em prosa de uma maneira que nunca tinha feito antes, nem no *Somos todos assassinos*. Usei a história do Brasil como pretexto e saí inventando ou recriando fatos. Principalmente inventando, com o tratamento linguístico que me parecia adequado ao "tema". Daí a multidão de estilos.

Você tem uma larga experiência profissional como redator, arte-finalista, fotógrafo e diretor de arte. Em seus livros você elabora os textos, diagrama, faz montagens fotográficas, utilizando recursos de todas essas áreas. A sua linguagem é estritamente ligada à era da comunicação de massa?
Sou meio arcaico também. Já dei até cursos sobre iluminuras medievais, pois sou fascinado por aquela iconografia de convento. Eu poderia ter sido, com o maior prazer, monge iluminador num convento medieval. Tipografia é uma de minhas paixões. Fico horas verificando por que um tipo

é melhor que outro. Mas também cultivo um radicalismo visceral. Acho que só existiu um único grande fotógrafo nos 150 anos de existência da fotografia: a maluca da Diane Arbus, doida de jogar pedra, que acabou se matando depois de retratar os tipos mais grotescos. Também acho, como muita gente, que o cinema americano é puro *marketing*, tirando dois ou três estrangeiros que foram pra lá e fizeram a América. Gosto de *jazz*, música erudita antiga, coisas dissonantes, e silêncio. Principalmente silêncio. E também detesto televisão, não escuto rádio, além de raramente ler jornal. Mas, respondendo afinal à pergunta, não, minha linguagem não tem nada a ver com a comunicação de massa.

Mas você utiliza várias técnicas da comunicação de massa e, ao mesmo tempo, investe um poderoso sarcasmo contra os clichês do jornalismo, da televisão e, especialmente, da publicidade. É uma estratégia utilizar as próprias armas do "inimigo"?
Sim, é uma estratégia guerrilheira. O guerrilheiro ideal, segundo Guevara, deveria se apropriar das armas do inimigo e usá-las contra ele. Não faço nada além de seguir esse ensinamento, adaptado para meu campo de batalha, o da guerrilha cultural. E se viessem me dizer que arte não tem nada a ver com guerrilha, eu diria que pode ter e pode não ter. No meu caso, tem. Para muitos, arte é apenas uma *performance* individual em que você entra no palco, dança, canta, saracoteia, e termina sendo aplaudido e recolhendo o chapéu cheio de moedas. Eu não tenho chapéu e não quero modelas, gido, digo, moedas.

***Sacanagem pura* e *Somos todos assassinos* fazem uma violenta sátira ao universo da publicidade. Por quê?**
Com três meses de profissão descobri que publicidade não passava de uma puta sacanagem. No entanto, vivi, aos trancos e barrancos, dessa profissão, que abandonei em definitivo cinco vezes antes da sexta, que foi a definitiva final. No entanto, e apesar de tudo, foi nela que aprendi, melhor dizendo, que acompanhei o desenvolvimento técnico dos materiais, dos estilos e das invenções gráficas que me permitiram fazer meu trabalho de, digamos, antipublicidade. Mas para ficar ali dentro, no meio daquela coisa escrota de, no estilo dos americanos, "fazer dinheiro", você sofre muito. Os livros que escrevi foram o reflexo desse sofrimento. Mas, para ser sincero, acho que

eu sofreria da mesma forma em qualquer outra profissão cujo objetivo seja "fazer dinheiro", ou seja, quase todas.

O caráter singular dos seus livros, na minha opinião, só encontra paralelos nas obras de Valêncio Xavier e Décio Pignatari – porém com uma carga crítica muito maior. Estou certo? Haveria outros "pares" de Sebastião Nunes?
Existem tantos que eu não seria capaz de enumerar todos, por isso é melhor não citar nenhum. Mas não pares emparelhados, seria melhor dizer pares díspares. Gente que tangencia o mesmo absurdo de profissões, comportamentos, caracteres, tipos, personalidades, cacoetes e até manias. Afinal, o que é a sátira senão uma enorme risada a respeito de tudo e de nada? Mas, sim, eu devo citar um, e o maior de nós todos: o mestre Millôr Fernandes.

O escracho, o vocabulário chulo, o elemento fescenino da sua poesia nos remete, de um lado, a Gregório de Matos e, de outro, a Glauco Mattoso. Ambos poetas extremamente eruditos, mas bem pouco palatáveis, mesmo no universo "letrado". A moral burguesa ainda impera também entre os "letrados" do Brasil?
Eu não diria moral. Diria comodismo. As pessoas têm mesmo é preguiça, uma baita preguiça de encarar o que não é absolutamente óbvio e *dejavisto* até doer. Na verdade, gente como eu e o Glauco, o que fazemos é gozar tudo o tempo todo. O vocabulário chulo, o fescenino, o escroto e o escracho servem como meio de corromper e até de sacanear a linguagem dos eruditos, o que naturalmente pega mal. E também a linguagem dos "simples de espírito", o que da mesma forma pega mal. Pois tanto "eruditos" quanto "simples" dizem palavrões o tempo todo e são sacanas o tempo todo, mas usam palavrões sérios, praticam sacanagens sérias. O maior corrupto do país, seja lá quem for, é um corrupto absolutamente sério. Ai de quem goze sua capacidade de corromper! Ou seja: podres, sim, mas uma podridão da mais absoluta seriedade. E, por favor, numa linguagem bem fácil de entender!

Em muitos dos seus poemas, você suprime algumas letras das palavras, tornando-os uma espécie de enigma a ser decifrado. Por que a utilização desse recurso?

Ah, isso já é meu gosto pelo arcaísmo. Quando jovem, lá pelos 20 anos, meu sonho era pesquisar na Torre do Tombo, em Portugal, as formas arcaicas do português, com suas variantes medievais e africanas. Suprimir letras, que nada tem a ver com formas de poesia ocidentais, foi um recurso aprendido por mim de dialetos portugueses africanos. É uma delícia ler o que eles escrevem, uma gostosura tentar escrever com eles. E é claro, além disso, serve pra introduzir mais um ruído na linguagem literária do nosso português brasílico.

Depois da publicação das duas *Antologias mamalucas*, que reúnem toda a sua obra poética, você anunciou que deixara de escrever poesia. Qual o motivo?
O motivo é que o poço secou. Não gosto de mentir nem pra mim mesmo, quanto mais para o público que não tenho. Poesia é uma fase, "uma" (no feminino, como gosto) tesão que não tenho mais. Agora sou prosaico. Estou menos agressivo, em suma. Agressividade exige linguagem mais tensa, mais contida, mais densa. Ou seja: mais poética. Satírica, lírica, ou seja lá o que for. A prosa é mais ondulante, maleável, deixa disso, chega pra lá. Uma linguagem mais leve, mais flexível, até mais concessiva. Em resumo: quando comecei a poetar, ainda não estava no máximo de meu rigor construtivo, de minha agressividade. E, quando parei, estava decaindo, devagar, mas decaindo. Então, seguindo a lição de tantos poetas que ensinaram mas não fizeram, eu fiz: parei com poesia, antes de virar um Cabral bisado, um Drummond bisado, um Gullar bisado, etc e tal bisado.

Com o livro *Decálogo da classe média*, você lançou o manifesto "O enterro da classe média" e toda uma anticampanha publicitária, com várias peças, como cartão de visitas, adesivo para colar no carro, tudo ironizando a ideologia do sucesso, tão típica nestes tempos de neoliberalismo. Todo o conjunto vinha dentro de um caixãozinho de defunto. Esse livro-*happening* chocou muita gente?
Engraçado é que sim e que não. Posso ser um pouquinho pretensioso? Acho que nunca se fez uma exibição de arte postal, pelo menos que eu saiba, tão vistosa que nem a minha. Mandei 120 pequenos caixões de defunto pelo correio, dentro de uma caixa de papelão chamada "arquivo morto", via Sedex (caro pra cacete!), com o livro e a papelada toda, destinando cada

um a um amigo ou conhecido mais ou menos próximo. Pelo menos, gente que eu imaginava que não iria levar aquilo a sério, que não teria um enfarto ao abrir a caixa. Muita gente levou um susto danado. Houve alguns problemas, mas enfim era todo mundo mais ou menos da roda e acostumado com minhas brincadeiras. Uma coisa me desagradou muito: sendo um ato tão corajoso artisticamente falando, acho que eu mereceria uma repercussão muito maior do que apenas o apoio dos amigos. Suponho que, tivesse feito isso na Europa ou nos Estados Unidos, seria capa de jornais e revistas da maior credibilidade. Acho que nem Andy Warhol teria pensado nisso. Nem mesmo (*Javacheff*) Christo, o que embrulha coisas, e tem mídia fácil e farta no mundo todo.

Aliás, esse caráter de *happening*, de intervenção na realidade, é muito presente em toda a sua obra. Você acredita que a literatura pode, de alguma forma, modificar a sociedade?
Não. Faço isso porque gosto da tal "guerrilha cultural", mas não acho que vá modificar nada. A literatura, não, nem é seu papel. O artista, sim, como ser humano e participante de uma sociedade, como eu agora, nesta entrevista. Uma coisa é fazer arte, uma coisa que serve, no fim das contas, para elevar a consciência linguística e mental do ser humano. O que já é muito, quase demais. Outra é, como autor, dizer o que se pensa de tudo e de nada.

Pasolini dizia que o mundo acabaria sofrendo uma uniformização em torno dos valores da classe média – de certa forma, ele anteviu o processo de "globalização". Você acha que isso está de fato acontecendo?
Sim. Usei exaustivamente o pensamento de Pasolini no meu *Sacanagem pura*. Mas foi azar do Pasolini ter morrido cedo, quando a comunicação de massa invadia a Itália. Hoje, neste fim de século, já estamos assistindo à morte da comunicação de massa. A globalização é um fato, sim. O empobrecimento geral é um fato. O neoliberalismo é um fato. Mas também são fatos, ainda pouco perceptíveis, o fim da comunicação de massa, pela proliferação dos novos meios, todos gerados pela microeletrônica. E também o fim do neoliberalismo e da globalização como um todo, pela própria exaustão de seus recursos e dos recursos de seus quintais, como o nosso. Sonho? Utopia? Escrever e pensar são atos de sonhadores, de utopistas.

Nos últimos anos, você tem se dedicado à literatura infantil e infantojuvenil. Inclusive criou uma editora-cooperativa, chamada Dubolsinho, cujo lema é "Criança não é um idiota pequeno, mas pode ser o projeto de um idiota grande". Crianças são tratadas como "idiotas pequenos" pelo mercado editorial?
Crianças são tratadas como consumidores por todos os mercados, o que é uma ofensa enorme a elas.

Seu sarcasmo combina com as crianças?
Claro que combina. As crianças são cruéis com baratas, formigas, moscas, adultos e todas as criaturas mais fortes ou mais perigosas que elas. No meu sarcasmo, sou cruel com todas as criaturas mais fortes e mais perigosas que eu. Exceto baratas, formigas e moscas.

Faltam bons livros para crianças no Brasil?
Acho que não. Temos criadores de altíssimo nível, embora tenhamos também muita gente que escreve para criança principalmente porque não sabe escrever. Essa gente supõe que criança é um idiota pequeno que engole qualquer besteira. Pior é que boa parte dos editores também pensa assim, ou pelo menos atua como se pensasse assim.

Seus livros infantis estão saindo com a assinatura de Sebastião Nuvens. Por trás de toda essa verve crítica, irônica e sarcástica existe uma criança de espírito "arteiro"?
Quem inventou o "Nuvens" foi a Maria Zélia, minha mulher, eu jamais teria pensado nisso, é lírico demais pra mim. Mas, de fato, eu nunca cresci muito: sempre fui um desastre, como estudante ou profissional. Nunca dei certo em cargo nenhum, pelo menos durante muito tempo. Por isso, sem dúvida, existe em mim uma criança de espírito "arteiro".

Lewis Carroll e Júlio Verne, para citar apenas dois, escreveram obras fantásticas, destinadas ao público infantil e infantojuvenil. Assim mesmo, esse tipo de literatura é meio desprezado – é raro ver uma resenha em jornais. O que você acha disso?
Carroll nem tanto. Hoje é considerado um clássico, embora não mais como literatura para crianças, mas para adultos. Por exemplo, a tradução muito

erudita que Sebastião Uchoa Leite fez do *Alice no País das Maravilhas* já teve várias edições. Quanto a Júlio Verne, é um autor arrepiante até hoje, mas quase sempre vítima de simplificações. O mesmo acontece com autores tão extraordinários como (*Georges*) Simenon e Rex Stout, considerados menores só porque escrevem o que se convencionou chamar literatura policial. E, no entanto, o inspetor Maigret e Nero Wolf são duas das maiores criações da literatura deste século.

Você vem publicando há mais de trinta anos, tem uma extensa obra, e um estranho silêncio paira sobre ela – são raros os artigos em jornais sobre seus livros. Essa tática de silêncio é uma forma mais refinada de censura?
Sim e não. Por um lado, meu trabalho é muito "impuro" para atrair jornalistas e estudiosos de literatura "sérios". E até mesmo para atrair a atenção de colegas de ofício "sérios". Por outro lado, nunca fiz parte de grupos ou panelas, e você sabe que sem a bênção do papa é impossível chegar a bispo. Grupos e panelas dominam, todo mundo sabe disso, jornais, universidades, academias, partidos políticos, associações de criadores de cachorro, produtores de cocaína, puteiros e até torcidas organizadas. Daí que, mesmo reconhecendo mérito no que faço, boa parte dos papas prefere me manter como simples vigário provinciano porque, como bispo ou cardeal, eu poderia me destacar mais que eles, ou pelo menos dividir o poder deles. E ainda tem mais um lado, que sou bastante imodesto em reconhecer: trilhei meu próprio caminho, não segui regras nem conselhos, abri picadas a machado, e isso pega muito mal junto aos que se julgam líderes e donos da verdade estética. Mas duas coisas me consolam: uma delas é saber que tem muita gente que gosta do que faço. A outra é que boa parte do que é censurado pelos ditadores estéticos de cada época acaba sendo reconhecida quando mudam as regras do jogo. A história está cheia de exemplos disso: príncipes que se transformam em sapos, reis, em mendigos, heróis, em patifes. Daí que fica até curioso indagar: quantos dos príncipes, reis e heróis da nossa literatura atual escaparão da cruel metamorfose imposta pelo tempo?

Revista Cult *n. 37, agosto de 2000*

Geraldo Carneiro
e as volúpias da linguagem

A poesia de Geraldo Carneiro é habitada por personagens, como nas narrativas de ficção: 1) Judy Jungle – a Afrodite da Funabem, ex-amasiada da lésbica Soninha Xerife –, que após sofrer horrores na birosca de Zé Mishima, um traficante do Borel, faz um pacto com Satanás e se transforma na poderosa Lucy Ferguson; 2) Manu Çaruê, um vagabundo matuto mulato, ex-amante do negão Claudionor de Souza, vulgo Waleska, que acaba se envolvendo com Andreia Androide, uma replicante cuja bateria está nos estertores; 3) um certo Luís Vaz de Camões, que embarca na caravela de Vasco da Gama, é engolido por um maremoto no cabo das Tormentas e despenca nos morros do Rio de Janeiro, onde passa por todo tipo de peripécia nas mãos de prostitutas, chefões do tráfico, mães de santo e travestis.

Mas, ao contrário dos livros de ficção, a linguagem de Geraldo Carneiro é marcada pela musicalidade, pelo domínio rítmico e por uma sutil espécie de "loucopeia", que provoca giros inesperados dentro do próprio discurso poético e de síncopes espasmódicas na mente do leitor. Se as narrativas tragicômicas estão bastante presentes em seus primeiros livros, com visíveis traços emprestados do teatro ou da ópera-bufa, o batuque dos decassílabos perpassa quase toda a poesia de seus livros mais recentes, herança talvez de suas traduções de Shakespeare (com quem convive há trinta anos) e das leituras dos clássicos, como Camões e Petrarca.

Esses traços se tornam mais visíveis com o lançamento recente de seus *Poemas reunidos* (edição da Biblioteca Nacional e da editora Nova Fronteira), que enfeixa toda a sua produção poética, desde *Na busca do sete-estrelo* (1974) até *Balada do impostor* (2006), passando por *Verão vagabundo* (1980), *Piquenique em Xanadu* (1988), *Pandemônio* (1993), *Folias metafísicas* (1995), *Por mares nunca dantes* (2000) e *Lira dos cinquent'anos* (2002). Com inegável dicção classicizante, Geraldo Carneiro não escreve, porém, de acordo com a perspectiva de um poeta seiscentista, mas a partir das expectativas de um autor contemporâneo, atento às convulsões e tempestades de sua época – embora o próprio admita ser uma espécie de dr. Pangloss, que vive pelo menos três palmos acima, além ou aquém da realidade. É a dicção de um artista que soube assimilar os recursos técnicos e o imaginário do passado, injetando neles maciças doses das gírias, das mudanças de comportamento e do linguajar das ruas do século XX e do incipiente XXI.

Sua produção textual, aliás, não se resume a livros de poesia. Ao longo de mais de quarenta anos de intensa atuação, escreveu letras de música e óperas para Egberto Gismonti, Francis Hime, John Neschling e até Astor Piazzolla (com quem trabalhou durante quatro meses, em Roma, no início da década de 1970), foi gravado por Vinicius de Moraes e Toquinho, Tom Jobim, Olivia Byington, Ney Matogrosso, Frenéticas e um vasto elenco de cantores e cantoras da música popular brasileira. Escreveu também peças de teatro, roteiros para televisão, gravou CDs e se apresentou em diversas leituras pelo país.

Mineiro, educado no Rio de Janeiro, Geraldo Carneiro parece ter caído no caldeirão do elixir da juventude. Prestes a completar 59 anos, tem uma imaginação sem amarras e uma memória impressionante. É capaz de lembrar poemas inteiros de João Cabral, Jorge Luis Borges, Cruz e Sousa, Shakespeare, Vinicius de Moraes, Camões – e dizê-los sem afetação, com raro engenho e arte.

Nesta entrevista, gravada em uma pequena livraria do Jardim Botânico (Rio de Janeiro), em dezembro de 2010, o poeta afirma que desde sempre os principais temas da poesia são recorrentes (o amor, a morte, as revoltas do tempo, a celebração da vida, o desconcerto do mundo), reivindica uma veia satírica e picaresca para a poesia brasileira, confessa-se um lírico renitente, muda bruscamente o rumo da conversa, insere citações de poemas no meio da fala e conclama os poetas brasileiros à polêmica, para afugentar o tédio *blasé* que domina o cenário: "É preciso recuperar a juventude da poesia. Devolver a poesia pra sua permanente imaturidade. Porque tudo que é maduro em poesia é muito chato. É muito previsível. Hoje há esse paradoxo. Embora haja muitos bons poetas no Brasil, o que eles escrevem é previsível. Falta essa fricção, essa animosidade. É preciso cultivar as discordâncias", diz, jogando farofa no ventilador das musas.

* * *

No prefácio do livro *Lira dos cinquent'anos*, você escreve "os poetas líricos vivem sempre às voltas com os mesmos temas, ecos e ecossistemas: o amor, a morte, as revoltas do tempo, a celebração da vida, o desconcerto do mundo". A poesia se alimenta mesmo sempre dos mesmos temas?
Este livro e esta nota de introdução foram escritos num período de desvario, em que eu estava sob o domínio de uma irracionalidade total. Metade de mim confia e acredita nessa afirmação, mas a poesia é mais vasta do que isso. Concordo parcialmente com ela. Acho que não há muita coisa além dos temas fundamentais. Mas tem um outro núcleo da poesia, talvez mais importante e mais vibrante, que é a turbulência da própria linguagem em busca de alguma coisa que está além, ou aquém de qualquer tema. Então, a questão temática é um pouco plagiada de autores da minha predileção, que tendem a ser classicizantes. Autores como Jorge Luis Borges, W. H. Auden. Existe nesse livro uma certa tentativa de flerte com os poetas clássicos da contemporaneidade.

De fato, na sua poesia, especialmente no *Lira dos cinquent'anos* e no *Balada do impostor*, a gente vê muito os temas do amor, da morte, do tempo. Se esses temas são recorrentes, o que, então, cada poeta acrescenta à poesia?
O poeta em geral acaba adquirindo uma única voz e, através dessa voz, ele se reconhece e nós o reconhecemos. Confesso a você que nunca fiquei satisfeito com a minha própria voz. Na verdade, só me interessa o que não sou eu; me interessa mais a voz que eu vou adquirir. Acontece que a gente não é senhor do processo poético. Na maior parte e na melhor parte das

vezes sinto que o processo poético é senhor de mim. Não acredito numa poesia refém da racionalidade.

Refém de um projeto poético?
De um projeto. Eu tenho projetos, estou com um livro novo que é completamente diferente de tudo o que escrevi. É um projeto. Mas tenho certeza de que esse projeto será subjugado por muitas formas de irracionalidade. A poesia não é o lugar da racionalidade. Tem um jogo contraditório e paradoxal. Embora haja uma tentativa de racionalidade, esse projeto é sempre esfacelado diante da própria linguagem, que é quem propõe os enigmas e as palavras com as quais se expressa alguma coisa que eu não sei o que é. E quanto mais eu não sei o que é, mais isso me agrada.

Boa parte da sua poesia parece que vem de uma matriz clássica. Boa parte dela é escrita praticamente em decassílabos. Há muitas referências a Camões, Dante, Petrarca. Ao mesmo tempo, você é um poeta que passou pela geração dos anos 1960, pelo *rock*, pela contracultura. Como você lida com essas duas forças?
Tem uma acronicidade, uma resistência aos modismos literários. Quando havia o modismo da poesia marginal, por exemplo, eu escrevia poemas com tendências classicizantes. Poemas que falavam de Camões, de autores que eu admirava. Mas tem um jogo entre a destruição e o elogio desses ícones, essa duplicidade de erigir o ídolo e, iconoclasticamente, derrubá-lo em seguida. Sempre fui apaixonado por Camões e sempre vi os defeitos gravíssimos de Camões. *Os Lusíadas*, por exemplo, tem trechos chatíssimos em que ele conta três vezes a história dos reis de Portugal. Tenho uma relação muito intensa com Shakespeare, desde os meus 28 anos de idade. Sou encantado pelos sonetos dele. Mas dos 154 sonetos dele tem lá quarenta que eu adoro. Tem dez que são fundamentais pra minha vida. Não tenho uma visão mitificadora dessas figuras como sendo intocáveis.

Quando falo dessa matriz clássica em parte da sua poesia, falo de uma musicalidade nos poemas à flor da pele. Isso vem mais da leitura dos clássicos ou vem muito também do seu convívio com a música popular brasileira?
Nunca compreendi a poesia sem os jogos da música. A poesia é sempre

música. Poesia, por mais racional, por mais logopeia que seja, ela é sempre um vocábulo que você cria na sua imaginação à medida que você o lê. Ou que você reproduz acusticamente à medida que você o pronuncia. Por mais refratária à música... Se você pegar o poema mais...

Como em João Cabral?
João Cabral de Melo Neto, a gente pensa logo nele. "Falo somente com o que falo:/ com as mesmas vinte palavras/ girando ao redor do sol/ que as limpa do que não é faca". Tudo isso é som, são fonemas grafados de uma determinada forma, e mesmo que o projeto dele seja antimusical, ele compreende uma visão musical da linguagem. Qualquer realização poética tem musicalidade inerente, ou subjacente. Sempre tive fascinação por todos os artistas do som. Não apenas os grandes músicos, mas também, sobretudo, os poetas, inclusive os poetas brasileiros que foram capazes de expressar essa musicalidade de maneira tão maravilhosa.

Que poetas brasileiros?
Jorge de Lima, Murilo Mendes.

Cruz e Sousa?
Cruz e Sousa. "Olhos que foram olhos, dois buracos/ Agora, fundos, no ondular da poeira/ Nem negros, nem azuis e nem opacos/ Caveira/ Boca de dentes límpidos e finos,/ De curva leve, original, ligeira,/ Que é feito dos teus risos cristalinos?/ Caveira, caveira, caveira." Augusto dos Anjos. Mais do que Augusto dos Anjos, o Alphonsus de Guimaraens, com uma musicalidade próxima do simbolismo francês. Manuel Bandeira. "Buliu na luz do lar, na luz do leito,/ Como um brasão de timbre indecifrado,/ O ruivo, raro isócele perfeito." A mais bela imagem da genitália feminina em toda a literatura brasileira. E feita com essas belíssimas aliterações em b, curiosamente.

Gostaria de explorar um pouco mais esse tema: você tem essa musicalidade que vem de uma leitura atenta da poesia. Por outro lado, a sua geração pegou a explosão do *rock*, da contracultura. Isso também teve um impacto forte na sua poesia e na sua vida?
Ah, isso foi um privilégio. Mas na minha formação inicial a palavra tinha uma força conceitual incrível. Na minha casa, o *Velho Testamento* era Car-

los Drummond de Andrade, e Vinicius de Moraes era um *Novo Testamento* ainda em via de canonização. Ele tinha um grande prestígio popular, mas estava em via de canonização, porque havia resistências, e tinha um defeito terrível, que era a popularidade. A popularidade é uma maldição na poesia. Existe uma mágoa incrível com os poetas que se tornam populares. A não ser que sejam mortos. Vinicius sofreu uma maldição crítica inacreditável. Eu mesmo não me dava conta do tamanho da importância do Vinicius. Só anos depois pude perceber a importância daqueles sonetos, daquela reconstrução da tradição clássica de língua portuguesa. Sonetos que hoje você examina na série histórica e vê que só tem três ou quatro daquele nível na história da língua portuguesa.

Você acabou de lançar um volume com seus poemas reunidos. É o fim de um ciclo? Como é ver sua própria poesia em perspectiva?
É um livro com um *design* muito bacana e a capa parece uma lápide. Só faltaram as datas. Fiquei felicíssimo porque me senti completamente livre do passado. Não releio aquilo que escrevo, a não ser numa leitura pública, alguém diz: "você lembra desse poema?", eu lembro e falo, e falo até com prazer, que quando eu falo é como se não me pertencesse. Nunca percebo que é meu. Porque eu escrevo sempre num estado de exaltação, ou até de possessão. Então, o poema me pertence vaguissimamente. Pertence muito mais às potências da linguagem, que eu não sei quais são. A linguagem tem volúpias que são dela, não são minhas. Persigo-as e me interesso imensamente por elas, mas ela tem volúpias que são dela. Quando ela quer ser escrita, a gente escreve, e quando ela não quer ser escrita, meu caro, não adianta, porque você só produz coisas triviais.

O poeta acaba sendo uma espécie de cavalo, no sentido da umbanda?
Cavalo de santo. Completamente. Claro que você se adestra pra ser um bom cavalo. Sabe quem lançou essa hipótese, primeira vez que eu vi, de uma maneira muito divertida até? João Guimarães Rosa. No *Tutameia* ele fala em metempsicose, uma palavra grega esquisitíssima. Guimarães conta uma história interessantíssima. Ele conta que escreveu um romance e botou na gaveta. Não ficou satisfeito. E que meses depois o José Lins do Rego publicou exatamente o mesmo romance. A partir dessa constatação, de que era absolutamente possível que outro escritor imaginasse

exatamente tudo como ele imaginou, ele lança a hipótese de que há uma espécie de metempsicose, e que nós somos cavalos de santo. É muito engraçado, no caso do Guimarães, que tem um artesanato tão peculiar. Um artesão que deixa a sua marca em cada frase. Ele não tem aquele ideal de transparência que muitos romancistas têm, de fazer com que a narrativa seja mais importante do que o artesanato.

Roberto Piva falava dessa poesia de possessão. Ele dizia: "Eu não quero uma poesia de posse. Quero uma poesia de possessão".
Ele falava isso, é? Ah, que bacana. Eu gostava muito dele. Mas, pra mim, hoje, eu gostaria de fazer quatro espécies de poesia, sem falar na canção. Gostaria de ser quatro poetas. Não gostaria de abdicar do lirismo, porque o lirismo pode ser uma patologia, mas é uma patologia que ainda serve pra expressar coisas fundamentais. Gostaria de fazer experiências com a palavra. Estou fazendo experiências esquisitíssimas de decomposição semântica da palavra. Tenho me divertido muito nessa área. A parte dominante do meu novo livro vai ser por aí. Tem uma coisa que sempre esteve presente pra mim, e agora estou valorizando, que são uns epigramas, sem muita ambição poética. São apenas registros de percepções intelectuais, com predomínio do logos. Enfim, são maneiras de fazer completamente diferentes, e hoje eu não me sentiria bem se abdicasse de uma delas. Embora tudo isso que estou dizendo sejam desejos que serão certamente desmentidos pela prática poética, que é feita à minha revelia. Não sou capaz de fazer com que prevaleça o meu desejo. Prevalece sempre o desejo da linguagem. A volúpia da linguagem.

Essa experiência de decomposição da palavra, a que você estava se referindo, vem de onde?
Olha, eu sempre achei o concretismo uma coisa limitadora. Os três intelectuais paulistas do concretismo são extraordinários, trouxeram contribuições magníficas pra nossa língua e pra reflexão sobre a língua. Mas eu ficava com muita pena deles se confinarem naquele projeto asfixiante. Sempre fui um gozador do concretismo, escrevi vários poemas concretos sacaneando o concretismo. Isso pra mim é uma tendência irrefreável, a não ser que eu me mutile e jogue fora uma parte de mim. Não consigo deixar de debochar de todas as facções do fazer poético. Mas, curiosamen-

te, têm surgido pra mim muitas revelações aparentadas com a poesia concreta.

Em boa parte da sua poesia existe um tom de deboche e de ironia até com seus mestres. Tem também alguns jogos de humor dentro da própria linguagem, que às vezes nos dão uma rasteira. Esse humor é uma coisa essencialmente carioca?
Não sei, rapaz. Tem uma linhagem do humor na literatura brasileira que é sempre um pouco sufocada. O humor em língua brasileira, e em língua portuguesa de Portugal, nem se fala. O humor em Portugal é considerado uma ofensa pessoal. Eles gostam da depressão. Nós também gostamos. Mas nós temos uma bela tradição de humoristas. Machado de Assis é muito engraçado. Murilo Mendes é muito divertido. Tem uma desvalorização do humor que não é nem um fenômeno brasileiro. Na França é um pouco assim. Nos Estados Unidos é muito assim. Acham que o humor macula a depressão permanente de que deve se nutrir a literatura.

O humor é um tipo de atitude que acaba desarmando qualquer discussão aguerrida sobre literatura, sobre linguagem. Ele tem essa capacidade, não tem?
É verdade. Até porque a vida é tragicômica. Se você não tiver uma dimensão do trágico e não tiver uma dimensão da comédia, você fica muito desaparelhado para a vida. Você fica ali naquele mundo do drama, ou de um lirismo... Tem algumas tendências da poesia contemporânea... Olha, tem muita gente escrevendo bem, mas está faltando uma certa ferocidade. E alguns centros de convergência, onde as pessoas até se digladiem, para que os projetos se tornem mais radicais. Sinto muita falta de radicalidade. É preciso encarar a prática poética com mais seriedade, violência e humor. Sinto falta de grandes polemistas, como Mário Faustino. Figuras que sejam capazes de tumultuar a cena poética brasileira, no melhor sentido.

Na primeira metade do século, com o modernismo, e especialmente na segunda metade, nós tivemos um debate intenso, artístico, poético, de linguagem. E agora, nada. O que está havendo? Estamos vivendo uma época de consenso?
Não é consenso, é um tédio, uma dispersão. Nós estamos aqui, numa li-

vraria do Jardim Botânico. Um espaço como este serviria para um cabaré dadaísta, em Zurique. Seria muito bom que existisse um espacinho, que fosse, em que as pessoas se encontrassem e discutissem ideias a sério. Isso não existe há muito tempo. Tem questões hoje que interessam a todos, e todo mundo sabe que interessam a todos, e não há fóruns de discussão.

Que questões seriam essas?
Que questões? Questões como as possibilidades de uma poesia lírica. Como pensar o lirismo? O lirismo é um fenômeno meramente histórico ou é um fenônemo transistórico? Um fenômeno permanente da poesia? Quais são as guerras e os pontos de confluência entre a prosa e a poesia? De que maneira a prosa se enxertaria, de novo, de maneira criativa, no discurso poético?

E por que essas discussões não ocorrem? Está todo mundo se tratando muito diplomaticamente?
Tem um lado civilizado, que é ótimo, mas faltam essas figuras polemistas que tumultuem a vida literária. Mesmo as discordâncias hoje são presididas pelo tédio. É preciso recuperar a juventude da poesia. Devolver a poesia pra sua permanente imaturidade. Porque tudo que é maduro em poesia é muito chato. É muito previsível. Hoje há esse paradoxo. Embora haja muitos bons poetas no Brasil, o que eles escrevem é previsível. Falta essa fricção, essa animosidade. É preciso cultivar as discordâncias.

Não é curioso que isso esteja acontecendo num momento em que se tem uma proliferação de meios nunca vista na história da humanidade?
É. E não é preciso muitos meios. Na verdade, o leitor que interessa... Eu não preciso que muita gente leia o que escrevo. Não existe essa pretensão de ter um mercado grande pra um discurso poético cuja eficácia só é mensurável por um grupo pequeno de leitores, que tem um repertório grande. Porque a poesia é sempre um hipertexto. A poesia que está ali no papel é um pedaço pequeno de um grande hipertexto de produção e de reflexão poética. Nós e mais duzentas, trezentas, quinhentas pessoas no Brasil temos a possibilidade de acompanhar a série histórica e perceber aquilo que tem algum interesse. É preciso que nós leiamos alguns livros e é preciso que nós possamos discutir esses livros. Discutir com sincerida-

de, com simplicidade, sem tédio. Isso, sim, faz com que essa produção seja menos previsível e se desenvolva do ponto de vista conceitual com mais abrangência.

Estamos vivendo uma exacerbação do consumo, do mercado. A era das celebridades. Não tem um esvaziamento de sentidos?
Tem. Inclusive uma perda de prestígio social do poeta, o que é uma pena. Eu adoraria que os poetas fossem celebridades. Preferiria mil vezes que houvesse trinta poetas célebres em vez dessas celebridades do *Big Brother*. São celebridades vazias. São pessoas irrelevantes. Não é que eu tenha preconceito com os lugares de onde as coisas vêm, mas eu adoraria que a poesia tivesse a relevância que ela merece na sociedade brasileira. Os poetas parecem condenados à irrelevância. E é muito importante que eles tenham relevância, para que funcionem como uma espécie de reserva ecológica da atividade cultural. Os poetas são esses seres que, como diz lá o Umberto Eco, são capazes de produzir metáforas que transformam a realidade. Acho importante que a poesia readquira uma importância social, assim como Castro Alves, que teve importância até política, assim como Vinicius, que foi importantíssimo na distensão de uma série de costumes patriarcais brasileiros. A poesia e a figura do Vinicius foram muito importantes nesse processo de desprovincianização das práticas afetivas brasileiras. Daqui a vinte anos alguém vai fazer uma tese na faculdade de antropologia e vai explicar que a figura central na transformação do brasileiro – do patriarcado da primeira metade do século xx para um mínimo de modernidade comportamental na segunda metade – foi Vinicius de Moraes. Quando Carlos Drummond escreveu, em 1928, "quando eu nasci um anjo torto", quando ele qualificou o anjo como torto, com a importância intelectual que ele tinha naquele momento, isso foi uma transformação fundamental no céu simbólico da vida brasileira. Então, é muito importante que a poesia readquira esse espaço fundamental para a transformação da sociedade. Eu adoraria que houvesse um programa de televisão com vinte poetas, como o Leminski, o Vinicius, o Waly, o Piva, a Hilda Hilst, a Ana Cristina Cesar, pessoas extraordinárias. Já imaginou que maravilha? Isso teria uma influência sobre a vida cotidiana, simbólica e linguística do país. Mas, voltando ao Vinicius, ele foi um camarada absolutamente libertário. Quando se fizer de fato uma biografia dele, as pessoas vão se dar conta disso.

A biografia escrita por José Castelo ainda não é?
Olha, não li toda ela. Achei benfeita, mas falta uma compreensão literária e falta uma compreensão da existência, da importância da vida. Em geral, isso é muito menosprezado nos poetas: a importância da vida. Fica-se sempre no plano literário, supondo que as coisas se resolvam mallarmaicamente, e que se possa viver só de literatura. Mas, infelizmente, ou felizmente, existe a vida, e a literatura se alimenta necessariamente da vida. Ou do profundo sentimento de que a vida te foi sonegada. O tal "desconcerto do mundo" de que falava Camões – que você é objeto de alguma injustiça fundamental ou da aversão dos outros. A vida está sempre ali presente naquilo que se escreve. Como diz Octavio Paz: você tem poesias da comunhão e tem poesias da solidão. Quando você celebra a vida, é sensacional. E quando você, tal como Camões, "errei todo o discurso dos meus anos/ dei causa a que a fortuna castigasse/ as minhas mais fundadas esperanças/ de amor não vi senão breves enganos", quer dizer, ele está rebelado contra as divindades que fizeram com que a vida dele fosse absolutamente repugnante. Então, é muito importante você perceber o peso que a vida tem sobre a obra. Mesmo que a vida tenha sido durante tanto tempo objeto das fantasias mais idiotas dos historiadores românticos. Não estou falando disso. Mas não se deve excluir a vida, como se tornou hábito, e fazer com que a obra se autonomize, como se tivesse sido produzida por um ser feito só de espírito.

No poema "Manual dos cinquenta", você escreve: "só acumulou espantos e quimeras/ mas continua crédulo e cretino". Há certo desencanto nisso? De alguma forma percebo que isso tem muito a ver com o que estamos conversando.
Não há desencanto. É até um autoelogio. Sou uma espécie de Mister Magoo. Vou passando pelos lugares mais sinistros do mundo e acho tudo lindo. Quer dizer, um cretino assim como o dr. Pangloss, ou o Cândido, de Voltaire. Um cretino, crédulo, que acha que está no melhor dos mundos. Acredito na vida de uma maneira bastante patológica. Tenho uma visão inteiramente distorcida, parece aqueles filmes sobre física quântica, que provam que a gente não sabe nada, que as coisas não existem. Sempre tive essa percepção quântica do mundo e "vou passando como tudo passa/ em busca de uma graça que ultrapasse/ o círculo da minha circunstância/ o

espelho que não seja senão o outro/ esse que me habita e que me espreita/ e, não sendo eu, me acata os meus espantos". É bom que a ciência do nosso tempo esteja descobrindo aquilo que nós, poetas, já descobrimos há muito tempo: a realidade não existe, a nossa capacidade de percepção é precaríssima, a moldura psíquica que inventaram pra nós é uma bobagem. Nós somos muito mais vastos e muito mais comuns do que essa moldura psíquica.

No mesmo poema você escreve: "a realidade é uma alucinação/ criada pela falta de utopia". É possível viver sem utopia?
Não. A realidade não existe. Nunca vivi na realidade. Quando boto um pezinho na realidade, aí, rapaz, me dá uma melancolia profunda. Sempre vivi uns três passos acima da realidade. Nunca acreditei na realidade. A única coisa sólida que conheço é a poesia. A literatura de modo geral. O teatro é muito sólido. Venho de uma experiência deliciosa com o teatro. Traduzi *Romeu e Julieta*, por encomenda de um grupo carioca, dirigido por João Fonseca. Um prazer, rapaz. O negócio do decassílabo a que você se referiu... Quando você traduz uma peça de Shakespeare, que é toda escrita em pentâmetros iâmbicos, a batucada do decassílabo vira uma obsessão que se entranha até nos seus sonhos.

No teatro se tem um contato direto com o público. Você não acha que para o poeta falta esse contato direto?
Acho muito importante o contato direto do poeta com o público. A gente tem que reinventar isso. No passado havia aquela tradição chatíssima dos saraus. Tinha aquelas *diseuses*, aquelas mulheres que falavam os textos, um negócio insuportável. Se eu tivesse pegado aquela época, acho que estrangulava uma *diseuse* daquelas. É aterrorizante. Tem três ou quatro pessoas que falam poesia bem, sem nenhuma empostação, que é como se deve falar poesia. Mas existe já uma forma bacana de comunicação e nós precisamos criar circuitos que os poetas percorram e nos quais comuniquem seus poemas para chegar diretamente nas pessoas.

**Em outro poema, "À maneira do Pessoa", você escreve: "às vezes por acaso me deparo/ com uma cena, um gesto, uma palavra/ cujo esplendor desperta um mar de ressonâncias/ e de repente a insolência do sol/ ilu-

mina as minhas trevas/ e eu sou como um deus parindo o mundo". **Num momento em que as coisas estão perdendo o significado rapidamente, até pela avalanche desnorteadora de informações, informações na maioria das vezes sem essência nenhuma, seria muita pretensão pensar que a poesia é uma arte extremamente hábil para ressignificar as coisas do mundo?**
Não que eu tenha a ambição de ser o emissário das divinas potestades, não sou o Messias, não sou o primo do pessoal lá de cima, mas cada um de nós, poetas, tem, muito modestamente, ou muito ambiciosamente, a capacidade de inventar o futuro. Às vezes um poeta mediano tem um surto e inventa alguma metáfora que será fundamental para que o futuro se faça. Cada um de nós tem dentro de si a possibilidade de ver o efêmero e o infinito. É isso o que nos distingue e o que nos faz perseguir a nossa atividade. Não estou fazendo o elogio desse fragmento. Leio isso como se não fosse meu. Aliás, tenho um poeminha que termina assim: "minhas palavras nunca foram minhas,/ mas foram me forjando com sua força/ até que me tornasse esse não-ser/ feito de arquiteturas sem lugar/ senão no reino-sonho que fundei./ essas palavras sopram-me presságios/ e nelas plantarei os meus naufrágios". É um poema sob o domínio do decassílabo e, talvez, rememorando descobertas de outros. Mas cada vez que esse sopro nos acomete, a gente está, na pior das hipóteses, incentivando essa religião privada, estranhíssima, que é capaz de transformar o mundo a partir de uma partícula verbal. Isso tem uma importância que justifica o nosso exercício. Quando você faz uma revista literária com grande capricho, seleciona, trabalha, se dedica, é um trabalho de altíssima importância, muito mais importante que muitos trabalhos acadêmicos, que têm uma empáfia, uma arrogância, mas que não têm a capacidade de prefigurar o futuro.

Você publicou seu primeiro livro em 1974. Lá se vão mais de 35 anos de poesia. Poesia não dá retorno financeiro nenhum. Muitas vezes, nem sequer prestígio, nada. Então, que tipo de energia faz com que uma pessoa se dedique à poesia durante tanto tempo?
É uma energia essencial, difícil de descrever. Na verdade, é a única realidade que conheço. Outro dia, a minha mulher ficou indignada porque eu disse a ela que, dentre as cinco pessoas mais importantes da minha vida, uma é Shakespeare. Ela ficou indignada. Não compreendia. Ele é fundamental

pra minha vida, me sustentou emocionalmente em vários momentos, me fez revelações extraordinárias. Esse elenco de vozes com as quais a gente caminha, e a nossa própria voz que vai sendo construída numa relação crítica, ou no endosso ou na demolição desses gurus que nos antecedem, isso é a única coisa fundamental.

Bom, é inevitável perguntar sobre a sua vasta produção como letrista e sua convivência com grandes figuras da música brasileira, como Egberto Gismonti, Vinicius de Moraes, Tom Jobim. Mas gostaria de saber especialmente como surgiram as suas parcerias com Astor Piazzolla.
Eu tinha feito as letras de um disco do Egberto Gismonti, de 1972, chamado *Água e vinho*. Como na poesia, o circuito da música boa também é pequeno. Esse disco do Egberto circulou. Chegaram uns cem exemplares na Argentina, e um deles chegou até o Piazzolla. Ele adorou as músicas e as letras. No ano seguinte ele veio ao Brasil e pediu para a Nana Caymmi (que era amiga comum) me ligar, porque ele queria fazer música comigo. Fui correndo. Tinha visto uma apresentação dele no Teatro Municipal, em 1972, deslumbrante, fiquei apaixonado. Eu e o Egberto fomos juntos. Na verdade, ele me arrastou. Eu não queria ver. Não que detestasse tango, apenas achava que era um fenômeno histórico congelado lá no passado. Quando ouvi Piazzolla, fiquei louco por ele. Nós éramos jovens, eu tinha 20 anos, o Egberto era um velhinho de 24. Quando vimos aquele homem de 50 anos tocando no palco, ficamos num tamanho fascínio que não tínhamos coragem de cumprimentá-lo. Pra nós ele morava numa espécie de estratosfera. Aí, no ano seguinte, ele me procurou. Uma figura fascinante, um dos homens mais inteligentes que já conheci. De um senso de humor, rapaz, uma capacidade de pensar, impressionante. Um brilho intelectual inacreditável.

E você fez várias parcerias com ele.
A primeira que fizemos foi para o Ney Matogrosso. Ele havia acabado de sair dos Secos e Molhados. O primeiro *longplay* do Ney vinha com um compacto acoplado. A capa era desenhada pelo Rubens Gerchman. Ele foi gravar em Roma, porque o Piazzolla estava morando lá. Gravou de um lado uma música nossa e do outro uma música do Piazzolla com o Borges – um soneto de matar. Aí, o Piazzolla me chamou para escrever um musical.

Fui morar em Roma, mas era muito difícil, porque, imagina, uma cantora italiana queria gravar, Ornella Vanoni. Tinha que traduzir para o italiano. Uma cantora francesa também queria gravar. Tinha que traduzir para o francês. Era um processo muito complicado. A música dele já não era muito propícia à letra. Nós fizemos várias canções para um musical que a Ornella Vanoni queria gravar. Mas aconteceu uma história esquisita. A filha do Piazzolla pertenceu ao movimento montoneiro na Argentina, esquerda guerrilheira. Ela já estava exilada no Chile. A ditadura argentina, tão zelosa dos seus ícones, mandou dizer ao Piazzolla, que nunca foi um homem de partido, que se ele levasse adiante algum projeto de fazer qualquer coisa sobre a Eva Perón, a filha dele seria eliminada. Então, esse projeto gorou. Nós fizemos outras canções. Uma delas foi gravada aqui, pasme você, pelas Frenéticas. Chama-se "Canção de amor". Está no último disco delas.

E seu trabalho com o Egberto Gismonti?
Com o Egberto fiz umas cinquenta parcerias. Eu o conheci com 16 anos de idade. Ele, recém-chegado de Friburgo, com uns 20 anos, e já tocava piano e violão muito bem. Quando eu tinha 19 ele me chamou pra fazer música. A primeira se chamou *Água e vinho*. Mas também a música dele não tinha como lado principal a canção.

Mesmo assim, foram cinquenta parcerias?
Pois é. É sempre bom fazer música.

Revista Coyote *n. 22, outono de 2011*

Chacal:
"A palavra virou pregão, bordão, mixaria"

As palavras cortantes de "Só as mães são felizes", de Cazuza, entendidas ao contrário, se encaixam perfeitamente à trajetória de Chacal, como uma camiseta vestida pelo avesso: "Você nunca viu Lou Reed,/ 'walking on the wild side'/ Nem Melodia transvirado/ Rezando pelo Estácio/ Nunca viu Allen Ginsberg/ Pagando michê na Alaska/ Nem Rimbaud pelas tantas/ Negociando escravas brancas". Os intensos olhos azuis do poeta carioca viram tudo isso. E entenderam que nem o mundo, nem a poesia seriam as mesmas depois dessas visões, muitas delas aterradoras.

Foi vendo (e ouvindo) o próprio Allen Ginsberg entoando trechos do poema "Uivo", acompanhado de uma sanfoninha, no Queen Elizabeth Hall, à beira do Tâmisa, em 1973, que ele compreendeu a força da poesia oral. Foi vendo (e ouvindo) Macalé, Torquato e Waly Salomão rugindo versos e melodias nas Dunas do Barato que ele compreendeu a urgência de uma poesia eletrificada, inquieta e vital. E foi juntando esses dois fios desencapados com suas próprias peripécias pelo planeta que ele deu voz a uma vida inteira dedicada aos versos, às vezes escritos com canivete.

Chacal (ou Ricardo de Carvalho Duarte, para os mais chegados), com quase 55 anos de vida, tem 35 deles dedicados à arte de tramar palavras. Desde *Muito prazer* (1971) até *A vida é curta pra ser pequena* (2002), passando por *América* (1975), *Drops de abril* (1983) e *Letra elétrika* (1994), são 12 livros de poesia e prosa, dezenas de letras escritas para Lulu Santos, Fernanda Abreu,

Moraes Moreira, Blitz, entre outros, algumas revistas editadas (como *Almanaque Biotônico Vitalidade*, *Nuvem Cigana* e *O Carioca*), centenas de recitais em todo o país e milhões de quilômetros rodados.

A oralidade e o registro poético do cotidiano são duas de suas marcas registradas. No palco, permeados pelo ar quente que sai dos pulmões e se transforma em significados, seus versos ganham intensidade luminosa. Naquele espaço, sob a luz dos *spots*, se revela a totalidade da sua poesia, o *rosebud* do poeta. Chacal sabe disso. E gosta. Não à toa, há mais de 15 anos é o capitão-mor do *CEP 20000* (recitais que reúnem mensalmente poetas, músicos de *rock* e atores).

Nesta entrevista feita por *e-mail*, na primavera de 2005, com a participação dos poetas Marcelo Montenegro e Sérgio Mello, Chacal fala de sua fase de artilheiro do Fluminense, das motivações da geração mimeógrafo, da viagem a Londres, que marcou sua vida, e reflete sobre o espaço da poesia em um mundo cada vez mais mercantilizado.

* * *

Dois anos depois desta entrevista, a editora Cosac Naify lançou a "poesia reunida" de Chacal, com seus 12 livros anteriores, numa bela edição de capa dura, sob o título Belvedere (2007). Posteriormente, saiu também o livro memorialístico Uma história à margem *(2010), em que rememora suas peripécias pelo* underground *do Rio de Janeiro, Londres, São Paulo e muitos outros mundos.*

* * *

Seu pai foi jogador do Fluminense? Como era o ambiente na sua casa? Havia uma biblioteca, ouvia-se música, conversava-se sobre literatura?
Meu pai, Marcial Galdino Duarte, além de gaúcho e jogador de futebol, gostava de tango. Minha mãe, Maria Magdalena, carioca, de família cearense, gostava de música e de cinema americano. Minhas irmãs mais velhas, Grazy e Eliane, tocavam acordeom e violão. Estudavam no mesmo colégio (Mallet Soares, na rua Xavier da Silveira, Copacabana, onde estu-

dei também) que Carlos Lyra, Roberto Menescal. Gostavam de *rock* e bossa nova. Minha infância foi muito rica em música. Boleros, Elvis Presley, João Gilberto, Bill Haley, Nara Leão, Tamba Trio, Dolores Duran, Ray Conniff, Sinatra, Nat King Cole, Sergio Endrigo, Miltinho e Elza Soares. Depois Beatles, Rolling Stones e Bob Dylan. Literatura foi mais por vontade própria. Me lembro que meu pai me deu num dia o livro *O meu pé de laranja lima*, de José Mauro de Vasconcelos, sucesso comercial na época, e no dia seguinte *Ulisses*, do James Joyce. Havia um estímulo meio aleatório, sem direção. Ouvia muito rádio com meu pai: *Balança mas não cai* e outros programas de humor. O assunto era futebol, política (minha mãe era udenista, meu pai, do Partido Libertador) e muita música.

Na orelha do livro *Letra elétrika*, você destaca a informação de que foi artilheiro e campeão carioca de futebol de salão em 1965, pelo Fluminense, com 34 gols. Há algum paralelo entre a sua poesia e o futebol?
Futebol é ritmo e dança e ginga. Cacaso dizia que eu escrevia como jogava futebol e dava o exemplo do meu poema "Anatomia": "pego a palavra no ar/ no pulo, paro/ vejo, aparo, burilo/ no papel reparo/ e sigo compondo o verso". Jogando pelo Fluminense, no time infantojuvenil de futebol de salão, fiz um gol memorável contra o América. O América atacava e a bola sobrou para Waguinho, nosso goleiro. Ele lançou com força pra mim no meio da quadra. Eu estava de costas para o gol adversário, com um beque colado em mim. Enfiei o pé por baixo da bola. Ela passou por cima de mim e do beque com grande efeito. O beque ficou parado. Corri na frente. Fiquei sozinho contra o goleiro. Chutei no canto e corri para o abraço. Difícil descrever a beleza plástica e a emoção do gol. Mas um gol benfeito é um poema classe A.

Você é a principal referência da chamada geração mimeógrafo. O que motivou o surgimento dessa geração? Foi apenas a dificuldade de publicar seus próprios livros?
Isso é detalhe. Ela tem mais a ver com o prestobarba, a embalagem *one way*, o mundo da fartura e do desperdício da cultura de massa. Se você colar o ouvido na boca do estômago de um poema marginal, vai ouvir Jimi Hendrix.

O que exatamente a geração mimeógrafo tem a ver com a comunicação

de massa? Não parecem dois polos opostos? Um, industrial, atingindo grandes públicos; outro, artesanal, com pequenas tiragens?
O processo de impressão era artesanal. Mas essa geração refletia a fala desse mundo de excessos, da fragmentação da informação, do efêmero de tudo. Se as editoras lançavam livros de poetas com uma visão de mundo mais linear, a nossa geração, para trazer o novo à tona, foi se valer de processos usados pela guerrilha urbana. E ela trouxe um público novo para a poesia. Quando ganhei aval acadêmico e tive o suporte de uma grande editora como a Brasiliense, vendi três edições de meus livros *Drops de abril* e *Comício de tudo*. Um público que não era muito chegado à poesia, mas que viu uma semelhança profunda entre aquilo que ela vivia nesse mundo pós-industrial e aqueles poemas e crônicas estilhaçadas. Algo em torno de dez mil leitores. Para poesia, um sucesso. O problema é que hoje as grandes editoras se contentam com um público de poesia em torno de quinhentas pessoas. Pequenas coleções editadas por intelectuais para intelectuais. Os poetas acabam escrevendo também para esse grupo de "iniciados", do qual fazem parte. Ou então dançam. As editoras não fazem nenhum esforço para ampliar o público e repetem *ad nauseam* que poesia não vende. Quando, na verdade, eles não sabem, ou não querem, vender poesia.

E do ponto de vista poético mesmo, o que os poetas dessa "geração" buscavam? Quer dizer: havia um panorama estabelecido ao qual essa geração se opunha?
Buscávamos falar sobre nossa experiência de vida. Já vivíamos repressão demais na escola, em casa, na rua. Queríamos falar sobre isso. Sem os grilhões das academias, das escolas, dos movimentos de vanguarda. A gente se opunha a tudo que quisesse nos fazer calar.

Dizem que você vendia exemplares de *Muito prazer, Ricardo* na entrada do *show* *Gal Fa-Tal*. Foi ali que você conheceu Jards Macalé, Waly Salomão e Torquato Neto? Como foram os primeiros encontros?
Jards foi meu primeiro *guitar hero*. Em 1969, talvez. Ele todo de couro preto, tocando "Negro gato", num *show* no Teatro Cimento Armado, no Shopping Center da Siqueira Campos, onde depois rolou *Gal Fa-Tal* e, muito depois, Fausto Fawcett com *Santa Clara Poltergeist*. Depois fizemos uma parceria

coletiva, em 1972 ("Boneca semiótica", com dedo de Duda Machado e mão de Rogério Duarte). Waly, achei na rua, saindo da cana de São Paulo. Empatia imediata. Ele me apresentou a Torquato. Eu ficava ouvindo os dois conversar e me iniciava. Waly foi meu primeiro leitor do ramo e grande incentivador. Torquato também, embora tivesse pouco contato com ele. Quanto a vender em porta de teatro, eu precisava e bem que tentava. Mas a timidez me travava. Depois vendi alguns livros montando pequenas bancas nos saguões dos teatros com apoio da produção dos eventos.

Há uma evidente influência de Oswald de Andrade nos seus poemas iniciais, bem perceptível, por exemplo, em "Papo de índio": "veio uns ômi di saia preta/ cheiu di caixinha e pó branco/ qui eles disserum qui si chamava açucri/ aí eles falarum e nós fechamu a cara/ depois eles arrepitirum e nós fechamu o corpo/ aí eles insistirum e nós comemu eles". O que o interessou em Oswald? E que outros poetas foram importantes na sua decisão de se dedicar à poesia?
Oswald me descobriu o Brasil. Oswald, pra mim, é o humor e a virulência. Seus manifestos são estarrecedores até hoje. A síntese, o humor surreal de *Serafim* e *Miramar*. Aquilo me transfigurou. Além dele, Guimarães Rosa. E os poetas/músicos.

O que o encanta em Guimarães Rosa?
Suas duas viagens numa só. Dentro da linguagem, com seus neologismos, suas palavras pinçadas do dialeto do interior de Minas, suas síncopes – ele tinha uma frase, não lembro em qual livro, que era simplesmente: "Mas". E dentro dos sertões do país. Eu, garoto urbano, achava aquilo uma incongruência. O mesmo se deu depois com Manoel de Barros, outro herói.

Com 21 anos você embarcou para Londres, onde passou um ano. Que importância teve essa viagem na sua vida e na sua poesia?
Eu fui ver o *rock in loco*. Fui ter *"my fair share of abuse"*. Sexo, drogas e *rock'n'roll*. Descobri o que no Brasil era difícil: viver sem medo. Acho que isso tudo serve pra poesia.

E como foi o impacto com toda a efervescência que estava acontecendo em Londres?

Em 1973 Londres vivia o entreato entre o movimento *hippie* e o movimento *punk*. O som que imperava era o *rock* progressivo. Yes, Pink Floyd, Emerson, Lake & Palmer. Eu, que gostava de dançar, dancei.

Que *shows* e acontecimentos desse período ficaram na sua memória? E o que eles significaram na sua vida e na sua poesia?
No dia 7 de setembro de 1973, dia da parada militar no Brasil, vi pela primeira vez os Rolling Stones, no Wembley Theater. Aos primeiros acordes de "Brown sugar", música de abertura, penetrei junto com uma galera e corri para as primeiras filas. A polícia veio atrás dos invasores. Os Stones pararam de tocar, e Mick Jagger, aos gritos, disse que ali ninguém precisava da polícia e atirou um pandeiro nos policiais, que saíram com o rabo entre as pernas. O *show* continuou fervendo. Ali, em estado de graça, me senti no limite entre um *show* de *rock* e a revolução. Depois vi o Led Zeppelin, que lançava *Houses of the Holy*, num ginásio com uma grande lona por cima da plateia. A cada agudo de Robert Plant, essa cobertura enfunava como uma vela. Vi o Humble Pie, de Steve Marriott, no Palladium, com três guitarristas abrindo o *show* num duelo de sair fagulhas. Vi Jethro Tull, Traffic, Sly & the Family Stone. Vi muitos *shows* que me transfiguraram. Vi Allen Ginsberg no Queen Elizabeth Hall, à beira do Tâmisa. O teatro para mil pessoas ou mais, totalmente lotado. Era um festival internacional de poesia. Poetas de todos os quadrantes liam seus textos, formalmente, de terno. Entra Ginsberg, de macacão, uma perna engessada, muletas, barba desgrenhada. Senta-se a uma mesa e começa a gargalhar e bradar alucinadamente trechos do "Uivo". Depois tira uma pequena sanfona da bolsa e diz que vai falar um *blues*. Entoa uns cânticos inesquecíveis. Parecia um Dylan desarvorado. Ginsberg me iniciou na poesia falada. Outro evento que me deixou louco foi o *Grand Magic Circus*, na Roundhouse. Teatro, circo, música, tudo junto. Um espetáculo total. Londres me encantou com suas estações bem definidas, desde o tapete de folhas que cobre as ruas no outono ao verão com os parques e piscinas públicas cheias até o sol ir embora, umas dez da noite. No primeiro dia da primavera, as flores explodem e os *pubs* põem mesas e cadeiras na calçada. No inverno, meses sem sol. Uma estação heroica. Outra coisa que me marcou foram os sábados na feira de Portobello. Uma rua imensa, com barracas de roupas, brechós, velharias e jamaicanos em rodas nas esquinas, ouvindo o *reggae*, novidade

na época, em pequenas vitrolas. Notting Hill Gate, onde fica Portobello, era um bairro de jamaicanos e *squatters*, moradores de casas invadidas. Nos onze meses que passei em Londres, não perdi um sábado em Portobello. Era o meu carnaval bretão.

Você publicou seu primeiro livro aos 20 anos de idade. Sua poesia tem uma identificação imediata com algo jovem. No poema "Quântico dos quânticos", do *Letra elétrika* (1994), você escreve: "Será o texto reescrito outro ou serei outro ao reescrever o texto?". Hoje você está com 54 anos. Como foi a passagem do tempo?
Acho que a vida é feita de várias encarnações, cebolas que somos. Uma camada vai, outra vem. Meu corpo diz que eu tenho 54 anos. Às vezes duvido disso. Às vezes me sinto meio "O Fantasma Que Anda" da poesia, com mais de quinhentos anos e o Capeto ao meu lado. Já convivi com poetas de várias gerações. Estou começando a escrever o meu "uivo".

Trinta e quatro anos após o lançamento do seu primeiro livro, qual a diferença entre o Chacal de 1971 e o Chacal de 2005?
O poeta que em 1971 era acometido de surtos verbais, noturnos e solares, que incendiava o verbo, sem dó, nem piedade, hoje tem uma família de jovens poetas para colocar no olho da rua. Então, ele sopra essa brasa como pode seu pulmão baleado.

Você passou pelo impacto da contracultura, do movimento *hippie*, do *punk*, com tudo que esses movimentos traziam de inconformismo, liberação sexual, urgência, antiacademicismo. Vendo tudo agora, com certo distanciamento, o que essas coisas todas legaram para a poesia?
"Essas coisas" sou eu. Não tenho esse distanciamento. É como eu querer me apartar da minha sombra. Sou feito disso e de toda a quinquilharia que você pode encontrar na rua Comendador Abdo Schahin.

Mas não há uma assimilação crítica dessa maneira de se colocar no mundo e de transformar isso tudo em poesia?
Por ter sido gerado na contracultura, todo cânone era visto com desconfiança. Talvez, por conta disso, Oswald tenha me interessado. Ele era um marginal à cultura. Os irmãos Campos o trouxeram de volta. Drummond,

Bandeira, Cabral, na época de minha formação, não me impressionaram. Guimarães era um prosador não convencional. Essa repulsa ao *mainstream* da cultura me permitiu um pé na porta da poesia. Fosse eu um cultuador do cânone, não teria ousado. Por outro lado, me sinto até hoje, passada a fase heroica, em falta com esses grandes nomes, que certamente dariam maior suporte à minha poesia. Guardo para eles minhas melhores horas.

Quando surgiu a geração mimeógrafo, uma das grandes linhas de força da poesia, de inovação e capacidade de polêmica, era a poesia concreta, com tudo o que ela trazia de prática e teoria. Havia uma oposição dos poetas marginais à poesia concreta? Quais eram os principais focos dessa oposição?
Havia. Mais à postura dogmática deles do que à sua poética. Eu aprendi muito com a poesia concreta, que te aproxima do cerne da linguagem. Mas uma coisa não elimina a outra. Cacaso, Charles, eram os mais refratários ao rigor do concretismo.

Que postura dogmática, exatamente?
Para afirmar o poema livre de versos, o poema verbivocovisual, era preciso negar o resto. Era mesmo? Creio que não. Tanto que eles trouxeram de volta grandes poetas de fatura discursiva, como Oswald e Sousândrade, por exemplo. Todos adoecidos da linguagem, mas discursivos. Acredito que o que estava em jogo nessa fase do concretismo era a disputa pelo poder literário dentro das academias.

E o que você aprendeu com a poesia concreta?
Aprendi que entre o real e o poema existe a linguagem. "Um poema não se faz com ideias, mas com palavras", como dizia Mallarmé. E as palavras têm suas artes e suas manhas. Fazem parte da vasta classe de signos. Esse mundo maravilhoso da semiótica, tão sedutor e absorvente quanto um labirinto ou uma viagem lisérgica. Haja Ariadne para nos devolver à vida.

A oralização da poesia é algo muito forte na sua trajetória. Vendo e ouvindo você no palco, seus poemas ganham mais força, assumem significados imprevistos. Qual a diferença de um poema na página do livro e um poema na voz do poeta?

O poema falado trabalha com o tempo, o momento. Você acelera, reduz a marcha e entra na curva em duas rodas. Você ouve a respiração da plateia. E a suspende por alguns segundos. No livro, fica mais difícil essa *performance*. Toda a fuzarca fica por conta da mordaça da gramática e da trapaça do poeta.

A poesia toda é uma tentativa de arrancar essa mordaça imposta pela gramática?
Missão impossível. O concretismo tentou. Em vão. O que há é um jogo de pique-esconde. O poeta sugere o jogo e pede para a gramática contar até 171. Enquanto ela conta, ele escreve um poema. Quando ela abre os olhos, o poeta está à sua frente. Ela vai se esconder. O poeta faz de conta que conta e escreve outro poema. E assim vai o jogo ininterrupto. Trapaças.

Em *O nascimento da tragédia*, Nietzsche diz assim: "A música mágica e a conjuração parecem ter sido a forma primitiva e a origem de toda a poesia. O homem acostumou-se durante milênios com a conexão do idioma com o ritmo da música. O poder mágico da dicção rítmica tem sido paulatinamente esquecido. Distanciamo-nos cada vez mais de nossas origens". A oralização teria a ver com esse poder mágico da poesia?
Esse passado é meu único presente. Os coiotes não sabem o que é música ou poesia. Eles uivam.

Está havendo uma retomada da poesia oralizada. Poetas estão se associando a músicos e montando espetáculos de poesia, gravando discos. Muitas vezes, quando não são ignorados, esses poetas são taxados de fazer uma poesia "pop". Críticos sérios dizem isso com um tom de desdém. O que você pensa do que os críticos pensam?
Os críticos são afeitos às análises. Poetas, à síntese. Críticos deviam se abster da poesia e avaliar o funcionamento dos motores de dupla carburação.

Você também criou uma aproximação muito grande com os compositores. Tem parcerias com Lulu Santos, Fernanda Abreu, Blitz. Agora, eu gostaria de inverter o raciocínio: o que um poema escrito diz que uma letra de música não pode dizer?
Mas o que a música acrescenta, se a palavra já é? A palavra não precisa da música para se sustentar. O *rap* é isso. Os mantras são isso. Os *spirituals* e

os sambas de roda são isso. A palavra poética é um instrumento de corda vocal. A música pode dar um apoio luxuoso, mas não é fundamental. Nossa cultura nos impregnou de musiquinhas. Os índios cantavam e dançavam ao som dos uivos da fogueira e do crepitar dos coiotes.

Há diferenças entre poesia e letra de música? Ou isso não passa de uma velha discussão azul e desbotada?
Para o ouvido mouco dos velhos acadêmicos, poesia só existe no papel. Eles têm que ler as palavras no papel. Tudo que não se enquadra nesse padrão é menor. No caso, letra de música é um poema menor. Mas a nova academia está revertendo isso. Acadêmicos como Zé Miguel Wisnik (surdo, tarol e repique), Luiz Tatit, Cláudia Neiva de Matos, Santuza Naves, Fernanda Medeiros, entre outros, já leem música e ouvem poemas.

Esse universo da música, atualmente, está bastante limitado pelas imposições das gravadoras e dos esquemas de rádio e televisão, com seus jabás e sua necessidade de lucro cada vez mais imediato. Está mais difícil injetar poesia na música? Não seria por isso que os próprios poetas estão tomando a frente, virando as costas para esses esquemões e gravando seus próprios CDs, normalmente à própria custa?
A indústria cultural e a poesia têm funções diferentes. A primeira visa ao lucro e tem que fornecer novos conteúdos diariamente para saciar a fome de novidades dos consumidores. Só que essa novidade é apenas de fachada. O conteúdo é sempre o mesmo. Novelha. Alta taxa de redundância. Senão a massa não se reconhece e não consome. A poesia, sem esse compromisso com o mercado, pode inovar mais. Mas pode recair no outro extremo: muita informação, pouca comunicação. Enfim, esses níveis são sempre subjetivos numa cultura tão fragmentada e complexa como a nossa.

Sua poesia e sua postura têm muito de carioca. O que você vê nas ruas do Rio de Janeiro?
A terceira margem, Ademir. A terceira margem.

A terceira margem está blindada contra as balas perdidas?
Na terceira margem a bala se transforma em açúcar. E morre dentro de uma xícara de chá onde o Chapaleiro Maluco desconcerta as horas e Alice.

No *Londrix* (*Festival de Literatura de Londrina*), recentemente, você disse que gostaria de criar um curso de Desqualificação Profissional. Seria uma estratégia de combate à mercantilização cada vez maior da vida?
Essa nova obsessão do sistema é a mais opressiva de todas. O fantasma do desemprego, a exposição da miséria para trombetear o *upgrade* do conhecimento. Mas que conhecimento é esse? Mais um ou dois idiomas, a inclusão na era da informática? Tudo útil, não fosse à contraluz a gente flagrar a máquina mortífera aboiando o gado humano para a produção. Comigo não, Jamelão. Meu curso de desqualificação profissional busca a vida. Arrancar a camisa de força da qualificação profissional para reencontrar o tesão na esquina com sua minissaia indiana e suas trancinhas de amianto.

Você disse também que gostaria que toda a humanidade ficasse um mês em silêncio, ouvindo, com a ajuda de um estetoscópio, o rumor do chão, das árvores, das paredes, do próprio coração. Isso me lembra William Burroughs, que diz, numa de suas entrevistas: "Esta é a minha principal mensagem para os escritores: Pelo amor de Deus, mantenham seus olhos abertos. Percebam o que está acontecendo a sua volta". Bombardeados por tanta informação (grande parte dela desinformante), nós estamos perdendo nossa capacidade de percepção?
Precisamos recuperar o nume do nome. A palavra virou pregão, bordão, mixaria. Virou mulambo na voz de políticos e pastores. Virou merda na boca dos publicitários. A Palavra e os vendilhões do Templo. Torquato Neto açoitava: "Cada palavra guarda uma cilada" e "No início era o Verbo e o apocalipse aqui será apenas uma espécie de caos no interior tenebroso da semântica". Eu sonho com a palavra dos xamãs, a palavra que cura. Até lá, nos calemos em homenagem ao deus desconhecido e auscultemos o asfalto, tiremos o pulso das pedras e falemos com as mãos, com os olhos, com o corpo. O silêncio faz parte da desqualificação profissional. Ouvir estrelas. E sonhar camundongos.

Poesia, muitos já disseram, é um inutensílio. Como viver de poesia? Ou o poeta está condenado a ser sempre um profissional de outra coisa e se dedicar à poesia somente nas horas vagas?
A poesia deve perpassar todas as atividades humanas. Senão, não é poesia. É devaneio inefável. A poesia é uma corda que se afina para que a vida

possa ser vivida na harmonia das esferas. A poesia reconfigura a humanidade. Ela é a mais útil das utilidades. Sua utilidade é reconhecida, mas não é remunerada. O poeta deve estar pronto para o leite das crianças, tirar das pedras do caminho.

Marcelo Montenegro: Num texto publicado recentemente no seu blogue, depois de citar aquela comparação clássica do João Cabral de que a poesia moderna é como um relógio sendo desmontado, engrenagem por engrenagem, para ver como funciona, você acrescenta que, se esse relógio "não é refeito, de modo que possa de novo cumprir sua função primordial de dar as horas, sua razão de ser se esfacela". Como você vê a poesia feita hoje no Brasil? Ela tem se preocupado mais em desmontar o relógio ou em dar as horas?
O relógio da poesia bate em outro compasso. O tempo do poema é outro. Ao romper com a estrutura lógica do sujeito, verbo, predicado, o poema entra em outra dimensão. É a terceira margem do rio. Ainda assim, continua batendo. Acho que muito da poesia feita hoje tem a preocupação maior com a expressão do que com a comunicação. Daí a fuga dos leitores. Uma poesia feita para lustrar o ego mais que para falar às pessoas. Mas tem as exceções. Você é uma delas.

Sérgio Mello: Acredito que todo poeta é poeta em tempo integral. Digo no sentido da observação, de estar ligado, mesmo. Como é isso pra você? Você é daqueles que pedem guardanapo e caneta no bar pra não perder uma frase ou acha que um poema deve ficar cozinhando na cabeça antes de ir pro papel?
Acho que o poeta tem esse vício. Montando esse eterno quebra-cabeça de palavras cruzadas chamado poesia. Às vezes escreve, outras rumina, outras esquece. Já fiz poemas com apenas alguns versos definidos e o resto aberto ao improviso. Dois deles estão no meu último livro *A vida é curta pra ser pequena*: "Ópera de pássaros" e "O beijo". Do primeiro, tinha definido: "A objetividade da fotografia é uma falácia" e "Em suma, a fotografia é uma ópera de pássaros". O resto ia criando a cada apresentação. Nem a publicação em livro congela a forma. Tenho um poema, "Cidade", no mesmo livro, que mudou depois do livro impresso. Outra coisa interessante é que alguns você vai fechando a partir de sua forma falada, quando o poema pede mais musicalidade e uma comunicação mais imediata.

Sérgio Mello: Até onde um poeta deve se foder pra escrever um bom poema? E a partir de quando já é burrice?
É curioso esse *link* entre a vida e a obra. Às vezes a gente vive experiências fabulosas e acha que dali sairá um grande poema. Mas aí, nada; parece que qualquer tentativa de relato vai restar empobrecida. Tive duas passagens opostas a esse respeito. Uma *overdose* em Londres, que demorou uns trinta anos para ser escrita ("Jimi e Jane", no livro *A vida é curta...*). Outra foi um encontro amoroso repentino. Durante o encontro, muitas coisas que entraram no poema foram verbalizadas. Quando pude sentar à máquina, horas depois, o poema veio todo e eu já o sabia de cor ao colocar o ponto final. Esse poema é minha ânima e se chama "Cândida". Cada poema é um poema. Impossível criar regras. Muito embora, como diz o poeta, "penetra surdamente no reino das palavras...".

Revista Coyote *n. 14, verão de 2006*

Tempero tropical
nos haicais de Alice Ruiz

Desde que chegou ao Brasil, nas primeiras décadas do século XX, o haicai vem fazendo a cabeça de sucessivas gerações de poetas. De Carlos Drummond de Andrade a Haroldo de Campos (passando por Millôr Fernandes e Paulo Leminski), muitos foram os que experimentaram a composição ou a tradução de um desses micropoemas de origem japonesa. Mais do que uma simples forma poética, o haicai está intimamente ligado ao zen: é uma das vias para se atingir uma visão mais sutil e criativa da vida. O que os orientais chamam de *satori* (a súbita iluminação).

Entre uma parceria com Itamar Assumpção ou Arnaldo Antunes e um poema de caprichada dicção, Alice Ruiz (curitibana, de 1946) há anos pratica haicais. Com sete livros publicados por grandes e pequenas editoras (*Pelos pelos*, *Vice-versos*, *Paixão xama paixão*, *Navalha na liga* e *Rimagens*, entre outros) e algumas traduções de haicaistas japoneses, ela se firma cada vez mais como uma das mais singulares poetas da sua geração.

Nesta entrevista, Alice levanta o véu misterioso e sutil que existe por trás da aparente simplicidade desses minúsculos poemas japoneses, que desde Bashô (no século XVII) apaixona e intriga poetas dos quatro cantos do planeta. "Por trás dessa simplicidade do haicai há um grande rigor, um rigor espiritual, um rigor de atitude de vida", afirma, desfazendo os argumentos banalizadores ou simplistas que giram em torno desse macrouniverso de micropoesia.

Quem pensa que haicai é sopa pode colocar as cenouras de molho.

* * *

Entrevistei Alice Ruiz duas vezes sobre o mesmo assunto: sua paixão pelo haicai. A primeira foi no inverno de 1991, quando ela havia recém-concluído o livro Desorientais. *A segunda, no verão de 1997, quando ele foi finalmente publicado. As duas conversas, separadas por um tempo de seis anos, formam uma verdadeira aula sobre o assunto, e revelam um raro olhar sobre a própria poesia e sobre a vida. Nos anos seguintes, a poeta se firmou também como letrista de música popular, com novas parcerias gravadas por Itamar Assumpção, Arnaldo Antunes, Zélia Duncan, Zeca Baleiro, a banda Blindagem, Cássia Eller, Ney Matogrosso, Gal Costa, Titane, Tonho Penhasco e Alzira Espíndola, com quem lançou o* cd Para elas *(2005). Publicou ainda os livros* Haikais *(1998),* Poesia pra tocar no rádio *(1999),* Yuuka *(2004),* Conversa de passarinhos *(2008),* Dois em um *(2008) e* Jardim de haijins *(2010), entre outros.*

* * *

Por que seu livro se chama *Desorientais*?
Os haicais que faço e que muita gente está fazendo não são exatamente aquele haicai nipônico. São haicais mais brasileiros, mais tropicais. Existe uma assimilação meio antropofágica. Então me ocorreu que a palavra oriental estivesse presente no título, mas com um ruído. A desorientação é uma coisa superzen. No zen, a iluminação vem da extrema confusão.

Na poesia brasileira dos últimos trinta anos lutou-se muito por uma consciência racional da linguagem. O haicai, que é muito ligado ao zen, prefere a não intelectualização. Como você trabalha com esses opostos?
Na realidade, é uma diferença artificial. Poesia é quando aquele seu *insight* raro nasce numa forma rara também. Essas duas coisas não se separam. Se você está falando de uma coisa *very special*, mas de uma forma banal, não é poesia. Ou se você usar apenas a habilidade com as palavras mas o que você tem a dizer não é lá essas coisas, também não é poesia. Bashô diz

que nós devemos nos deixar embeber de poesia, que o nosso espírito se torne poético. Eu completo: acho que temos que nos transformar no instrumento da poesia. Tanto em relação à sensibilidade quanto em relação à linguagem.

Quer dizer: para fazer um haicai o poeta tem que estar pronto?
Exatamente.

Nisso está o fato de essa poesia ser uma das artes ligadas ao zen?
Para o zen, a arte em si é um elemento transformador. Mas o principal transformado é quem a pratica. O poeta é alguém que está procurando achar a palavra para aquilo que não tem palavra, para aquele sentimento, aquela sensação, aquele pensamento que está no ar mas que ainda não tem um nome.

O haicai escrito em português tem aparência mais simples do que o escrito em japonês, com ideogramas. Essa aparente simplicidade não pode realmente gerar uma poesia mais acomodada, fácil?
São duas coisas bem diferentes. Por trás dessa simplicidade do haicai há um grande rigor, um rigor espiritual, um rigor de atitude de vida.

Quer dizer: uma personalidade poética pequena não vai produzir uma grande poesia?
É, acho que se pode dizer isso. No haicai essa simplicidade, essa espontaneidade só é válida quando você realmente se transformou num poeta. Então, essa espontaneidade é meio entre aspas. Espontâneo, sim, mas depois que você for o instrumento ideal para fazer aquilo.

Você pode falar sobre a estrutura do haicai? O que representa cada um dos três versos?
O primeiro verso é a permanência, é o passivo, é aquilo que simplesmente está ali. O segundo é o movimento, quando algo age, é o ativo no passivo. O terceiro é uma conclusão, é uma saída, mas que não coincide muito com a lógica a que o Ocidente está acostumado. Quer dizer, não é o resultado lógico do que aconteceu. Nesse terceiro verso é que pinta a verdadeira poesia, porque quebra a sua expectativa. Nunca é o que você está esperando.

Um dos pontos que o zen desconversa logo de início é o raciocínio lógico. Alguns mestres chegam a admitir que, para o ocidental, o zen deve parecer algo irremediavelmente louco. Por quê?
Porque normalmente se privilegia muito o mental, o racional. O zen procura a vivência. Se você pensar neste momento que está passando agora, o momento passa enquanto você está pensando. A quebra da lógica é para que se percebam as coisas de outra forma, que não apenas pelo racional. É justamente para que a tua intuição esteja presente com a mesma intensidade, sem o privilégio do racional, do mental, do cerebral, do intelectual. Agora, não se trata de desautorizar completamente o pensamento. O pensamento faz parte de nós, como tudo o mais. É no sentido de tentar despertar para todas as nossas outras possibilidades.

Como surge um haicai?
Acho que ele acontece. Quando a gente está no estado certo, ele acontece. É como se fosse uma pequena iluminação. Como é que surge? Quase que eu ia dizer: surge quando você está distraído. É quase isso. Surge quando você não está muito centralizado no pensamento. Ele está ali o tempo todo. Você é que pode não estar pronto para pegá-lo.

Tem um poema do Bashô que diz assim: "admirável aquele/ cuja vida/ é um intenso relâmpago". Seria isso?
A emoção quando o haicai acontece é tão intensa que eu não aguentaria viver num constante relâmpago.

Você sempre diz "quando o haicai acontece" e não "quando faço um haicai". É assim mesmo que você o sente?
É. Sou apenas um instrumento. E só espero ser um instrumento cada vez mais capaz de poesia.

Jornal da Tarde *(Artes e Espetáculos)*, 25 de julho de 1991

A poesia desoriental
de Alice Ruiz

Desde a publicação de *Navalha na liga* (1980), Alice Ruiz tem demonstrado forte interesse pelo haicai, uma das mais populares formas de poesia clássica japonesa. Nos seus livros seguintes, *Paixão xama paixão* (1983), *Pelos pelos* (1984), *Rimagens* (1985) e *Vice-versos* (1980), boa parte de sua produção vinha respingada por essas "microestruturas de macropoesia", como os classificava Paulo Leminski. Pela primeira vez, no entanto, a poeta curitibana traz à luz um volume inteiro composto só de haicais. *Desorientais* é resultado de uma intensa prática com esses minúsculos poemas de apenas três versos, embebidos pelo olhar sutil e dinâmico da filosofia zen-budista.

Embora críticos e leitores menos familiarizados com o universo do *haiku* (como são chamados no original) torçam o nariz para a sua aparente simplicidade, o fascínio é comum a grandes artistas do Ocidente. O cineasta russo Sergei Eisenstein escreveu um esclarecedor ensaio em seu livro *Film form* (1929), comparando o processo de composição desses poemas japoneses aos princípios de montagem do cinema. Em *Signos em rotação*, o poeta mexicano Octavio Paz faz o elogio da poesia de Matsuo Bashô, considerado o grande mestre do gênero, salientando a profunda ligação entre a arte e a vida. "Esse poeta que após remendar as roupas puídas lia os clássicos chineses; esse silencioso que conversava nos caminhos com os lavradores e as prostitutas, os monges e as crianças, é algo mais do que uma obra literária: é um convite para viver verdadeiramente a vida e a poesia", escreve Paz.

Entre poetas brasileiros, Alice Ruiz é uma das mais ativas praticantes do haicai. Além das traduções que realizou de grandes mestres, como Issa – que ao lado de Bashô, Buson e Shiki forma o panteão dos *haijins* (como são chamados os haicaístas) –, ela viajou pelo Brasil inteiro espalhando seus conhecimentos em palestras, oficinas e cursos, muitos deles entre a própria comunidade japonesa. Para Alice, o haicai não é apenas um objeto de linguagem, mas uma prática que exige uma sensibilidade ultrarrefinada, capaz de extrair poesia dos eventos mais simples do cotidiano, como o salto de um sapo dentro de um velho tanque ou o canto de morte de uma cigarra. "Parece tolo aos olhos ocidentais, mas sem essa sutileza de visão é impossível compreender o verdadeiro espírito do haicai", afirma.

* * *

Muitos críticos veem o haicai como uma poesia menor, fácil, até por ser um poema curto, de apenas três versos. O que você acha desse tipo de visão?
A maior parte da crítica não está preparada para entender o haicai. Acho até um gesto de coragem lançar um livro de haicais hoje, porque há todo um preconceito formado, justamente com esse pressuposto de que é uma poesia fácil, quando, na verdade, você tem que ter um depuramento interior nada simples de atingir. Uma das coisas mais complexas de se atingir é exatamente a simplicidade.

No seu livro os temas são uma lesma no vidro, a morte de um grilo, um vento de primavera. Essa temática de aparência tão banal não pode soar ingênua ante os olhos do Ocidente?
Não acredito em coisas grandes a não ser como soma de pequenas coisas. A substância da nossa vida é justamente esse cotidiano, essa lesma no vidro, esse sapo que espia atrás da porta – é o que está acontecendo aqui e agora. É isso o que a cultura oriental nos ensina: estar atento ao que está acontecendo aqui e agora. Não existe nada maior do que o momento exato em que estamos. Por outro lado, essa forma de poesia aperfeiçoa aquilo

que o poeta deve ser. A poesia está acontecendo o tempo inteiro em volta de nós. Poeta é quem sabe captar e registrar.

Talvez muitos se perguntem: com temas tão banais e uma forma tão reduzida, é possível fazer grande poesia?
Grande poesia... isso não me preocupa. Esses grandes temas, entre aspas, que são as grandes abstrações, na verdade são uma forma limitada de se relacionar com o Universo, como se a única forma de captar a realidade fosse através do intelecto, do raciocínio. E essa pequena poesia, entre aspas, tem a grandiosidade de procurar o máximo de síntese e extrair a grandeza do pequeno, do cotidiano. Em todos os planos, através da sensorialidade, da intuição, do sentimento também. Não somos só intelecto. Nós somos um todo.

Na poesia moderna brasileira, em Vinicius, em Bandeira, há um olhar para o cotidiano, para a morte do leiteiro, por exemplo, como no poema de Drummond. Mas é raro voltarem-se os olhos para um cotidiano ainda mais micro, mais humilde, como a morte de um grilo, e extrair poesia daí. Essa sensibilidade é inata aos orientais?
Faz parte da cultura deles, principalmente dos zen-budistas. Certa vez perguntaram a (*Jorge Luis*) Borges a respeito de seu interesse pela cultura japonesa e ele disse: "eles têm uma coisa que nós no Ocidente não temos: o respeito". Esse respeito por tudo o que vive, mesmo pelo pequeno, pelo ínfimo. Esse olhar que aceita todas as existências. É um olhar que não fica procurando a grandeza nas altas esferas, e sim na matéria que está em torno de nós, em tudo aquilo que tem energia em torno de nós, como um pequeno grilo, ou o olho de um cão.

Como foi seu caminho de preparação para chegar a um livro inteiro de haicais, ou para se tornar uma haicaísta?
Eu já fazia poemas curtos e com um espírito semelhante ao do haicai antes de conhecê-lo propriamente. Quando entrei em contato com essa forma de poesia, através do Paulo (*Leminski – Alice foi casada durante 18 anos com o poeta, com quem teve três filhos*), comecei a me aprofundar e, quando li algo sobre o zen, fiquei realmente encantada, como alguém que subitamente encontra uma confirmação onde só havia uma sensação de estranheza. Sempre tive esse espírito, só que ele ainda não estava

conscientizado. Quando entrei em contato com os poemas, os livros sobre zen, enfim, senti um deslumbramento. Foi uma confirmação de que existia esse caminho e de que ele era uma tradição respeitada no outro lado do mundo. Então, fui estudando, aprofundando. Quando não me sentia inspirada, o meu exercício era a tradução.

Mais do que uma forma poética, o haicai é uma prática muito associada ao zen-budismo. Você acredita que sem uma informação mínima sobre o zen é possível compreendê-lo plenamente?
Não é uma questão de informação, é uma questão de tendência interna. Você pode não ter nenhuma informação e ter sensibilidade para captar. E você pode até ter a informação e não ter sido tocado por ela. Todas as pessoas que colocam a poesia como um veículo do seu ego não compreenderão o haicai, mesmo que tenham lido vários livros a respeito.

Uma das questões básicas do zen é justamente a morte do ego. No haicai, essa atitude parece muito presente. Como é isso exatamente?
Esse exercício de desapego aparece muito no momento em que você se depura para se transformar num instrumento de poesia. A sua preparação para fazer haicai não é apenas se tornar um *expert* em linguagem, e sim se transformar num espírito desapegado de tal forma de si mesmo que possa ser um veículo. Essa humildade de se transformar em veículo, saber que você, como poeta, tem que crescer interiormente, e esse crescimento interior implica um desaparecimento do ego, é meio que um caminho inverso da poesia ocidental.

Levando em conta que o haicai está muito ligado ao instante, quase como uma polaroide, é possível reescrevê-lo, corrigi-lo?
Essa é uma grande questão. Todo o trabalho é para chegar naquele ponto em que você se transforma num veículo tão perfeito, até pelo conhecimento da linguagem também, que quando o haicai flui através de você ele já vem sem necessidade de retoques. Esta é a meta do *haijin*. Quando você vai praticar a caligrafia japonesa ou a pintura *sumi-ê*, por exemplo, você não retoca um traço. Você simplesmente joga todo aquele papel fora e começa tudo de novo. Mas no haicai nem sempre é assim, muitas vezes você o reelabora. Nos momentos mais felizes, porém, ele vem inteiro, pronto, e irretocável.

No seu caso, você reelabora muito?
A maior parte não foi necessário reelaborar.

Penso em um poema seu: "falta de sorte/ fui me corrigir/ errei"...
Já é uma observação sobre isso.

Um haicai retocado tem menos chances de ser um bom poema?
Acho que não. Não se pode abrir mão disso. Mas quando retoco um haicai não fico em cima dele, me preocupando com isso. Percebo que ali tem algo a ser feito e aquilo fica convivendo comigo, espontaneamente. Às vezes, quando menos espero, vem a solução.

Como se dá esse jogo entre a sensibilidade, cada vez mais refinada, e a elaboração formal de um haicai?
São dois trabalhos que o poeta faz. Existe uma natureza poética, um dom, se quiserem, que leva uma pessoa a fazer poesia. Agora, você jamais será um bom poeta se não tiver o trabalho braçal do estudo da forma. Por outro lado, é fundamental também essa elaboração, esse refinamento da sensibilidade.

Na poesia ocidental moderna há sempre momentos de ruptura com formas do passado. O haicai é uma forma praticamente clássica no Japão, que vem sendo respeitada há séculos. Como você vê isso?
Tem um lado nessa forma que eu respeito muito, que são os três versos, por um motivo muito simples: eles têm uma função muito nítida, que até parece uma função mágica do Universo. Existe uma situação, um movimento, e um resultado desse movimento em cima dessa situação. E, mais ou menos, tudo na vida é assim. É quase que uma lei cósmica. Respeito essa forma dos três versos até porque acho que o três têm essa função de incompletude. As coisas estão sempre em constante mutação e não existe nada completo em si.

Essa incompletude é um elemento muito presente no haicai. Parece que ele surge do nada, de uma centelha, e mergulha novamente no nada.
Exatamente. Ao mesmo tempo que ele capta um instante inteiro, um *flash*, ele deixa aquele espaço generoso para que algo mais sempre aconteça. Esse algo mais, de preferência, vai ser o olhar do leitor.

Um dos pressupostos do zen é o da grata aceitação...
De todos os estados do zen, sou apaixonada em especial pelo da grata aceitação. Acho o mais grandioso, o que resume todos os estados. Para ter grata aceitação é preciso, antes de mais nada, aceitar que as coisas têm a duração que elas têm, e não aquela que desejamos que tenham. Com isso, já se exercita o desapego do eu.

Mas isso não pode gerar conformismo?
Não, porque a gratidão é ativa, não é passiva.

É bem-humorada também?
Exatamente. Não é resignação. É porque o teu eu está fora de questão, você já se desapegou do eu. Então, isso pode ser de uma forma ativa. Cada vez que você diz sim, isso é uma ação. E a grata aceitação não é um não. É um sim.

Em um dos haicais do livro você escreve: "roubaram a casa/ as moscas ficaram/ às moscas".
Fiz em parceria com a Áurea, minha filha mais velha.

Esse poema surgiu realmente depois de um roubo na sua casa?
Depois de dois roubos seguidos, quando eu morava com minhas duas filhas em São Paulo, na Granja Viana. No segundo roubo resolvemos mudar de casa, e quando terminamos a mudança, eu e a Áurea estávamos já fechando a casa, quando saiu esse haicai. A gente conseguiu rir de uma situação que era dolorosa, uma violência, e conseguiu registrar esse riso. Nos roubaram todas as coisas materiais, vendáveis, e isso aconteceu logo depois de um outro assalto maior, porque estávamos em plena Era Collor – todo o dinheiro que eu tinha no banco havia sido roubado pelo Collor. *(Refere-se ao ex-presidente da República Fernando Collor de Mello, que confiscou a poupança de todos os brasileiros, no início dos anos 1990, a pretexto de um plano econômico para combater a inflação.)* Não tínhamos nada mesmo, ficamos a zero.

Foi nesse contexto que surgiu o poema?
Nesse contexto. Mas teve uma coisa que ninguém conseguiu nos roubar: foi o humor. O haicai está carregado desse significado. Aliás, todo *haijin*

que se preza um belo dia faz um haicai de agradecimento, de uma forma ou outra, a um ladrão.

Por trás daquelas três linhas, tão simples e muitas vezes bem-humoradas, sempre tem uma longa história?
Talvez isso seja o refinamento de sensibilidade e o desapego. O haicai sobre o grilo, que você citou ("amigo grilo/ sua vida foi curta/ minha noite vai ser longa"), tem uma história também, que está ligada ao meu trabalho de tradução do Issa *(um dos haicaístas clássicos do Japão)*, que tinha nos insetos a sua principal fonte de inspiração. Eu estava uma madrugada traduzindo Issa, sozinha, e percebi que havia um grilo dentro da fruteira da cozinha, perto da mesa onde eu estava trabalhando. Ele me fez companhia e, enquanto eu continuava traduzindo, me passou pela cabeça que se Issa estivesse ali, com certeza faria um haicai. Quando fui dormir, procurei o grilo e não o encontrei mais. No dia seguinte, ao varrer a casa, encontrei o grilo morto atrás da porta. Então veio o haicai que não tinha vindo na madrugada. Sempre há uma história por trás, que não aparece no haicai. Este é outro grande desafio que a gente tem no Ocidente. A maior parte dos haicais feitos pelos grandes *haijins* japoneses vinha dentro de um diário, e quase sempre dentro de um diário de viagem. O haicai no Ocidente, além de não fazer parte da nossa cultura, tenta sobreviver fora desse contexto. Então, ele tem um desafio ainda maior.

Se o desapego é um dos pontos básicos do haicai, como se define o estilo de cada *haijin*?
Mesmo você sendo apenas um instrumento, é a tua sensibilidade que vai se refinar, e não a de outra pessoa. No zen existe justamente esse paradoxo: só quando você se liberta do eu é que a sua individualidade surge. Daí vem o estilo único do haicai. É um paradoxo muito interessante. Estudando os quatro grandes haicaístas clássicos japoneses (Bashô, Buson, Issa e Shiki), é possível notar as diferenças entre eles.

Mas essas diferenças são apenas nos temas? Há como notar diferenças de linguagem?
Na mistura das duas coisas. Existe um despojamento de todo e qualquer brilho em Issa que consigo identificá-lo imediatamente. De todos, ele é o

mais simples. Você percebe que essa simplicidade é inerente a ele. No caso de Buson, parece que ele estava sempre buscando essa simplicidade. Já Shiki tem algo mais contemporâneo, mais moderno do que os outros. E Bashô... bem, Bashô é o mais difícil de traduzir em palavras. Consigo sentir a diferença quando leio, mas não consigo colocá-la em palavras. Bashô talvez tenha sido o mais completo de todos. Assim como Issa tinha uma simplicidade natural, a sofisticação de Bashô é natural.

No prefácio do seu livro, José Miguel Wisnik fala de uma escrita feminina. Você acredita que haja uma escrita que seja feminina e outra masculina?
Não. Acho que o artista, o poeta, seja homem ou mulher, é um ser que tem uma sensibilidade andrógina. A poesia tem algo do pensamento analógico – a inspiração está dentro daquela linha meio mágica em que as coisas se aproximam pela semelhança, e esta é considerada uma característica da alma feminina. Por outro lado, se você não tiver aquela postura lógica, do pensamento por contiguidade, que é atribuída ao homem, você não vai ter coragem de transformar aquela coisa abstrata que é o pensamento, a sensibilidade, em palavras, em objeto estético. Para ser poeta você precisa ter desenvolvido dentro de você tanto o lógico, ligado ao raciocínio, quanto o analógico, ligado à intuição, tanto o feminino quanto o masculino. Isso dentro dos padrões tradicionais de separação que as pessoas fazem – padrões nos quais, inclusive, eu não acredito.

Você não acha que em Clarice Lispector, por exemplo, há indícios de uma escrita extremamente feminina?
Acho. Assim como a de Caio Fernando Abreu também é feminina. A da Nélida Piñon, por exemplo, não é. E a do Guimarães Rosa é.

Do Guimarães?
Em alguns momentos. O conto "A terceira margem" poderia ter sido escrito por uma mulher tranquilamente. E *A hora da estrela*, embora a Clarice *(Lispector)* tenha realmente uma dicção profundamente feminina, parece escrito por um homem, tanto que ela coloca na voz de um narrador masculino.

A última parte de *Desorientais* chama-se "Eros". O erotismo é uma coisa nova dentro do universo do haicai?

Sou uma ocidental. Faz parte do meu universo esse outro lado. Sempre que aparece a relação amorosa, é inevitável que apareça o eu. É um eu que ama, é um eu que se coloca ali. Amor com despreendimento talvez seja a mais difícil de todas as tentativas.

Mas é o que transparece nessa seção do livro – esse amor com desprendimento e até com muito humor. Você não acha?
É verdade. Com toda a dificuldade que existe para se fazer um haicai de amor, justamente porque o eu se faz presente, percebi que a maior parte deles vinha com esse significado, apontava para esse desprendimento. Mas, como disse, sou uma ocidental. Por isso chamei-os de *Desorientais* e não de orientais.

Costuma-se dizer no zen que o *satori*, a iluminação, num primeiro momento, é desorientador. Tem esse sentido também?
É preciso chegar ao máximo da desorientação para poder atingir a iluminação. Precisa quebrar toda e qualquer lógica com que se está acostumado a interpretar a realidade. A luz nasce da confusão. Ou, como diz um haicaizinho do livro, "depois do trovão/ o silêncio/ é maior".

Existem muitos poetas que se interessam pelo haicai apenas como uma forma poética, tirando todo esse lado de vivência interior que ele exige. O que você acha desse tipo de interesse?
Bashô diz que quando o espírito está embebido de haicai, ele expressa as coisas tão bem como se elas próprias estivessem se expressando através dele. Quando ele procura apenas a beleza formal do arranjo das palavras, demonstra somente a vulgaridade de um espírito que não busca a verdade.

O Estado de S. Paulo *(Caderno 2), 9 de fevereiro de 1997*

As tatuagens verbais de Claudio Daniel

"aesfíngica branca lua abissal/ e o temerário dragão-de-nébula"; "o/ mar// ensina/ ao poeta// a arte / sem arte"; "e a bela ninfeta vietcong, sinuosas pernas mecânicas, cujo olhar incendeia como napalm".

Três momentos de um mesmo poeta. E então: que rótulo carimbar em sua testa: neossimbolista? pós-concreto? *beatnik*?

Como os senhores e as senhoras devem ter notado, este tem sido um método bastante utilizado na crítica e na leitura de poesia. Método simples, mas bastante eficaz para encerrar qualquer discussão: basta ler dois ou três poemas de um autor, identificar o código genético, com convicção, mas sem alarde (para não acordar as crianças) – "ah-ah, eis aqui mais um belo exemplo de poeta surreal" –, fechar o livro e guardá-lo na estante, ao lado de seus pares. Assim, não é preciso se dar o trabalho de mergulhar na aventura da descoberta de mundos impossíveis. Como se tem demonstrado nas universidades, portas de cinemas e mesas de bares, o método é perfeito para espíritos superficiais.

Mas aqueles que realmente gostam de viajar nos abismos semânticos, nas linhas de baixo da escrita, nos silêncios entre uma palavra e outra, na vertigem de imagens, nas sílabas que se roçam provocando batuques, choques ou desastres sonoros, esses têm muito o que descobrir na poesia de Claudio Daniel.

Primeiro: o meticuloso artesanato, capaz de arrancar música e loucura da matemática verbal: "bebe dessa fonte,/ cessa toda água;/ dança outra música,/ nem há cordas/ ou sopros, então/ rasga tua roupa [...] e enlouqueça/ em seios brancos".

Segundo: a sutileza da percepção e a economia de recursos, dignas de um samurai em combate que sabe que sua vida depende da precisão do golpe, sem o mínimo desperdício de energia: "o vento/ açoita/ bambus:// dançam/ sombras.// no caule/ da vagem,/ o orvalho// resvala/ na lua// [...] o fuji/ apunhala/ a névoa:// fiapos/ de branco.// no sonho,/ o monge/ em viagem:// tudo/ é miragem".

Terceiro: o mistério esculpido em meio à dança do intelecto (como deu a letra o velho bruxo Ezra Pound): "Todos/ os livros/ – os Sutras, o Corão,/ os Vedas, o Zohar –/ são enigmas:/ jardins verticais,/ rios insubmissos,/ listras de mármore possesso;/ todas as páginas/ – em lâminas de argila,/ pele de carneiro,/ folhas de papiro/ ou rubro ouro esculpido –/ são impossíveis,/ viscerais,/ areia alucinada".

Há muito mais a se descobrir na poesia de Claudio Daniel, marcada por um universo cultural e existencial riquíssimo, intenso e desafiador. *Sutra* (1992), *Yumê* (1999) e *A sombra do leopardo* (2001), seus três primeiros livros, fisgam pela densidade da escrita, na qual se harmonizam (mesmo que com acordes dissonantes) sutras budistas, John Coltrane, *tankas*, porradas *punk*, jorros simbolistas, infernos dantescos, quase sempre emaranhados em frases-serpentes que se infiltram umas nas outras e, não raro, mordem o próprio rabo.

Quando parte para o terreno da prosa, Claudio Daniel leva a mesma consciência de quem, lá nos primórdios do envolvimento com a escrita, lendo Baudelaire, percebeu que a palavra tem "cor, som, sabor, aroma". Isso faz toda a diferença. *Figuras metálicas*, série de poemas em prosa, e *Romanceiro de dona Virgo*, narrativa alucinante, criam um denso cipoal de signos e significados, no qual a aventura da leitura se transforma num jogo de surpresas, sustos e desafios a cada esquina verbal.

Na seleção de craques da atual prosa e poesia brasileiras, esse paulistano nascido em 1962 mostra que entrou em campo para jogar não apenas com técnica, mas com malícia, ginga e bailado. Quando se vê por aí tanto reacionarismo pseudocrítico de um lado e tanta pose narcisista de outro – duas faces de uma mesma retranca viciadíssima –, a presença de um Claudio Daniel na área só faz levantar as torcidas mais exigentes. Ô-lé.

* * *

A entrevista foi realizada por e-mail no verão de 2003. Os livros Romanceiro de dona Virgo *e* Figuras metálicas *ainda eram inéditos, sendo publicados respectivamente em 2004 e 2005. No mesmo ano saiu a antologia* Jardim de camaleões – A poesia neobarroca na América Latina, *organizada e traduzida por ele, com colaboração de Luiz Roberto Guedes. Nos anos seguintes, publicou ainda* Fera bifronte *(2009) e* Letra negra *(2010).*

* * *

Sua escrita incorpora certa "brisa sutil" da poesia e das filosofias orientais, como o budismo e o taoismo, flerta com o simbolismo e o neobarroco, mas também revela certa dose de tensão. É comum encontrar, entre imagens sutis, certo brutalismo, como nos versos "o fuji/ apunhala/ a névoa" ou "a pele (pétala)/ brutalizada em grafite". É uma expressão de desconforto com o mundo, tão avesso à poesia e tão propenso à barbárie? Uma tentativa deliberada de equilibrar sutileza, sabedoria e brutalidade?
Sim, já que a beleza e a crueldade fazem parte de nossa jornada no mundo. Creio que essa tensão é colocada de modo mais evidente em *Yumê*, minha segunda coletânea poética. Esse livro, que gosto de imaginar como um catálogo de breves imagens, é organizado em séries temáticas que falam da Água, da Noite, do Amor e do Oriente: o rio de Heráclito se encontra com a borboleta de Chuang Tzu. Assim, por exemplo, em "Pequeno sermão aos peixes": "a/ água é luz, a água/ é sêmen, prata, mercúrio/ espelho esférico de imagens trêmulas/ que brotam, flutuam e cessam". Tudo é sonho na metafísica budista: reflexo da lua no lago, larva que sai do casulo, coelho tirado da cartola. Vivemos uma ópera ruidosa, cena circense ou mascarada medieval, e por trás do pano está o espaço infinito, abolição de nomes

e formas, água de nenhum mar. Essa visão da realidade como algo sujeito a mutações, temporário e insatisfatório, está presente também no espírito barroco, que impregnou a cultura espanhola e, por extensão, a latino-americana – embora a mescla de Góngora com palmeiras, nudez de índias e tambores africanos tenha subtraído a solenidade europeia, trocada por uma dança sensual da Morte: é uma festa, venha dançar com os esqueletos.

Há também em sua poesia a presença muito forte de imagens estranhas e construções inesperadas. Em seu livro inédito *Figuras metálicas* há textos como este: "Barítono de carapaça e gravata quase lilás mergulha os olhos baços no copo de cerveja irlandesa entre cotações do mercado financeiro. (Passa uma sombra magra de seios fumantes.) Verde álcool, cogumelos e vozes graves de semblantes que suicidam a noite estrelada". Isso vem de alguma influência do surrealismo?
Acho interessante a proposta de romper, na escritura poética, com as normas e os limites de uma suposta "realidade" objetiva, incorporando referências simbólicas e culturais, conteúdos e fatos de outras "realidades", presentes em mitologias, filosofias, sonhos, poemas e demais experiências. Como já fizeram, séculos antes de Breton, pintores como Bosch e Bruegel ou escritores como Shakespeare, Dante e Goethe (para não falar do Sousândrade do *Inferno de Wall Street*). Discordo, porém, de aspectos básicos da estética e do pensamento surrealista, em especial no que diz respeito à escritura automática. Minha poesia é planejada; calculo os efeitos, os recursos, a linguagem, ainda que incorporando sugestões da intuição e do acaso. Por outro lado, os surrealistas conservaram intactos o "verso", ainda que verso livre (unidade melódico-sintática do poema), a gramática e a linearidade do discurso; todo o meu esforço vai no sentido oposto, ou seja, rumo à fragmentação da sintaxe e à desarticulação da lógica discursiva, através de outras formas de associação entre as palavras. Claro que, em alguns textos, misturo de maneira deliberada objetos banais (arame, garrafas, botas de borracha) com imagens de jaguares e minaretes. Para quê? Para provocar estranhamento e subverter a suposta "normalidade" do cenário (e da escritura), numa espécie de ação de desmascarar o cotidiano, mostrar seu absurdo, sua tênue fronteira com a "irrealidade". São caricaturas, sátiras verbais, com todo o exagero sugerido pela própria loucura do

"real". Com certeza, tenho outros pontos de convergência e de divergência com o surrealismo, mas estes, acredito, são os principais.

Sensualidade é outra marca visível em parte da sua escrita. Num poema você compara o mar a uma "fêmea-possessa", depois a uma "leoa furiosa" e, por fim, cria uma belíssima imagem em que a "dança-escultura" das ondas ensina ao poeta a pulsação do poema e seus "ciclos menstruais". Há algo de sensual no gesto de escrever? Ou se trata de algo puramente racional?
A escritura é um ato prazeroso. Grafar, inscrever palavras no papel, de certo modo, recorda o ato ancestral de gravar tatuagens ou inserir adornos na pele, como notou Sarduy. Tocar o papel como se fosse outro corpo, violado pela escrita; usar a pele amante como espaço para letras e números (com inevitável viés sádico) – esse tema, na verdade, não é novo, faz parte talvez de alguma dimensão do imaginário do poeta e foi abordado há alguns anos, com grande beleza, no filme *O livro de cabeceira*, de Peter Greenaway. Há também o aspecto obsessivo, compulsivo, que acompanha o ato criador e a fruição erótica, motivo de diferentes leituras no campo da psicanálise por Freud e Jung. Sobre o trabalho poético ser uma atividade racional ou intuitiva, acredito que, no final das contas, tudo é um jogo entre razão e sensação, logos e acaso. Não vejo contradição entre o sentimento e o intelecto, pois nenhum trabalho humano pode ser realizado sem a unificação de ambas as mentes, a que pensa e a que sente.

Quando você entrou em contato com a poesia houve uma mudança em sua vida?
Quando li *As flores do mal*, de Baudelaire, aos 13 anos de idade, na biblioteca de meu pai, onde me trancava para fumar cachimbo escondido, descobri que as palavras não são apenas nomes das coisas. Percebi que elas têm cor, som, sabor, aroma. Nesse momento, tive a revelação de que a poesia é algo entre a pintura e a música, uma biosfera com sua própria fauna e flora. A harpa estranha das palavras, seu poder sutil, misterioso, de evocação, floresta mântrica, me encantou, me encheu de um prazer quase sensual; embora eu já soubesse, lendo os ensaios de Poe, que havia um logos oculto na linguagem, que dava precisão ao impreciso e tornava concreto o abstrato. Em meu poema "Invenção do riso branco" há vestígios da fonte-

-nutriz, mãe generosa de peitos repletos, que é a estética simbolista: "e/ essa trêmula mão/ alvíssima/ alvíssima/ (musselina)/ alvíssaras/ mas/ jorro insólito de pérolas/ antiga canção de mandolina". Com Baudelaire, tive a minha lição inicial de ritmo e harmonia. Depois, passei a Mallarmé e ao poema espacial. Creio que muito da geometria e da síntese verbal de meus poemas veio dessa outra fonte, mãe austera de seios precisos que é a poesia concreta. Da mistura entre luxúria semântica e poética do faquirismo, vidência de Rimbaud e jogos de poliedros nasceram os poemas de meu primeiro livro, *Sutra*, que publiquei em 1992, aos 30 anos. Nessa época, eu morava com Regina em um velho apartamento do Bexiga, e trabalhava à noite como revisor no jornal *Diário Popular*. Ouvia muito *jazz*, fumava como um louco e lia, fascinado, tudo o que caísse em minhas mãos sobre o budismo. Fiz uma viagem ao mosteiro zen Morro da Vargem, no Espírito Santo, lugar de rara beleza, em que as nuvens, o relevo da serra e a mata atlântica formam um cartão-postal do paraíso. Ali, tive algumas percepções que tentei expressar em diversos poemas, como "As dádivas": "os dons/ da água e do vento/ silêncio de tigres/ – o branco/ areais/ a areia sem tempo/ – o branco/ primícia / da sublime desmemória: / voo de borboletas". Eu já duvidava da arte como algo separado da vida e do mundo. Soube que o fazer poético era uma forma de reflexão, mas diferente da filosofia: "música do pensamento", no dizer de Rilke. É outra forma de razão, alegórica, que usa mito e símbolo, fábula e paradoxo. Poesia é "artesanato furioso", loucura da linguagem, mas também ritual, epifania, vivência do Mistério. O que a poesia mudou em mim? Mudou tudo. É uma espécie de religião, mescalina, obsessão diária, que ocupa minha mente o tempo todo. Sem ela, eu seria mais um advogado, motorista de táxi, dono de necrotério, escafandrista, engenheiro ou vendedor de apólices de seguros.

O que você está buscando com sua poesia?
O que almejo é a partitura do bizarro: não as fáceis melodias serafínicas, mas o choque da dissonância, uma arte de ruídos. Cada poema funda sua própria sintaxe, mais analógica que gramatical, e extrai das palavras o que necessita delas. Nenhum sentido é literal: tudo são labirintos, jogos de armar, esfinges de antiédipos. Não creio em leitura definitiva, finalizada com um golpe de martelo. Em poesia, o leitor é sempre surpreendido por outro *aleph*, outra mutação do texto, que se reinventa a cada novo olhar. Em *A*

sombra do leopardo, meu terceiro livro, os poemas são construídos como sequências de breves metáforas, ou imagens sonoras. A ordem simbólica, aliada à elipse e ao ritmo bárbaro, criam inusitadas dinâmicas de leitura: "O/ verde,/ sua pele/ ácida. Tocar/ os poros/ do verde, florir/ metálico. Ouvir / sua voz de asa/ e sombra. / Olhos, faisões/ de cegueira./ Joias de irada/ divindade./ Abelhas e lagostas/ amam-se, odeiam-se,/ tulipas caem/ na goela/ do tempo". Nesse livro, como em *Yumê*, as peças são agrupadas em séries: os retratos e as secreções, os países e a história, o pavão, o fogo e a morte compõem uma espécie de atlas ou enciclopédia de obsessões. O reverso da alegoria, do drama simbólico, são os poemas finais do livro, que abordam a tragédia da história, esse pesadelo do qual James Joyce quis acordar. Mito, história e símbolo são formas diferentes de representar a experiência humana; e a poesia nasceu como relato do amor e do medo, da morte e do além-céu. Nesse sentido, a *Teogonia* de Hesíodo e os poemas homéricos são os arquétipos de todo dizer poético.

Estamos vivendo numa época caracterizada por uma avalanche vertiginosa de imagens e por uma gigantesca manipulação via publicidade e meios de comunicação de massa. Até ideologias políticas tornaram-se meros "produtos" na mão de marqueteiros. Guerras são transmitidas ao vivo. A palavra, moeda de troca cotidiana, tem seu sentido esvaziado cada vez mais. Como a poesia pode reagir a esse ambiente? Ou ela tem que enfiar o rabo entre as pernas e ficar resmungando pelos cantos?
Vivemos, sem dúvida, num tempo cruel, tempo de venenos e serpentes. O que pode fazer o poeta nesse trágico labirinto de esfinges e sibilas que recitam falsos enigmas e premonições do apocalipse? O poeta, para mim, é um criador de realidades; pelas relações inusitadas entre as palavras, ele articula novas formas de pensamento e, logo, novos modelos de mundo. Esse é o potencial subversivo da linguagem, é a sua ação política, digamos assim. O artista questiona as formas viciadas de viver, sentir e pensar, reflete criticamente sobre a lógica do poder estabelecido, e não se pode cumprir essa missão através de formas estéticas convencionais. É preciso criar sempre novos instrumentos de guerrilha cultural, pois não é possível questionar estruturas sociais sem colocar em xeque também o mecanismo do pensamento e a linguagem que são produzidos por essas estruturas. Quando você utiliza formas de escritura tradicionais, ainda que

abordando temas "sociais", não estará fazendo nada além de reproduzir os modelos de ideias vigentes na sociedade. Ao romper com esses padrões e propor outros modos de comunicar ideias e sensações, o poeta não está conduzindo uma insubordinação aparente, e sim uma transformação profunda, que produz novos conteúdos, numa rebelião contra o banal imediato e o lugar-comum. Esse é o papel da renovação estética: ser também uma ruptura com padrões rotineiros de consciência. Claro, a poesia, por si só, não irá transformar o mundo. Isso cabe à esfera da ação política e, portanto, à sociedade organizada em partidos políticos, sindicatos, ONGs e outros agentes sociais.

Você se dedica também à prosa, com uma escrita bem distante do realismo, que está em voga entre os prosadores atuais. Que tipo de experiência você está buscando nesse terreno?
Escrevo um conjunto de prosas chamado *Romanceiro de dona Virgo*, composto de sete novelas breves. Uso a paródia, o pastiche, colagens de timbres, dicções e recursos estilísticos, sobrepostos em camadas de significados. Quis fazer uma escritura deliberadamente barroca, sem qualquer pretensão de verossimilhança ou historicidade. Trata-se de uma fusão carnavalizada de tempos, espaços e tropos, que constroem uma realidade própria e autônoma, no campo fabulatório e semântico; daí o artificialismo consciente da linguagem. Personagens como Cruz e Sousa, Camões e Cláudio Manuel da Costa misturam-se a entes lendários ou fictícios, como Wang Wu, o Taoista, ou Dom Quixote de la Mancha, em tramas que ora recordam a novela policial, ora a sátira picaresca ou o discurso metafísico. A síntese da história "verídica" com elementos improváveis, fraudulentos e inverossímeis sugere a hipótese de que toda "realidade" é no fundo uma construção subjetiva; logo, tudo é literatura. Acredito que, apesar de redigido em prosa, o *Romanceiro de dona Virgo* é de fato um longo poema narrativo. Com certeza, o realismo nunca me interessou, como visão de mundo ou construção literária; é algo que pertence ao século XIX, e que alcançou sua máxima realização com Balzac e a *Comédia humana,* embora tenha sobrevivido até a década de 1930. Hoje, creio ser uma abordagem deslocada, em termos estéticos e conceituais. Confesso que me desagradam a representação figurativa, o discurso linear, o retrato fotográfico de um suposto mundo objetivo, a construção de personagens a partir da ob-

servação psicológica ou social rotineira, enfim, tudo o que há de previsível na escritura. Prosadores que sempre releio com prazer são Oswald de Andrade, Guimarães Rosa, Clarice Lispector, Paulo Leminski e Wilson Bueno, criadores de esmeraldas vivas. Dos autores jovens, há o escritor baiano João Filho, que publicou seu primeiro trabalho na revista *Coyote*.

A tradução e a divulgação da poesia latino-americana têm sido outras de suas atividades frequentes. Como você compararia a poesia produzida no México, na Argentina ou na Costa Rica com a produzida no Brasil atualmente?
Acredito que a América Latina seja um leão de duas cabeças: duas culturas, dois idiomas com o mesmo sangue, a mesma pulsação. Durante muito tempo, ignoramos o que era feito na outra metade do continente, assim como eles ignoravam o nosso trabalho. Felizmente, essa situação começou a mudar, e hoje há um grande interesse, até certa sedução, de um pelo outro. Talvez pela influência da cultura espanhola, da mística cristã de São João da Cruz e Teresa de Ávila, o barroco está mais presente na lírica hispânica do que entre nós, que recebemos influência mais forte da poesia (e cultura) francesa e norte-americana (além da herança dos índios, negros e portugueses). Hoje, o intercâmbio entre os dois idiomas começa a produzir frutos, como a antologia de poetas brasileiros organizada por Reynaldo Jiménez para a revista *Tsé Tsé*. De nossa parte, além da histórica coletânea *Caribe transplatino*, de Néstor Perlongher, com traduções de Josely Vianna Baptista, convém citar os trabalhos de Haroldo de Campos, Irlemar Chiampi, Horácio Costa e Jorge Schwartz. Quanto a mim, publiquei traduções do cubano José Kozer (*Madame Chu & outros poemas*), do uruguaio Eduardo Milán (*Estação da fábula*) e preparo *Jardim de camaleões – A poesia neobarroca na América Latina*.

É comum ouvir poetas dizendo que poesia é para poucos. Por outro lado, vemos uma enxurrada de poemas e poetas chatos pra chuchu, que não conseguem despertar nem o interesse da gente, que é do *métier*, quanto mais do público em geral. Poesia boa, necessariamente, tem que ser para meia dúzia de gatos-pingados? Ou há muita enganação no ar, sustentada por *lobbies* da crítica universitária e do jornalismo desinformante?

Acredito ser possível ampliar o número de leitores de poesia através de uma reforma profunda no ensino de segundo grau (hoje *ensino médio*), com ênfase na formação em humanidades, que incentive os estudantes a conhecer melhor a poesia contemporânea (inclusive aquela feita por autores vivos). Além disso, creio que as secretarias municipais deveriam adotar uma política cultural mais ambiciosa, privilegiando cursos livres em bibliotecas públicas, recitais, conferências, debates em escolas e outras ações. Por fim, uma conquista essencial seria obter espaço para a poesia nas TVs educativas (uma vez que a rede privada prefere exibir programas adequados ao vaso sanitário). Agora, claro, existem poetas capazes de seduzir um público mais amplo, como é o caso de Glauco Mattoso. E também um monte de autores que não têm nada de interessante a dizer. Poetas chatos com influência na universidade e na mídia não é coisa nova; isso vem desde o tempo de Camões, no mínimo. Hoje, há esse coloquialismo flácido, invertebrado e babaca que se limita a imitar (mal) Bandeira e Drummond. Mas a valorização de tais autores, a meu ver, não resistirá ao tempo, que é, como diz Frederico Barbosa, o maior de todos os críticos literários.

Virou chavão, para parte da crítica, repetir que a poesia brasileira está em crise, que não possui força, que sofre angústia da influência, que é mera repetição do passado. Você, que recentemente organizou a antologia *Na virada do século*, junto com Frederico Barbosa, o que acha desse tipo de pensamento?
Acredito que a poesia brasileira está mais viva do que nunca, embora sua circulação seja restrita e o espaço na mídia, cada vez mais reduzido. Se não acreditasse na força e na vitalidade dos autores mais jovens, não teria reunido, junto com Frederico Barbosa, 46 poetas do Pará ao Rio Grande do Sul em *Na virada do século*, que aglutinou diferentes estilos, dicções e pesquisas de linguagem, afinados com a ideia de invenção estética. Há autores trabalhando com as mais variadas técnicas e recursos formais, sob o influxo do neobarroco, da *language poetry*, da etnopoesia e outras tendências experimentais, e o resultado dessa miscelânea pode ser avaliado por obras de alta consistência e seriedade como *Polivox*, de Rodrigo Garcia Lopes, *Corola*, de Claudia Roquette-Pinto, *Jardim de retratos*, de Jussara Salazar, *De passagem*, de Ronald Polito, *Trívio*, de Ricardo Aleixo, e muitos outros títulos e autores. Sem dúvida, certos críticos preferem fechar os olhos e di-

zer que não existe nada de novo sob o sol, atitude que tem mais a ver com a política e a paranoia do que com a poesia.

Agora, observando parte da produção poética atual, coincidentemente a que tem mais prestígio entre a crítica e a imprensa, é possível detectar uma linhagem de poemas muito parecidos em sua dicção, de poetas diferentes. São poemas curtos, com linhas curtas, levemente perturbados sintaticamente, de ritmo sincopado, com cortes aparentemente abruptos que, muitas vezes, mascaram a estrutura de uma única sentença simplesmente cortada em linhas. O "procedimento" parece ser o mais importante e, após a leitura, fica a impressão de que não se disse absolutamente nada. Será que não existem outras maneiras de, como se tem repetido muito, "abalar as normas constituídas do discurso"?

A construção poética baseada na justaposição de unidades mínimas é uma tendência expressiva hoje, estimulada pela releitura de poetas norte-americanos como Robert Creeley – antecedidos no tempo pelas vanguardas da década de 1920, e em especial por Gertrude Stein, Louis Zukofsky e Cummings. Porém, a meu ver, esse não é o único caminho para abalar o discurso e a sintaxe. Há numerosas estratégias e possibilidades de ruptura, incontáveis como as penas da cauda do pavão. Um bom exemplo disso é a antologia *Medusário*, organizada por José Kozer, Roberto Echavarren e Jacobo Sefamí, e publicada no México. Esse livro notável inclui autores como Coral Bracho, Marosa di Giorgio, Eduardo Espina e diversos outros, pouco conhecidos no Brasil, que apontam para veredas diversas e instigantes de criação literária. Para além do neobarroco, há poetas experimentais muito interessantes nas gerações mais jovens, como é o caso de León Félix Batista, da República Dominicana, que mescla poesia e prosa e desarticula a sintaxe por meio de fortes imagens verbais fragmentárias. Isso para ficarmos só no âmbito latino-americano. Enfim, cada poeta que descubra o seu caminho pessoal, de acordo com a sua inteligência, sensibilidade e capacidade de criação. Adotar este ou aquele procedimento, por si só, não garante nada, e a fama é algo tão efêmero como folhas ao vento. O que fica são as obras, não as poses.

O tema da relação entre vida e arte não está muito presente entre muitos poetas atuais. Mesmo reconhecendo que o poema é algo construído,

não podemos esquecer que ele é escrito por um poeta. Uma visão meramente estética, especialmente em tempos tão barra-pesada, faz sentido? Não se corre o risco de cair numa discussão meramente técnica da poesia?

Os mortos não podem ler ou escrever poesia – embora alguns cadáveres sejam críticos literários de prestígio. Logo, é impossível separar arte e vida: apenas os vivos – e, dentre estes, os *mais vivos* – são capazes da criação estética, do laborioso engenho com as palavras. Do mesmo modo, razão e emoção andam sempre juntas, como a luz e a sombra. A inteligência funciona de modo integrado com os sentidos, formando uma unidade cognitiva. Não acho possível um poema ser apenas racional, ou apenas sensorial: ele é vital, uma vez que reflete a maneira como o poeta percebe e se relaciona com o mundo, através da linguagem.

Revista Coyote *n. 5, outono de 2003*

Néstor Perlongher:
a língua como máquina de mutação

A literatura hispano-americana não respira apenas o hálito do realismo fantástico. Uma vigorosa tribo de poetas e prosadores, iluminados pela figura catalisadora do cubano Lezama Lima, há anos revira as fronteiras da língua espanhola, com ferramentas pouco familiares ao estilo realista: frases-serpentes que se enrolam em si mesmas; palavras arranjadas com rigor em espirais dementes; sonoridades irisadas por ecos secos, distorções, arrepios, sussurros, bêbados gemidos: uma estética de choque e êxtase.

Uma pequena mostra dessas escritas neobarrocas está presente na antologia *Caribe transplatino*. Organizada pelo argentino Néstor Perlongher, reúne nove poetas cubanos, argentinos e uruguaios, alguns ainda bem pouco conhecidos em nosso país: Lezama Lima, Severo Sarduy, José Kozer, Osvaldo Lamborghini, Néstor Perlongher, Roberto Echavarren, Arturo Carrera, Eduardo Milán e Tamara Kamenszain, todos traduzidos por Josely Vianna Baptista. O organizador e a tradutora pensam num segundo volume, sob o título *Nevado azteca*, com poetas do Chile, do Peru e do México.

Argentino de Avellaneda, nascido no Natal de 1949, o próprio Néstor, poeta e escritor identificado com o neobarroco, tem cinco livros publicados na Argentina – *Austria-Hungria* (1980), *Alambres* (1987), *Hule* (1989), *Parque Lezama* e *Águas aéreas* (ambos em 1990) e um no Brasil, para onde migrou em 1982: *O negócio do michê* (1986), resultado de sua tese de antropologia urbana na Universidade de Campinas (Unicamp).

Sua linguagem extremamente elaborada e seus personagens deslocados, estranhos, marginais, causaram sucessivos escândalos no meio cultural argentino. O conto "Evita vive", que logo nas primeiras linhas relata o encontro imaginário do narrador com Evita Perón, um dos grandes mitos argentinos, num suspeito e vagabundo hotel de Buenos Aires, onde ele vivia com um marinheiro negro, provocou protestos e grande agitação editorial – e foi incluído, na versão em inglês "Evita lives", no volume *My deep dark pain is love* (San Francisco, 1983), uma coletânea organizada por Winston Leyland e traduzida por E. A. Lacey.

Ex-trotskista, anarquista e homossexual militante, Néstor aponta com clareza a visceralidade vital da poesia: "Chega um momento em que a linguagem fica tão cristalizada que não se diz mais nada. Acaba funcionando de uma maneira castradora. Ao contrário, os experimentos com a linguagem tentam devolver à língua a expressão de seu caráter de máquina de mutação".

***

Néstor Perlongher faleceu precocemente em São Paulo, em 26 de novembro de 1992, aos 42 anos de idade, vítima de aids. Posteriormente foi publicada no Brasil a antologia Lamê *(1994), edição bilíngue com tradução de Josely Vianna Baptista, e* Evita vive e outras prosas *(2001). Seus Poemas completos foram publicados na Argentina em 1997, com organização do escritor Roberto Echavarren.*
Feita em julho de 1990, em seu apartamento na zona central de São Paulo, esta entrevista foi publicada parcialmente no Jornal da Tarde *(São Paulo) e, três anos depois, em versão integral, no jornal literário* Nicolau *(Curitiba). Em 2004, saiu na Argentina, no livro* Papeles insumisos, *em tradução do poeta Reynaldo Jiménez.*

***

A antologia *Caribe transplatino* engloba poetas de Cuba, Argentina e Uruguai. Por que apenas esses três países?

Mais do que uma antologia, *Caribe transplatino* é uma cartografia que pretende descrever um movimento da literatura hispano-americana. Esse movimento, que é a ressurreição do barroco, aparece originalmente em Cuba, com a grande figura de Lezama Lima, que é absolutamente singular e não tem uma relação direta com nada do que se estava escrevendo anteriormente. Mas, de algum modo, toda a literatura caribenha ou cubana e toda a literatura centro-americana oferecem certos pontos de contiguidade com uma tradição muito próxima do barroco. Em Cuba haveria certa contiguidade que poderia, de alguma maneira, explicar essa nova irrupção do barroco, enquanto no rio da Prata parte-se de uma tradição literária completamente hostil. Jorge Luis Borges desqualificava o barroco dizendo que é o último grau de um gênero em decadência. Então, é interessante como, na contramão de uma tradição realista, de uma tradição intelectualista, o barroco chegue ao rio da Prata e exista uma ressurreição barroca também na Argentina e no Uruguai.

No prólogo do livro você escreve que o barroco e o neobarroco se caracterizam por uma fúria antiocidental. Como é isso?
O barroco é antiocidental, basicamente, porque não tem a ver com uma tradição, digamos, racionalista, mas com uma corrente mais oracular. Pelo menos este neobarroco contemporâneo. Para Lezama o barroco é quase uma religião.

Mas ele tem um forte sentido construtivista no trabalho com a linguagem, não tem?
Não diria construtivista. Ele pratica uma extrema tensão da sintaxe. É extremamente rigoroso. Mas existe uma manutenção da sintaxe, o que não é propriamente uma coisa construtivista. Quanto mais força é invocada, mais rigor no trabalho da forma. Porque de outra maneira iríamos parar num dadaísmo. Há uma coisa interessante: na literatura hispano-americana o neobarroco se sustenta sobre uma tradição de tipo surrealista, sobre uma prática surrealista. No próprio Lezama isso aparece. O surrealismo, sim, foi um movimento que afetou muito toda a literatura hispano-americana, incluindo a argentina.

Há uma grande polêmica no Brasil com o surrealismo. Poetas construtivistas afirmam que o surrealismo não chega a operar uma rebelião de linguagem, o que seria o essencial.
Quando diz construtivistas, você está se referindo aos concretistas?

É. A poesia concreta.
Como é essa postura?

O anseio do surrealismo de se rebelar contra aquele cartesianismo castrador, no plano da linguagem, não se efetivaria. Ele manteria ainda uma sintaxe, digamos, convencional.
Bom, é verdade que o surrealismo e em geral toda a poética hispano-americana, de alguma maneira, mantém a sintaxe. Agora, uma sintaxe completamente revolucionária, completamente revirada. É verdade também que o experimentalismo do tipo que você chama construtivista, que tem a ver com a poesia concretista, nunca entrou com muita força na Argentina. Mas eu acho que há um ponto de encontro. O neobarroco tem uma ligação com as vanguardas, mas uma ligação que não é programática. Por isso você vai encontrar em *Caribe transplatino* poetas muito diferentes. Mas o que há em comum é certa contorção e certa crença na materialidade da linguagem.

Nisso o neobarroco toca a poesia concreta?
Penso que o concretismo como projeto terminou. O próprio Haroldo de Campos, com o livro *Galáxias*, vai para uma estética barroca.

Mas dificilmente Haroldo de Campos apontaria influências surrealistas nas *Galáxias*, da maneira como você aponta influências surrealistas sobre o neobarroco.
Bom, veja só, o barroco áureo, o barroco da época de ouro, tem uma característica: ele se monta sobre um estilo anterior. Isso diz Severo Sarduy: onde tinha uma metáfora renascentista, o barroco vai elevar essa metáfora ao quadrado. Então faz metáfora da metáfora. O que importa disso é que o barroco sempre se monta sobre um estilo anterior. E o enlouquece, o leva a um grau de radicalidade tal que a relação com o referente passa a ser completamente secundária. No caso do barroco contemporâneo, o procedimento da montagem é parecido. Mas a grande diferença é que nós não temos um estilo homogêneo na escritura. O que há, mais do que um barroco como escola, é uma tendência de barroquização nas escrituras hispano-americanas, que inclui o Brasil, eu acho; embora o Brasil ainda esteja muito devagar nesse movimento de barroquização. É o caso das *Galáxias*,

que vem depois de toda uma série de experimentos com a linguagem, que vai para uma linguagem, digamos, mais austera. De alguma maneira, é uma explosão que tem tudo a ver com o barroco. Os últimos textos críticos de Haroldo de Campos reivindicam o barroco. O que eu posso falar é que, para mim, a leitura das *Galáxias* foi uma experiência extremamente enriquecedora e marcante, decisiva. Teve uma influência sobre mim. Arturo Carrera também reconhece essa influência.

Você diz que no Brasil essa tendência de barroquização da escrita ainda está acontecendo de forma muito lenta. Não existiriam características culturais e até mesmo linguísticas que tornariam a língua espanhola mais permeável a esse tipo de experiência, de tal modo que explicasse, de alguma maneira, o fato de o barroco ter entrado com mais intensidade na língua espanhola do que na brasileira?
Sim, é verdade, o barroco entrou muito profundamente na língua espanhola, embora tenha permanecido soterrado durante duzentos anos. Apesar disso, manteve-se uma tradição barroca no interior da língua. Quando cheguei ao Brasil percebi que o estilo de escrita brasileira, escrita de jornal, é um pouco escolar. E nos países hispano-americanos existe uma tradição de fazer jogos de subordinados que qualquer um faz. Tentei fazer isso aqui com meu portunhol e as pessoas achavam estranho, não gostavam. Então, digamos que a tradição barroca está muito mais viva e muito mais forte no espanhol do que no português. O que não quer dizer que não se possa fazer barroco no português. Nesse sentido a tradução de *Paradiso*, de Lezama Lima, feita por Josely Vianna Baptista, é absolutamente admirável. Porque é quase um trabalho de tese. Ela mostra que esse português escolar não é obrigatório. Que se pode escrever português de outra maneira e que é maravilhoso também.

As vanguardas do início do século fizeram um verdadeiro fogo cruzado contra a escrita realista. O neobarroco, parece, também vem participar dessa frente, numa fase posterior. Gostaria que você explicasse o motivo desse combate ao tipo de escrita linear e realista.
Chega um momento em que a linguagem se torna tão cristalizada que não se diz mais nada. Não se pode mais passar nada, nenhuma força, nenhuma intensidade, nenhuma expressividade pela linguagem. Gilles Deleuze fala

que os signos podem funcionar como uma máquina de sobrecodificação. Ou seja: você teria uma linguagem tão codificada, tão organizada, que ela acaba funcionando de maneira castradora. Todos esses experimentos com a linguagem, ao contrário, tentam devolver à lingua a expressão de seu caráter de máquina de mutação. E fazer passar outros sentidos, outras intensidades, outras sensações. Entende por que a gente não pode se sujeitar a esse tipo de ditadura da língua? Aliás, todos os estilos, quando chegam a um estado ditatorial, tornam-se horríveis. Com o borgismo está acontecendo isso. Borges foi extraordinário enquanto tal. Quando todo o país escreve à maneira de Borges, não se diz mais nada.

O realismo se funda na ideia de que a palavra reflete a realidade. É nesse ponto que está o equívoco?
Claro, claro, exatamente. Há uma questão também muito interessante que é o barroco *versus* o romantismo, que passa não somente pelo estilo, mas pela função do sujeito, do *eu*. No romantismo existe sempre uma confissão. Tem uma fuga, uma saída de si, relativa, que é uma saída apaixonada. Ele se inspira porque tem uma paixão por outro, sempre tem um *tu*. Mas antes de um *tu* tem um *eu* imenso no romantismo. É a literatura da confissão. Enquanto o barroco é a literatura da confusão. No barroco a contiguidade das palavras é que cria o sumo. O *eu* não existe. Não há uma mediação entre o sujeito e o mundo. O sujeito está em contato direto com o mundo. É interessante essa questão da confusão porque, de repente, certas sonoridades, certas proximidades entre as palavras, no barroco, assumem uma dimensão central.

O barroco não reivindica a tarefa de retratar a realidade?
Retratar não tem nada a ver com o barroco. O barroco não pretende representar, mas apresentar. O barroco não vai falar de amor, vai fazer amor no próprio poema. Por exemplo, o amor passa por certas sonoridades feitas de sussurros, gemidos, vozes, uma expressão quase corporal.

A sensualidade e o erotismo são bem marcantes no barroco?
Sim, mas há uma sensualidade do referente e uma sensualidade do próprio trabalho de superfície das formas. Deleuze diria que o elemento poético essencial do barroco é a dobra. O barroco é uma viagem que tenta dar

forma ao êxtase. O Brasil é um país do êxtase, do transe. Mas parece que quando chega a hora de escrever, é diferente. Escrever se torna uma atividade de professores, se torna séria.

Como você encara a questão do êxtase no Brasil com relação às vanguardas?
Não sou um especialista nisso para poder responder. Diria, por exemplo, que essa dimensão do êxtase está presente, com certeza, nas *Galáxias*. O que eu sinto é que o êxtase no Brasil, aparentemente, não passa pela escritura.

Passa por onde?
Pelo candomblé, por exemplo.

Outra tradição que se popularizou e se arraigou bastante, especialmente na língua espanhola, na Hispano-América, é o realismo fantástico. Como o neobarroco se situa em relação a esse tipo de escrita?
Contra. Do outro lado.

Por quê?
Porque se há um realismo com o qual o barroco possa ter algum ponto de contato é o realismo alucinante onde não se trata de fazer uma fantasia, mas de fazer passar o elemento da alucinação se montar a uma narrativa realista. Enquanto o realismo maravilhoso é um realismo tropical, um realismo com um pouquinho de folhagem. O barroco é poético. O lugar ideal do barroco é a poética. Há uma polêmica com relação a *Paradiso*. Alguns romancistas sérios diziam: "Bom, tudo bem, maravilhoso, mas não é romance". Claro que não é romance no sentido convencional. As estruturas são poéticas. Lezama se permite fazer um nexo entre os parágrafos que nenhum romancista faria. É completamente antiestilístico do ponto de vista do romance. Mas do ponto de vista poético tem tudo a ver. Todas essas poéticas neobarrocas são muito sofisticadas, levam o nível de exigência da lingua até um extremo que, de repente, muitas coisas ficam como que desestabilizadas.

Um trabalho subversivo?
Sim. Mas uma subversão que não é dadaísta. Uma subversão que constitui

seu próprio plano de expressão e seu próprio plano de consistência. Não é subversão por subversão, nem é perversão. Não se trata disso. Essa emergência barroca já é como um grau adulto, já passou a subversão. Já é uma literatura que saltou adiante com relação a outros sistemas de codificação e que constrói seus próprios referentes. A subversão, a perversão, sempre está se referindo a uma outra coisa. O barroco já é autônomo. Sua referência é si próprio. O barroco constrói outra realidade, mais radicalmente. Por isso é subversão. Mas sua intenção vai muito além. Ele inaugura outra época e outra realidade.

Jornal Literário Nicolau, *abril de 1993*

Heriberto Yépez:
o furacão de Tijuana

Um gigantesco muro de aço, de cinco metros de altura e 24 quilômetros de extensão, divide duas cidades. De um lado, a opulência do maior império do planeta. Do outro, um aglomerado urbano de dois milhões de habitantes, 40% deles vivendo na miséria absoluta. Nas ruas há milhares de pedintes, viciados em heroína, prostitutas, sem-teto, índios miseráveis e imigrantes de vários países da América Latina, que tentam atravessar a fronteira em busca do "eldorado" pós-moderno. A população de Tijuana, no extremo norte mexicano, fronteira com os Estados Unidos da América, vive sob o medo do narcotráfico, dos constantes assassinatos provocados por conflitos entre máfias, e da corrupção policial. Mais que uma simples metáfora, o muro de aço marca a divisão real entre dois mundos.

É desse lugar conturbado que surge uma das mais vigorosas vozes da nova poesia mexicana: Heriberto Yépez. Nascido em 1974, dois livros publicados e intensa ebulição intelectual, Yépez procura radicalizar, em seu trabalho artístico, procedimentos das vanguardas do século XX e, ao mesmo tempo, recuperar poéticas ancestrais dos povos indígenas. Os poemas do livro *Por una poética antes del paleolítico y después de la propaganda* (2000) e o instigante manifesto homônimo lançam-se furiosamente contra a estagnação do discurso acadêmico, o esvaziamento da linguagem pelas mídias e o conformismo das "falsas vanguardas".

Com versos secos e cortes bruscos, o poeta capta sufocantes polaroides dos deserdados, numa profusão de imagens aterradoras, tematizadas por prostitutas, traficantes, viciados, índios sem terra e sem deuses, bêbados vagando pelas ruas, aleijados pedindo moedas aos turistas, imigrantes barrados na fronteira, desempregados, loucos e desesperados. Por outro lado, flagra *flashes* de uma realidade mais sutil, por meio da brevidade do haicai e da construção de poemas a partir de relatos indígenas, como na livre reinterpretação do *Libro maya de los muertos* ou de mitos das etnias kumiai, kiliwa, cochimí e paipai. Por fim, destila uma lúcida ironia contra os absurdos da publicidade, da corrupção política e da mercantilização da vida, valendo-se de aforismos zen e taoistas.

No manifesto *Por una poética antes del paleolítico y después de la propaganda*, evidencia as linhas subterrâneas que norteiam sua poética e propõe que os poetas assumam a vertigem oral praticada pelos povos antigos, recuperem a energia corporal da linguagem (a batida cardíaca como parâmetro rítmico) e ocupem os espaços públicos, como nas origens da poesia, quando era entoada em praças públicas ou em volta de fogueiras, no meio das selvas.

Ensaísta atuante, tanto nas páginas impressas quanto na internet, Heriberto Yépez mostra aguda lucidez ao estudar poetas e escritores radicais como Armand Schwerner, Jerome Rothenberg, Tristan Tzara, Allen Ginsberg, Vielimir Khlébnikov, Simon J. Ortiz, Efraín Huerta, Kurt Schwitters e Charles Bukowski. No livro *Ensayos para un desconcierto* (2001), além de dedicar ensaios a estes e outros criadores, ataca duramente a canonização de Octavio Paz no México, critica a crítica acadêmica e faz uma surpreendente reflexão sobre um memorável "desencontro" entre Jerome Rothenberg e a famosa xamateca María Sabina. A epígrafe do livro, emprestada de Roland Barthes, sintetiza seu método crítico, ao mesmo tempo rigoroso e apaixonado: "[...] o direito de delirar é uma conquista da literatura desde Lautréamont [...] a crítica bem poderia entrar em uma crise de delírio obedecendo a motivos poéticos [...] os delírios de hoje são, às vezes, as verdades de amanhã".

* * *

A entrevista foi feita por e-mail *no verão de 2002. Nos anos seguintes, Heriberto Yépez publicou diversos livros no México, nos Estados Uni-*

dos, na Inglaterra e na Espanha, entre eles Luna creciente – Contrapoéticas norteamericanas del siglo xx *(2002)*, A la caza del lenguaje en tiempos light *(2002)*, Aquí es Tijuana! *(2004)*, A.B.U.R.T.O. *(2005)*, Contra la tele-visión (2007), Al otro lado (2008), Contrapoemas *(2009)* e La increíble hazaña de ser mexicano *(2010)*.

* * *

No manifesto *Por una poética antes del paleolítico y después de la propaganda* você defende a substituição do conceito de "Literatura" pelo conceito de "Dizer", com a recuperação da oralidade, da pictografia e da batida cardíaca como parâmetros para a poesia. Você acredita que a poesia está se afastando das suas raízes primordiais?
Literatura é um conceito mais restrito do que o "dizer". O dizer inclui a literatura mas também outras formas de manifestação da linguagem. Creio que a literatura tem se afastado completamente de suas raízes e, nesse processo, tem se tornado tediosa e inútil. Antes os poetas eram xamãs e loucos e seres multimídia; agora, são cidadãos que passam o dia todo em seus escritórios, sem outra ferramenta que não a palavra escrita. Isso é um terrível empobrecimento. Isso se chama burguesia. Temos que voltar ao dizer. Devolver o poder à linguagem. Porque na atualidade a linguagem é uma grande impotente. Não tem poder nem para destruir a si mesma.

Em vez de processo de conhecimento, a linguagem pode se transformar num mecanismo de alienação?
Sim. Percebemos isso na publicidade. Ali, a linguagem se reduz a uma pequena bruxaria mental; a linguagem está comprometida com uma visão *light* da vida, está interessada em promover essa visão *light*: o consumo, a aparência. A propaganda e o uso da linguagem pelos governantes e pelas estrelas da indústria do espetáculo têm rebaixado incrivelmente os sentidos e, sobretudo, a credibilidade da própria linguagem. Depois de Auschwitz, Nixon, Coca-Cola e Milli Vanilli, a linguagem parece destinada a ser usada exclusivamente para enganar ou para vender. Com a linguagem, querem nos convencer a deixarmos de ser inteligentes. Querem nos transformar em meros governados e consumidores. Não podemos permitir isso.

Você se refere bastante às poéticas indígenas. Qual é exatamente a importância dessas poéticas para a poesia atual?
Vejo dois benefícios em conhecer, difundir e retraduzir a poesia indígena, primitiva ou popular. 1) Reconhecer a importância das poéticas desses povos, que sempre foram depreciados e exterminados pelo Ocidente. Graças aos deuses, muitos desses povos conseguiram sobreviver e tentam destruir a ordem ocidental, tal como os zapatistas de Chiapas, que se rebelam contra o governo e a sociedade que há quinhentos anos tentam exterminá-los. 2) As poéticas indígenas e não ocidentais em geral (tribos, dizer oriental etc.) estão conectadas com as formas mais avançadas de linguagem. Nós temos nos concentrado na palavra escrita. Os indígenas consideram a visualidade, a *performance*, o ritual, a oralidade e a sonoridade em geral tão importantes quanto a escrita. No dia em que deixarmos de tentar ser os mestres, governantes e sacerdotes dos povos indígenas e nos convertermos em seus discípulos, nesse dia vamos produzir uma poesia radicalmente experimental e "vanguardista".

Você costuma dizer que as escolas poéticas do "centro-sul mexicano" (especialmente da cidade do México) estão "extremamente engessadas pelos gostos pessoais de Octavio Paz". O que significa esse "engessamento"?
Octavio Paz é um grande poeta, mas no final da vida se aliou com as forças mais reacionárias do México. Aliou-se, por exemplo, com o governo mexicano dominado por um partido que se manteve durante setenta anos no poder. Era uma "ditadura perfeita" (Vargas Llosa), porque era invisível, ninguém supunha que era uma ditadura. O Partido Revolucionário no México é o partido político mais maquiavélico da modernidade. Nenhum outro durou tanto tempo no poder. E Octavio Paz foi um crítico *light* desse partido, se deixou convencer por ele. O último texto de Paz é um agradecimento ao ex-presidente Ernesto Zedillo (o presidente mexicano que endureceu a repressão contra os indígenas e agudizou a crise econômica no país) por ter dado dinheiro à Fundação Octavio Paz. Nesse texto, Paz também usava os famosos versos de Blake sobre o tigre para elogiar o dono de uma das maiores e mais perniciosas emissoras de televisão da América Latina (cujo apelido era "tigre"). Poderia falar do legado literário (estilístico) de Paz, mas creio que mencionar seu derradeiro legado moral é suficiente. Temos que ir mais além de Octavio Paz. Temos que ver outros autores, outras fontes. Paz

se converteu em um monolito, em um obstáculo para o avanço da poesia no México. A "nova" poesia mexicana está repleta de pequenos autores "pazianos". Isto é motivo de riso. E de tristeza.

Em um trecho do manifesto você escreve que "a morte da poesia também se manifesta nos maneirismos e nas jogadas publicitárias das falsas vanguardas". Quais são as falsas vanguardas?
As falsas vanguardas são aquelas que não estão politizadas, que supõem que vanguardismo é uma questão meramente técnica, ou um show. Creio que uma parte da *pop art* é que deu início a isso: renovação da aparência da obra artística, sem nenhuma crítica da realidade. Agora, essa poesia "vanguardista" esquece constantemente que o vanguardismo originalmente foi uma crítica da sociedade e não somente uma mudança de recursos técnicos. O que há realmente de tão revolucionário nos *language poets* dos Estados Unidos? O que há de tão revolucionário nos poetas visuais contemporâneos do Brasil, ou do México, ou da Europa? Isso vai mudar o mundo? Se a resposta é "não", então estão fazendo falso vanguardismo, vanguardismo *light*. Atualmente está em voga dizer que a poesia não pode mudar o mundo. Isso me parece um pessimismo melancólico, bastante conformista e um tanto idiota. O mundo tem mudado a poesia e, por isso mesmo, a poesia também pode mudar o mundo. Para o bem ou para o mal, mas pode mudá-lo.

A persistência do neobarroco nos países hispânicos também se tornou um maneirismo?
Em alguns casos, sim. O neobarroco se converteu em uma masturbação excessiva, em uma forma de dar aparência de profundidade ao jogo. O neobarroco tende a ser uma forma de fazer poesia privada, muito "literária". Mas não todo o neobarroco tem sido nefasto e tedioso. Creio que satanizar o neobarroco seria equivocado. Borges e Sarduy foram grandes barrocos, eles nos deram importantes chaves. O que definitivamente não dá pé é nos convertermos em "neobarrocos" como forma exclusiva, como etiqueta, como forma de nos comercializarmos. O neobarroco já foi feito. A questão, agora, é o que nós vamos fazer com o neobarroco.

Sua poesia é muito ligada, por um lado, à realidade urbana. Você se refere

aos bêbados de rua, aos viciados em heroína, aos mendigos, às prostitutas. Essa poética é bem recebida no ambiente literário mexicano?
Não. Minha poesia é vista como "chicana", como "coloquial", como "poesia social". Vivo na fronteira com os Estados Unidos, em uma cidade dominada pelo narcotráfico, pela corrupção policial, pelo racismo e pelas empresas estrangeiras; não posso deixar de escrever sobre tudo isso que observo e vivo diariamente. Quisera pensar que minha obra também trata de outros temas, de outras buscas, mas trabalhar com a cidade, com os processos culturais de marginalização, é algo que me interessa muitíssimo – me interessa tanto quanto escrever sobre Khlébnikov, Nagarjuna ou sobre o uso do *scanner* na fotografia atual. E isso não é bem-visto no México, onde a poesia dominante é bastante apolítica, bastante "formalista", bastante despreocupada com tudo isso. No México, sou uma espécie de poeta "jovem" e "raro". Isso não me preocupa. Inclusive me agrada. Vejo-me como um membro da extrema-esquerda da poesia mexicana. Geograficamente, Tijuana está na extrema-esquerda do país. Essa casualidade territorial eu aplico em meu *work in progress*.

Qual o limite entre a poesia e o discurso panfletário?
Creio que temos muitas coisas a aprender com a publicidade. John Cage dizia isso de uma maneira muito precisa. Temos que ser panfletários para destruir os panfletos. Temos que avançar do verso para o *slogan*. Temos que usar os mesmos recursos da propaganda para acabar com a propaganda. Os terroristas do 11 de Setembro usaram a tecnologia norte-americana para dar um golpe nos Estados Unidos. Assim, nós podemos usar a tecnologia do panfleto para levá-lo ao seu próprio fim, para ridicularizá-lo, para impossibilitá-lo.

Você se refere à "globalização" como a instalação de uma monocultura. Qual o impacto da proximidade geográfica do México com os Estados Unidos?
Os governos do México e dos Estados Unidos convergem num mesmo projeto socioeconômico: a instalação de uma monocultura de comércio e de governo internacional. No México, estamos resistindo a esse processo. Não queremos ser "americanos". Mas a televisão e a mídia em geral estão promovendo esse *lifestyle*. Eu sou pessimista nesse sentido. Creio que os Esta-

dos Unidos vão absorver a maior parte da cultura mexicana e, depois que conseguirem isso, vão avançar sobre a América do Sul e absorvê-la também. Querem nos dolarizar a mente. Mas também acredito que podemos usar as formas norte-americanas para contra-atacar esse processo. Por isso digo que podemos usar o inglês ou a publicidade como tecnologias contra elas mesmas. Temos que nos tornar seres híbridos para conservar nossas culturas.

No Brasil se cristalizou a ideia de que não há mais espaço para manifestos e para novas vanguardas. Isso acontece no México também?
É exatamente a mesma ideia que domina a crítica mexicana: "não pode haver mais vanguarda depois do surrealismo", "depois do concretismo" etc. Contudo, é claro que pode haver revolução. Não entendo as pessoas que não acreditam mais na possibilidade de revolucionar a poesia. Então, pra que escrevem? Pra que vivem? Parece-me uma lástima conhecer alguém que se considera um impotente, um conservador ou um absoluto pessimista. A poesia ainda pode ser revolucionada. Não tenho dúvidas disso. Não sei como será a poesia do futuro, mas imagino que será surpreendentemente nova e ameaçadora.

Revista Coyote *n. 1, outono de 2002*

Nelson de Oliveira:
realismo no limite da alucinação

Desde que publicou seu primeiro livro, em 1997, Nelson de Oliveira vem se firmando como uma das mais fortes vozes da nova prosa brasileira, ao lado de André Sant'Anna, Marcelo Mirisola, Marçal Aquino, Luiz Ruffato e Marcelino Freire. Antes mesmo de sua estreia, conquistou dois prêmios importantes: o Casa de las Américas, de Cuba (1995), e o da Fundação Cultural do Estado da Bahia (1996). No prazo de quatro anos, lançou quatro livros de contos, uma novela infantil e um romance – *Os saltitantes seres da Lua* (1997), *Naquela época tínhamos um gato* (1998), *Quem é quem nesse vaivém?* (1998), *Campos – Retratos surrealistas* (1999), *Treze* (1999) e *Subsolo infinito* (2000) –, e foi tirando da gaveta um volume após o outro, resultado de anos de trabalho silencioso.

Em suas narrativas há traços que já formam um trançado inconfundível: o tratamento de temas mitológicos, porém em cenários contemporâneos, personagens quase sempre desnorteados, que muitas vezes não sabem sequer o próprio nome, a aparição de anjos, xamãs ou demônios, e uma linguagem que ora se comporta dentro de parâmetros do estilo "realista" (embora invariavelmente sofrendo algum distúrbio alucinatório), ora rompe com os cabrestos convencionais, por meio do uso de palavras-montagens, paralelismos narrativos, frases enormes que constroem uma ação e imediatamente a anulam. Não é difícil identificar, em sua literatura, a impressão digital de um autor com muita leitura (no sentido amplo) e com influências múltiplas: de Dante a Paulo Leminski, de Guimarães Rosa a Beckett, de filmes de aventura a histórias em quadrinhos.

Em *Subsolo infinito*, por exemplo, o escritor constrói um relato fabuloso, com uma linguagem cheia de citações a outros livros e a reelaboração dos lendários temas do pacto com o demônio e da descida aos infernos. Só que os portões de entrada dos mundos inferiores são os labirintos do subsolo de uma estação de metrô. Ao atravessar o Aqueronte de concreto e aço, o personagem José Maria José, que ora é homem, ora, mulher, encontra seres estranhos em busca de uma Ílion imaginária e cavernosa, e uma trupe de canibais que parecem saltimbancos da Idade Média. Quanto mais desce aos círculos infernais, mais se reforça a impressão de que o personagem híbrido mergulha nos labirintos de seu próprio cérebro.

Interiorano de Guaíra (SP, 1966), Nelson de Oliveira faz uma viagem pelo mundo do hipertexto com o livro *Às moscas, armas!*, lançado apenas pela internet, no formato *e-book*. Segundo o escritor, não haverá uma tiragem em papel. "Quero testar o poder de alcance da *web*. Estou me preparando para o futuro" – afirma nesta entrevista, na qual aborda também o universo de seus livros anteriores e revela as fontes de uma vertiginosa imaginação narrativa.

***

A entrevista foi feita no inverno de 2000 e divulgada somente pela internet. Nos anos seguintes, Nelson continuou com intensa atividade literária, chegando à marca de mais de vinte livros de contos, romances e ensaios, entre eles: O filho do crucificado *(2001, também lançado no México),* A maldição do macho *(2002, publicado também em Portugal),* Verdades provisórias *(2003),* Sólidos gozosos & solidões geométricas *(2004),* O oitavo dia da semana *(2005),* Algum lugar em parte alguma *(2006),* Babel Babilônia *(2007),* A oficina do escritor: sobre ler, escrever e publicar *(2008),* Axis mundi: o jogo de forças na lírica portuguesa contemporânea *(2009) e* Poeira: demônios e maldições *(2010). Organizou as antologias* Geração 90: manuscritos de computador *(2001),* Geração 90: os transgressores *(2003) e* Geração zero zero: Fricções em rede *(2011), com significativos prosadores brasileiros surgidos no final do século XX e início do*

xxi. Com o pseudônimo de Luiz Bras, publicou ainda Paraíso líquido (2010) e Muitas peles (2011).

***

Depois de seis livros publicados por editoras, *Às moscas, armas!* está saindo no formato *e-book*. O livro foi pensado para a internet?
O livro foi concebido exclusivamente para a internet. Não penso em lançá-lo também na forma tradicional, em papel, como tem acontecido com o livro de outros autores. Isso estragaria a filosofia do projeto. Quero testar a força dessa nova ferramenta de comunicação. Estou curioso para saber quanto tempo um *e-book* como o meu leva para esgotar uma "tiragem" de três mil exemplares. No caso, três mil *downloads*. Pouco tempo depois de ter disponibilizado o livro, recebi mensagens de amigos de Portugal, dos EUA e da Espanha. Graças à internet, o livro venceu as fronteiras do território brasileiro no giro de poucas horas.

Os novos recursos da mídia eletrônica, como a interatividade e a possibilidade de *links*, vão provocar mudanças na narrativa literária?
Com certeza. Imagine que formato teria *O jogo da amarelinha* se Cortázar já dispusesse do computador e da tecnologia HTML. Em vez de capítulos dispostos lado a lado, o que haveria seria um único capítulo com uma centena ou mais de *links*. O leitor, em determinada passagem que falasse de *jazz*, por exemplo, teria a possibilidade de ouvir um solo executado por Charlie Parker. Ou ver a reprodução de uma pintura se o tema fosse artes plásticas, e assim por diante.

Você acredita que o *e-book* vai pôr um fim no livro impresso?
Num futuro não muito distante, exemplares de livros impressos estarão no museu, ao lado de placas de argila, rolos de papiro e de pergaminho. Os únicos que poderiam impedir isso, quem sabe apenas por razões sentimentais, estarão mortos: ou seja, nós mesmos. O fato é que há uma grande diferença entre literatura e livro impresso. A literatura não vai acabar nunca, já o livro de papel está com seus dias contados. Vejo isso nos olhos da minha filha de 6 anos, que adora não só histórias e computadores, mas principalmente histórias no computador.

Pactos com o demônio não são novidade na literatura ocidental. Thomas Mann, Goethe e Guimarães Rosa são três dos que trataram do tema. Ao retrabalhar o mesmo tema em *Subsolo infinito*, seu recente romance, houve intenção de parafrasear livros como *Grande sertão: veredas* ou o *Fausto*?

O ponto de partida foi *Viagem ao centro da Terra*, do Júlio Verne. Sempre gostei muito desse tipo de prosa, cheio de peripécias e de efeitos especiais. Mas não consigo escrever nada que não tenha certa carga de humor, mesmo que mínima. Por isso, é óbvio que lá embaixo meu explorador haveria de encontrar não o centro da Terra dos racionalistas da fissão nuclear, mas o de Dante, medieval. O pacto com o diabo foi consequência de tudo isso. *Subsolo infinito* é um livro de colagens. Tanto que a descrição do momento do pacto é quase a mesma que se lê no *Grande sertão*. Sou absolutamente apaixonado por esse livro. Costumo dizer que foi o melhor romance publicado na segunda metade do século passado. No mundo.

No seu livro, a porta de entrada para o mundo das trevas são os porões de uma estação de metrô. O demônio anda à solta também no mundo moderno?

O inferno é uma das criações mais perturbadoras da cultura humana. Por mais que acumulemos tecnologia, ele está sempre à nossa espera. Os gregos o localizavam no subsolo; Sartre o localizava cinicamente nos outros, nos nossos vizinhos. Mas, mais perturbadora do que a figura popular do demônio com chifres e cauda pontuda é a figura de Lúcifer. Como você sabe, Lúcifer, o portador da luz, era o braço direito do Criador. Diferenças ideológicas fizeram com que eles se enfrentassem no famoso Combate nos Céus. Lúcifer e seu exército de dissidentes foram exilados nos mundos inferiores. Esse tema continua vivo até hoje, e se repete sempre que uma nova geração tenta tomar o poder das mãos da geração anterior. É o tema principal do homem na Terra. O resto são variações.

O título *Subsolo infinito* refere-se aos subterrâneos do próprio cérebro humano?

De certo modo, sim. Gosto desse título porque ele faz pipocar na imaginação das pessoas diversos significados. O meu predileto é a metáfora freudiana: subsolo infinito seria o subconsciente, local informe e primal por onde perambulam feras pré-históricas. Somente o herói, na acepção que os gregos davam a esse termo, pode descer até lá e voltar com vida. E muitas vezes não só com vida, mas até mesmo renascido.

Em muitas narrativas, ao longo dos seus livros, você rompe deliberadamente com a linguagem realista, utiliza palavras-montagens, frases enormes que vão se construindo e se anulando, textos de um parágrafo só. Em outras, a estrutura da linguagem comporta-se dentro de parâmetros realistas, embora o enredo sofra constantes "alucinações". Há uma hesitação entre romper definitivamente com a linguagem ou manter-se dentro dela?

O fato é que não gosto de me repetir, e sempre procuro novos vespeiros para cutucar. Às vezes encontro, às vezes não. Romper com o cânone realista é algo que já foi exaustivamente feito nos últimos cem anos. Quando noto que todos estão fazendo uso do mesmo jargão, das mesmas palavras de ordem que os simbolistas gritavam ainda no século XVIII, dou meia-volta e vou no sentido contrário. Passo a flertar com as normas que até então eu combatia. Faz parte de uma partida de xadrez muito particular, em que ora sou as brancas, ora, as pretas. No fundo, no fundo, creio que ninguém rompe com a linguagem. Somos rompidos por ela.

No conto "Nowhere man", um personagem luta com um anjo. No livro *Campos – Retratos surrealistas* há cenas de estraçalhamento de um xamã. O Inferno é o ambiente de *Subsolo infinito*. A imaginação mitológica serve de inspiração para as suas narrativas?

O ringue da ficção é, a meu ver, o local ideal para o desregramento de todos os sentidos. É nele que ponho meus pokémons para brigar. Gosto de personagens mitológicos. Tenho diversos contos com anjos, e o meu predileto é "Lua, 1969", que está em *Às moscas, armas!*. Nele eu mostro, de um lado, os astronautas americanos descendo na Lua, e do outro dois anjos da guarda amparando uma criança doente, numa casa perdida em algum lugar do Brasil. A criança está prestes a morrer, mas os anjos e os pais da criança estão com a atenção toda voltada para a tevê.

Sabe-se que o xamanismo (assim como certas drogas) proporciona outras percepções da realidade, ou das realidades. Suas narrativas se propõem a isso também?

Sim, totalmente. O curioso é que 90% do que se publica hoje, seja em prosa seja em verso, poderia ser considerado literatura xamanística. Ou dionisíaca, como se costumava dizer tempos atrás. Mas prefiro o adjetivo "xamanístico", que soa mais selvagem, menos clássico. O Ocidente tem fome de epifanias. Viver sob as regras da sociedade civilizada é muito sufocante. Chega uma hora em que o sujeito precisa ter algum tipo de experiência mística, caso contrário sentirá ganas de sair por aí dando tiro a torto e a direito. Literatura, para mim, é o momento em que a vida faz sentido. No meu caso, o ato de escrever faz com que a máquina do mundo pareça menos estúpida e cruel.

Quase todos os seus personagens são figuras desnorteadas, que muitas vezes não sabem quem são, nem sequer seus próprios nomes. Alguma semelhança com o mundo contemporâneo?
Reconheço essa função didática dos meus contos. Ao apresentar personagens desnorteados, que não sabem quem são nem como se chamam, quero com isso dar uma boa lição de moral no cidadão moderno. Muita gente acha que, porque tem um nome, uma assinatura e um RG, tem uma identidade indivisível, quando na verdade somos formados por dezenas de identidades em constante conflito.

Personagens como José Maria José (*Subsolo infinito*), a pequena Victor ("A visão vermelha") ou Débora ("Duas quedas") mudam de sexo constantemente: ora são homens, ora são mulheres. De onde vem esse fascínio pela metamorfose sexual?
Eros, e não a usura, é o que faz o mundo girar. Se eu acreditasse na possibilidade de vida após a morte, em reencarnação, estaria tranquilo. Minha curiosidade com relação ao sexo oposto poderia ser satisfeita se, quem sabe, eu viesse a nascer mulher na próxima encarnação. Como não acredito em nada disso, fico me perguntando: "Que criatura é essa, a mulher?". Uma forma de representar artisticamente esse impasse é criar personagens que atuem nos dois extremos sexuais.

Sabe-se que você é, ou pelo menos foi na adolescência, um leitor de quadrinhos e de livros de aventura. Essas linguagens exercem influências nas suas narrativas?

Você tocou numa ferida. Sou um quadrinista frustrado. Dos 12 aos 22 anos tudo o que eu queria ser era o Moebius da Terra Brasilis. Tenho pastas e pastas cheias de cartuns e HQS. Devagar, fui trocando a linguagem dos quadrinhos pela das artes plásticas, mais "nobres". Não demorou para que também trocasse a pintura pela literatura. Esse foi um erro que pretendo remediar em breve. Contos como "Quiproquó na Sé" (*Os saltitantes seres da Lua*), "A visão vermelha" (*Naquela época tínhamos um gato*), "Doce dilema azul de bolinhas amarelas" (*Treze*) e "Baile de máscaras" (*Às moscas, armas!*) são, na verdade, roteiros para HQS que não cheguei a desenhar.

Ao mesmo tempo você é um leitor dos clássicos da literatura: Cervantes, Dostoiévski, Dante, Machado de Assis, Guimarães Rosa. Como essas referências dos quadrinhos e da literatura se cruzam no seu trabalho?
Os clássicos são a impressão digital de uma época. Minha curiosidade pela Idade Média cresceu muito graças à leitura da *Divina Comédia*. Só depois de ter lido o poema foi que me interessei pelos ensaios históricos sobre esse período. O mesmo aconteceu com *O vermelho e o negro* e o romantismo, *Ulisses* e as primeiras décadas do século XX. Quanto aos quadrinhos e ao cinema, digamos que suprem minhas necessidades menos perenes. Quando estou de saco cheio do blá-blá-blá sofisticado, releio alguns *Fradins*, revejo *American pop*. Faz um bem danado.

Picasso dizia que "ou o artista está no seu tempo ou não está em tempo nenhum". Você se preocupa em ser um escritor sintonizado com a nossa época?
Acho que me preocupo. Não tenho certeza. Nunca pensei a respeito. Para falar a verdade, o que significa "estar sintonizado com nossa época"? Penso que estou sintonizado com Oswald de Andrade e Paulo Leminski, Erik Satie e John Lennon, Max Ernst e Francis Bacon: gente que já deixou de viver há muito tempo. Meu interesse estético está todo voltado para o dadaísmo e para o tropicalismo. Quem se lembra deles? Dois anos atrás talvez eu me considerasse conectado ao meu tempo. Mas agora, às portas do ano 2001, vejo que todas as minhas crenças fazem parte do século passado.

Jorge Mautner:
o mundo vai explodir

O escritor, cantor, compositor, violinista, ativista político e filósofo popular Jorge Mautner é uma figura sem paralelos na cultura brasileira. Artista e personagem ao mesmo tempo, ele criou uma mitologia em torno de si, com seu pensamento kaótico (com k), que mais parece um liquidificador atômico, onde se misturam e se reprocessam informações ancestrais e referências futuristas do século XXII. Em 1958, aos 17 anos, quando a música mais sofisticada do Brasil cantava barquinhos, coqueiros e tardes douradas, ele escreveu *O vampiro* (cantada posteriormente por Caetano Veloso), com versos assim: "Eu uso óculos escuros/ para as minhas lágrimas esconder" ou "no meu corpo sangue não corre não/ corre fogo e lava de vulcão" ou ainda "por isso é que eu sou um vampiro/ e com meu cavalo negro eu apronto/ e vou sugando o sangue dos meninos/ e das meninas que eu encontro".

Mautner deve seu nascimento no Brasil (Rio de Janeiro, 1941) à loucura do Terceiro Reich. Filho de judeu austríaco e mãe iugoslava, veio ao mundo poucas semanas depois que seus pais desembarcaram no país, fugindo da perseguição nazista. Estreou primeiro na literatura, aos 21 anos, com *Deus da chuva e da morte* (1962), ao qual se seguiram *Kaos* (1963), *Narciso em tarde cinza* (1965), *O vigarista Jorge* (1965), *Fragmentos de sabonete* (1973), *Panfletos da Nova Era* (1978), *Poesias de amor e de morte* (1982), *Sexo do crepúsculo* (1982) e *Fundamentos do Kaos* (1985).

Cedo, porém, também partiu para a carreira de cantor e compositor, gravando os discos *Para iluminar a cidade* (1972), *Mil e uma noites* (1976), *Bomba de estrelas* (1981) e *Antimaldito* (1985). Algumas de suas composições, geralmente em parceria com Nelson Jacobina, se tornaram antológicas na voz de outros intérpretes, como "Maracatu atômico" (Gilberto Gil), com os versos "dentro do porta-luvas/ tem a luva, tem a luva/ que alguém de unhas negras/ e tão afiadas se esqueceu de pôr", ou "Lágrimas negras" (Gal Costa): "são poços de petróleo/ a luz negra dos seus olhos/ lágrimas negras caem saem doem/ são como pedras de moinho/ que moem roem moem".

Nos últimos anos Jorge Mautner tem vivido com um pé no Brasil e outro na Europa, morando no eixo Rio-São Paulo-Viena. Tem circulado frequentemente pelo Velho e pelo Novo Mundo. E o que tem visto em suas andanças é assustador: uma gigantesca rearticulação das forças mais reacionárias, violentas e tenebrosas. Perplexo com a violência social, o eterno otimista e bem-humorado Jorge Mautner pinta um quadro extremamente realista sobre o Brasil e o mundo. E lança um ultimato apocalíptico: "A mentalidade humana precisa mudar, senão este planeta vai explodir".

* * *

O tom desta entrevista é surpreendente. Jorge Mautner sempre foi um otimista. Quando fui encontrá-lo no ateliê do artista plástico José Roberto Aguilar, perto da avenida Paulista, no verão de 1991, eu esperava mais uma tarde divertida, com bons papos sobre poesia, música, filosofia pré-socrática (assuntos favoritos dele) e previsões de um futuro luminoso para a humanidade. Aconteceu exatamente o contrário, e a metralhadora apocalíptica de Mautner me surpreendeu. Porém, fazia todo o sentido: o Brasil estava em plena Era Collor de Mello, a geração yuppie (ligada em dinheiro, sucesso e cocaína) era a grande onda, o nível das emissoras de televisão e rádio caíam abaixo do chão, o bloco comunista havia ruído, o capitalismo acirrava cada vez mais o fosso entre ricos e pobres, o neocolonialismo norte-americano se expandia e imagens do bombardeio sobre Bagdá (na Guerra do Golfo) eram transmitidas via satélite para todo o mundo. Revendo, em perspectiva, vinte anos depois, resta-nos perguntar: esse quadro mudou? Ou recebeu apenas uma nova camada de verniz?

Nos anos seguintes, Mautner lançaria ainda os livros Miséria dourada *(1993),* Fragmentos de sabonete e outros fragmentos *(1995) e* Mitologia do Kaos – Obras completas *(2002), além dos discos* Árvore da vida *(1988),* Pedra bruta *(1992),* Estilhaços de paixão *(1996),* O ser da tempestade *(1999),* Eu não peço desculpa *(com Caetano Veloso, 2002) e* Revirão *(2007).*

* * *

Você é escritor e ao mesmo tempo compositor, cantor e músico. É muito difícil conciliar essas experiências?
Venho de uma experiência muito antiga da literatura alemã, que nunca separou a música da literatura. Aliás, a tradição grega antiga também. O filósofo precisava saber música, precisava até fazer esporte. Sou muito amarrado no Japão dos samurais, em *(Yukio)* Mishima, e também na Grécia da pederastia e da pedagogia. Faz parte da minha educação. Meu padrasto alemão me ensinou música desde cedo. Aprendi violino e o meu pai me transmitiu a literatura. Fui educado ouvindo o *Fausto*, do Goethe, recitado.

O poeta Ezra Pound dizia que a poesia e a música, de fato, sempre estiveram ligadas na Antiguidade.
É, não há separação. A língua portuguesa nasceu cantada. O provençal é poesia cantada por menestréis do sul da França. Dali se inventou o português. O português é uma língua de poetas. Nasceu cantada. A última flor do Lácio, inculta e bela.

Atualmente existe uma forte tendência de especialização. O que você acha disso?
É a imbecilidade programada. É a indústria do engodo, do massacre, e tem um plano muito claro de dividir as pessoas e deixá-las separadas, imbecis, impotentes e sem poder de decisão nenhum. Estamos na época do império absoluto das multinacionais da cultura. Não existe mais nenhum governo,

existem apenas as multinacionais, tiranicamente, sadicamente, neonazisticamente dominando o planeta. Todas as previsões de Aldous Huxley, em *Admirável mundo novo*, ou em *Alphaville*, de Godard, tudo que foi aquela visão do terror, do fim do ser humano, não só aconteceu como aconteceu em escala muito maior e mais medonha.

E como você se movimenta dentro deste quadro?
Sempre fui preparado pra isso. Sou filho de refugiados da Segunda Guerra Mundial, do Terceiro Reich. Meu pai foi combatente contra o nazismo. Ele foi importantíssimo aqui no Brasil, junto ao governo. Porque Getúlio Vargas estava namorando o Eixo, com aquela teoria de que o imperialismo era americano. Na verdade, Getúlio estava simpatizando mais com o Terceiro Reich. Meu pai fez parte da força de pressão para convencer o Brasil a se unir com os Aliados, contra o nazismo. Na época, ele trabalhava numa agência interamericana. Três pessoas trabalhavam nessa agência: David Nasser, Carlos Lacerda e Samuel Wainer, sob as ordens de meu pai, Paulo Mautner. Ele foi importantíssimo e sempre transmitiu essa preocupação para mim, desde criança. Então, fui preparado para a Terceira Guerra Mundial.

Terceira Guerra Mundial? Mas você sempre foi um otimista. E as promessas de uma Nova Era?
A Nova Era vai ter que enfrentar tudo isso. Veja bem: o que está acontecendo no Brasil? Genocídio de crianças. Massacre de crianças. A polícia militar mata crianças. Cadê o escritor para escrever sobre isso? Ninguém fala sobre isso. Não existem mais escritores que escrevam com comoção humana. Hoje é tudo publicidade. Se você serve ao consumo, você é publicado. Se não serve, é chutado. É tudo brutal, frio e egoísta. Acho isso incrível. Inclusive, na Europa, me disseram: "Você parece um escritor russo do século passado". Eu disse: "Exatamente, sou irmão de Dostoiévski".

Você escreve com comoção humana sobre esses problemas todos?
Estou escrevendo um romance sobre o Brasil. Faz parte da mitologia do Kaos, como toda a minha obra. Trata da vida do morro, dos bandidos, das drogas, da cocaína, do Brasil do Quinto Mundo, do Brasil do Primeiro Mundo, do mundo *pop*, da minha experiência no mundo da música, as estrelas, os crimes, enfim, seria um *Terra em transe nº 2 (refere-se ao filme de*

Glauber Rocha), muito brutal, escrito num estilo euclidiano, de Euclides da Cunha.

Estou impressionado com o seu pessimismo. E o Partido do Kaos, as saídas otimistas que você sempre vislumbra?
Acho que as poucas pessoas, repito, as pouquíssimas pessoas que existem precisam se reunir e tentar uma outra perspectiva. E essa perspectiva é política. Uma atitude de responsabilidade pelos problemas do mundo. Porque isto aqui está à beira da tragédia e a insensibilidade dos escritores brasileiros, dos poetas oficiais em relação a isso é tremenda, é nojenta, é criminosa.

Você acha que a intelectualidade brasileira entende o Brasil negro, o Brasil indígena, o Brasil não branco?
Não entende absolutamente nada. Há um total *apartheid* mental e intelectual aqui. Houve uma época em que os artistas tentaram fazer essa ponte. Quando existia Cinema Novo ainda, Glauber Rocha, e as coisas eram feitas com mais tremor, como *Terra em transe*, uma coisa sentida, emocional mesmo. Agora você tem frieza, blefe, oportunismo e jogadas. Minha mãe dizia assim: "No início, no Brasil, os escravos eram negros. Depois, todos se tornaram escravos". As pessoas têm uma nova religião que se chama televisão, o novo credo que imbeciliza impiedosamente. O Brasil é um dos pouquíssimos países do mundo que não fizeram a reforma agrária. Não tem distribuição de renda e não tem educação e cultura. Nem saúde. Os problemas vão apenas aumentar, multiplicar. Vão ficar tremendos. Quando vierem as grandes catástrofes, aí, talvez, ocorra uma mudança. O que nos aguarda realmente é a Terceira Guerra Mundial, em nível hecatômbico, colossal.

Existe uma crise mundial, então?
Mundial. No Brasil fica mais aguçado. Mas, na Europa, os escritores acharam que eu era um russo do século passado. Mesmo lá os escritores não escrevem coisa com coisa. E os problemas ali, acontecendo, do lado deles. Que impressionante! Quem escreve com comoção é esnobado: coitado, é um escritor do século passado, escreve sobre realidades humanas, sofrimentos humanos. Tem que escrever sobre pasta de dentes, anúncios luminosos, ou então sobre misticismo. Isso tudo é tenebroso. Dizem que estou anunciando

a tempestade. É gozado isso. Não vou pintar um quadro cor-de-rosa no mundo medonho que nos cerca. Acho que cada geração tem que retomar o combate pela liberdade. Nunca a liberdade esteve tão cerceada. No Brasil, tudo que é o máximo eles destroem. Uma perseguição absolutamente implacável.

Você está pintando um quadro realmente negro.
Mas é. A humanidade tem que mudar, senão o mundo vai explodir. Não dá pra aguentar esse tranco. Decretaram que o marxismo havia morrido, estávamos num mar de rosas, era a perestroica, a queda do muro de Berlim, luta de classes passou a ser uma coisa antiga. De repente vem a Guerra do Golfo. Por causa de quê? De petróleo, de terra, de humilhação humana, de conquista mesmo. Tudo que é homicida está em alta. Se você souber matar alguém você ganha muito dinheiro. Eu aconselharia: é, aprendam a matar, com metralhadora, com baioneta. É um grande futuro. Claro, vá ser um Rambo. Você vai ganhar uma nota. Ou então vá ser cientista e fabrique armas terríveis. E pior que o homicida armado, pior que o cientista tipo dr. Silvana, é o publicitário. Vá ser publicitário. Você vai ter grandes carreiras pela frente.

Na sua opinião, o que está acontecendo nos países socialistas?
Os povos desses países odeiam o socialismo. Eles querem supermercado, querem ter automóvel, aviãozinho. Mas tudo isso é a venda da ilusão. Quero ver a cobrança disso quando virem que não dá para todos. Quero ver a queda da ilusão. Aí é que virão as tais catástrofes inadiáveis. E essas catástrofes serão implacáveis. Isso tudo é óbvio, mas ninguém quer falar. É incômodo. Mas não é tarefa do escritor ser incômodo? Quero deixar bem claro, inclusive: um dos fenômenos que eu vi na Europa é o crescimento do neonazismo.

Especialmente entre uma parte da juventude, não é?
Entre a juventude. Claro, eles estão ricos e egoístas, e esqueceram o sofrimento do próximo. É isso que vigora. Isso foi incentivado. É bom ganhar dinheiro, é bom explorar o próximo, é bom atropelar o outro porque você está de carro e o outro está a pé – então, é ser inferior, atropela mesmo. Não foi isso que incentivaram?

O dinheiro se tornou o valor mais importante da vida humana?
Só dinheiro. E as pessoas bebem a não informação naquele tubinho idiota

da televisão. Uma ideia seria começar a quebrar todos os aparelhos de televisão. Toda a publicidade, que é a base da televisão; ela não vai apelar para a razão, vai apelar para o inconsciente. Como um analista freudiano, ela vai ver o que está oculto nos seus atos, nos seus lapsos. O cara vai analisar, mas vai jogar contra você, pra manipular você.

E com isso estimula-se mais a competição do que a cooperação?
Estimulação do vencedor, do gostosão, do fodão. Então, a direita leva vantagem de 10 a 0. Porque a direita sempre foi muito inteligente, leu Nietzsche, Freud, Reich, Heidegger, Dostoiévski, e leva tudo isso a sério. A esquerda não leva. Ou não levava. Então, ela apanha, é linear, cartesiana, superficial, fácil. Enquanto isso, os assassinatos de homossexuais continuam acontecendo em todo o Brasil. Só no Rio de Janeiro, em um mês, mataram 38. Estão assassinando crianças em massa, tem trabalho escravo, tem delegados que fazem o tráfico de drogas, sequestro. E cadê os escritores pra escrever sobre isso? O negócio é assim. Vai dizer que não é? Vai dizer que você não treme de medo quando o camburão passa perto de você? Eu morro de medo.

Eu fico esperto também.
É bom ficar. Porque isso tudo foi estimulado. No Brasil, hoje, você ser cortês e educado é ser bobo, palhaço. Tem que ser mau, grosseiro e prepotente. Os bancos ganham 1.000% em cima das pessoas e fazem você ficar em filas enormes, cabeça baixa. Até quando o povo brasileiro vai ser gado? Isso aqui é uma loucura, meu amigo.

Você tem alguma ideia de como vamos sair dessa?
Tem que fazer uma frente ampla pela salvação do país e do planeta. Se é que ainda dá tempo.

Jornal da Tarde *(Artes e Espetáculos), 4 de março de 1991*

Márcia Denser:
lu(cide)z na boca do túnel

Márcia Denser não tem medo de roubar o fogo dos deuses. Talvez até tenha, mas ela se arrisca. E a tocha que a escritora traz para iluminar o triste *shopping center* das almas vendidas é de um clarão terrível. Seus livros não vendem promessas de paraísos terrestres, nem receitas de como se dar bem na vida. Ao contrário, provocam desconforto. Um desconforto que risca a faísca da indignação. Um desconforto que se chama literatura.

Desde que surgiu no panorama da ficção brasileira, com *Tango fantasma* (1977), essa "paulistana de quatro gerações", como costuma se apresentar, veio para causar assombro. Com lucidez assustadora e linguagem elaboradíssima, lançou às feras um discurso feminino dilacerador, transgredindo tabus, comportamentos e a própria literatura. Tanto que foi chamada de "Henry Miller de saia". Besteira. Ela é simplesmente Márcia Denser, de batom, rímel e um estilo capaz de cortar a pele como uma navalha. Para nossa sorte (ou, talvez, desgraça), ela não "escreve como um homem".

Diana Marini, sua conhecida alterego, rasgou a fantasia e saiu às ruas, com arguta capacidade de observação e avassaladora perspicácia intelectual. Nos livros seguintes – *O animal dos motéis* (1981), *Exercícios para o pecado* (1984), *Diana caçadora* (1986) e *A ponte das estrelas* (1990) – Márcia Denser/Diana Marini foi se desdobrando em outras personas, sempre chamando a atenção, até mergulhar num silêncio de 12 anos (nos mercantis anos 1990) e ressurgir com *Toda prosa* (2002), seguido de *Caim* (2006), já na pele de Júlia Hehl, uma escritora que resolve desafiar mitos poderosos para fazer um acerto de contas com o próprio passado (pessoal e mitológico).

Prosa densa, labiríntica, poética (por que não?), urdida até as últimas consequências, sua linguagem tem parentesco confesso com William Faulkner e Julio Cortázar (alguém pode negar sua linhagem?), mas com uma embocadura própria, pessoal, intransferível, que revela uma escritora com aguda consciência da arquitetura literária. A cada livro, seu texto (e, principalmente, o subtexto) vem funcionando como uma broca de prospecção, cavoucando cada vez mais fundo nos conflitos humanos. Mas não é só.

Em suas crônicas no site *Congresso em foco*, Márcia Denser tem se mostrado uma lúcida pensadora e crítica demolidora do neoliberalismo, que pretende transformar o planeta Terra num gigantesco supermercado, incluindo aí a arte em geral e a literatura em particular. Essa capacidade crítica transparece em boa parte desta entrevista, gravada em agosto de 2008, em sua casa, no bairro do Paraíso (São Paulo), durante uma hora e quarenta minutos, e abençoada com três boas garrafas de vinho tinto.

***

Você começou a publicar bem cedo, aos 23 anos de idade, e já chegou com um texto seguro, provocativo, denso. Quais escritores ou textos foram fundamentais para lhe dar essa segurança e definir os caminhos que você iria trilhar?
Desde o começo da década de 1970 eu estava envolvida com a leitura dos latino-americanos: Julio Cortázar, Borges, além dos autores nacionais. Um autor que li desde o começo foi Rubem Fonseca. Ele foi definitivo pra minha literatura. Ele me deu a sanção para escrever de uma forma realmente moderna. Também os norte-americanos fizeram uma diferença muito grande para a minha linguagem. Faulkner, Truman Capote.

O que você assimilou desses autores?
Do Faulkner, o fluxo de consciência, o *stream of consciousness*. Eu tenho uma linguagem de veio poético. Esse fluxo de consciência, o desenrolar do

texto quase sem pontuação, foi o Faulkner quem me deu. Mas misturou com o Cortázar, que tem uma prosa eminentemente contida e cerebral. O apuro técnico eu consegui com essas duas vertentes, tanto Cortázar quanto Faulkner. Eles são muito diferentes.

Você acabou de citar uma série de autores fundamentais para sua formação. Todos masculinos.
Pois é.

E escritoras? Teve alguma fundamental?
Uma grande escritora é a Marguerite Yourcenar. Pena que ela tem só um grande livro: *Memórias de Adriano*. Mas paciência. Nós temos o Raduan Nassar, que tem só um grande livro também. Ah, esqueci de citar Malcolm Lowry, *À sombra do vulcão*, que foi o Osman Lins que me indicou. Em 1977, eu estava começando, tinha publicado meu primeiro livro e conheci o Paulo Emílio Salles Gomes, a Clarice Lispector e o Osman Lins.

Seus primeiros textos já vieram logo com uma atitude atrevida diante da sexualidade, diante do mundo essencialmente macho. No entanto, há sempre referências a um mito, a uma atmosfera católica, cristã, como algo a ser superado. Como se somente a liberdade sexual pudesse expiar algum tipo de culpa feminina. É isso?
Não é culpa. É um problema que precisava ser superado: o discurso erótico. E os homens também precisam. Senão, fica a história daquele menininho que descobriu o sexo ontem e só fala palavrão. Mas a superação desse discurso, acho que foi uma coisa que me estigmatizou um pouco.

É?
Sim. Porque, na época, eu tinha um editor, Fernando Mangariello, que dizia: "Nós temos que encontrar uma marca pra diferenciar você como nova escritora". E ficou essa marca de autora erótica. Mas não é só isso. Fiquei um pouco marcada. Isso em função da sociedade machista. É uma marca meio canalha.

É interessante que, apesar de atrevidas, suas personagens femininas, mesmo Diana Marini, seu alterego, parecem sempre infelizes, cindidas

ao meio. Como se quisessem afrontar o arquétipo do macho, mas, ao mesmo tempo, não pudessem prescindir dele.
É claro.

A grande referência continua sendo o mundo masculino?
Essa é uma realidade que machuca tanto homens quanto mulheres. É terrível, mas a gente não pode prescindir. Esse é um problema que é do amor. Não existe história com final feliz. A vida é feita de conflito, e o conflito é que determina a literatura. Mas, veja bem, tem algo subjacente, a crítica universitária considera, inclusive, que a primeira mulher a usar suas protagonistas como sujeitos da ação fui eu. Então, tem toda uma subversão no sistema de gêneros. A mulher como sujeito absoluto da ação. A mulher que não se queixa. As coisas são dadas assim, mas ela toma pra si a palavra. Ela assume a palavra. Essa é a diferença. Nenhuma escritora brasileira tinha feito essa opção, como sujeito absoluto, numa personagem, sobretudo de primeira pessoa.

É interessante, também, que por mais que sejam atrevidas e liberadas, suas personagens são, no fundo, grandes solitárias.
São.

Estamos condenados à solidão?
Acho que sim. Estamos condenados a uma porção de coisas. Mas é isso que é a literatura. É o conflito, a condenação. Ser escritor é uma espécie de vocação. A gente não escolhe ser escritor. A gente é escolhido. Ou você faz ou você faz. É uma parada muito séria criar linguagem, criar literatura. No fundo estou discutindo o próprio conflito da literatura em si, da minha arte. Não é tanto o conflito humano, porque ele é permanente. Mas é o conflito: será que eu vou topar a parada de fazer literatura nas condições que temos no Brasil? A gente tem que fazer contra a corrente, e tudo conspira pra você desistir.

Na abertura de seu primeiro livro há um poema que se refere a Madalena, "a adúltera bíblica, a puta mais temida do Universo" diante de um Cristo homem. Há também uma referência a Caim, o assassino do próprio irmão, que vai ressurgir quase trinta anos depois, em seu livro mais

recente, chamado justamente *Caim*. O que significa essa retomada dentro da sua mitologia pessoal?
Transgressão. Eu cometi uma transgressão. Existe uma pessoa arquetípica que, de uma forma ou de outra, é uma mulher, nasceu no Brasil e possuía algumas características de ser dominada. Então, é preciso transgredir. Se vamos transgredir, temos que transgredir os heróis culturais máximos, que são masculinos, e que têm a ver com a cristandade, que têm a ver com a parte feminina dos mitos de proibição, com o tabu sexual, o casamento. A mulher está toda rodeada pelos símbolos cristãos. Acredito que esses mitos brotaram em mim, como escritora. A gente é meio arauto dos arquétipos, é passível a eles. Estudei em colégio de freiras, mas cresci numa sociedade onde havia uma Igreja Católica hiperprogressista, onde surgiu a Teologia da Libertação. A própria Igreja Católica ajudava que eu a contestasse. Era também uma sociedade em que as relações eram mais horizontais. Hoje existe todo um retorno à verticalização dos costumes. O neoconservadorismo deitou raízes fundas nos costumes. Os costumes eram diferentes naquela época. Isso permitia inclusive que você fosse contestadora.

Mas correndo muitos riscos.
Correndo altos riscos. Veja bem, na medida em que o corpo da mulher não é privado, não é dela, é público, quando se trata das questões do aborto e tudo o mais, é terrível. Do ponto de vista da mulher, existe uma luta dupla pra poder vencer neste mundo.

Comparando os primeiros livros e o *Caim*, que é o mais recente, existe uma diferença muito grande entre eles. Parece que você está cavoucando cada vez mais fundo. Como você vê essa passagem?
É que depois dos quarenta anos eu incorporei a técnica à criação. Antes eu escrevia duas, três, quatro vezes. E tinha algumas superstições. Eu escrevia a cego, não me policiava. Mandava pau até botar o ponto-final. Depois deixava dormir uns 15 dias, e aí é que eu começava a fazer literatura. Primeiro, tinha que ser contada a ação. Depois eu começava a rendilhar o texto. Isso é um método. Depois dos quarenta anos aconteceu uma coisa importante. Foi depois que escrevi *A ponte das estrelas*. Levei a um apuro técnico, trabalhei muito com a eficiência máxima do texto. A partir daquele mo-

mento, percebi que tinha incorporado a técnica à criação. De forma que, quando escrevo agora, é de uma vez. Não corrijo mais. Sai pronto.

Você frequentemente se situa como uma "paulistana de quatro gerações". Que peso essa "tradição" familiar tem em sua obra?
Ela já teve, enquanto me incomodou muito, enquanto inconsciente pessoal.

***Caim* é uma tentativa de acerto de contas com suas origens?**
Não é tentativa. É o acerto de contas. O acerto de contas com a minha posição na família, com as gerações, com todos os conflitos familiares, emocionais. Lembro que o Marcelo Mirisola falou muito pertinentemente sobre isso, quando se referiu ao livro *O azul do filho morto*, que foi o ajuste de contas dele com a família. *Caim* foi isso. Essa liberação do inconsciente pessoal dá um sentido mais universal pra sua própria obra, pra sua própria linguagem.

***Caim* é ao mesmo tempo uma tentativa de redimensionar o papel da mulher dentro da própria família?**
Bobagem. Porque a minha família é um matriarcado. E, olha, minha família teve um problema muito sério. Ela matou o espírito masculino. E isso eu precisei perceber. Não pode. Você não pode matar um princípio. A natureza abomina o vazio. Tinha que ser uma escritora mulher para redimir isso. Esse foi o acerto de contas: com a memória. Não pode desconsiderar o princípio masculino. A gente sempre tende a reequilibrar aquilo que estava totalmente perdido. Tende a recuperar isso. Pelo menos para a memória.

Então, não é um redimensionamento pelo avesso? Porque no *Caim* a gente vê a predominância da mulher em todas as gerações.
Sim, mas é um Caim feminino. E é perfeitamente possível esse papel. O primeiro matador, no livro, foi um Caim feminino.

A bisavó que enterra o próprio marido e todos os seus pertences, numa tentativa de não deixar vestígios dele?
A tataravó.

Ela tenta matar a memória do patriarca?
Matar a memória do homem. Esse foi o assassinato pior. Um assassinato

comum é simples. Mas se você assassina um princípio, você está cometendo um pecado contra os deuses. E isso não tem perdão.

Foi difícil escrever *Caim*?
Foi. Porque eu precisei ir muito fundo pra descobrir isso.

Você acredita numa escrita feminina?
Engraçado, acabei caindo nisso. Mas eu acredito numa superação da escrita feminina. Não dá pra contornar, você tem que superar. Porque nós, escritores, somos Deus e ninguém. O escritor não pode fazer proselitismo, de forma nenhuma. Ele tem que superar certas fixações. Senão, fica realmente apegado a uma temática menor. Assim como uma escrita feminina, a escrita de negros, a escrita de índios, a escrita de homossexuais são extremamente limitadas. Se você pretende fazer uma literatura universal, tem que superar esses aspectos. No meu caso o aspecto a superar era o sexo, claro. Era o meu gênero. Gênero feminino. Tenho que escrever como um sujeito totalmente impessoal. Como Deus. Como ninguém.

Mas você não acha que é difícil ver mulheres escrevendo do ponto de vista...
Do macho.

Não, do macho a gente vê bastante.
Mas a mulher, até quando escreve um personagem masculino, ela é uma mulher. Realmente, tem certas coisas que são muito típicas, femininas. Mas, não sei, se você fala de uma literatura feminina, muitos leitores têm preconceito de ler uma mulher. Você sabe disso. Eles acham que a escritora tem menos instrumentos pra lidar com a palavra. Isso não é verdade. Tem escritoras que são, realmente, do caramba. Clarice Lispector, Virginia Woolf, Dorothy Parker. Acho que a perspectiva feminina existe, sim. Mas, cuidado, as mulheres são terríveis.

Bom, homens e mulheres são diferentes.
Muito. Mas isso não impede que ela seja uma alta intelectual, que tenha pontos de vista extremamente inteligentes, interessantes, profundos.

A mulher, às vezes, pra se sentir intelectual, não acaba pensando de uma perspectiva masculina?
Você não acha isso fatal? É um modelo.

Na sua literatura eu vejo inteligência sem deixar de assumir um ponto de vista feminino.
É, realmente. Eu não preciso disso. Mesmo do meu ponto de vista feminino, acho que consigo dar conta do recado. Consigo ser uma intelectual e ter uma visão de tal argúcia, um trabalho estético tão sério e tão profundo quanto o masculino. Aí é que a gente se individualiza. Eu viro a Márcia. Uma escritora, por acaso. Mas uma pessoa que tem um trabalho estético. Isso eu acho importante. A nossa luta mais difícil é com a linguagem. Porque você está criando linguagem a partir do momento que faz literatura. Você está fazendo avançar o pensamento no tempo.

Quando inicia um livro, você tem domínio absoluto sobre ele? Você sabe a linguagem que vai usar e o enredo que vai desenvolver?
Aí é que está: enquanto não tiver o tom, não dá pra escrever. Veja bem, o conto não é um texto. O conto é uma obra de arte. Significa que a linguagem usada naquele conto só será usada naquele conto. É a linguagem certa para aquele assunto, para aquele momento, para aquele recorte. Por isso é uma obra de arte. É uma abertura para o infinito, como dizia Cortázar.

Você disse que cada conto precisa ter uma linguagem específica, que faça com que ele funcione. E o estilo?
A linguagem é o estilo.

Mas o estilo não pode se tornar uma repetição?
É, tende a ser uma repetição com pequenas variações infinitas. A gente tem que se reinventar a cada conto, mas mantendo um estilo. Um tom.

O estilo é um parâmetro importante?
É. Porque há uma dicção, uma forma de contar. Eu reconheço um Faulkner rapidamente, pelo ritmo narrativo. E, olha, em questão de estilo, os nossos cronistas me ensinaram muito. Li, ainda adolescente, Fernando Sabino, Rubem Braga, Rachel de Queiroz, Paulo Mendes Campos, Stanislaw Ponte

Preta. Esses caras foram de uma importância fundamental para mim. Eles eram os modernos. Eu lia e pensava: nossa, pode escrever assim? É uma forma de perceber como se pode ser livre em termos de linguagem, entende?

Depois de surgir com estardalhaço nos anos 1970, causar mais furor nos 1980, você atravessou a década de 1990 praticamente em silêncio, no ostracismo. Por quê?
Aconteceu com todo mundo. Houve um grande momento de recesso na literatura brasileira. De 1989 pra 1990, eu, Caio Fernando Abreu, Sônia Coutinho e Sílvio Fiorani escrevemos nossos livros de virada. Partimos para o nosso grande romance. Sílvio escreveu *O Evangelho segundo Judas*, Caio escreveu *Onde andará Dulce Veiga?*, Sônia Coutinho escreveu *Atire em Sofia*, e eu escrevi *A ponte das estrelas*. Não aconteceu nada. Estávamos num outro momento editorial. A globalização entrou pesado, as editoras se retraíram. Nós sentimos isso, mas eu não tinha total consciência do que estava acontecendo. Vínhamos de um momento de efervescência cultural, literária, política, tudo o mais. Demorou um pouco pra entender, embora eu soubesse que estava acontecendo uma coisa muito ruim.

Você voltou a publicar só em 2002, com o *Toda prosa – Volume 1*.
Fiquei 12 anos sem publicar.

Ficou sem escrever nesse período?
Não. Continuei escrevendo. Mas fiquei bastante machucada. Eu tinha uma expectativa muito grande de ganhar a vida escrevendo. Isso não aconteceu. E não aconteceu com muita gente.

Foi doloroso?
Demais. A única coisa que me consola é que não era só eu que estava no recesso. Vivemos essa década de 1990 totalmente contra a maré. Estava ruim pra todo mundo. Todo mundo se queixando. O Márcio de Souza, o Ivan Ângelo, até o Loyola Brandão.

Mas esse hiato acabou servindo para a preparação de um livro como *Caim*?
Não serviu de preparação pra nada. Simplesmente nós tivemos que ficar

em silêncio. Não foi uma coisa boa. Eu tive, claro, que ter meu momento de reclusão. Mas a partir de 1997, mais ou menos, eu estava com vontade de voltar a publicar, só que as condições estavam muito ruins. E eu sei, mais do que ninguém, que não adianta publicar de qualquer jeito. Tem que sair de uma forma legal, bem cuidada. Você não pode ser também a única. Tem que estar junto com todo um grupo sendo publicado. Porque se você for a única, também não vai ser lida. A literatura é coletiva. É um movimento sempre coletivo. Jamais solitário.

Não é estranho que esse silêncio tenha acontecido justamente depois da redemocratização do país?
Sim. Veja bem: no governo Collor acabaram com a Embrafilme, com a Funarte. Isso coincide inclusive com o estouro do Paulo Coelho, em 1987. O livro que estava em primeiro lugar era o *Diário de um mago*. Ele e toda a corriola, a Monica Buonfiglio, a Zibia Gasparetto. A autoajuda veio pra quebrar. Até então era uma coisa que ninguém nem fazia conta. As questões do mercado editorial se colocaram de uma maneira bastante brutal.

Você fez mestrado em Comunicação e Semiótica, na PUC. O aparato teórico adquirido teve alguma influência na sua literatura?
Eu já trabalhava na Divisão de Pesquisa do Centro Cultural São Paulo desde 1994. Em 1997 comecei a voltar para o mestrado, em 2000 eu entrei. Comecei a elaborar um projeto sobre os fenômenos estéticos na literatura entre 1970 e 1990. Estava interessada na parte estética. Precisei formar uma visão crítica. Eu só tinha o ponto de vista da criadora. Mas também voltei para a universidade porque comecei a ficar muito inquieta. Queria respostas para o que estava acontecendo no mundo. Achava que a universidade tinha algumas. E tinha mesmo. Descobri os novos teóricos.

Que teóricos?
Descobri *(Fredric)* Jameson, Deleuze, Derrida, Foucault, Bakhtin. Acho fundamental para nós, escritores, termos essa visão do ponto de vista teórico, não só da literatura, mas da sociologia, da antropologia. Ainda mais neste mundo que nos cerca. Principalmente um escritor já maduro. Para ele se posicionar e interferir na cena pública. Eu achava que isso iria me instrumentalizar muito mais, não só como escritora, mas como intelectual.

Você acha que está faltando um pouco de visão política para as novas gerações de escritores?
Tem muitos escritores que estão sendo falados pela política. Não estão tomando para si o discurso político. Não estão questionando. Estão simplesmente repetindo o discurso que está sendo emitido por uma mídia maior. Eles não percebem até que ponto são altamente manipulados. Na medida em que a grande mídia detém o poder epistemológico, o que é horrível, como é que fica? Se você repete a grande mídia, você está simplesmente repetindo os dogmas da classe dominante. Você está sendo falado pelo poder, na medida em que não questiona os fatos. Aliás, existe uma fascinação muito grande pelas conquistas do capitalismo neoliberal norte-americano. O cara fica tão fascinado, achando assim: não, não sou mais brasileiro, não existe mais Estado ou Nação, não existe mais nada. Bobagem. Os norte-americanos, os ingleses, os franceses continuam preservando totalmente as suas tradições. O neoliberalismo é muito bom para os outros. Porque, veja bem, nós só temos a nossa língua-mãe pra lutar. Para o escritor, é fundamental saber trabalhar com a sua língua-mãe. E saber trabalhar com a sua língua-mãe significa trabalhar com as suas tradições culturais. A partir do momento que o escritor se desenraiza, ele vira uma irrelevância. Vira nada. O que estou falando é uma coisa muito séria. O pessoal vem falar, mas isso é verde-amarelismo babaca, idiota, está superado. Não está. Eu sou escritora. Eu tenho que escrever em português do Brasil. E português do Brasil significa "n" coisas. Significa todas as minhas tradições culturais. Tenho direito a elas e eu as quero.

Atualmente, há muitas pessoas escrevendo e publicando. Às vezes, parece que alguns escritores mais jovens veem a literatura como um mundo de certo *glamour*. Em uma entrevista mais ou menos recente você cita uma frase de Truman Capote: "quando Deus dá um dom dá também um chicote". Que chicote é esse?
Truman Capote também falava: eu sabia, quando comecei a ser escritor, o que está bem escrito. Só comecei a ficar preocupado quando percebi que entre o que está apenas bem escrito e a verdadeira arte há uma diferença sutil, mas incomensurável. Foi aí que o chicote começou a estalar. Entre o que está apenas bem escrito e a grande arte, a diferença é pequena, mas total.

Que parâmetros você usa pra fazer essa distinção?

Os grandes autores, lógico. Basta ler certos trechos de Faulkner, de Shakespeare, de Proust, de Machado de Assis. Aí você sabe a diferença. Isso é tão sutil, mas é a grande arte. E atualmente ela tem sido negligenciada em nome de uma literatura processual. Agora parece que tem mais escritores do que leitores. É o efeito *blog*. Você vai perdendo as estruturas do texto. Mas há também uma instância de poder funcionando pra você desaprender a pensar.

Por outro lado, diante de uma mídia totalmente irresponsável, alguns *blogs*, no meio dessa avalanche, acabam trazendo mais informação interessante do que a própria mídia convencional, você não acha?
É, são os *blogs* e *sites* independentes que ainda nos dão essa abertura para a realidade, para a história, onde a verdadeira história está acontecendo. Porque está cada vez mais difícil descobrir onde está a realidade. E não é na mídia hegemônica.

O que a mídia, junto com o poder econômico, diz hoje é que a história acabou, né?
É, mas não acabou. O que está acabando é o neoliberalismo. Muita gente na União Europeia já está festejando o colapso do neoliberalismo, com a conjunção das três crises: a alimentar, a petrolífera e, agora, a financeira. Porque é isso o que está acontecendo: os ricos cada vez mais ricos, os pobres cada vez mais marginalizados. Isso é terrível. Eu não consigo defender o privilégio. O que está havendo é que os princípios de justiça, verdade, igualdade começaram a sucumbir desde os anos 1980, com a entrada do neoliberalismo Thatcher-Reagan. Tudo isso foi sendo pulverizado por um novo nominalismo. O neoliberalismo tem todo um discurso... Por exemplo: em vez de favelas eles falam sistema de contingenciamento de baixa renda. Eles põem luvas em tudo. Eles mudam as palavras para maquiar os mesmos problemas. É uma batalha discursiva, na verdade. Eles querem vencer pelo discurso.

Há um esvaziamento do discurso?
Sim, esvaziaram o discurso.

E aí o escritor tem um papel fundamental, que é ressignificar a linguagem, não é?
Fundamental. Tem que ressignificar e dar nome aos bois. Por exemplo:

numa cidade como São Paulo, eles querem considerar a grande metrópole somente aqueles setores que aparecem na cidade oficial, globalizada etc. Em vez de ter só ideias fora de lugar, existe um lugar fora das ideias, que é essa cidade que não é contemplada, que é informal, marginalizada. Os ajustes estruturais desestruturaram tudo. Nós não vivemos uma crise. Nós temos um problema estrutural.

Em suas crônicas no *site Congresso em foco* você tem demonstrado crescentes preocupações políticas. Suas crônicas são bastante críticas. Sua revolta é contra o quê?
Contra esse estado de coisas. O Brasil não tem mais orgulho de ser Brasil. Eu vivi um momento em que a música, o teatro, todas as artes estavam criando coisas absolutamente geniais. A gente tinha o Chico, o Caetano, Tom Jobim. E você tem o que hoje? A Ivete Sangalo?

Na mídia. Mas tem muita gente produzindo coisas importantíssimas e elas não aparecem.
Não aparecem.

Você não acha que tem muita gente hoje fazendo obras importantes, críticas e que não ecoam no espaço público? Tenho a impressão de que existe uma lógica perversa: abafam o que está acontecendo de mais interessante e passam a ideia de que o passado, sim, é que era genial. Existe criação crítica, importante, forte. A difusão é que é medíocre.
Difusão medíocre. Perfeito.

No campo da expressão artística, do jornalismo, da difusão de ideias e comportamentos, há uma censura velada? Uma censura de mercado?
Nossa. As pessoas estão defendendo tudo o que é indefensável, e até a despeito delas próprias. Elas não têm consciência disso. Estão fascinadas por um modelo e não conseguem mais enxergar onde estão as verdadeiras bases do indivíduo. Houve uma perda de centro, de orientação. Essa fragmentação faz com que as coisas não sejam mais totalizadas. As pessoas não enxergam mais o conjunto. E não me venha dizer que tudo está muito complexo pra ser entendido. Bobagem. Dá pra totalizar, dá pra compreender e dá pra sintetizar. Essas teorias do fragmento são conversa pra boi dormir.

Nisso, voltamos ao fato de escrever, de produzir signos. Uma coisa é você escrever bem. Outra coisa é você mudar estruturas, não é? Estou falando de estruturas de linguagem.
Sim, a cultura veicula ideologia. E, atualmente, está veiculando a ideologia neoliberal. A cultura virou um grande negócio. Ela está sendo totalmente cooptada pela ideologia de mercado. Perdendo os valores estéticos, humanos. Não só a cultura, mas a ciência também. Os cientistas estão totalmente a serviço do mercado. Existe um nivelamento por baixo de todos os âmbitos dos saberes humanos. Os saberes e os fazeres.

Estamos num período de massacre da individualidade?
Pois é, dizem que não existe o grupo, não existe a sociedade, só existe o indivíduo. Que indivíduo? O consumidor que fica olhando a televisão e se enchendo de besteiras? Isso é pensado justamente pra ser pulverizado, fragmentado, o cara sozinho na casa dele, apavorado, com medo da violência exterior, que ele mesmo está ajudando a criar.

Por um lado, temos uma mídia totalmente voltada para os negócios do livro, não para a literatura. Por outro, uma universidade totalmente incapaz de perceber que a literatura não parou de ser escrita depois de Machado de Assis, Mário de Andrade e Guimarães Rosa. Que efeito isso causa nos escritores e no próprio público?
É terrível. A universidade não se manifesta. Tem toda uma geração de autores aí, importantíssima, seriíssima, que precisava ser estudada. Precisava ser avaliada. A universidade está se omitindo. Por outro lado, os escritores também estão menos agressivos. Estão cobrando menos. Eles teriam que cobrar claramente um posicionamento. Nem que fosse pela internet. Pelos *blogs*. Vocês não vão falar? Nós estamos esperando. Esse silêncio dos escritores perante o estado de coisas a que eles são submetidos faz com que as coisas sejam cada vez piores para eles.

Também não estão faltando editores de verdade? Hoje, parece que a maioria dos editores está no ramo de livros, mas poderia estar em qualquer outro ramo de negócios, tipo *chip* de computador ou pneus de caminhões. Não tem um pouco disso, também?
Sim. Os editores preocupados com a literatura brasileira, isso está dimi-

nuindo cada vez mais. Mas ainda tem. Tem uma Luciana Villas-Boas, um Sérgio Machado, um Paulo Roberto Pires. Tem alguns editores ainda preocupados. Mas acho que essa ação mais agressiva, mais afirmativa, teria que ser nossa. E aí também se complica, porque a mídia não está favorecendo. Mas a gente pode fazer todo um movimento, independentemente disso. Não pode ficar sozinho. É isso que está faltando para o autor brasileiro: ele se unir e chegar a um acordo de que precisa ter espaço, de que a voz dele precisa ser ouvida, de que a universidade precisa falar sobre ele e de que os editores precisam dar uma atenção especial a ele. Isso é fundamental. O projeto estético de uma nação é fundamental para que ela continue como nação. Como país. Não como um supermercado.

Revista Coyote *n. 18, primavera de 2008*

Luis Fernando Verissimo:
"Minha vocação é a preguiça"

Pode parecer incrível, mas Luis Fernando Verissimo tem certeza de que sua verdadeira vocação é a vagabundagem. Escritor com mais de cinquenta livros publicados, criador de personagens memoráveis do humor brasileiro, como a velhinha de Taubaté, o analista de Bagé, as cobras, a família Brasil, Ed Mort, e um dos melhores e mais requisitados cronistas da atualidade, surpreendentemente diz que, se pudesse, não faria absolutamente nada. Seria um perfeito preguiçoso. Ou trocaria sem remorsos a profissão de jornalista e escritor pelos encantos da música – além de tudo isso, ele é também saxofonista da banda Jazz 6, que se apresenta toda semana no café da Casa de Cultura Mario Quintana, em Porto Alegre.

As paredes da sala onde mora estão repletas de quadros. Boa parte da coleção pertenceu ao escritor Erico Verissimo. A casa também. Ali, no bucólico bairro de Petrópolis, em Porto Alegre, Luis Fernando se criou e criou seus três filhos. Homem cosmopolita, que já morou na Califórnia, Paris e Roma, é para aquele confortável casarão, herança do pai, que ele sempre volta. De lá, dispara diariamente uma bateria de crônicas publicadas em alguns dos principais jornais do Brasil, e escreve seus livros, que normalmente vão direto para as listas dos mais vendidos.

Para esse gaúcho de Porto Alegre (1936), até mesmo a definição do que seria na vida veio tarde. Somente aos 30 anos de idade foi parar no jornalismo, depois de muitos biscates como tradutor e publicitário. Assim mesmo, assumiu o apagado posto de copidesque do jornal *Zero Hora*, passando rapidamente para redator, editor nacional e, depois, internacional. A carreira de cronista começou somente em 1975, quando já estava à beira dos 40 anos de idade. Dois anos antes publicou o primeiro livro, *O popular*. Não parou mais.

Ao longo das décadas seguintes publicou os volumes de contos e crônicas *A grande mulher nua* (1975), *O rei do rock* (1978), *Ed Mort e outras histórias* (1979), *O gigolô das palavras* (1982), e *Comédias da vida pública* (1995), os romances *O jardim do diabo* (1987) e *O clube dos anjos* (1998), e os quadrinhos *As cobras* (1975), *Aventuras da família Brasil* (1985), *Ed Mort em Procurando o Silva* (com Miguel Paiva, 1985), e *As cobras em Se Deus existe que eu seja atingido por um raio* (1990), entre outros de uma extensa lista. Escreveu ainda roteiros para a TV Globo, nas séries *Planeta dos homens* e *Comédias da vida privada*.

Com tamanha produção, Verissimo, porém, parece não levar nada muito a sério. Perguntado se tem alguma ambição literária, foi claro e objetivo: nenhuma.

* * *

Quando disse aos editores da Revista dos Bancários, *para a qual eu estava "frilando" em finais da década de 1990, que iria a Porto Alegre e tentaria entrevistar Luis Fernando Verissimo, eles me olharam com uma risadinha de canto de boca. Avesso a entrevistas, lacônico demais, tímido ao extremo, quase não fala – era o que todos diziam. Porém, quando liguei para sua casa e disse para sua esposa, Lúcia, que queria entrevistá-lo para uma revista sindical, depois de um breve silêncio (em que o consultou) ela voltou ao telefone e disse: "Tudo bem, você quer vir aqui amanhã?".*
A entrevista foi gravada em sua casa no inverno de 1999 e saiu publicada com o título "O inimigo do rei". Fernando Henrique Cardoso estava em seu segundo mandato como presidente da República, e Verissimo era um dos seus críticos mais implacáveis nas páginas da imprensa. Quase uma exceção dentro do "encantamento" dos jornalistas com o governo neoliberal daqueles anos. Tanto que o

então presidente chegou a declarar publicamente: "dos Verissimos, só leio o pai". Metade da conversa era sobre o governo FHC e o contexto político daqueles anos, o que acabou ficando um pouco datado. Optei por cortar grande parte e alterar o título, mas mantive um trecho – afinal, se refere a um momento da história recente do país.

Nos anos seguintes, Verissimo publicou muitos outros livros, ultrapassando a marca dos setenta, entre eles As mentiras que os homens contam, Borges e os orangotangos eternos *(ambos em 2000)*, Banquete com os deuses *(2002)*, A mancha, O opositor *(ambos em 2004)*, A décima segunda noite *(2006)* e Os espiões *(2009)*.

* * *

Você começou a escrever com 30 anos de idade. Por que tão tarde?
Porque somente com 30 anos eu comecei a trabalhar em jornal, no *Zero Hora*, de Porto Alegre. Até então nunca tinha escrito nada, a não ser umas traduções do inglês para o português. Tinha tentado várias outras coisas que não deram certo. Estava morando há quatro anos no Rio de Janeiro, casei, minha primeira filha nasceu. Como estava sem nenhuma perspectiva, voltei para a casa do meu pai, em Porto Alegre. Naquela época, 1966, não precisava de diploma para ser jornalista. Quando comecei a trabalhar em jornal foi que descobri que tinha vocação pra escrever. Foi um acidente.

E você vinha de um ambiente literário, o pai escritor...
É, acontece obviamente um condicionamento inconsciente. Mas eu não tinha nenhuma ideia de que seria um escritor.

Antes de começar a escrever, morando no Rio, o que você fazia?
Fiz de tudo. Trabalhei com um americano maluco, que estava no Brasil fugido dos Estados Unidos. Trabalhei com ele fazendo traduções, trabalhei como intérprete. Tentei várias coisas. Tentei o comércio. Tinha uma ideia de fazer um catálogo de produtos brasileiros para exportação, através de mala direta. Mas nada deu certo. Então, resolvi voltar para a casa do meu pai, sem nenhuma perspectiva, sem nenhuma vocação aparente.

Você tinha um diploma universitário, alguma profissão?
Não me formei em nada. Sempre fui um péssimo aluno, um vagabundo.

Pelo menos gosto pela leitura, sendo filho de escritor, você possuía?
Sempre tive gosto pela leitura, desde garoto. Mas livro, mesmo, comecei um pouco tarde. Gostava de ler histórias em quadrinhos.

Que histórias?
Flash Gordon, Batman. Daí evoluí para livros de aventuras. E, por viver numa casa em que o livro era uma coisa importante, acabei me tornando um leitor voraz. Lia de tudo.

Quais eram as preferências? Muita literatura americana?
É. Nós vivemos um tempo nos Estados Unidos. A primeira vez que fomos pra lá eu tinha 6 anos de idade. Foi no tempo da Segunda Guerra. Meu pai foi lecionar na Universidade da Califórnia. A segunda vez nós fomos pra Washington. Eu tinha 16 anos. Moramos quatro anos em Washington, também em função do trabalho do meu pai. Naturalmente, tive uma aproximação com a cultura americana, com a música, a literatura.

Que autores ajudaram a definir o seu estilo?
Não sei se teve um que foi uma influência maior. Gostava dos cronistas brasileiros, Rubem Braga, Paulo Mendes Campos, Antônio Maria, Fernando Sabino, e o pessoal americano, Woody Allen.

E Nelson Rodrigues?
Eu gostava muito do Nelson Rodrigues. Na época em que morei no Rio, Nelson Rodrigues era leitura obrigatória – escrevendo, sobretudo, de futebol.

Nelson Rodrigues, Rubem Braga, Paulo Mendes Campos são cronistas de um momento da imprensa bem diferente do atual. Existe uma grande diferença de estilo e de contexto?
Acho que sim. A crônica do Rubem Braga, por exemplo, era muito lírica, impressionista, com um certo despojamento. Esse tipo de crônica não existe mais. Paulo Mendes Campos era uma coisa com outras pretensões, mais literária mesmo. Também não se faz muito. Prevaleceu mais o estilo de um

Antônio Maria. Mas também não é bem o que se faz hoje. Não sei por quê. O país mudou. A crônica não é mais o que era. Não sei se melhorou ou não. Hoje tem que ser uma coisa mais factual, mais em cima da realidade, mais crítica, não tão lírica, nem tão literária.

Mas eu me recordo de uma crônica sua a partir de uma foto do Frank Sinatra com um trenzinho de brinquedo. Tinha um tom bastante lírico.
Às vezes a gente parte de um fato aleatório e constrói todo um pensamento. Se não me engano, eu tinha visto uma entrevista dele na televisão em que ele mostrava a casa dele, e tinha um monte de trens de brinquedo. E tinha uma frase colada na parede que achei interessante: "Ganha quem morre com mais brinquedos". Uma explicação da vida, engraçada. A gente acumula coisas, sabendo que vai morrer. Mas... "ganha quem morre com mais brinquedos".

Você utiliza bastante a técnica de diálogos nos seus textos. Há críticos que dizem que o diálogo é a forma mais fácil de escrever. O que acha disso?
Ao mesmo tempo que é fácil, porque poupa tempo – o diálogo enche mais espaço do que o texto compacto –, é também um desafio. Na crônica que tento fazer, procuro, através do diálogo, dar a ideia de toda uma situação. Em vez de descrever onde é que a pessoa está, que tipo de pessoa é, tento dar uma ideia, só através do diálogo, do mundo que a cerca. Quem são aquelas pessoas, o que está se passando com elas? Isso é difícil de fazer. É muito difícil também fazer um diálogo natural. As pessoas normalmente falam errado. Quando você vai escrever, não pode falar muito errado. Tem que manter uma certa convenção e fazer com que fique uma coisa natural.

Esse teu estilo de escrever com diálogos tem a ver com o cinema americano?
Não acho que seja uma coisa muito cinematográfica, não. Não sei se tem ligação. É mais um gosto pelo diálogo como um estilo literário mesmo. Vem mais da leitura do que propriamente do cinema.

O diálogo é uma forma que facilita para o humor?
Acho que sim. O melhor humor é aquele em que o autor mantém certa

distância. O autor não deve escrever engraçado, deve inventar situações engraçadas, mas ele mesmo mantém certa neutralidade. Quando você usa um diálogo está usando personagens, e o autor interfere o mínimo possível. É mais fácil manter essa distância.

Você escreve muito, para *O Globo*, *Zero Hora*, *Caros Amigos*, *Estadão*, *Bundas*. Você é daqueles escritores que só funcionam sob pressão?
Sou muito desorganizado, não tenho uma rotina certa de trabalho. Então, vivo em função do prazo. Essa cobrança, de certa maneira, facilita. Se eu fosse uma pessoa mais organizada, menos preguiçosa...

Preguiçoso?
Sou. Digo que sou o preguiçoso que mais trabalha. Talvez, se não tivesse essa pressão, eu não produziria. Ficaria na cama, ficaria lendo.

Você não tem uma disciplina diária?
Mais ou menos. Trabalho o dia inteiro. Começo mais ou menos na mesma hora. Mas não é uma coisa que consiga manter rigidamente. E tem aquele vício de jornalista: quando a gente tem tempo pra fazer as coisas, acaba não aproveitando, deixa sempre pra última hora. Isso acontece muito. Esse livro que escrevi para a coleção Pecados Capitais (*O clube dos anjos*), eu tive quase dois anos e acabei escrevendo em poucas semanas. Estava em cima do prazo, não podia mais dar desculpas.

Quantas semanas?
Uns dois meses.

Antes disso não tinha escrito nada?
Nada. Só dava desculpas.

Pela quantidade da tua produção, dá a impressão de que você está atento o tempo todo. Você costuma andar pelas ruas e observar o que as pessoas estão falando? Ou os seus assuntos vêm dos jornais?
Principalmente do jornal. Em função do próprio volume de trabalho, vivo meio enfurnado dentro de casa. Mas durante muito tempo trabalhei em redações, e esse convívio é uma coisa que faz falta. Ao mesmo tempo que é

uma conquista a gente conseguir trabalhar em casa, tem esse lado negativo, de perder esse convívio, que eu acho importante.

Mas as suas andanças pela cidade acabam também se transformando em material para as crônicas?
A crônica pode partir de qualquer coisa. Uma frase que a gente ouve na rua, ou numa reunião de família. Alguém diz uma frase que detona um processo de criação que vai acabar numa crônica. Mas varia muito. Às vezes tem um assunto obrigatório que precisa comentar, está no ar, todo mundo está falando. A gente quase que se obriga a falar sobre aquilo. Ou então, quando não tem nada, a gente parte para a ficção pura.

No mundo atual não falta muito assunto para as crônicas, falta?
Assunto é o que não falta. É verdade.

Você é um observador atento?
Procuro ser atento sempre. Uma qualidade que tenho é a curiosidade. Sou muito curioso, sobre vários assuntos. Não chego a me aprofundar muito em quase nenhum, mas gosto de estar aprendendo sempre. Ao mesmo tempo, sou bastante distraído. Uma coisa que não funciona pra mim é ter uma ideia agora e tentar lembrar dela mais tarde pra usar numa crônica. Essa ideia que eu tenho agora fatalmente vou esquecer antes de chegar no computador. Já tentei tomar nota das ideias que eu tinha, também não funcionou. Sempre tenho a sensação de que as melhores ideias são aquelas que a gente esquece.

No teu caso o texto surge no momento em que você senta na frente do computador?
É. É possível que exista um processo inconsciente ou subconsciente de, sem saber, estar pensando no que vai escrever. Mas tenho consciência do que vou escrever só quando chego na frente do teclado.

Acontece de você estar na frente do computador, tendo que entregar um texto dentro de quinze minutos, e dar um branco?
Ah, sim. Já aconteceu muito. E a gente não pode mais usar aquele truque, que já está manjado, de escrever sobre a falta de assunto.

Você tem também uma ligação com o cartum. Como é essa relação entre a linguagem escrita e a linguagem do cartum?
O cartum é uma coisa mais fácil de fazer, no sentido da mão de obra – especialmente esse tipo de desenho que eu faço, muito rudimentar, uma linha muito simples –, mas é mais difícil porque o cartum e a charge, principalmente, não podem se explicar. Ou a pessoa entende o que está ali ou não entende. No texto você tem todos os recursos para desenvolver uma ideia e acaba sempre sendo compreendido.

Cartum tem que ser muito sintético.
Exatamente. Tem que dar o recado rapidamente. Eu gosto muito. Esse pessoal de São Paulo, o Angeli, o Laerte, principalmente, gosto muito. Acho o Laerte o grande humorista brasileiro. O Glauco é muito bom também. E o Adão Iturrusgarai, que é aqui do Sul.

Você escreveu muito para a televisão. É mais prazeroso escrever para jornal ou para TV?
A grande diferença é que, na televisão, você é parte de uma equipe. Seu texto nunca vai aparecer exatamente como você escreveu. Às vezes o mais importante é a interpretação e todos os outros componentes. Quando você está escrevendo uma crônica, um trabalho solitário, tem todos os recursos ali a seu dispor. Às vezes até numa troca de parágrafos você consegue um efeito. Escrevendo para ser interpretado por alguém, você não tem esse controle. Gosto de trabalhar em equipe, mas tenho mais prazer escrevendo sozinho.

Escrevendo para a televisão, tem que criar mais filtros de autocensura?
Não, a gente tem sempre que pensar que aquilo é parte de um todo, um trabalho de equipe. Você está escrevendo pra ser interpretado. Tem que pensar sempre em função da interpretação. Escrever para a televisão acaba com qualquer tipo de vaidade autoral. Você sabe que seu texto vai ser mexido.

Normalmente é mexido?
Normalmente. E a própria interpretação, às vezes, muda tudo. Sua intenção não é aquela, o ator entendeu de outra maneira.

Você disse numa entrevista que seu texto está mais para o entretenimento do que para a literatura. É falsa modéstia ou pensa isso mesmo?
Não acho que o que escrevo tenha algum valor literário. Não pretende ter. O que pretendo é ser lido, ser entendido, ser claro e, de alguma maneira, ser uma leitura atraente. Mas não tenho uma coisa muito profunda, muito rebuscada. Não é falsa modéstia, não. É o que eu penso mesmo.

Não tem essa ambição de ser reconhecido como um escritor?
Não, não. E isso na verdade não depende da gente. Toda a avaliação que a pessoa faz de si mesma é uma avaliação viciada. Todo mundo se admira e se ama. Mas essa avaliação é uma preocupação que a gente não deve ter. Quem a faz são os outros. Tem que ser realista e saber que o que a gente pensa não tem tanta importância.

Nos primeiros momentos do governo Fernando Henrique Cardoso, poucos jornalistas assumiram uma posição crítica: Janio de Freitas, Aloysio Biondi e você. A imprensa se encantou com Fernando Henrique ou estava bastante adaptada ao modelo político neoliberal?
As duas coisas. A grande imprensa, que pertence a grandes empresas, está engajada nessa ideia do liberalismo, da abertura do mercado e tudo o mais. Ao mesmo tempo, Fernando Henrique é uma pessoa atraente, com o qual, eu imagino, muitos dos editores se identificavam. Quem começou a criticar desde o começo começou desde a campanha, das alianças que ele fez. Dava pra ver que tipo de governo ele ia fazer.

Agora a imprensa está um pouco mais crítica, mas até certo momento houve uma espécie de pacto com Fernando Henrique...
Era pensamento único mesmo. Tinha pouca gente escrevendo contra.

Você acha que o termo "ditadura econômica" é pesado demais ou é apropriado para esse momento? Temos uma margem enorme de excluídos.
Obviamente existe uma ditadura de um modelo que foi escolhido. É claro que esse modelo pode ser defendido, inclusive é defendido. Dizem que o caminho é esse, tem que ter certa instabilidade por algum tempo para eventualmente vir um desenvolvimento para se criar emprego e tudo o

mais. Mas o Brasil é um país que não tem como esperar que as coisas aconteçam lá pra frente. Nós temos uma emergência social agora, uma coisa aguda.

Liberdades políticas nós temos. Mas que liberdade existe de fato a partir do momento em que você é um desempregado, sem opção nenhuma?
Democracia formal existe, mas democracia econômica, cada vez menos.

Que papel a imprensa tem nesse processo todo?
A grande imprensa pertence a grandes empresas, e elas têm uma agenda política que coincide com a agenda política dominante. Há certa reação de setores, como o setor industrial paulista, que reclama dos juros altos, da falta de mercado, mas os interesses do sistema financeiro predominam e, para ele, interessa manter esse sistema.

Você ressuscitou a velhinha de Taubaté recentemente. Por quê? Existe novamente um contexto de falta de credibilidade do governo?
Existe. A velhinha de Taubaté nasceu na época do *(João Batista)* Figueiredo. Ninguém acreditava mais no governo. As últimas pesquisas de opinião mostram que a credibilidade do atual governo também está caindo. Então, ressuscitei a velhinha, que tem tradição de acreditar em tudo.

Entre o contexto da década de *(19)*80 e este em que estamos vivendo agora, que faz você ressuscitar a velhinha, a única coisa em comum seria a falta de credibilidade do governo? Ou há outras razões?
Naquela época estava chegando ao fim todo um sistema de ideias, dos militares. O Figueiredo foi o último presidente militar. Talvez também esse modelo esteja chegando ao fim. Talvez a velhinha reapareça no fim de uma era. Tomara que seja isso.

Como você recebeu aquela declaração do Fernando Henrique de que, dos Verissimos, ele só lia o pai?
Tudo bem. Imagino que ele não deve mesmo gostar do que escrevo. Não tem problema.

A avalanche de informações dos meios de comunicação de massa, e a

maneira como os fatos são colocados, não faz com que as pessoas se sintam incapazes de influir nessa realidade?
Exato. E esse negócio da globalização também. Essa ideia de que as decisões não são mais nem da gente individualmente nem da gente como país.

Passam a visão de que a história se move independente das pessoas?
Independente. Como se as pessoas estivessem indo atrás.

Os assuntos políticos ocupam bastante espaço nas suas crônicas. Isso enche o saco? Você gostaria de escrever sobre outras coisas?
Quando a gente começa a fazer comentário político não dá pra parar. Como é que você vai explicar pra você mesmo que até certa altura comentou a política do país, dando seu palpite, e de repente você enche disso e para de falar? Tem que manter uma coerência. Já que começou a fazer esse tipo de comentário, então, tem que ir adiante. Mas ao mesmo tempo a gente se preocupa se o leitor vai se chatear. A gente deve dosar. Ao mesmo tempo que tem a obrigação de dar o seu testemunho sobre o tempo que você está vivendo, sobre a política do seu país, é preciso também ser uma leitura atraente, para não espantar o leitor. Não é fácil manter esse equilíbrio. Não sei se consigo manter. Procuro não deixar o texto rancoroso, ou indignado. É preciso manter o bom humor, pelo menos.

Revista dos Bancários *n. 47, agosto de 1999*

Arrigo Barnabé
e seu atonalismo radical

O compositor Arrigo Barnabé, paranaense de Londrina (1951), é um divisor de águas na música brasileira. Seu disco *Clara Crocodilo* (1980), com uma fusão inesperada de atonalismo, *rock'n'roll*, narrativas de programas policiais radiofônicos e personagens absolutamente marginais, inspirados nas histórias em quadrinhos, assombrou o cenário artístico e se alastrou como um incêndio. Conhecido primeiro através dos festivais da TV Cultura e da extinta Tupi, não havia nada tão inovador no panorama (nem houve depois) quanto o compositor e seu monstro mutante, metade humano, metade crocodilo.

A música-título narra a saga de um *office-boy* (Durango) que, ao ver sua antiga namoradinha na televisão – uma simples caixa de supermercado, agora uma estrela famosa –, resolve se submeter a uma experiência de um laboratório multinacional, para ganhar um bom dinheiro, mas acaba transformado no terrível monstro Clara Crocodilo, por obra de uma injeção aplicada por uma enfermeira gostosa. Abominado por todos, caçado como um perigoso marginal, delinquente, facínora e inimigo público número 1, ele se refugia no interior de um labirinto sonoro e acaba despertado por um incauto ouvinte que coloca na vitrola um velho disco que encontrara num sebo, vinte anos depois, na noite de 31 de dezembro de 1999.

Além da fusão de música de vanguarda erudita com *rock* pesado, as narrativas de Arrigo mostravam influências explícitas dos quadrinhos e do cinema não apenas na constituição de seus personagens, mas no próprio andamento do texto – com enquadramentos, *closes* e panorâmicas. Como se a câmera de um cineasta alucinado se deslocasse pelo centro sórdido de uma grande cidade, com suas boates de *striptease*, putas com calcinha imitando pele de leopardo e boyzinhos sacanas viciados em pistas de autorama.

No início da década de *(19)*80 não se falava em outra coisa. A grande novidade era Arrigo e, também, Itamar Assumpção, parceiro e amigo de longa data, que lançou seu primeiro disco, *Beleléu*, no mesmo ano. Seus *shows* lotavam teatros em São Paulo e no Rio de Janeiro; porém, a estranheza de sua música parecia algo ousado demais para a indústria fonográfica, cada vez mais interessada em grandes lucros, e para o nível decrescente da programação das emissoras de rádio e televisão.

Com cinco discos gravados e seis trilhas sonoras para o cinema (cinco delas premiadas), Arrigo tem uma trajetória artística marcada pela intensa inventividade em um período de estrangulamento da música pela mídia eletrônica. Depois do reconhecimento internacional com o álbum *Tubarões voadores* – eleito pela revista francesa *Jazz Hot* como um dos dez melhores do mundo, em 1984, ao lado de *You're under arrest*, de Miles Davis, e *Domino Theory*, do Wheather Report – e da trilha sonora do filme *Cidade oculta* (1986), com seus cenários futuristas e personagens do submundo, conheceu um relativo sucesso comercial com as bossas, *raps* e canções do disco *Suspeito* (1987). Parte da crítica e do seu público fiel, contudo, apontou uma tentativa de entrar no circuito de consumo em troca de uma diluição da linguagem mais radical que aparecia nos seus primeiros trabalhos. "Embora goste das canções que compus naquele período, eu detestava quando tinha que fazer programa de televisão dublando minhas músicas", revela. "Aquilo era uma tortura, cara, que vergonha que eu passava fazendo aquele negócio. Mas tinha que fazer, senão a gravadora diz que você é rebelde, que não quer trabalhar. Mas não tenho mais saco, sinceramente."

Desde o lançamento de *Façanhas* (1992), o compositor deixou de escrever canções e voltou-se totalmente para a música erudita. No final de 1994, apresentou no Memorial da América Latina (São Paulo) um concerto para orquestra sinfônica, quarteto de cordas e banda de *rock*, executado pela Jazz Sinfônica, pelo Quarteto de Cordas da Cidade de São Paulo e pela Patife Band. Na sequência, escreveu mais duas peças para dois pianos e três percussionistas. "A música popular não tem me estimulado", afirma. "Acho que existe uma acomodação na cena musical, o que não quer dizer que não exista qualidade. Minha atenção está voltada para outro lado."

Profundo conhecedor de música, apaixonado por literatura e histórias em quadrinhos, com uma sólida bagagem cultural, Arrigo trafega numa frequência única dentro da música brasileira atual. Suas composições estranhas, repletas de informações "eruditas", mas com letras que narram a saga de consumistas compulsivos (Kid Supérfluo e Dolores Descartável), androides perdidos em cidades sem céu e sem ar, ou heroínas do submundo (Shirley Sombra), continuam reluzindo como uma grande radicalização estética. Como ele mesmo diz, lembrando declarações do poeta João Cabral de Melo Neto, sua obra é um "afluente sem afluentes", não tem seguidores. Até porque, diga-se, segui-lo nesse intrincado labirinto de sons não é tarefa das mais fáceis.

Nesta entrevista o compositor refaz os passos da sua carreira, explica por que tomou certos rumos e, sobretudo, mostra com serenidade e aguda consciência os motivos que levam as experiências artísticas mais criativas a enfrentar dificuldades gigantescas no Brasil.

* * *

Quando esta entrevista foi gravada, na primavera de 1996, Arrigo compunha a ópera O homem dos crocodilos *com o poeta argentino Alberto Muñoz, apresentada somente em 2001 e jamais gravada em disco. O título se refere ao famoso caso analisado por Freud, que acabou conhecido como "O homem dos lobos". O projeto retomava o atonalismo radical dos primeiros discos (assim como* Gigante negão, *apresentado em 1990, mas só lançado em disco em 1998). Arrigo estava sem gravar havia quatro anos, contudo vivia uma fase de intensa criatividade. Acabara de compor a trilha sonora do filme* Ed Mort, *do diretor Alain Fresnot, e escrevia uma série de pequenas peças, uma delas para piano solo e voz, em que utilizava o poema "Buffalo Bill", do poeta norte-americano e. e. cummings, e outra para orquestra e voz, baseada em trecho do* Fausto de Goethe, *traduzido por Haroldo de Campos. Nos anos seguintes, ele lançaria ainda* A saga de Clara Crocrodilo *(1999, regravação do disco original, com formação mais* orquestral), Missa in memoriam Arthur Bispo do Rosário *(2004)* e Missa in memoriam a Itamar Assumpção *(2007)*, e apresentaria o show Caixa de ódio, *com músicas de Lupicínio Rodrigues.*

Voltei a entrevistá-lo em outubro de 2000, quando preparava o lançamento em CD *do primeiro disco* Clara Crocodilo *(até então só havia a edição em vinil, completamente esgotada e fora de catálogo). A profecia finalmente se cumpria: o monstro estava de volta às ruas, no limiar do terceiro milênio.*

* * *

Nos últimos anos você se retirou do cenário da música mais popular e andou escrevendo composições para orquestra, quarteto de cordas, duo de piano. Por quê?
Olha, não me satisfaço com as coisas que estou ouvindo na música popular. Talvez pareça meio leviano dizer isso, mas tenho a impressão de um negócio meio *kitsch* na música popular, uma coisa meio falsa. Não sei teorizar sobre isso, mas neste momento da minha vida não tenho muito interesse. Não tem nada que me motive muito.

Isso não teria a ver com uma sensação de acomodação na música popular, talvez até por fortes questões de mercado?
Acho que sim. Ficou meio acomodado, mas isso não quer dizer que não exista qualidade. Não estou em nenhum momento dizendo que não há qualidade. Estou falando uma coisa mais profunda. Não estou questionando o aspecto da competência, o lado profissional. Estou falando de um negócio mais na raiz. Estou falando de beleza, de contribuições musicais.

Agora, a beleza de que você está falando provavelmente tem pouco a ver com os conceitos clássicos de beleza, não é? Porque a sua música, segundo esses conceitos, não é nada "bela".
Não, não. Para esses conceitos, o *Pierrot Lunaire*, do Schoenberg, não é belo. Não estou falando disso. Estou falando do que é belo para o homem do século XX. Essa é uma discussão que também não me sinto aparelhado para fazer. Digo apenas que algumas pessoas te levam mais para a beleza. Há coisas

mais essenciais. Nesse sentido, tenho me afastado da música popular. Não sinto isso na música popular. Sinto em algumas coisas, Pixinguinha, Tom Jobim.

Você deixou de compor canções como aquelas do disco *Suspeito*?
Nos meus *shows* solo continuo cantando canções como "Suspeito", "O dedo de Deus", "So cool". Gosto de cantá-las, tenho prazer nisso, são canções benfeitas. Mas não tenho mais saco pra compor novas canções. Estou com a atenção voltada pra outro lado.

Você não tem vontade de fazer um disco com novas canções?
Puxa, isso me faz falta porque é o jeito de ganhar dinheiro, sabe? O disco vai para o rádio, toca um pouquinho, sai uma crítica num jornal, te chamam mais para fazer *shows*. Por menos que toque, sempre é um gancho para fazer *show*. E com música erudita é muito difícil. Pra fazer um *show* com uma orquestra é um inferno.

Houve um período em que você declarou que tinha interesse em fazer canções, em entrar no circuito de consumo. Seu disco mais recente, *Façanhas*, tem algumas canções, mas boa parte das músicas é mais estranha, provocativa, evoca seu primeiro disco, o *Clara Crocodilo*. Não houve certa hesitação entre assumir o lado mais radical e, por sua vez, diluir mais sua linguagem para atingir uma faixa de consumo maior?
Sem dúvida *Clara Crocodilo* é o meu melhor disco. Ele tem uma unidade. Foram oito anos de composição. Todas as músicas foram feitas com um propósito: romper com uma tradição.

Qual tradição?
Com uma tradição tonal. E também com essa coisa bem-comportada nas letras de música. Uma coisa de você se permitir colocar uma locução de rádio no meio da narração e usar compassos completamente diferentes, que não eram usados em música popular. *Clara Crocodilo* é um disco de ruptura com o que estava acontecendo na música brasileira e até mesmo com as coisas que estavam sendo feitas pelo Caetano Veloso, Gilberto Gil, Chico Buarque, Milton Nascimento. Era um negócio completamente diferente, não havia referências. No máximo, podia-se olhar para os arranjos que os maestros –

que eram compositores de música erudita contemporânea – fizeram para os tropicalistas. Não se tinha referência mesmo. Era uma coisa muito ligada com a música erudita.

E por que você foi dissolvendo esse radicalismo, de disco para disco? Por que não continuar desenvolvendo sua música a partir do *Clara*?
Porque é uma coisa meio biográfica. Quando fiz *Clara Crocodilo* tive que viver uma vida quase monástica. Estudava na USP, não tinha dinheiro para ir a *shows*, para comprar livros, nem discos. Ficava na USP trabalhando o dia inteiro. Não tinha piano em casa, pra você ter uma ideia. A partir do momento em que comecei a ficar conhecido, tinha que fazer carreira, tinha que começar a ganhar dinheiro. Com uma banda de 15 músicos não tinha como ganhar dinheiro. Além disso, não tinha como trabalhar no rádio e na televisão. Porque eu fazia um *show* onde eu não cantava, quem cantava eram as cantoras. E no Brasil você tem que ser cantor.

Mas o canto, no *Clara Crocodilo*, também já é outro canto, não é?
Claro, e eu nunca iria conseguir cantar as melodias que fazia.

Mas você também canta no disco.
Faço intervenções. Dependo das cantoras. No *Tubarões voadores* reduzi a banda para sete pessoas. Assim mesmo, não conseguia trabalhar. Sem entrar no mercado, como é que vou fazer? Vou parar. Então, comecei a me preocupar com esse tipo de coisa. Não sabia fazer isso, tive que aprender. Na época do *Tubarões* lotava o SESC toda noite. Mesmo assim, não conseguia ganhar dinheiro. Porque tinha um cenário enorme, havia um Maverick em cima do palco, dois contrarregras. Era um absurdo. Os *shows* estavam sempre lotados, mas eu não conseguia ganhar praticamente nada. Tinha que pagar músicos, não tinha patrocínio. Não podia cobrar muito caro os ingressos. Meu público não é o mesmo que vai no Palace *(grande casa de* shows *da época)*, põe uma garrafa de uísque em cima da mesa e vai para ver os caras que já estão consagrados. Meu público não tinha poder aquisitivo muito alto, eram estudantes, um pessoal muito duro. Tem uma série de coisas, está entendendo? Por isso acabei simplificando um pouco minhas músicas. Até pra que eu pudesse cantá-las sozinho. Assim, podia sair viajando pelo Brasil, fazendo *shows*.

Antes do disco *Façanhas*, você montou uma ópera atonal, o *Gigante negão*, isso em 1990. Isso indicava uma retomada do seu trabalho mais radical.
Sim, fiz o *Gigante negão*. Perdi 15 mil dólares. Tive que sair trabalhando pra pagar a dívida. Isso para três apresentações no Palace. Dava pra fazer antes, na época do *Clara Crocodilo*, porque todo mundo era novo, os músicos estavam começando, tocavam de graça, não se importavam. Agora, não é mais possível manter uma estrutura assim. Não consegui patrocínio nenhum para montar o *Gigante negão*. Não consegui nem projetor de *slides* da Fotoptica, imagina, os caras não quiseram me emprestar. Tive que fazer tudo do meu bolso.

Quando vi *Gigante negão* tive a nítida impressão de que é aquilo que você gosta de fazer.
Claro que o trabalho musicalmente mais elaborado, mais erudito, me dá muito mais satisfação. Mas isso depende de outras condições de que preciso pra poder trabalhar. Pra fazer isso tenho que ficar um dia inteiro pra escrever um compasso. Fico das sete da manhã às duas da madrugada para escrever um compasso e, no dia seguinte, se não gostar, apago tudo e começo de novo. É preciso ter certa tranquilidade para realizar esse trabalho e eu não tenho condições, aqui no Brasil. Quando fiz o *Gigante negão*, tinha uma grana, não estava preocupado com a grana do aluguel, nem nada. Trabalhei durante três meses, das sete da manhã às onze da noite, sem sábado nem domingo. Agora, você trabalha pra chuchu, faz o negócio e perde 15 mil dólares!

Você tem ressentimento com essas coisas?
Não se trata de ressentimento; é a realidade em que a gente vive. Mas nunca mais vou fazer uma coisa dessas. Vou compor, mas não me meto a produzir, pagar do meu bolso, jamais na minha vida. Nunca mais.

Quando *Clara Crocodilo* saiu, teve uma grande repercussão. *Tubarões voadores* também. Mas nada disso foi assumido pela mídia, talvez até pelo próprio meio artístico. Não é terrível isso?
Olha, nos *shows* eu toco *Clara Crocodilo* e as pessoas adoram. Gente que nunca ouviu antes. Muitas me perguntam: onde posso encontrar esse disco? Respondo: só encontra em sebo, porque o disco está fora de catálogo. As pessoas curtem mesmo, sei disso.

Quando o tropicalismo foi lançado muita gente saiu em defesa, levando aquela novidade adiante. Com relação ao seu trabalho e ao do Itamar Assumpção, houve também aquela repercussão inicial. E por que não tomou proporções maiores, como aconteceu com os tropicalistas?
A situação era completamente diferente. Primeiro, eles tinham as cantoras. Tinha a Gal Costa, a Maria Bethânia, a Nara Leão, cantoras que tinham penetração no mercado e estavam toda hora gravando música deste ou daquele compositor. Quando a gente apareceu não tinha ninguém da nossa turma que tivesse isso. Quem poderia ter pintado era a Tetê *(Espíndola)*, mas acabou não acontecendo. É verdade que a Elis *(Regina)* se interessou, queria gravar uma música minha. A Gal gravou "Bem bom". Mas a Gal e a Elis são de uma outra época, a turma delas é outra, estão ligadas a outras pessoas. Nós estávamos num período muito difícil de entrar no mercado. O tropicalismo, por mais elitista que tenha sido – elitista que eu digo, mais complicado, diferente –, ele tinha um programa na maior emissora de televisão. Um programa só deles. Quer dizer, isso já é uma divulgação que você não imagina que a gente venha a ter. É a mesma coisa que a Globo, em 1980, lançar um programa semanal comigo, Itamar Assumpção, Premeditando o Breque. Isso não aconteceu com a gente. Pegamos um período de massificação muito maior, de massificação brutal.

Mas a sua presença na música brasileira é inegável, não?
Não tem jeito, você acaba sendo reconhecido se tem um trabalho bom. Hoje sou bem reconhecido no Brasil. As pessoas me respeitam pra chuchu. Não tenho muito esse problema, é uma escola mesmo, você tem que ir aprendendo a se colocar. No começo eu achava que era só sair com o disco e não teria mais preocupações. Quando escutei *Clara Crocodilo* pronto, mixado, fiquei com medo. Pensei: "Eu fiz isso?". Era muita coisa para mim. Pensava: "Caramba, nunca mais vou conseguir fazer nada igual. Depois de fazer esse disco não vou mais ter preocupação com grana". Com o passar do tempo fui vendo que você tem que descobrir um meio de ganhar dinheiro, não pode ficar esperando, nem ficar falando mal dos outros. Não gosto dessas coisas de ressentimento, de ficar reclamando.

O fato de ser uma música estranha para o baixo repertório da mídia eletrônica foi o único motivo para que seu trabalho inicial não tenha sido mais difundido? Ou tem outros motivos?

O problema principal é que eu não era um cantor. Isso é um problema muito grande no Brasil.

Nos Titãs, por exemplo, ninguém é cantor. Mas eles faziam uma coisa que funcionava bem.
Mas é simples fazer aquilo. Agora, quem é que vai cantar a melodia de "Diversões eletrônicas"? Quem é que vai cantar a melodia de "Office-boy", de "Sabor de veneno"? Se eu cantasse bem tudo aquilo, com certeza teria aparecido de outro jeito na cena musical.

Quer dizer, você cantando sozinho?
Se eu estivesse lá com a banda, todo mundo tocando e eu fazendo os vocais principais. Assim é diferente. Acho que as coisas acontecem assim no Brasil. Você tem que ser compositor e cantor. Se eu cantasse, seria mais fácil, exatamente por causa dessas características do nosso mercado. Uma música complicada como aquela...

Foi por isso que você decidiu compor canções, para que pudesse cantá-las?
Gosto de canções. Peguei a época da bossa nova, o cara no violão, cantando. Claro, são coisas completamente diferentes. Uma coisa é fazer uma canção, gostosa de cantar, bonita, com melodia legal. É gostoso fazer isso. E outra coisa é você trabalhar o lado erudito. É outra história. É um trabalho artesanal, diferente. Escuto muito mais música erudita. Quando escuto música popular, escuto Geraldo Pereira, Orlando Silva, Michel Legrand, que considero um grande compositor de canções, escuto Tom Jobim, *jazz*. Não existe nenhum problema nisso. Gosto de misturar essas coisas.

Particularmente, gosto da maneira catatônica como você canta composições como "Mente, mente", por exemplo. Acho que ali está a sua marca, a sua diferença.
É a mesma forma como canto "Orgasmo total", que é a única música do *Clara Crocodilo* que eu canto. É uma coisa de intérprete, mas meio teatral. Teatralizo a música, curto fazer isso.

Você se referiu ao *Clara Crocodilo* como um disco erudito. O que acho mais fantástico no *Clara* é a fusão entre a cultura erudita e a popular. Tem histó-

ria em quadrinhos ali no meio, tem um universo de submundo nas letras, os personagens são *office-boys*, campeões de autorama, delinquentes, coisas que você não encontra muito na música erudita.

Até encontra. *Lulu*, do Alban Berg, por exemplo. Tem Jack, o Estripador dentro da ópera. Lulu é morta pelo Jack, o Estripador.

Mas não é no mesmo nível do *Clara*.

Não, é diferente. Mas quando falo do *Clara*, digo erudito na parte musical.

Sim, mas você usava também baixo elétrico, guitarra, instrumentos que já estão mais próximos da música popular.

Mas o *Clara* tem várias coisas que eu tinha escrito antes para clarinete e violoncelo, coisas que foram apresentadas no Festival de Música Erudita de Campos do Jordão. Tem coisas ali que não dá pra dizer que são populares. Se você bater o pé junto, tem uma hora que atravessa, porque não tem o ritmo também. Quer dizer, você tem alguma coisa de popular, que é um certo balanço, mas não dá pra dizer que é música popular. Se você não achar que é erudita, é semierudita. Mais pra erudita do que pra popular. Uma coisa quase impressionista. Em "Sabor de veneno", que é a mais baladona do disco, o ritmo é todo louco. Talvez isso seja uma coisa que o pessoal da música erudita tem tentado, que é fazer uma música mais próxima do consumo. A música erudita está meio num impasse. Não tem público. Tem o minimalismo, aquela coisa do Steve Reich, do Philip Glass, que é uma tentativa dentro da música erudita de atingir um público maior. Uma tentativa de sair daquela coisa árida, estéril, que acabou virando o pós-serialismo, aquelas coisas do Pierre Boulez, do Stockhausen. Ficou uma coisa sem referência para o ouvinte.

Essa foi uma preocupação muito presente nos anos *(19)*60: diminuir a distância entre o erudito e o popular. O próprio tropicalismo se preocupou com isso.

Mas eu trabalhei mais dentro da música mesmo. No tropicalismo os caras não mudaram nada na música, só botaram os arranjos em cima. Quando comecei a compor, minha preocupação foi fazer algo em que a própria música fosse diferente. A parte musical mesmo.

Nisso o seu trabalho é mais radical do que o trabalho dos tropicalistas, não

é? Não se tratava apenas de fazer um arranjo diferente na introdução, mas de alterar a própria estrutura musical.
Exato. Isso a gente fez quando compôs *Clara Crocodilo*, eu e o Mário Lúcio *(Cortes)*. Eu estava bastante influenciado pelo Ailton Escobar, compositor de música erudita contemporânea. Tinha participado do Festival de Inverno de Ouro Preto e tinha um coral no qual a gente cantava uma missa do Ailton Escobar em memória ao Mário de Andrade. Foi aí que comecei a entrar em contato com a música contemporânea mesmo e comecei a aprender a compor. Eram coisas completamente loucas.

Quando foi isso?
Em 1971. Então, fiquei atento ao modo como o cara escrevia, via as mudanças de compasso, tudo. Comecei a trabalhar com essas coisas. Foi então que eu e o Mário Lúcio resolvemos compor juntos. Decidimos fazer uma música em compasso de sete. Escrevemos o baixo, fomos escolhendo as notas, sétima maior e tal. Era um intervalo muito estranho naquela época, ainda mais no baixo. Depois coloquei uma melodia em cima. Parecia Ravel. Daí, pegamos o baixo e invertemos, escrevemos como se colocasse a partitura na frente de um espelho. Fizemos a melodia começar na metade do primeiro tempo e com choque de meio-tom. A nota do baixo era *si bemol*, e a nota da melodia era *lá*. Era uma coisa que ninguém fazia. Pra você cantar é difícil. Então fizemos módulos. A gente levava um dia inteiro pra conseguir achar um módulo. No começo, eu nem conseguia tocar sozinho. Depois pintou a ideia da letra. A letra eu fiz sozinho.

Como é que funciona o atonalismo?
Cara, isso é muito complicado. Pra simplificar, digamos que em toda música tonal existe um centro, uma relação de tensão e relaxamento. Na música atonal não existe uma relação de tensão e relaxamento. Agora, uma coisa é atonal, outra coisa é dodecafônico. "Sabor de veneno" é atonal, "Canção dos vaga-lumes" é uma série de 11 sons, um trabalho serial, vamos dizer assim, mas sem ser dodecafônico. O dodecafonismo é uma das possibilidades de fazer música atonal. Pode-se fazer de várias maneiras. O dodecafonismo é uma delas.

Por que a música chegou ao atonalismo? Qual foi o percurso para se chegar até esse ponto?

Olha, eu gosto, não sei explicar isso. A primeira vez que escutei Béla Bartók, fiquei fascinado. Gosto desse tipo de som.

Mas como é que a música chegou nesse ponto, nessa necessidade de romper com esse centro tonal?
É gosto, percepção estética. O Augusto de Campos, por exemplo, diz que nasceu para escutar Webern. Ele tem prazer nisso. Não sei como explicar, porque música é uma coisa muito abstrata, é diferente de poesia. Quando escutei Bartók, música eletrônica, Ailton Escobar, fiquei maravilhado.

Mas houve uma evolução para se chegar a isso. Quando *(Edgard)* Varèse compôs "Ionisation", por exemplo, não foi só por gosto. Tinha uma tentativa de trazer a música para a nova realidade industrial, para o caos das grandes cidades modernas. Quando ouço *Clara Crocodilo*, por exemplo, sinto essa proximidade com o caos da metrópole. Quer dizer, a música acompanha essas mudanças?
Sem dúvida, tem uma coisa ligada à cidade. Agora, eu compus "Clara Crocodilo" em Londrina. "Sabor de veneno" foi em São Paulo, mas "Clara" não. Uns pedaços de "Office-boy" fiz lá em Londrina também. Na hora em que vou colocar os textos, tudo isso, cito muito a coisa do solitário, o cara sozinho, fodido. Todas essas coisas ligadas ao tipo de vida que se tem numa metrópole.

Mesmo musicalmente existe uma ligação com a cidade, não existe?
Musicalmente não acho que seja assim. Essa sensação de caos é muito devido à ausênsia de um centro na música. Se você escutar o Gilberto Mendes, o Willy Corrêa de Oliveira, o Ailton Escobar, uma série de compositores, você vai ouvir muitos momentos em que vai achar que existe essa sensação de caos. Isso é provocado pela desestruturação do seu sistema de referência, que é um sistema tonal. Mas é tudo muito organizado.

Não tenho dúvidas de que é organizado. O que quero dizer é que não vivemos mais numa cultura do século XVII. A cultura de massa é caótica, a gente é bombardeado pela televisão, pelo rádio, pela propaganda. Quer dizer, a gente está numa cultura em que a possibilidade de existir um centro é muito menor do que quando a música tonal foi criada. Não tem um pouco disso?

Tem sim, claro. Não está separado. Mas não é uma coisa pensada. É natural, é assim porque você vive assim. Você nem pensa nisso, as coisas acontecem dessa forma. O dia a dia sempre vai interferir em qualquer coisa que você faça.

Mas *Clara* foi uma coisa tremendamente pensada, não foi?
Pensada, claro. Mas isso não quer dizer que não tenha o inconsciente atuando. Onde a gente estava buscando esses intervalos estranhos? Não é uma máquina, um computador que está escolhendo. É você. E de onde você está escolhendo? Do seu inconsciente também. A música atonal depende muito do inconsciente. Você não sabe exatamente de onde é que vem. Essas coisas subterrâneas, de onde é que saem essas relações intervalares? A música tonal já tem todo um sistema pronto. Tanto que são cinco séculos de música maravilhosa. A música atonal você não tem para onde ir. Não sei de onde você tira essas coisas.

O personagem Clara Crocodilo seria a sua própria música? Aquele monstro esquisito, meio mutante, que ninguém sabe o que fazer com ele?
É, tem esse sentido, sim. Não pensei nisso quando fiz, mas tem esse sentido também. Quando fiz Clara estava pensando muito na ditadura militar. Estávamos vivendo um momento muito difícil, o negócio era esmagador. Clara Crocodilo surgiu como uma espécie de anti-herói. Era proibido tocar essa música. Eu a fiz em 1972, era proibido. Tinha que mudar a letra, mandar outra para a censura. Imagina um verso destes: "Quem cala consente eu não calo/ não vou morrer nas mãos de um tira". Era uma coisa muito ligada ao momento político.

Falando em inconsciente, dá pra perceber nas suas músicas, até nas canções mais normais, uma fixação por amores suicidas, uma certa perversidade, um universo marginal. Isso é uma característica que existe em todos os seus discos. De onde vem isso?
É uma coisa meio transgressora. Existe uma certa transgressão em tudo.

É uma coisa de personalidade?
Acho que sim. É engraçado, quando era pequeno eu não curtia muito os bandidos. Não os entendia esteticamente. Depois é que comecei a ver esse

lado de transgressão. O Billy the Kid, por exemplo. Depois comecei a entender isso.

Quando você compôs "Clara Crocodilo", já tinha ouvido Bartók, Schoenberg, tudo isso?
Tudo. Eu tinha muita curiosidade, conversava muito com o Mário Lúcio, que era um cara que conhecia música, tocava piano muito bem. Nós conversávamos sobre música e íamos descobrindo Stockhausen, Berio, depois conhecemos os brasileiros, Marlos Nobre, Ailton Escobar, Gilberto Mendes, Damiano Cozzella, comprávamos livros, íamos atrás de música eletrônica, escutávamos música aleatória, música indiana, Miles Davis, Schoenberg. Depois conheci o Ailton Escobar, tomei aulas de composição com ele lá em Londrina. Também curti muito música indiana. "Sabor de veneno" tem uma coisa muito ligada com a música indiana, a parte rítmica. Tanto que toquei em Paris, na casa de um amigo, com um músico indiano, e o cara pegava tudo de primeira. Tocava tudo aquilo com a maior naturalidade. Impressionante.

E o *jazz*? A sua música, de certa forma, tem um pouco de *jazz* também.
É, deve ter. Escutei muito Miles Davis, especialmente o álbum duplo *Bitches brew*. Charles Mingus é demais também. Deve ter uma influência disso, sim, na rítmica, nas ideias de frases. Mas não sou jazzista. Nunca fui.

Quando saiu o disco *Suspeito*, o Arnaldo Antunes escreveu um texto comparando o seu trabalho com o tropicalismo e argumentando que o tropicalismo tinha uma abertura maior, que propunha inovações, mas ao mesmo tempo se ligava com o samba, com a bossa nova, e propunha um passo adiante. Argumentava que *Clara Crocodilo* não tinha isso. Dizia que *Clara* era uma coisa única, que apontava apenas para um lado e não via os outros lados. Você concorda com isso?
Tem isso, sim. *Clara* era completamente novo, rompia com tudo que estava sendo feito, não tinha como ligar ali. Li uma entrevista do João Cabral, há pouco tempo, falando que o trabalho dele é um afluente sem afluentes. Eu me sinto um pouco assim também. Meu trabalho vai meio sozinho, não é uma coisa que tem continuações. Não está inserido dentro da linha principal. É uma coisa que vai separada.

Mas também não tinha essa intenção de propor uma continuação, e sim de romper, não é?
Não, não tinha. De ser continuação, não tinha. A composição "Londrina", por exemplo, é uma contribuição para isso. É uma coisa muito nova em termos de tradição. Está dentro da tradição e é uma coisa a mais, é uma contribuição. A "Canção do astronauta perdido" também está dentro da tradição da música popular brasileira, mas com uma contribuição nova. Uma coisa de ponta, que ninguém fez. *Cidade oculta* também é uma contribuição nesse sentido, em termos harmônicos, melódicos.

Estamos chegando ao final do milênio e parece que há certa acomodação no cenário musical. Há coisas legais, belas canções, mas nada que tire o fôlego, que aponte novos caminhos. Um clima meio morno. Isso não te estimula a sair levantando novas polêmicas?
Olha, você não pode dizer muitas coisas porque as pessoas levam para o lado pessoal. O cara fica ofendido.

Isso é bem típico do *show business*. Dessa forma, se evitam muitas discussões.
Quando dei aquela entrevista na revista *Veja*, em 1982, que ficou famosa, não estava querendo atacar ninguém, não estava falando mal das pessoas. Queria levantar discussão. O Djavan ficou grilado. O *(Luiz)* Melodia também. E eu adoro o Melodia.

Você acha que Arrigo Barnabé ainda não foi compreendido direito?
Acho que até tem uma coisa bem razoável. Mas no começo ninguém entendia nada do que eu estava fazendo. Nem os músicos, nem os compositores. Passei por períodos muito difíceis. Lembro que quando Caetano ouviu meu disco pela primeira vez, comentou que era uma coisa de São Paulo, meio baixo-astral. O Hermeto Pascoal falou que o que eu estava fazendo ele já tinha feito há muito tempo. Poxa, são pessoas que você admira e num primeiro momento falam isso. Depois não, o Caetano adorou, o Hermeto também. Mas num primeiro momento até essas pessoas não entenderam, estranharam. Foi esquisito no começo. Sabe quem entendeu logo de cara? O Belchior. Gozado, né?

E como você encara o fato de enfrentar dificuldades para continuar trabalhando depois de ter causado uma reviravolta na música brasileira?
Bom, eu moro no Brasil. Essa situação é tipicamente brasileira.

O Estado de S. Paulo *(Caderno 2), 9 de novembro de 1996*

A volta do monstro mutante

Depois de vinte anos aprisionado num assombroso círculo de silêncio imposto pela mídia eletrônica, o perigoso marginal *Clara Crocodilo* está voltando às ruas. A notícia é das mais alentadoras: o compositor Arrigo Barnabé está lançando em CD o disco que causou um verdadeiro terremoto na música brasileira. Em 1999, o compositor fez uma regravação ao vivo, em versão mais camerística, com quarteto de cordas, naipe de metais, percussão de orquestra e instrumentos elétricos. Agora, está saindo o original – uma obra histórica, difícil de ser encontrada até mesmo em sebos, na edição em vinil.

Gravado em 1980, *Clara Crocodilo* tornou-se um marco divisório da música contemporânea produzida no Brasil, causando um impacto como não se via desde o tropicalismo. Porém, diante da dissonante criatura de Arrigo, a indústria musical e muitos dos artistas reagiram de forma estranha: em vez de enfrentar o desafio proposto pelo compositor, procuraram esquecê-lo gradativamente. O disco transformou-se num clássico, sempre comentado com respeito, mas cada vez menos ouvido. Vinte anos depois, no entanto, ele retorna para cumprir a profética trajetória do seu personagem principal.

Nesta entrevista, o compositor comenta os propósitos estéticos que nortearam as composições, o ostracismo imposto a sua criatura e seu ressurgimento na cena musical.

Festejando a notícia, compositores em atividade na música brasileira celebram a entrada do monstro mutante na era digital. "Clara Crocodilo continua atualíssimo e revolucionário", afirma Chico César. "É uma gota de bálsamo no meio dessa dolorosa situação atual", reforça Tom Zé.

* * *

Como o criador vê a criatura vinte anos depois?
Acredito que as composições do *Clara Crocodilo* ainda conservam um grau de ineditismo muito acentuado. São praticamente as minhas primeiras composições. Eu estava tentando combinar elementos da música popular e da música erudita, estava querendo explodir com o formato da canção. *Clara Crocodilo* é realmente um disco de ruptura. Eu achava que seria o próximo passo depois do tropicalismo.

Havia essa intenção de ruptura? Uma coisa pensada?
Havia, claro. Eu queria romper com a forma da canção, tanto na parte musical, quanto nas letras. *Clara Crocodilo* traz elementos da música erudita contemporânea, como o atonalismo, o dodecafonismo. São células musicais. Não tem a melodia cantada. Era uma outra coisa.

A melodia é uma coisa determinante para a música ser popular?
A melodia é realmente muito importante. Mas é cada vez mais rara a melodia inteligente. Geralmente, as músicas populares de sucesso são feitas na escala pentatônica. É uma escala bem básica. Mas não se tem hoje em dia uma canção como antes. A ideia da canção já desapareceu. Claro, existem coisas benfeitas, mas geralmente ou é diluição da bossa nova ou um trabalho que considera a expectativa de beleza dentro de um âmbito mercadológico.

O disco fez muito barulho. Mas nem todo mundo conseguiu assimilar aquela música estranha. Aconteceram muitas cobranças devido a esse caráter de ruptura?
Houve uma cobrança muito grande. Muitos diziam que não era música popular, que o povo não entendia. Eles tinham razão. *Clara Crocodilo* não é popular mesmo. Mas por que tem que ser popular? Não existe mais essa coisa pura, de música popular, como existia antes. Vivemos numa cultura

de massa, tudo está contaminado pela mídia eletrônica, pela televisão, pela publicidade. Então, por que a necessidade de fazer uma coisa popular? Prefiro pensar no humano, no ser humano. Quantas pessoas entendem a teoria da relatividade? E ela não deixa de ser importante por causa disso. Existe um endeusamento da cultura *pop* com o qual eu não concordo.

O crítico Mauro Dias escreveu um texto há algum tempo dizendo que sua música é não tribal, não melódica. Por isso não consegue ser popular. O que você pensa disso?
Mas eu não quero que seja tribal nem melódica. Por que o cara acha que tem que ser assim? O cara diz que a música erudita brasileira não existe. Diz que existe Villa-Lobos e olha lá. E o Claudio Santoro, o Marlos Nobre? Esses caras não são importantes? Qual o problema de eu não ser popular, popularesco? O Hermeto Pascoal e o Egberto Gismonti também não são. Não penso no povo quando estou compondo. Penso no ser humano. Penso no espírito. Acho um absurdo o cara propor uma maneira de fazer música. Esse maneirismo, é isso que existe. Todo mundo fazendo música à maneira de. É isso que a gente vê no Festival da Globo. Todo mundo fazendo música à maneira daquilo que alguns consideram como a "maneira brasileira", "do povo", tudo entre aspas.

No disco *Gigante negão* (1998) você fala de um processo de clonagem. Na música parece que os clones estão aparecendo cada vez mais rápidos. Continuando assim, daqui a pouco teremos o clone antes do original.
É, parece que muitos jovens compositores festejam hoje a diluição como se fosse um êxito. Consideram um êxito conseguir diluir o Milton Nascimento!

Você citou Hermeto Pascoal e Egberto Gismonti, compositores que fazem uma música sofisticada, mas conservam elementos facilmente identificáveis como brasileiros, como um ritmo de xote, ou samba, ou baião. No *Clara Crocodilo* não há nada de, digamos, brasileiro?
Deve ter inconscientemente, porque eu sou brasileiro, nasci aqui, vivo aqui. Mas não tem nada, claramente.

As raízes musicais do seu trabalho são essencialmente europeias?
Principalmente no aspecto melódico. Valsas como "Londrina", "Sinhazinha

em chamas" ou "Cidade oculta", embora sejam considerados o aspecto mais brasileiro do meu trabalho, nasceram em fontes europeias. Já no aspecto rítmico, existe de tudo: da música indiana ao *rock*, com certeza ritmos brasileiros, e ideias da música erudita do século xx.

Apesar de ter conseguido enorme repercussão, *Clara Crocodilo* ficou à margem nesses anos todos. Isso tem a ver com essa diluição que você identifica na música popular? Quer dizer, quanto mais baixo o nível, mais difícil se torna a assimilação de obras sofisticadas?
Na realidade não foi *Clara Crocodilo* que ficou à margem. Foi Arrigo Barnabé que deixou de gerar fatos para a imprensa. Continuo acreditando no ser humano, e acho que o ouvinte pode ser um crítico muito criativo. Esse problema de baixar o nível me parece que não preocupa realmente quem já está estabelecido. E se você começa a reclamar, dizem que você ou é rancoroso ou incompetente. Não se trata disso. A loteria já foi sorteada, a música "popular", entre aspas, já foi rifada, e todos aqueles que adquiriram uma capitania querem mantê-la. Então, precisam estar de mãos dadas com a indústria. Por isso toda essa condescendência e até essa legitimação do descartável.

Mas no meio desse contexto todo há novos criadores fazendo um trabalho bom, criativo. Você tem acompanhado ou se desinteressou completamente?
O que tenho ouvido não é exatamente o que eu esperava que acontecesse. Veja, eu era muito ingênuo, acreditava que a música ligada à indústria poderia alcançar um horizonte artístico relevante, e não permanecer como mero fato cultural. Claro, existem pessoas fazendo coisas competentes, existe a esfera da competência. Mas eu imaginava outro panorama no século xxi.

No ano passado você fez uma regravação do disco, ao vivo, com uma formação mais erudita, com quarteto de cordas, percussão de orquestra etc. A impressão é que estava querendo se distanciar ainda mais dos elementos da cultura de massa. É isso mesmo?
Gosto de música, gosto de escrever música. Obviamente meu ideal está mais próximo da música escrita, com partitura e tudo. No entanto, a música escrita pode estar vertiginosamente perto da cultura de massa. É só você ouvir esses concertos de vários tenores e os clássicos para milhões. Ou então essa banalização do *jazz*.

A concepção que você queria desde o início é a que surgiu na regravação?
A concepção que eu queria desde o início não sei qual é. Sei que eu queria ter trabalhado mais, experimentado mais do que eu fiz em 1980. Naquela época fiz o possível, e gosto do resultado. Mas sempre pensei que não era definitivo. Na verdade, fiz essa gravação ao vivo para mim. E fiquei quase satisfeito com o meu trabalho. Os instrumentistas, as cantoras, e a colaboração do Paulinho Barnabé (meu irmão) nos arranjos de base foram espetaculares, realmente gratificantes.

Com o relançamento do disco original em CD, você espera que *Clara Crocodilo* seja mais bem entendido e assimilado?
Já não tenho mais essa expectativa, mesmo porque lancei no ano passado essa nova versão ao vivo. Mas acredito que o disco original tem uma aura, é histórico. Então, vai ser um acontecimento.

Vinte anos depois, que desafios *Clara Crocodilo* continua propondo?
Penso que é um trabalho bem-sucedido de música inteligente. Tirando a canção "Instante", que ficaria melhor em outro contexto, existe uma unidade muito grande nas peças, e isso é o que me agrada mais. Antes ninguém usava locuções longas, intervenções faladas – isso é praticamente inédito e, ao mesmo tempo, o assunto é a vida urbana. Uma coisa bem atual.

Compositores comentam *Clara Crocodilo*

"No Festival da TV Cultura, quando o Arrigo mostrou suas primeiras composições, foi uma luz no meio daquelas canções previsíveis e vegetativas. Clara Crocodilo *é um disco muito importante porque, não fossem os bons achados musicais, ainda pratica uma técnica que não é comum. É muito bom que todo o universo de pessoas que consomem música popular possam ter acesso a essa sofisticação. No imaginário brasileiro ele desencadeia um processo totalmente inesperado. É uma gota de bálsamo no meio dessa dolorosa situação atual. Essa linguagem diferente que ele pratica é como uma gota-d'água caindo numa semente onde a terra está seca."*

Tom Zé

"Não apenas o Arrigo, mas também o Itamar Assumpção e o Premê causaram uma efervêscência num momento em que a música brasileira estava meio estagnada. Clara Crocodilo é um ícone maravilhoso dessa efervescência. É um marco na música brasileira. Um trabalho inovador, ousado, corajoso. Arrigo é uma alma irrequieta, um compositor essencial. Para mim, o surgimento do Clara Crocodilo foi animador. Além de inovar a música brasileira ele propiciou uma força, um alento para outros espíritos irrequietos que também buscavam conquistar um espaço com um trabalho criativo."

Lenine

"Arrigo Barnabé e seu Clara Crocodilo estabelecem um momento raro de criatividade, ousadia e coragem no painel da música popular contemporânea. O disco está fazendo vinte anos e parece que acabou de ser lançado. É um trabalho muito atual."

Edvaldo Santana

"Clara Crocodilo é um trabalho inovador em vários sentidos. Ele abriu novos campos de procedimentos para a música popular, trazendo recursos do serialismo, do atonalismo, do canto falado, das narrativas com estrutura de histórias de gibi. A concepção toda, enfim, é muito importante para a música brasileira. Acredito que ainda hoje é um disco extremamente atual e inovador. Não sei por que demorou tanto tempo para ser relançado em CD."

Arnaldo Antunes

"Clara Crocodilo faz de Arrigo Barnabé um dos artistas mais importantes do século XX no Brasil; o coloca no mesmo horizonte de artistas como Villa-Lobos, Capiba, Luiz Gonzaga, artistas que buscaram um caminho próprio, que dentro do seu tempo buscaram um salto à frente. O trabalho de Arrigo é um dos motivos pelos quais eu vim morar em São Paulo e não no Rio de Janeiro. Vim morar aqui para viver em contato com os signos que ele traduziu no trabalho dele. E tenho a felicidade de ter sido iluminado por esse trabalho. Acho lamentável que o jogo de mercado tenha reduzido o potencial de alcance popular de Clara Crocodilo. No meu entender, o trabalho do Arrigo, por ter

muito de história em quadrinhos, é essencialmente popular, mesmo com a experimentação, com o dodecafonismo. Se o mercado não absorveu, não é um problema do Arrigo, é um problema do mercado. Tenho fé que o trabalho dele vai ser sempre uma referência como algo à frente do seu tempo. É um disco seminal para uma geração."
Chico César

Folha de S. Paulo *(Caderno Mais!)*, 15 de outubro de 2000

Itamar Assumpção:
isso não vai ficar assim

Na música "Baby", de seu primeiro disco, *Beleléu* (1980), Itamar Assumpção parecia fazer uma nítida premonição: depois de anunciar que os tempos eram "de terror", emendava na estrofe seguinte: "Baby, nada existe/ Resguardando nossa vida/ Duvido que me chamem/ Pra sentar naquela mesa/ E a grande família já não é tão grande". Embora tenha tomado de assalto o cenário musical no início dos anos *(19)*80, junto com Arrigo Barnabé, "a grande família" da música brasileira realmente não o convidou para se sentar à sua mesa.

Mesmo reconhecido por sua brilhante inventividade poética e musical, respeitado e com um bom público, o compositor nascido em Tietê (1949) continuou gravando seus discos seguintes fora das gravadoras e às duras penas. *Às Próprias Custas S/A* (1983) e *Sampa midnight* (1985), porém, consolidaram a música de Itamar como uma das mais inventivas, provocantes e inovadoras, com sua crueza urbana, enfocando personagens marginais como o Nego Dito, suas narrativas teatralizadas e seus compassos que descompassavam a banalidade.

Ao mesmo tempo que seus versos ganhavam cada vez mais uma espécie de beleza áspera, faziam novas e constantes autorreferências: "Um canto desesperado/ Vai rasgando a minha vida/ Não posso ficar calado/ Permitindo que se diga/ Assim, de mim, por aí/ Pirou de vez, isso aquilo, vive infeliz/ Desvio da natureza, é incapaz/ Só pode ser por drogas demais/ Alcoolismo/ Mentira mentira mentira" ("Ideia fixa"), ou "Às vezes me afundo/ Fico reclamando/ De tudo, de todo mundo/ Bate um desespero/ Ver alguém matar alguém/ Por meros trinta dinheiros/ Fato corriqueiro/ Mas não me acostumo/ Nem gosto do cheiro/ Complicado o quê? sou assim/ Aqui Viena ou Milão/ Na Penha São Paulo/ Na estrela Vésper/ N'algum lugar do Japão" ("Z da questão"), ou ainda "O real é a rocha que o poeta lapida/ Doando à humanidade mal-agradecida/ Poeta, talvez seja melhor/ Afinar o coro dos descontentes" ("Chavão abre porta grande").

Negro, filho de pai de santo, ex-ator teatral, ex-jogador de futebol, Itamar decidiu entrar no terreno da música quando foi preso em Londrina, aos 23 anos, e passou cinco dias incomunicável numa cela com outros quinze detentos, simplesmente porque estava com um gravador, num bar próximo da rodoviária, e os policiais encafifaram que ele o havia roubado. Na verdade, havia sido emprestado por um amigo, o escritor Domingos Pellegrini. Toda a sua revolta se transformou em poesia e música. Para nossa grande sorte.

* * *

Itamar Assumpção é, seguramente, um dos artistas mais injustiçados da música brasileira recente. Seus primeiros discos (com os de Arrigo Barnabé) causaram uma verdadeira reviravolta no cenário musical no início dos anos 1980 – período em que as emissoras de rádio e televisão começavam a impor um padrão cada vez mais "comercial" de difusão artística e as gravadoras partiam para uma política aberta de "fabricação de sucessos", lançando artistas que vendiam milhares de discos, rendiam fortunas fabulosas e desapareciam rapidamente. Muitos deles não chegavam ao terceiro disco. Havia uma crescente e inegável pasteurização no cenário musical, mesmo que algumas raras exceções conseguissem trazer boas letras, geralmente com uma linguagem musical sem muita, ou nenhuma, inovação.
Itamar e Arrigo foram os que mais fizeram barulho entre a chamada (pela mídia) vanguarda paulistana. Mas a linguagem musical e poética extremamente inovadora de ambos não se encaixava no "padrão" das rádios. Mesmo assim, os dois conquistaram de imediato um bom público. E um enorme prestígio.

Essas informações são importantes para compreender a entrevista a seguir, gravada na casa do compositor, no bairro da Penha, na primavera de 1986. Após três discos independentes, Itamar estava acertando um contrato com uma gravadora multinacional, a Warner, para o próximo disco. Parecia tudo certo. A obra se chamaria Algo me diz pra ser sutil. *Porém, o contrato não foi pra frente. Dois anos depois ele lançaria* Intercontinental – Quem diria, era só o que faltava, *pela gravadora brasileira Continental (que seria comprada mais tarde pela... Warner, ironia do destino). De qualquer forma, foi seu primeiro trabalho fora do "circuito independente".*

Durou pouco. Seus discos seguintes foram produzidos novamente de forma independente ou por pequenos selos: Bicho de sete cabeças – volumes I, II e III *(1993/1994 – lançados originalmente em vinil e posteriormente reunidos em dois CDs),* Pretobras – Por que que eu não pensei nisso antes *(1998) e* Isso vai dar repercussão *(com Naná Vasconcelos, 2004 – lançado após sua morte).*

Em 1996 voltei a entrevistá-lo, na ocasião do lançamento de Pra sempre agora, *em que interpreta canções de Ataulfo Alves, renovando cada melodia e cada verso. Itamar estava animado com o contrato com a Paradoxx. Tudo indicava que sua carreira ganharia novo fôlego com o respaldo de uma gravadora, ainda que não das maiores. Outro alarme falso – mesmo com os unânimes elogios da crítica e o prêmio de melhor disco do ano, concedido pela Associação Paulista dos Críticos de Arte (APCA).*

Durante a década de 1990 e os primeiros anos do século XXI, suas composições passaram a ser cada vez mais gravadas por intérpretes mais atentos e menos omissos do mainstream, *como Ney Matogrosso, Cássia Eller, Rita Lee e Zélia Duncan – além do sambista Branca de Neve. Mas ele próprio jamais soube o que era ter suas composições, em sua própria voz, veiculadas em grande escala.*

Aqueles que ainda hoje desconhecem seu trabalho talvez se espantem quando descobri-lo. Muitos não entenderão como um artista desse quilate pôde ficar tanto tempo "exilado" da cultura brasileira. Outros, que o conhecem muito bem, são da opinião de que o autor de obras definitivas na música brasileira sofreu um verdadeiro "assassinato cultural". Um crime – que ainda precisa ser revisto e cobrado.

Itamar faleceu em São Paulo no dia 12 de junho de 2003, aos 53 anos. Dois anos depois, o pesquisador Fabio Henriques Giorgio lançou o livro Na boca do bode – Entidades musicais em trânsito, *que focaliza o show homônimo, realizado em Londrina, na década de 1970, marco da primeira aparição profissional de Itamar em apresentações musicais. Em 2006 saíram os dois volumes do songbook* Pretrobras – O livro de canções e histórias de Itamar Assumpção, *organizado por Luiz Chagas e Mônica Tarantino. Em 2010 todos seus discos de carreira, mais três inéditos, foram lançados pelo Selo* sesc *numa única caixa, intitulada* Caixa preta, *projeto do próprio compositor, levado a cabo pelas filhas Anelis e Serena, e por sua esposa durante toda a sua vida, Elizena Brigo de Assumpção. Em 2011 entrou em cartaz nos cinemas o documentário* Daquele instante em diante, *sobre sua vida e obra, dirigido por Rogério Velloso.*

* * *

Desde *Beleléu*, seu primeiro disco, o trabalho que você desenvolve é caracterizado por uma inquieta e intensa procura de novas formas musicais. Quais as intenções que passavam pela sua cabeça quando você começou a determinar como seria sua música?
Eu tinha a intenção de desenvolver os vários lados que já havia percebido em mim. O lado de compositor, cantor, intérprete, músico, enfim. E de ator – que eu fiz teatro. Pensava numa linguagem geral de palco. De mexer com a música de uma forma mais completa. E pensava também: depois da Tropicália, qual a saída para a música popular brasileira? Cadê o novo? Eu me meti em música porque via possibilidades de fazer uma coisa diferente. Só por isso eu me meti.

Um trabalho que representasse um novo passo na música brasileira?
Eu já havia percebido que a minha música não era uma música qualquer. Nunca quis fazer uma música qualquer.

Em termos de letras, também havia a intenção de realizar um tipo de

poesia que levasse em conta as modificações ocorridas na música popular nas últimas décadas?
Sempre tive uma preocupação poética com minhas letras. Claro que não sou um poeta que publica livros e tal. Mas as minhas músicas são músicas com poesia. Não considero que sejam letras de música. Não concebo cantar nada que não seja poético. Senão, iria fazer música instrumental.

Quando você chegou em São Paulo e começou a participar de festivais, ocorreram muitas mudanças no seu trabalho?
Quando cheguei em São Paulo, tive que reestruturar todo esse universo que me interessava e repensar a forma de trabalhar com ele. Porque achava que seria bem-aceito, que o percurso seria fácil. Cheguei aqui com meu violão e ia para as gravadoras. Todas as gravadoras de São Paulo que você imaginar eu fui, apresentando minhas músicas, que já eram estranhas. Levei uns dois anos pra entender que jamais poderia colocar o meu trabalho daquele jeito. Eu ia nas gravadoras e os caras diziam: "Pô, você tem uma voz bonita, devia fazer samba". Hoje eu acho graça. Ninguém é obrigado a adivinhar que está na frente dele um crioulo que faz um outro tipo de coisa. O cara não é obrigado. Como ser humano, ele é limitado.

Logo no seu primeiro disco tem a canção "Nega música", que diz assim: "Quando você menos espera ela chega/ Fazendo do seu coração o que bem ela fizer". Era uma premonição sobre sua própria música?
Também. Mas tem muito a ver com a ansiedade que se tem em torno do novo. Qual é a coisa nova? De repente ela já está aí e está entrando no ouvido das pessoas. Ela deixa de chocar.

Mas chocou, sofreu resistência.
Claro. Quando o *(Jorge)* Mautner me falou "olha, você é um compositor que as gravadoras não vão entender", e quando o Rogério Duprat me disse a mesma coisa, eles estavam falando dessa resistência.

O único caminho possível que você encontrou pra driblar essa resistência foi partir pra gravações independentes?
Fiz três discos independentes justamente porque eram impossíveis de serem feitos numa gravadora.

Na faixa "Prezadíssimos ouvintes" do seu disco *Sampa midnight*, você faz uma espécie de fotograma do seu itinerário independente e diz que agora está interessado em cantar na televisão. É outra premonição?
Fiz meu terceiro disco em 68 horas de estúdio, numa mesa com oito canais. Só quem conhece sabe como é loucura. Desafio alguém a fazer isso hoje, no Brasil, com essa qualidade. Agora, não sou a fim de ficar fazendo disco assim. Sou um ser humano. É impossível você ficar fazendo disco desse jeito. Então, de repente, existe uma gravadora que me dá acesso a 48 canais, quarenta a mais do que usei. Quero ter acesso a essas coisas.

Acesso às emissoras de rádio, inclusive?
Olha, esse é outro problema. A partir do momento que vou pra uma gravadora, vou tocar no rádio. Eu quero esse caminho. Isso é novo pra mim. Estou num processo de início desse outro lado. De trafegar pela mídia.

E você acha que vai ter que mudar muito pra trilhar esse caminho?
As pessoas devem estar pensando: nossa, como é que vai ser o Itamar numa gravadora? Vai mudar? Claro que vou. Já mudei faz tempo. Quem me vê como *Beleléu* ou *Às próprias custas* está enganado. Eu jamais poderia estar parado lá. É claro que as pessoas vão estranhar. Vai chocar mais uma vez aqueles que estão acostumados com o Itamar independente. Mas é uma sequência. Só pude chegar a isso através das coisas anteriores que já fiz.

O sucesso, agora, está interessando a você?
A transa do sucesso é complicada. E ao mesmo tempo é simples. Sucesso é apenas aquilo que você ouve e gosta. Quando eu ouvia Tim Maia cantando "Primavera" e pensava "pô, mas esse cara canta demais" – isso é sucesso. E existe o que é sucesso fabricado. Agora, como é que vão fabricar um Itamar? Como é que vão fabricar um Arrigo *(Barnabé)*? Não dá. Mas dá pra fabricar um sucesso. Você pega uma moçada que está começando, que está a fim de tocar, arruma uns empresários, muita grana e tal, e você fabrica um sucesso – pra ficar uns dois ou três anos. Acontece que não tenho nada a ver com isso. Esse sucesso aí não me interessa. Os caras das gravadoras, às vezes, dizem: "Ah, as pessoas estão ligadas nisso agora. Se você fizesse uma música assim, faria sucesso". Isso existe, é real. Só que não me interessa.

Com três discos de peso e um grande prestígio, você acha que agora vai ser mais fácil negociar um contrato que permita prosseguir seu trabalho sem interferências?
Só assim me interessa. Viajo pelo Brasil, vou para o Nordeste, para o Sul, fazendo *shows*, muita gente me conhece. Fui trilha sonora de uma novela – *Os adolescentes* (na TV Bandeirantes), com a música "Fico louco", que entrou na trilha através do maestro Júlio Medaglia, que era produtor artístico da TV. Tenho três discos. Está na hora de fazer sucesso. Tudo que aconteceu até agora foi pelo prestígio da qualidade artística do meu trabalho. Mas agora eu quero interferir mais.

Dos compositores da chamada vanguarda paulista, quase todos já estão gravando fora do esquema independente. Isso significa uma abertura também para a sua música?
As gravadoras precisam dos criadores. Senão, o que seria? Repetição eterna das mesmas coisas?

Num circuito normal de distribuição você acredita que segura legal nas vendagens?
Eu sei que pra vender um milhão de discos você tem que ter por trás uma máquina tão poderosa que não adianta ficar sonhando. Não me importa vender um milhão de discos. Mas tenho certeza de que, num sistema normal de distribuição, vendo bem uns cinquenta mil discos, de início. Há um público razoável interessado em coisas diferentes do que está saindo. Isso não é brincadeira.

Grana, pra você, tem sido um problema?
Posso me dar ao luxo de dizer que vivo do meu trabalho. Não preciso ficar fazendo conchavos. Mas moro modestamente. Não tenho nem piano, que é um instrumento de trabalho. Não importa. O que importa é que até agora eu trabalhei com o mínimo e, do mínimo, fiz o máximo. Não precisei de bilhões pra fazer meu disco. Mas agora quero tudo a que tenho direito. A tecnologia, as viagens pro exterior, mostrar meu trabalho pro mundo. Tudo a que tenho direito eu quero agora.

O Estado de S. Paulo *(Caderno 2), 12 de dezembro de 1986*

Na cadência bonita de Itamar Assumpção

"**N**ada nesta terra vai me ver satisfeito/ Novidades do mundo, logo monótonas/ Algo me chama lá em cima, para cima/ Cada vez mais perto da faísca do sol." Os versos do poema "Ícaro", do escritor japonês Yukio Mishima, parecem se encaixar como luva à trajetória do cantor e compositor Itamar Assumpção. Correndo por fora do *establishment* da música brasileira atual, ao longo de uma década e meia Itamar assistiu a uma enxurrada de "novidades" passarem pelo cenário musical e desaparecem tão rápido quanto surgiram. Ele, no entanto, continua impávido, com uma obra sólida e realmente inovadora.

E, ao que tudo indica, 1996 é o seu ano. O CD *Pra sempre agora* (o sétimo de sua carreira), em que interpreta sucessos de Ataulfo Alves, além de ter lhe valido o prêmio de melhor disco do ano, concedido pela Associação Paulista de Críticos de Arte (APCA), está saindo por uma gravadora comercial, a Paradoxx. Fato inédito para quem gravou quase todos os seus discos por selos independentes, exceto *Intercontinental* (1988), hoje pertencente à Warner/Continental.

Sereno e consciente de seu espaço único no cenário artístico, Itamar Assumpção (aos 46 anos) faz um balanço de sua carreira nesta entrevista. Discute o termo "vanguarda paulista", se reafirma como um compositor de música popular e reclama que a indústria fonográfica brasileira precisa ser mais aberta a inovações.

***

Dezesseis anos depois do surgimento de *Beleléu*, seu primeiro disco, e *Clara Crocodilo*, de Arrigo Barnabé, como você encara todo o movimento que deu origem à chamada "vanguarda paulista"?
O termo "vanguarda" foi usado no sentido de um pensamento pra frente, que a gente tinha e tem. A música popular brasileira tradicional sempre teve um pensamento para a eternidade. Quando se canta um Cartola, um Pixinguinha, você está cantando uma coisa eterna. Quando um artista novo chega na música popular, ele tem que trazer algo diferente. O problema todo é este para quem compõe: trazer a sua contribuição pra música. Senão, você está repetindo. A criatividade sempre foi tradicional na música brasileira. Nós tínhamos, claro, uma preocupação com novos dados, com uma forma nova de se fazer música.

Vocês fizeram um *show* em Londrina, *Na boca do bode*, em 1973. Nessa época já estavam tramando um som novo na música brasileira?
Nesse *show* participei como intérprete. Não mostrei meu trabalho de compositor, que estava no comecinho. Não sabia ainda pra que lado minha música iria. Depois, o Arrigo me mostrou "Clara Crocodilo" – essa música já existia em Londrina. Eu já tinha "Prezadíssimos ouvintes", em parceria com o *(poeta e escritor)* Domingos Pellegrini.

Na forma como ela foi gravada posteriormente no disco *Sampa midnight*?
Não, depois ela evoluiu. Mas aqui em São Paulo ela se tornou uma coisa concreta. Aquelas palavras: "Boa noite, prezadíssimos ouvintes/ Pra chegar até aqui/ Tive que ficar na fila/ Aguentar tranco na esquina/ E por cima lotação". Acabei cantando no Teatro Municipal, recebendo o prêmio de melhor cantor, da APCA. Resolvi abrir o *show* com essa música, que fala sobre a batalha de ser artista: "Já cantei em galinheiro/ Cantei numa procissão/ Cantei ponto de terreiro/ Agora, eu quero cantar na televisão". É autobiográfica. Então, essa preocupação de ter o que dizer já existia desde o início.

Vocês tinham intenção de fazer sucesso, de atingir um grande público?
Sucesso, pra mim, são seus semelhantes aceitando o que você faz. É isso

que conta. A música é a minha missão. Isso vem desde o meu pai, que era pai de santo. Comecei na música tocando atabaques no terreiro do meu pai. Notei, com o tempo, que sobrevivo no Brasil porque a minha cultura é africana. A nossa cultura nos coloca na vida. Isso você não estuda em faculdade.

Mas, afinal, vocês se preocupavam em se colocar como vanguarda da música brasileira?
"Vanguarda" é um termo que vem do francês, um termo europeu, uma coisa branca. Sou negro mesmo. A minha arma pra lutar na vida é a minha cultura. Procurei desenvolver a minha linguagem, só isso. Agora, estar em São Paulo num determinado momento, fazendo parte de um grupo de pessoas de talento, com o dom de fazer música, procurando seu espaço dentro da música popular... a história é que determina onde você vai estar. Lembro que sempre quis vir pra São Paulo, não pro Rio de Janeiro. Acho que essa minha trajetória, no Rio de Janeiro, seria muito difícil.

Por quê?
Eu comecei com disco independente. Independente no sentido de que a linguagem artística realmente prevalecesse, se preservasse. A única forma foi essa. Não tinha como levar o *Beleléu* pra uma gravadora, intacto. Se isso fosse possível, eu teria ido. E talvez, se tivesse ido, teria me arrependido. Porque teria doado o *Beleléu* pra uma gravadora. E esse também é um dado novo: a obra me pertence, é um patrimônio da minha família, das minhas filhas.

Quando você realmente percebeu que tinha algo novo a dizer na música?
Quem me colocou na música mesmo foi o maestro Rogério Duprat. Entreguei uma fita pra ele ouvir e me falar se realmente tinha algo ali. A resposta foi que ele abriu o estúdio dele pra mim; na época, era o melhor da América Latina. Eu já estava casado, minha filha Serena tinha 2 anos, eu precisava de uma resposta concreta sobre aquele trabalho. Porque, se não tivesse, ia desistir desse negócio. Já havia batalhado várias gravadoras, percebia que os tempos estavam fechados pra criatividade. Essa restrição do mercado é que levou a me chamarem de vanguarda, junto com o Arrigo. Acontece que as coisas estavam estancadas naquele momento.

Quando o Arrigo te mostrou *Clara Crocodilo*, qual foi o impacto?
Achei estranho, não entendia nada daquilo. O meu negócio era atabaque, ponto de umbanda. Depois, quando vim pra São Paulo, fui morar numa república perto do Arrigo. A gente se via todo dia. Foi aí que as coisas foram tomando corpo. Mas eu desenvolvi a música pra um lado, ele pra outro. A última coisa que fizemos juntos foi no festival da Tupi, em 1979. Na banda Sabor de Veneno eu tocava o baixo, fazia os arranjos de base. Tocava muito bem e estava quase partindo pra me tornar um baixista, um instrumentista. Mas a minha música falou mais alto. Foi quando resolvi gravar o *Beleléu*. São caminhos diferentes. Digamos assim: eu venho de Cartola, Arrigo vem de Gismonti, entendeu? Para o Arrigo não é fácil, dentro da linguagem dele. Não é brincadeira. Ele trouxe o diferente, que não é popular. *Clara Crocodilo* não é popular. Mas as pessoas gostam. Se ele tiver oportunidade de apresentar o trabalho, as pessoas estranham, mas gostam. Porque é legal, é um barato. O problema hoje é que o que se ouve na televisão e no rádio é tão pobre que as pessoas não têm ouvido pra escutar um Arrigo. Olha só a elaboração de um *Clara Crocodilo*. Ele realmente colocou a música num impasse.

Vocês mesmos se deram esse nome de vanguarda paulista? Ou foi a imprensa?
Olhe bem: quem cria não dá nome de nada. A mídia tem essa obrigação, tem que sair no dia seguinte. A música não se presta a isso. Para a mídia, tem que ter um nome, pra ser prático e objetivo. A mídia tinha que explicar o que cada um de nós desenvolveu ao longo do tempo.

Como você se encaixa hoje dentro da música feita no Brasil?
Sou um compositor de música popular, mesmo. Mas tanto a minha música quanto a do Arrigo é uma música de músicos. Isso está fora do mercado até hoje. O meu som é novo. Não tenho dúvidas disso. Mas sou um compositor de música popular. Em 1988, quando recebi o convite para ir para a *Documenta* de Kassel, na Alemanha, estranhei muito que não era o *(Gilberto)* Gil, o Milton *(Nascimento)*. Era eu, com um som diferente. Um negro fazendo um som diferente no Brasil. Isso é complicado. Ser diferente não significa que vai acabar com os outros. Não é isso.

Deveria ser encarado como um estímulo para todos, não é?

Mas é um estímulo. É que as pessoas entraram numa barca furada. A Elza Soares está aí, sempre esteve. Desceu do morro e foi cantar no mundo todo. Eu saí de São Paulo e fui tocar na Alemanha, um país onde é dificílimo ser aceito.

Os *shows* na Alemanha, parece, foram muito importantes na sua carreira. Por quê?
Porque no Brasil o que as pessoas diziam? "Ah, esse trabalho é maldito, é marginal, é vanguarda." Ouço Chico *(Buarque)*, ouço Milton, Caetano *(Veloso)*, Roberto Carlos, Chitãozinho e Xororó, tudo é música popular. E eu sou vanguarda, maldito... Comecei a desconfiar disso. Falei: "Epa, tem algo errado". Foi legal ter ido para a Alemanha por isso: fiquei esperto. Porque é tanto chumbo, sabe? "Ah, você é marginal, é maldito, vanguarda." Aí chega lá e os caras dizem: "Não, não é nada disso, você é um compositor de música popular, por isso estamos trazendo você aqui. Estamos interessados na sua cultura. Não tem nada disso de marginal, maldito. Vanguarda até pode ser, mas marginal, maldito...".

Não é angustiante fazer uma música de qualidade e não tocar no rádio? Como você encara isso?
Agora está tocando. Precisou muito para tocar. Já fui ansioso, já fiquei no desespero.

Você sempre quis tocar no rádio?
Não é que eu sempre quis. Não é assim. O que acontece é que as pessoas vão aos *shows*, aí elas querem ouvir no rádio, começam a sentir falta da música, começam a criar uma necessidade de ouvir em outros lugares. A política de rádio mudou. Antigamente era natural ir pro rádio. A minha música sempre esteve fora das gravadoras, que têm como colocar no rádio. Todo mundo sabe que a minha música é popular. Só que esse mecanismo ainda não estava funcionando plenamente. É um caminho. Quando você ouve uma propaganda com o Roberto Carlos cantando uma música da década de *(19)*60, você está vendo um investimento numa coisa que já foi muito apresentada. *Beleléu* não foi muito apresentado. *Clara Crocodilo* não foi muito apresentado. Mas daqui a pouco vai ser. Afinal de contas, não estamos mais tão escondidos assim.

O sambista Branca de Neve gravou "Nego Dito" e "Fico louco", e fez bastante sucesso. O que você achou disso?
Num primeiro momento, estranhei. Porque sempre estive muito concentrado na minha linguagem, que não tem a ver com samba. Mas depois pensei: legal. Branca de Neve tirou meu trabalho do limite em que ele estava, levou pra escola de samba, para um povo que não me conhece. Foi ótimo. Fez muito sucesso. Ganhou disco de ouro.

O seu instrumento de composição é o violão. Teve um momento na sua trajetória em que você resolveu tocar o baixo. Isso determinou a sua música?
Não, minha música foi que determinou que eu aprendesse a linguagem do baixo. Por que João Gilberto iria aprender baixo? A linguagem dele é aquela. Na minha linguagem, o baixo é muito importante. Na música, o baixo tem uma função de acompanhamento, de fundo. Eu tirei ele lá do fundo. Ele veio com a voz pra frente. Os instrumentos vieram pra frente, junto com a voz. Quando mixei o *Beleléu*, mixei dentro dessa concepção. Primeira coisa que me falaram: "Não estou ouvindo a sua voz". Eu falei: "Ouça de novo". É porque o ouvido não está acostumado com isso. O *Beleléu* está muito bem gravado. É um dos discos que mais gosto. Foi gravado em 16 canais. É um trabalho muito bom. Conversei muito com o técnico antes da gravação. Toquei baixo em quase todas as músicas. Tocar e cantar as minhas músicas é algo complicado. Para expressar a minha música percebi que tinha que aprender a tocar o baixo. O violão só não dava.

Isso tem a ver com o fato de você vir originalmente do terreiro, do batuque?
No terreiro não tem baixo, nem piano. Tive contato com o piano através do Arrigo. O baixo veio quando ouvi Jimi Hendrix. Aquele som me incomodou muito. Sempre gostei de clareza, sempre quis desvendar a música que estava ouvindo, e não conseguia entender a música do Hendrix. Entrei em depressão, comecei a achar que não era músico. Se não entendia uma música, como poderia ser músico? Passei a ouvir Hendrix assim: primeiro, ouvia só guitarra. Passava dias ouvindo só a guitarra. Depois, ouvia só bateria. Nisso, constatei que eram três instrumentos – guitarra, baixo, bateria – e não tinha harmonia. O que a gente chama de harmonia? Acordes no piano, acordes no

violão, acordes na guitarra. Não tinha acordes. Era solo, baixo, bateria. Tudo solto, distorcido. Não entendia aquilo.

Quem mais te impressionou, além de Hendrix?
Frank Zappa. Só que, depois de destrinchar o Hendrix, Zappa chegou mais fácil. Na verdade, cheguei ao Arrigo através do Jimi Hendrix. Facilitou pra entender o Arrigo. Percebe como é complicado fazer uma coisa nova na música? Não sei como é que vai ser o novo agora. Não quero nem saber. Estou tocando Ataulfo Alves. Pra refresco de tudo isso.

Por que você resolveu gravar Ataulfo?
É uma volta às raízes. A minha raiz é essa: pegar um violão e cantar. Agora, não é tão simples assim. (*Canta "Na cadência do samba".*) É complicado alguém fazer uma melodia assim. Minha formação foi tirar música de ouvido. Quando peguei Ataulfo, havia muitos anos que não fazia isso. Minha vida era só compor, compor. Tirei todas as músicas do Ataulfo de ouvido. Voltei a esse exercício. Peguei a obra crua e nua, um compositor vendo como o outro fez, para entender e aprender com isso. Foi como se eu deixasse um pouco o Itamar Assumpção de lado. Itamar Assumpção exige muito. Mas na hora de gravar o CD chamei a Banda Isca, que se formou comigo. Porque não podia ser o samba tradicional, arranjos tradicionais. Não sou assim. Tinha que ser Itamar Assumpção tocando Ataulfo.

E essa volta às raízes já está causando algum efeito no seu trabalho?
A volta às raízes é o seguinte: a consciência das canções. Se eu não fizer canções que todo mundo canta, não posso falar que sou um compositor de música popular.

Itamar Assumpção depois do Ataulfo Alves, como vai ficar? Está mudando?
Não, está confirmando. (*Canta "Mal menor", de sua autoria, gravada no álbum* Intercontinental.) Isso eu não ouço nas canções, essa progressão harmônica. Isso é Itamar Assumpção. Eu tenho que inventar. Mas tenho que inventar uma canção. Ela tem que soar, tem que fluir, embora não sejam convencionais essas misturas de harmonia que eu faço (*faz uma sucessão de acordes no violão*). Mas o Brasil é isso, essa mistura. Só o Brasil pode dar Arrigo e Itamar, Caetano e Gil. Essa coisa de dois descendentes de culturas

diferentes – um vem da cultura europeia, outro da africana – se encontrarem aqui. A cultura brasileira é nova nesse sentido, mesmo, claro. A cultura brasileira é o resultado dessa mistura. E isso é complicado. É mais fácil não entender, não ter consciência.

O Estado de S. Paulo *(Caderno 2)*, *7 de junho de 1996*

Luiz Melodia em tempos de harmonia

Luiz Melodia não dá mais bola quando o rotulam como um dos malditos da música brasileira. Rótulo absolutamente descabido, por sinal. Como pode ser maldito um artista que há quase trinta anos brinda os ouvidos brasileiros com melodias de rara nobreza e versos da mais fina elegância popular? Maldição não seria a vulgaridade deprimente de rádios e televisões que rebolam no compasso da "boquinha da garrafa"?

"Eu sou poeta lá do morro/ E foi assim que Deus me fez/ Cantando samba a noite inteira/ Eu sou mais forte/ Eu sou mais gente/ Eu sou um rei" – aos insultos ele responde com fina poesia. Carioca do morro do Estácio (1951), Melodia tem plena consciência do seu lugar na galeria dos grandes da música brasileira. Ao longo da carreira, gravou apenas oito discos – *Pérola negra* (1973), *Maravilhas contemporâneas* (1976), *Mico de circo* (1978), *Nós* (1980), *Felino* (1983), *Claro* (1987), *Pintando o sete* (1991) e *Relíquias* (1995) –, o suficiente para uma longa lista de clássicos. Quem não se lembra de "Estácio, holly Estácio": "Se alguém quer matar-me de amor/ Que me mate no Estácio"? Ou de "Pérola negra", que marcou época na voz de Gal Costa: "Rasgue a camisa, enxugue meu pranto/ Como forma de amor mostre seu novo canto"?

Arredio ao *establishment* musical, acabou recebendo a alcunha de maldito junto com outro artista genial, Sérgio Sampaio. Mas se não emplaca sucessos no rádio todo ano, a glória de tantas e belas composições assegura-lhe uma carreira finalmente estável. O suficiente para que possa continuar compondo sem muitos atropelos. Melodia está tão em paz que pensa até em tomar aulas de harmonia. Só para ampliar mais sua capacidade musical.

De calção e camiseta, estirado no agradável jardim da sua casa, em São Conrado, Rio de Janeiro, o Negro Gato fala de sua infância e juventude, da bandidagem nos morros cariocas, festeja a riqueza dos ritmos brasileiros, revolta-se com a vulgaridade da mídia eletrônica e critica a acomodação de artistas veteranos.

* * *

Nos anos seguintes a esta entrevista, gravada na primavera de 1996, Melodia se livrou do rótulo de maldito e passou a ter uma carreira cada vez mais consolidada. Lançou na sequência os álbuns 14 quilates *(1997),* Acústico ao vivo *(1999), primeiro disco de ouro de sua carreira,* Retrato do artista quando coisa *(2001),* Luiz Melodia ao vivo convida *(2003),* CD/DVD *gravado ao vivo com a participação de Zeca Pagodinho, Gal Costa, Zezé Motta, Elza Soares, Mahal (seu filho), Luciana Mello e o Coro da Escola de Música da Rocinha, e* Estação Melodia *(2009).*

* * *

Sérgio Sampaio tem uma música em que ele canta: "Luiz Melodia, melhores dias virão". Vieram melhores dias na sua carreira?
Acho que sim, até porque estou há algum tempo na música popular brasileira. Decepções e coisas boas, isso acontece com qualquer trabalho e comigo não é diferente.

Hoje a sua carreira está mais estabilizada?
Enquanto estiver trabalhando, atuando nos palcos, compondo e gravando discos, mesmo que seja de quatro em quatro anos, não tem diferença. Desde que eu possa fazer um disco de nível bom, está tudo bem.

Você está preparando um novo disco?
Não estou exatamente preparando. Estou elaborando, mas com muita, muita lentidão. Não está nada definido ainda. Tenho muitas músicas. Mas penso em entrar em estúdio o mais rápido possível ou até assinar um contrato, já que estou sem gravadora. Estou à espera de uma nova assinatura. Mas já estou pensando no que pode entrar em um disco.

Você tem duas letras inéditas do Torquato Neto?
É, e uma só eu musiquei. Musiquei até um pouco próximo do suicídio dele. Torquato foi uma pessoa muito importante na minha carreira. Foi um dos primeiros a falar do meu trabalho. Ficamos amigos pra caramba. A música se chama "Começar pelo recomeço", que é um bolero, muito bonito. Posso cantar um pedaço. Quer ouvir?

Mas claro.
(Cantando): "Não vou lamentar, lamento muito/ Mas agora não dá/ Não me lembro mais do tal momento/ Que você me deu/ Que você me deu/ Doeu, meu bem, doeu/ Mas não vou lamentar/ O que nem sequer aconteceu/ Agradeço/ Mas prefiro recomeçar/ Pelo recomeço/ Agradeço seu preço/ E o seu endereço/ Peço perdão". Tenho cantado nos *shows*. Quando falo que é parceria com Torquato as pessoas ficam encantadas.

Ele nem chegou a ouvir a música?
Nem chegou. Logo depois ele faleceu. E ficou uma outra letra que está perdida nos meus papéis. Quando achar, quero musicar. Quero fazer outras coisas também. Ganho muitas letras, mas pra sentar e botar melodia em tudo não dá. Prefiro trabalhar com muita calma, muita calma. Gosto de trabalhar com tranquilidade. É o meu tempo.

Já li em entrevistas você dizendo que é uma pessoa lenta. É isso mesmo?
Lenta no sentido de tranquilidade, de fazer as coisas com mais precisão. Mas sou um cara muito ágil quando parto pra finalizar os meus trabalhos. Tanto que nunca fiquei muito tempo em estúdio.

Como é seu processo criativo? Letra e música nascem juntas?
É junto. Não tenho dificuldade pra escrever, mas é sempre muito confuso

quando tento fazer só a letra; rasgo milhares de papéis. Escrevi uma letra há algum tempo e pensei em entregá-la para o Frejat, mas a minha timidez era tão grande que aquela coisa começou a ficar apavorante. Um belo dia eu viajei e minha mulher, Jane, entregou a letra ao Frejat e ele fez a música.

Qual, "Na calada da noite"?
Pois é. Acabou virando a faixa-título do disco do Barão Vermelho. Mas geralmente componho junto, letra e música. Escrever só a letra, mandar pra alguém, bem pouco. Minhas principais composições acontecem dessa forma, ali, com o violão, fazendo a letra e a música. São dois instrumentos, a voz e o violão.

De onde vem a sua poesia?
Vem do dia a dia. Tem um lado meio romântico no que escrevo, que ficou muito marcante. Na minha adolescência era época da Jovem Guarda, eu ouvia Renato e Seus Blue Caps, Golden Boys, Deny e Dino. Claro que, com o passar do tempo, foram chegando outras informações. Eu ouvia muito rádio. Meu pai tocava também, foi músico. Tudo isso foi me influenciando.

Na sua casa era costume ter roda de músicos tocando com seu pai?
Na minha casa não, mas acontecia nas ruas, encontros de amigos dele. Tinha serenatas, aqueles encontros na madrugada, aquelas boemias. Depois ele entrou pra Igreja Batista. Inclusive frequentei a igreja, dos 5 até uns 15 anos. Acabei abandonando, até porque já estava interessado seriamente na música e não dava pra acompanhar meu pai. Era o que ele queria, mas ficou difícil. Não sou um ateu, mas também não sou aquele cara de seguir uma igreja, de manter aqueles rituais.

A Igreja Batista tem corais, bandas, né?
Tem, tem, lógico.

E você pegou alguma coisa disso para a sua música?
Eu participava muito timidamente. Eu e minhas irmãs cantávamos às vezes nos corais, achava lindíssimo, me faziam lembrar *gospels*. A Igreja Batista tem esse lado meio americano. Curtia pra caramba. Deve ter alguma influência também. Foi uma das coisas que fizeram parte do meu dia a dia, da minha infância.

Você é um poeta, um compositor popular, que jamais esteve na universidade. Como é isso? Tinha uma poesia do morro na qual você estava ligado?
Tinha, claro. Eu ouvia muito rádio. Tocavam cantores da época que faziam sucesso, como o Zé Keti, outro compositor que não tinha nenhuma formação universitária e que fazia letras interessantíssimas. Sou uma pessoa que teve pouco estudo, estudei até o ginásio só. Não consegui estudar mais, até porque me enveredei pela música. Mas, independentemente dessas coisas, acho que deve ter uma graça, que não sei de onde vem. Logicamente, se você puder aprimorar, é melhor, mas de uma forma que não toque nessa coisa sensível que você recebeu. O que faço, o que escrevo, é do dia a dia, e acho que me dei bem. Lembro que no início havia uma implicância com relação às minhas letras. Mas só sei fazer isso, esse tipo de letra. Elas é que me fizeram estar dentro da música, então é nelas que tenho que acreditar. Se escrevesse algo diferente talvez nunca aconteceria o que vem acontecendo, essa consagração dentro da música popular brasileira.

Que tipo de implicância havia? Diziam que eram desconexas?
Algumas pessoas me cobravam isso. Para mim, pouco me importava. Era aquilo que eu queria escrever.

Você planeja escrever sobre esse ou aquele tema? Ou os versos vão surgindo?
Se me mandarem um tema para desenvolver, não sei se vou conseguir.

Mas então como aparecem as letras, vão surgindo frases na sua cabeça?
É muito difícil explicar. É o que faço, é assim que componho.

E a sua música, como se situa dentro da música brasileira?
Existe uma variedade de gêneros musicais no nosso país. Tive a oportunidade de ouvir tudo. Em todos os meus discos procuro botar todos os gêneros musicais possíveis. O *blues*, por exemplo, é uma coisa de que gosto muito. Mas nunca penso: bom, vou gravar só *blues*, ou só samba. Acho que até pela facilidade com que coloco todos os gêneros musicais – samba, *funk*-samba, *reggae*, xote –, meus discos são bem diversificados. Acho bom isso. Não vou mudar.

Você acha que essa diversidade acontece justamente pelo fato de você ser brasileiro?
Imagino que, sendo brasileiro, você tem muito mais facilidade. Se eu fosse um estrangeiro e ficasse um ano viajando pelo Brasil, acho que ficaria um tanto surpreso. Há tanta riqueza na música. É assim que eu vejo: estou com a faca e o queijo na mão. Por que não? O Brasil dá pra caramba. Xotes, xaxados, samba, samba-*reggae*, frevos... Ô meu Deus do céu, por que não?

A mídia expressa essa riqueza brasileira?
Acredito que as pessoas são muito mesquinhas diante disso. Falo no geral: os empresários, as pessoas que podem investir na parte cultural do nosso país. Não vejo com tanta firmeza essa atenção para com a nossa música. Poderiam estar mais atentos à cultura, se envolver mais com o nosso trabalho, que é muito interessante.

Itamar Assumpção me falou uma vez que, no começo da carreira dele, quando ia nas gravadoras mostrar suas músicas, cansou de ouvir comentários do tipo: "Suas músicas são legais, mas você assim, negão, por que não grava samba?". Você enfrentou esse tipo de situação?
Não só enfrentei como até hoje, às vezes, vou fazer *shows* em alguns lugares onde as pessoas não estão muito ligadas no meu trabalho, e algumas delas fazem essa pergunta: "Você é de qual pagode"? *(Risos.)* São pessoas ignorantes, que não têm nenhuma noção do que eu faço, assimilam mais a cor. E porque realmente, aqui no Brasil, os grandes destaques do samba são negros. Ficou aquela coisa característica do negro ser sempre sambista. Não. Acho que as coisas mudaram pra caramba. Quando desci do morro de São Carlos levei a grande porrada que foi essa.

Cobravam essa atitude?
Só me cobravam. Como ele não faz samba? Olha só que preconceito absurdo. Mas o que eu estava fazendo era uma coisa de nível, que precisava de atenção. E as pessoas que me deram a maior atenção foram a Gal Costa, o Waly Salomão. Foram pessoas que participaram durante um tempo da minha carreira. O Waly foi quem me apresentou à Gal Costa e quem começou a falar do meu trabalho. O Torquato também, e até o Nelson Motta. Foram essas pessoas que fortificaram essa raça negra que está aqui.

Mas o samba continua tendo uma ligação forte com a identidade do morro, certo?
Isso é claro, com certeza. E sempre vai ter. Apesar de certas formas que se comercializem, às vezes até se banalizem, coisas que nem digo que sejam samba, um samba original, samba benfeito, com classe. Agora virou uma vulgaridade na música em geral no Brasil. Creio que seja apenas uma fase. Mas tem o samba que é criado mesmo no morro. Existem compositores atuais, que têm um tempo de carreira nos morros, que ninguém conhece, que nunca foram gravados, pessoas de alto nível, que escrevem bonito pra caramba.

Quem, por exemplo?
O Maguila, o Mizinho, pessoas da minha idade. São bons compositores, que gravaram alguns discos, mas que não foram divulgados. O Marquinhos Satã.

Existe realmente esse tipo de mentalidade: se é do morro, tem que fazer samba. Parece que é aquela visão meio folclórica. Por outro lado, tem também aquele tipo de oportunista, uma lourinha que chega dizendo, "eu sou negona e a gente tem que modernizar esse negócio". Como você reage diante dessas duas posturas?
Acho que tem um lado radical do negro dizer que tem que ser só aquilo, e do outro uma coisa superficial, com toda uma estética falsa. Não concordo nem com um nem com outro. Tem uma coisa de gravadora, da mídia, que é oportunista também. E tem os caras que estão participando desse oportunismo. Torna-se uma coisa tão vulgar que o bom compositor nem acredita no que está havendo. Eu mesmo inúmeras vezes fico constrangido, com vontade de dar um tempo muito longo diante da música. Não desacreditando que haja pessoas boas, só que essas você pode contar a dedo. Mas discordo quando ouço umas artistas falando da música popular brasileira, de que não tem bons compositores. Isso é mentira, pura cascata. É comodismo.

Existe uma acomodação na música?
Existe, claro. Principalmente por parte das cantoras. Existem compositores bons pra caramba e são vários. Agora, você tem que ter cuidado. Deixar por conta de produtores, de querer coisas comerciais, coisas que possam vender

milhões de discos... Estamos num país rico musicalmente, não canso de falar. Mas ficam os cifrões na frente. Isso dificulta pra caramba o andamento de qualquer outro bom trabalho.

Você tem oito discos gravados, uma obra rica musical e poeticamente. A gente liga o rádio e quase que só ouve lixo. Raramente se ouve um Melodia. Como se sente com isso?
Lógico que não é agradável. Nem é desagradável, porque tenho a minha força, estou me mantendo com o meu trabalho. Pode haver dificuldades, mas estou me mantendo. Tenho um trabalho de nível. Algumas vezes fiquei magoado. Às vezes me passa uma mágoa diante do que você me perguntou, mas tenho que trabalhar, tenho que fazer. Não posso ficar forçando a barra, ou me enfeitando, ou ficar descaracterizando o meu trabalho para que a mídia o veja. Não estou a fim de deixar o meu trabalho estagnar. Então, acho que tem que prestar mais atenção. Não só em mim, mas em uma porção de pessoas que estão fazendo e que merecem uma atenção já há muito tempo.

De onde vem a sua fama de difícil, maldito?
Nunca dei atenção a isso porque tenho confiança no trabalho que faço. Mas esses rótulos, logicamente, dificultam. Sempre foi difícil você discutir por aquilo que você quer. Você acha que Caetano, Gal Costa, Chico Buarque não bateram o pé, não tiveram dificuldades com gravadoras? Não sou o único que tem dificuldades. Todos tiveram. Quem faz um trabalho sincero, honesto, vai encontrar dificuldades. De repente me rotulam de inúmeras formas. Vou ficar sendo rotulado, o que vou fazer? Tenho que dar continuidade ao meu trabalho. Trabalho pra caramba.

Está fazendo bastante *shows*?
Muito. Agora, é engraçado, faço pouquíssimos *shows* aqui no Rio. Às vezes até *shows* interessantes que eu poderia fazer, não me convidam. Muita gente pensa que estou sem trabalhar porque quase não faço *show* aqui. Não, o Brasil é imenso. Viajo esse país todo. Não dependo de vendagens de disco. Tenho o maior respeito nas cidades em que viajo. Talvez até mais do que no Rio. Sou meio à margem aqui. Mas gosto muito do Rio de Janeiro. Costumo dizer que aqui é o meu sítio, a minha fazenda. Venho aqui pra descansar. Trabalhar, só lá fora.

Você pensa numa formação ideal pra sua música? Por exemplo: cavaquinho, flauta, violão, guitarra, bateria e baixo?
Vivi todas essas coisas com tanta intensidade que é difícil escolher entre um ou outro. Porque essa coisa das cordas era o que eu vivia constantemente no morro. Depois é que vem mais a música de guitarra e tal. Antes disso tinha o rádio, eu ouvia desde Ângela Maria até Francisco Alves, *jazz*, Louis Armstrong ou então Nat King Cole – meus tios tinham esses discos. Eu ouvia toda essa rapaziada e muita salsa, muito samba. Teve uma época que a música cubana era o maior sucesso no Brasil, música latina.

Você ouvia muita música cubana?
Pra caramba. Meu tio tinha pilhas e pilhas de discos de salsa, merengue, calipso, tudo em 78 rotações.

Mudando um pouco de assunto, no seu disco *Mico de circo* (1978), você homenageava o Cara de Cavalo, o Mico Sul, bandidos dos morros. Como você compara a bandidagem dos anos (19)60 e a de hoje?
Acho que hoje tem um abuso de poder, de força armada, porque a bandidagem está usando muita arma. E esse descontrole de desemprego, de migrações, começa a criar uma massa humana sem opções de vida. Então, o sujeito pega uma arma, pelo menos está mais em conta. Você pode ter uma arma a preço de banana. O índice de mortalidade de crianças ligadas a drogas está assustador. A malandragem do passado era uma coisa muito mais respeitosa. Conheci Mico Sul, Neném Russo, Cara de Cavalo, mesmo com toda a ignorância que às vezes algum deles tinha, enfim, mas havia uma educação, algo respeitável. Agora está muito escancarado, tanto polícia quanto bandido. Não sou tão velho assim, tenho 45 anos, mas tive oportunidade de ver uma bandidagem mais elegante, mais distinta. Hoje em dia qualquer menino está armado, é uma coisa apavorante. Quando fiz essa homenagem nesse disco, foi até por isso: eu os sentia como heróis. Não que eu esteja querendo proteger nenhum bandido nem nada disso, mas acho que havia uma lealdade, tinha respeito na comunidade. Sou uma pessoa nascida e criada no morro. Logicamente, jamais vou deixar de ir ao morro, porque é minha raiz. Estou sempre indo na casa dos meus irmãos, das minhas irmãs, é um instinto. Não fui criado em universidade, fui criado lá. Meus parentes, meus amigos estão lá. Só que vou com pouca frequência. Com essa loucura toda,

tráfico, bandidagem, bala perdida, enfim, esse desencanto com o sistema, se você marcar, fica paranoico.

O Hélio Oiticica, que era um cara classe média, ia muito ao morro também...
Pois é, tinha uma turma da Zona Sul que estava sempre lá, pelo menos lá onde nasci, em São Carlos, no Estácio. Ficavam fotografando, ou conversando, a gente tocando violão, eles ouvindo. Hoje em dia você não pode. Às vezes tem que pagar pedágio, coisas mais ridículas, mais absurdas acontecendo. Não acredito no que estou vendo. Isso tudo engloba uma porrada de coisas: a facilidade com que as armas entram, a quantidade de crianças nas ruas, o egoísmo dos empresários, que só pensam neles...

Lembrando do Hélio Oiticica, do Torquato, havia também um diálogo maior entre a classe média e o morro, não havia? Hoje o cara só sobe o morro pra comprar cocaína e cai fora, não é?
Ficou um mercado livre. Ou de arma ou de cocaína. Ficou uma coisa escancarada. Aí você vê a diferença clara de uma época para outra. O que o Hélio Oiticica fazia era um barato. Era arte. Ele tinha uma vontade imensa de ver aquela coisa viva na frente dele, aquelas pessoas do morro, que ele podia trabalhar com a maior sinceridade, positividade. Foi o que ele viu o tempo todo em que frequentava a Mangueira. Montou os *Parangolés* dele lá. Foi uma época muito bonita. O Waly conta que, quando veio pro Rio de Janeiro, ele queria ficar mais nos morros do que em qualquer outro lugar. Porque é onde tem a novidade. Apesar dessas condições que nós estamos vivendo agora, é o lugar onde ainda tem beleza, tem criatividade, é o lugar onde você pode rir. Não tem só a bandidagem. É muito legal você passar uma tarde no morro.

Suas músicas começaram a aparecer mais no comecinho dos anos (19)70. Como foi a efervescência desse período na sua vida?
Tudo era explosivo. Eu era novidade na boca de Gal Costa, de Bethânia. Na época eu estava servindo o Exército. Lembro que, às vezes, queria ligar para a Gal Costa do quartel, mas morria de vergonha, não tinha intimidade ainda. Estava sentindo uma mudança na minha vida, na minha carreira. Já havia participado de programas de calouros, cantava nos morros mesmo, tinha banda, tinha um grupo chamado Instantâneos, depois Filhos do Sol,

depois fizemos uma dupla, eu e Mizinho. Na época, estava descobrindo a Zona Sul, pois até então vinha muito pouco. Até porque meu pai dizia, "Não, lá é lugar de pessoas de bem". Tinha aquela diferença, eu sentia que meu pai, se ele pudesse, nos afastava o tempo todo da Zona Sul. Aquela coisa de inferioridade. Lembro claramente isso. Quando comecei a conhecer a Zona Sul, era convidado pra *shows* de pessoas que eu nem conhecia, era aquela coisa tímida pra caramba, não ficava muito tempo.

Antes da Gal gravar "Pérola negra" você já tinha convicção de que ia ser um profissional da música?
Não, nunca pensei, não. Aconteceu repentinamente. Aconteceu das pessoas subirem o morro, eu conheci o Waly. Nem sei mais o que eu pensava na época. Compunha, mas por lazer mesmo. Tudo aconteceu de repente. O Waly me convidou pra ir à casa da Gal Costa, fui com ele, mostrei "Pérola negra", ela achou um barato, disse que tinha a ver com a época. Foi uma música muito forte na carreira dela também. Foi uma música de explosão, que teve o maior destaque naquele *show*, o *Gal Fa-Tal*. Tudo foi bonito, a direção daquele *show*, a alegria, a juventude dos anos (19)70. Foi muito bom pra todo mundo.

E como foi esse momento pra você? Um cara do morro, meio distante da Zona Sul, e de repente toda aquela badalação. Mexeu muito?
Nunca tive grandes dificuldades no palco, não era inibido. Tímido, sim, mas fora do palco. Automaticamente vi que poderia seguir minha carreira tranquilamente, mas nunca pensei que uma música de sucesso pudesse mudar tudo repentinamente. Comecei a ser muito assediado, de maneira muito rápida, e não tinha uma pessoa trabalhando comigo. Acho muitíssimo importante ter uma orientação, até porque se você não tiver equilíbrio pode perder tudo de maneira muito rápida. Quando aconteceu "Juventude transviada", que foi o maior sucesso meu, era *show* praqui, prali. Lembro que fiquei um pouco zoado, isso me abalou bastante. O sucesso é sempre uma coisa muito louca, essa explosão. Claro, quero que o meu trabalho seja conhecido, mas não quero aquela coisa feroz; esse assédio me deixa meio assustado. Na época aconteceu isso. Talvez, se eu tivesse uma segurança, a minha carreira tivesse uma consistência, né? Porque era uma época mais sensível da minha carreira, e eu fui pra Salvador. Eu me perdi.

Saiu fora?
É, fiquei um tempo lá em Salvador. Fiquei uns oito meses. Fui me reconstituindo e hoje sei lidar muito mais com isso. Você vai amadurecendo, se aprimorando. Pra manter uma carreira artística não é fácil. Não pense que é só gravar um disco. Mentira. Quem tem uma carreira sólida teve que ralar. Tem que ter uma estrutura muito sólida pra que você possa ficar só compondo. Mas mesmo aos trancos e barrancos creio que estou levando bem minha carreira.

Você está novamente sem contrato com gravadora?
Sem contrato. Mas em breve você já vai poder saber. Não quero adiantar, mas em breve vai ser resolvido.

A música do Luiz Melodia continua Luiz Melodia?
É, creio que não vai mudar, não. Estou pensando em tomar umas aulas de aperfeiçoamento. Sou uma pessoa autodidata. Queria aproveitar pra estudar um pouco de harmonia. Mas não vou mudar, só vou aprender umas harmonias, pra poder ampliar o meu trabalho.

Então em breve pode pintar o Luiz Harmonia *(risos)*?
Pode ser *(risos)*. Mas não é pra me transformar num músico clássico, banquinho, não... Mas um cara mais ousado com as harmonias. Acho que vai ser muito legal pra minha carreira e pras minhas composições.

O Tempo *(Caderno Magazine)*, 23 de janeiro de 1997

Hermetismos Pascoais

"Primeiro veio o silêncio. Em seguida veio o parto." Assim Hermeto Pascoal explica seu *Gênesis* particular, sua mitologia própria. Trocando em miúdos: o primeiro som que traz na memória é o do seu próprio nascimento. Segundo ele, o som mais importante. Para um talento nato, quase inexplicável, que veio ao mundo para transformar qualquer som em música, isso significa que Hermeto nasceu de fato com a música correndo em suas veias. Não há o que discutir.

Filho de um agricultor, neto de um ferreiro, esse alagoano nascido em 1936, na minúscula Lagoa da Canoa, na época pertencente ao município de Arapiraca, é conhecido no Brasil, nos Estados Unidos, na Europa e no Japão por tirar som de qualquer "instrumento", de uma chaleira cheia de água a uma flauta transversal, de uma panela de barro a um piano, de um talo de abóbora a um bombardino. Frequentando os mais importantes festivais de *jazz* do planeta, o espanto diante de sua música sofisticada, incomum e surpreendente invariavelmente se traduz em três substantivos: gênio, bruxo, mago.

Sua genialidade está generosamente distribuída em mais de vinte álbuns próprios e algumas dezenas de participações em discos de outros compositores. *A música livre de Hermeto Pascoal* (1973), *Slaves mass* (1976), gravado nos Estados Unidos, *Zabumbê-bum-á* (1979), *Ao vivo Montreux Jazz Festival* (1979), *Cérebro magnético* (1980) e *Lagoa da Canoa, Município de Arapiraca* (1984), figuram entre alguns de seus clássicos.

Tocando desde criança em parques de diversão, festas de casamento e arrasta-pés do Nordeste, sua carreira despontou pra valer com a formação do Quarteto Novo, já em São Paulo, em 1966, no qual se encarregava do piano e da flauta, junto com Heraldo do Monte (viola e guitarra), Theo de Barros (baixo e violão) e Airto Moreira (bateria e percussão), com quem gravou um disco no ano seguinte. Daí pra frente, a fama correu mundo. Em 1969 já estava gravando dois discos com Flora Purim e Airto Moreira, além de Miles Davis, nos Estados Unidos. Em 1978 toca no I Festival Internacional de Jazz, em São Paulo, e no ano seguinte no Festival de Montreux, na Suíça, e em Tóquio. Na década de (19)80, excursionando com frequência pela Europa, sua "Suíte Pixotinha" é executada pela Orquestra Sinfônica de Copenhague, em concerto transmitido por rádio para grande parte do continente.

Mais do que nos discos, a impressionante inventividade de Hermeto se manifesta com maior intensidade ainda em seus concertos, que têm hora para começar, mas nunca se sabe quando acaba. Dado a longos e imprevisíveis improvisos, ele é capaz de levar para o palco um porco, um galo ou um vendedor de amendoins e transformar suas vozes em solos impressionantes, em meio ao emaranhado de complexas harmonias. Pode parecer estranho para o ouvinte desavisado, mas é completamente natural para esse bruxo que ouve e organiza a música das esferas. "Não existem instrumentos não musicais. O som é música. Pra mim, tudo é instrumento, tudo é música."

* * *

Conversar com Hermeto Pascoal é tão fascinante quanto assistir a um concerto dele. De fato, ele transpira música, fala com entusiasmo, se empolga, imita os sons dos instrumentos. A gravação da entrevista, no inverno de 1987, durou mais de duas horas. Depois, continuamos conversando. Ao final, ele já nem tinha mais noção de tempo. Às vezes dizia assim: "Ademir, como eu estava te falando ontem...".
Na época, o compositor estava lançando o disco Só não toca quem não quer *e tocaria no Free Jazz Festival, em setembro, na mesma noite de Miles Davis. Nos anos seguintes gravaria ainda* Hermeto solo – Por diferentes caminhos: Piano acústico *(1988),* Festa dos deuses *(1992),* Hermeto Pascoal/Pau Brasil – Série Música Viva, ao vivo

(1993), Eu e eles *(1999)*, Mundo verde esperança *(2002)*, Chimarrão com rapadura *(2006)* CD e DVD, e Bodas de latão *(2010)*, com Aline Morena, entre outros.

* * *

Para um músico, que trabalha com sons, o que significa o silêncio?
O silêncio é a partida para o som. O som mais forte é o silêncio. Se você vai pintar um quadro, tem que pegar um papel branco, ou preto, um papel de uma cor só, para começar a criar. O silêncio é isso; é uma coisa só, que nos dá várias opções. É do silêncio que a gente começa a escolher a intensidade do som.

Qual a relação que você estabelece com os instrumentos quando vai criar?
Os instrumentos não são diferentes. São todos da mesma família. Na música clássica, as pessoas que estudam muita teoria costumam separá-los. Eu acho que todos os instrumentos podem fazer qualquer função. Um pode fazer a função do outro. A flauta, pra mim, também é um instrumento percussivo. Os harmônicos dos instrumentos são todos iguais.

Você estabelece diferenças entre instrumentos musicais e não musicais?
Não existem instrumentos não musicais. Uma garrafa é tão importante quanto um saxofone. Tem coisas que a técnica nunca vai poder captar, nunca vai poder gravar. Mas, através da minha imaginação, eu escuto esses sons. E sons que eu escuto, às vezes, não posso transmitir. Como vou transmitir se não tenho um aparelho físico que possa fazer isso? Não adianta falar essas coisas que ninguém vai entender. É muito louco. De repente você bate numa parede, escuta determinado som, mas sabe que ninguém está escutando. Se você fala, dizem que você é louco. Tudo isso depende da concepção das pessoas. Na minha cabeça é assim.

Em que momento um som começa a se transformar em música? Ou o som em si já é música?
Já é música. O som é música. Música é som. Pra mim, tudo é música. Até as falas. Tudo também é instrumento.

Você já incorporou até animais em alguns *shows*. Como é esse trabalho? É uma coisa programada? Você, por exemplo, arruma um jeito de um cachorro latir na hora que você está querendo, ou você trabalha em cima do latido espontâneo do cachorro? Como é?
Trabalho justamente com a espontaneidade do animal. Porque, senão, aí eu seria um animal. Iria tirar a liberdade dele. Dizem que animal é irracional, que não entende. Na minha casa, o primeiro filho que chegou falando isso, eu disse: "Olha, meu filho, você está proibido de falar isso. Não diga nunca que o animal é irracional. Irracional é o animal que te falou isso".

Você já trabalhou com galo, com leitãozinho, com cachorro. Tocando com eles, você percebe que eles criam um envolvimento com aquele som todo que está rolando?
Se não criassem, eu não teria como fazer nada com eles. Não tenho, como num circo, um animal fixo pra mim. Não tenho um animal, não crio. Porque não quero que um animal que eu crie seja um animal diferente dos outros. Sinto que todos têm sensibilidade.

E por que trabalhar com animais?
Acho que os animais são justamente os instrumentos mais autênticos, mais naturais que existem na Terra. É de onde vem o verdadeiro som das coisas. Os sons de muitos instrumentos, talvez inconscientemente, são inspirados em animais. O saxofone, por exemplo, tem muita semelhança com o pato. Tem aquela história de que a cobra sente não sei o quê quando alguém toca flauta. Tem gente que acha que a flauta tem muito mais afinidade com o peru. Tudo isso tem muita magia. O músico é um cara mágico.

Você tem esse lado do músico como um mágico. Sempre falam: "o bruxo Hermeto Pascoal". Mas também é um compositor que estuda muito, que ensaia diariamente com seus músicos. Como é sua relação entre estudo e improviso?
Ninguém pode improvisar sem tocar bem o instrumento, sem ter segurança. É igual a você dirigir um automóvel. Quando você vai aprender, fica olhando para o câmbio e o instrutor diz: não pode olhar, senão você não olha pra frente e pode bater. Chega um ponto em que você não olha mais para o câmbio, para os seus pés, para trocar de marcha. O músico tem que dominar o instrumento

a esse ponto. É daí que vem a liberdade para a improvisação. Pra improvisar, a pessoa tem que ter consciência. A improvisação é a liberdade sobre o que você sabe fazer. A improvisação não tem medo de errar. Saber errar. Quem sabe errar também sabe acertar. E quem não sabe errar também não acerta. Porque ele não sabe o peso do erro. Muita gente pensa que improvisação é se atirar sem saber o que vai acontecer. Isso não é improvisação, é descuido, é relaxamento, é irresponsabilidade. Estou inclusive mandando um recado para os músicos. Quando você vê alguém batendo no piano, dando pancada, preste atenção, não generalize. Porque a maioria não sabe o que está fazendo. Tem gente que sabe o porquê de estar fazendo aquilo. Que eles prestem atenção, pra aprender a bater. E se quiserem bater sem saber por quê, não batam, não façam isso. O instrumento não merece essas coisas.

Essa sua alma de improvisador tem a ver com a mistura de raças que é o Brasil?
Claro. Tem muito a ver. Improvisar é uma união. Quando você improvisa, você conhece mais coisas. Lembro que, quando comecei a tocar, algumas pessoas diziam: "O Hermeto toca só dois acordes". Alguns destruidores. Eu dizia: "É mais difícil você criar em dois acordes do que em muitos. Estou tocando muito em dois acordes porque conheço todos". Agora, é muito mais difícil você tocar em dois. Em um, nem se fala. Porque aquele acorde passa a ser um fio de aço pra você se equilibrar em cima. Só que, em vez de ser uma pessoa só, são várias, ao mesmo tempo, se equilibrando sobre um mesmo cabo de aço. A improvisação de dois acordes depende mesmo da capacidade e da criatividade do músico. E, com muitos acordes, basta o músico conhecer harmonia, ser técnico. Ele toca. Mas sai um negócio muito técnico, muito construído. Com muitos acordes o cara tem que estudar antes. No fundo, ele prepara. Tecnicamente já está tudo preparado. É como fazem os americanos. Eles estudam escalas para cada acorde, depois juntam aquele monte de escalas, você escuta pela primeira vez e pensa que o cara está criando aquilo tudo, com aquela técnica perfeita. Mas aquela técnica perfeita já foi estudada antes. Isso não é criatividade. Isso é análise. Ele não está criando nada, porque ele cria a primeira vez – e depois? Fica repetindo aquilo a vida toda. Eu prefiro começar de uma música, largar o cacete, ter consciência de todos os acordes, de harmonia, de tudo, para improvisar com mais segurança, mas ao mesmo tempo eu desligo de qualquer preocupação, pra poder criar. Se crio de verda-

de, se faço surpresa de verdade, ela tem quer ser minha surpresa primeiro, tem que sair de mim. Nos *shows* as pessoas sempre me perguntam: "Hermeto, qual a surpresa de hoje?". Se é surpresa, como eu posso saber? É surpresa pra mim também. Nem eu sei. Improvisação é isso. Antes de tudo precisa ter consciência e segurança do trabalho.

Você vem do Nordeste. Qual a importância do ritmo pra você?
Ih, rapaz, eu gostaria mesmo de falar sobre isso. Vai ser muito importante. Em todo o Brasil está uma peste esse negócio de ritmo, o ritmo está demais. Todo mundo só toca *rock*, em ritmo de *rock*. Os bateristas só fazem isso: pum-pá-sicupum-pá. Eles não saem disso. Só muda o nome do baterista. É muito pobre. O que caracteriza a música de um país são os seus ritmos. Não é a música que é brasileira. Os ritmos é que são característicos. A música não tem fronteiras, os ritmos, sim. Mas o povo é enganado nesse ponto. O Brasil pode ser subdesenvolvido em várias coisas, mas na música este é um dos países mais ricos do mundo. As gravadoras precisam levar mais a sério e informar o povo de uma maneira melhor. De ritmo nós estamos muito bem, graças a Deus. Nós só precisamos tomar esses cuidados. E isso eu sempre tomei. É muito difícil alguém descrever o meu trabalho. Porque esse trabalho é universal. Não tenho nenhum tipo de preconceito com música de país nenhum. Luto pela qualidade da música.

Você sempre critica muito...
É pra construir. Quando critico, faço com muito carinho.

Você critica muito o *rock*. Não há nada de bom no *rock*?
Critico a falta de cuidado. Nós temos muita facilidade de assimilar outras coisas. Por isso, deveríamos ter mais cuidado. Não sou contra o *rock*. Adoro *rock*. Mas depende de como o *rock* é tocado. Muitos discos de *rock* você tem que escutar apenas uma faixa. As outras não mudam nada. Até de música clássica, você escuta uma faixa e acabou também. Nunca uma faixa de um disco meu é igual à outra. Você escuta o disco todinho. Eu misturo tudo. Principalmente a parte rítmica.

Por que a música tem caído tanto em qualidade, na sua opinião?
Não é pela falta de capacidade dos músicos. É por relaxamento. Porque o mú-

sico faz concessões. A fonte da música é o músico. Se você planta o seu roçado bem, vai colher bem. Não faço música ruim, posso falar. O músico está relaxando. Infelizmente, numa quantidade muito grande. O músico tem que acreditar na sua força. Na hora que enxergarem isso, nós vamos pra frente de novo. A música é universal. Todas as músicas do mundo são misturadas. Mas é preciso ter cuidado nessa mistura. É como fazer uma feijoada. Se não fizer benfeito, fica uma coisa indefinida e sem gosto.

Você tem ouvido aberto pra tudo?
Tudo. Às vezes não me expresso direito. Dá a impressão de que estou criticando. Estou criticando pela maneira como a coisa é feita. Música não é moda.

A mídia está fazendo um desserviço ao ouvido público?
Vou comparar isso com a democracia. A democracia foi muito boa, está sendo, está começando a ser muito boa pra outras coisas, menos pra música. Porque são os poetas que estão falando muito em música e eles não são músicos, está entendendo? Ninguém me convida para ir a Brasília falar com o presidente da República. E eu, modéstia à parte, sou tido como um dos músicos mais importantes do Brasil e do mundo. E nunca fui convidado. Nunca. Será que é porque não sei falar bonito o português? Mas os que falam bonito têm obrigação de entender o sentido das palavras de quem fala. Quem é convidado pra falar são os intelectuais. Não que eu tenha raiva disso. Não tenho. Mas eu, que sou um dos que cuidam muito bem da música no Brasil e no mundo, acho que poderia esclarecer muita coisa. Acho que está muito doente essa coisa que se refere à informação do povo. O povo está comprando, comprando, sem saber o quê. Essas coisas que estão tocando fazem mal pra alma. Não estão levando a sério. É tanta coisa horrorosa.

Você acha que música e comércio não falam a mesma linguagem?
Poderiam falar, se não pensassem muito em quantidade. Se não tivessem tanta ganância. O que é música comercial? Música comercial, pra mim, é a música que o povo gosta. A música que falam que o povo gosta é mentira. Impõem isso, tocam toda hora. O cara é obrigado a engolir. Música ruim, de consumo imediato. Ninguém gosta de comer feijão podre, gosta? A música comercial, no sentido em que falo, é aquela que você toca e o povo gosta

mesmo e continua escutando. Não é aquilo que você escuta um mês e acabou. A música hoje no Brasil é como roupa, é moda. Música boa dura. E dá dinheiro. É um dinheiro que não para, as gravadoras ganham sempre.

Pra você, um *show* é uma festa?
É. Assim como a igreja deveria ser uma festa. Muita gente pensa que festa é desrespeito. Não. Festa é alegria. É um templo, um templo alegre, não pode ser nada formal, carrancudo. Por isso o meu trabalho é respeitado e, ao mesmo tempo, sou um cara informal. Vou contar uma história: fui num restaurante no Rio, há algum tempo, e um vendedor de amendoim veio me pedir autógrafo. Achei o cara tão forte que disse a ele: "Escuta, não dá pra você ir sexta-feira lá no teatro?". "Fazer o quê?" "Vender amendoim. Você vai vender amendoim no palco. Vai vendendo para o auditório. Eu peço pra acenderem as luzes do auditório, só que vou te acompanhar, no órgão. Você cantando do jeito que você canta na rua e vendendo amendoim." Combinei com ele sexta-feira. Quando chegou, levei para o camarim e disse: "Faz de conta que você está na rua. Não fica acanhado, aqui você está na sua casa". Paguei todos os saquinhos de amendoim adiantado, paguei o dobro, e disse: "Você vai vender e pega a grana pra você também". Ele ficou no céu. Queria começar antes da hora. Foi lindo. Isso na primeira semana da temporada. Na segunda, ele voltou. Queria mais. Deixou um recado na portaria: "Pergunta pro *seu* Hermeto se ele quer mais, que eu gostei muito. Mesmo que eu não ganhe nada". Só queria participar do som. Os caras da bilheteria do teatro diziam: "Isso é que tinha que ser divulgado, isso que é reportagem. Cadê os caras da televisão? Tem que filmar esse cara vendendo amendoim no palco". Eles falavam isso por conta deles. Foi lindo. Ele foi pro palco e a plateia não se conformava. Ele cantava: "Amendoiiiiiiiiiimmmmmm torradinho" *(imita o vendedor)*. O cara nunca tinha cantado num palco. Foi aplaudido de pé. Isso que é qualidade. O Brasil é um país onde se cria muito, o povo tem capacidade.

Você é um músico que toca com um vendedor de amendoim e vai para o exterior e toca em festivais com Miles Davis, Herbie Hancock, Chick Corea...
Pois é. Veja: quando participo de um festival como o Free Jazz, no Brasil, tenho que abrir o *show* para o Miles Davis. Se eu morasse em Nova York, se eu

fosse o Miles Davis, se esse festival fosse nos Estados Unidos, quem encerraria o concerto seria o Miles Davis. Os Estados Unidos dão mais importância ao músico da sua terra do que aos outros. No Brasil, é o contrário. Não estou reclamando, porque para mim qualquer hora de entrar está bom. Estou apenas comparando. Quer dizer: o dono da casa sou eu e eu é que vou abrir o concerto. Eu teria que fechar o concerto, entende? Eu deveria ser a atração principal da noite. Mas os organizadores não acreditam. Não em nós. Eles não acreditam neles. Não acho que abrir ou fechar um concerto é tão importante assim. Não sei se são os empresários deles que exigem. Eu não exijo porque, pra mim, tanto faz abrir ou fechar. Eu quero tocar.

Você se interessa por filosofias orientais, zen-budismo, hinduísmo?
Eu me interesso por tudo. Agora, não estudo, não leio. Eu sinto. Se você me perguntar com palavras, não sei responder nada. Mas vejo tudo isso na minha música. Por intermédio da minha música eu viajo espiritualmente. Visito todas essas coisas, todos os povos. Por isso, onde toco, as pessoas não sentem como uma coisa isolada da formação musical delas. Ou até em geral. Elas sentem a minha música como se eu vivesse no país delas. Por ser um cara brasileiro, nasci no mato, nadei nos meus rios, isso já vem comigo, com a minha alma. Passo isso na minha música e recebo influências do mundo todo. Recebo com a maior naturalidade do mundo. Não procuro influências, porque influências sérias a gente não procura, elas vêm com o ar, a gente respira. A influência procurada não é natural. Não adianta correr muito, porque quem corre muito perde espaço pra trás. E quem não corre perde espaço pra frente. Prefiro ir naturalmente.

Você nasceu em Lagoa da Canoa?
Uma cidadezinha pequenininha. Antes era distrito de Arapiraca, Alagoas. Agora, Lagoa da Canoa já é um município.

Lá você já ouvia o som das águas, das árvores, e se interessava por isso?
Brincava todo dia dentro d'água. Fui criado assim. Meu pai era agricultor, criava gado também. Fui criado na roça. Sempre fui um cara assim. Nasci mesmo para a música. As pessoas me perguntam: "Quantos anos você tem de música?". Eu digo: "Cinquenta e um". Que é realmente a minha idade. Acho que meu primeiro som foi eu ter nascido. Mamãe me teve, esse foi

meu primeiro som. Inclusive foi o som mais importante. Primeiro veio o silêncio, em seguida veio o parto.

Pra você, existe o momento em que começou a fazer música?
Não me recordo. Sei que comecei tocando harmônico de oito baixos. Tocando aquelas músicas de trabalho, forró, em parque de diversões. O sanfoneiro ficava rodando, tocando em bailes, festas. Fui criado assim. Trouxe tudo isso para a metrópole e aprendi. Tudo que aprendi foi sempre juntando as coisas, somando, sempre somando, me universalizando cada vez mais, tomando conhecimento bem diretamente.

Tanto o som da água quanto o ronco de um carro são importantes?
Todos são importantes porque existem. Até um gemido. Acho muito bonito um gemido. Na minha música tem de tudo. Não me ligo muito nas palavras. Eu me ligo no sentido, antes da palavra. Muita gente chega pra mim e diz: "Mas como você é um músico maravilhoso", e tal. Muita gente diz isso mas não sente de verdade. E muita gente sente de verdade e não sabe dizer com palavras. Eu entendo isso.

Você fala da música com paixão. Você seria capaz de dizer em palavras o que é a música?
Não posso definir. A música pra mim é infinita. Tem tanto pra falar sobre a música que você não chega nunca a uma conclusão. Continua procurando essa resposta. Prometo que vou continuar procurando para poder lhe responder.

Sem conclusões.
Vou continuar procurando. Porque se eu continuar procurando é ótimo pra mim. Porque vou procurar a coisa que mais amo. É ótimo pra todos nós.

O Estado de S. Paulo *(Caderno 2), 30 de agosto de 1987*

Caetano Veloso:
Narciso no olho do furacão

"Onde queres revólver, sou coqueiro/ Onde queres dinheiro, sou paixão/ Onde queres descanso, sou desejo/ E onde sou só desejo, queres não/ [...] Onde queres família, sou maluco/ E onde queres romântico, burguês/ Onde queres Leblon, sou Pernambuco/ E onde queres eunuco, garanhão". A letra de "O quereres" parece dar bem a medida do espírito camaleônico de Caetano Veloso. Desde que explodiu nas rádios de todo o país com a canção "Alegria, alegria", apresentada pela primeira vez no Festival de Música da TV Record, em 1967, aos 25 anos de idade, este baiano de Santo Amaro da Purificação causou sucessivas polêmicas e passou a ocupar o centro das atenções. Porém, quando o assunto engrossava demais, ele desconversava. Quando a maré era mansa, partia para a provocação. Quando todos esperavam uma nova canção cheia de versos ultramodernos e arranjos ousados, surgia cantando boleros bregas de Odair José. Quando acreditavam que ele havia se confundido no troca-troca de tantas máscaras, voltava cantando em meio a elaborados arranjos: "You don't know me/ Bet you'll never get to know me".

Despertando ódios e paixões na mesma medida, o fato é que Caetano Veloso se manteve ao longo dos anos no centro do cenário musical brasileiro. Às vezes até com uma presença ostensiva demais. Mas no momento em que o Brasil se industrializava velozmente, as gravadoras e emissoras de rádio e de televisão estabeleciam uma cultura de massa, o cinema, o teatro, a literatura e as artes plásticas estavam em ebulição e reagiam à ditadura militar imposta no país, ele, Gilberto Gil, Torquato Neto, Rogério Duarte, Capinam e outros integrantes do movimento tropicalista souberam dar um choque revigorante na música brasileira. Não sem traumas, polêmicas e confusões.

Não se tratava simplesmente de introduzir guitarras elétricas (vistas como símbolo do imperialismo ianque pelos mais conservadores) num meio mais tradicional da música brasileira, mas de assumir influências internacionais do *rock'n'roll*, tanto nos ritmos quanto no comportamento, aproximar-se de conceitos da música erudita de vanguarda (através dos arranjos dos maestros Rogério Duprat, Júlio Medaglia e Damiano Cozzella) e metabolizar uma realidade urbana, industrial e fragmentária nas letras, dialogando com o Cinema Novo, o teatro de José Celso Martinez Corrêa, a poesia concreta e as ideias antropofágicas de Oswald de Andrade.

Os tempos eram outros. Se o regime militar endurecia ferozmente a repressão, a indústria cultural (incluindo rádios e TVs) estava escancarada aos novos talentos. Caetano Veloso soube aproveitar bem a brecha. Do final dos anos *(19)*60, através da década de *(19)*70 e até os estertores da ditadura, gravou quase que um disco por ano, às vezes até dois, mesmo no período em que passou no exílio em Londres, de 1969 a 1972: *Domingo* (1967), com Gal Costa, *Caetano Veloso* (1968), *Barra 69* (1969), com Gilberto Gil, ao vivo, *Caetano Veloso* (1971) e *Transa* (1972), ambos em Londres, *Araçá azul* (também de 1972), *Joia, qualquer coisa* (1975), *Bicho* (1977), *Muito* (1978), *Cinema transcendental* (1979), *Outras palavras* (1981), *Cores, nomes* (1982), *Uns* (1983), *Velô* (1984), entre vários outros.

Atento a quase tudo de novo que surgia no cenário cultural, se encantou com o sarcasmo do poeta Paulo Leminski, gravando sua música "Verdura" ("de repente vendi meus filhos/ pra uma família americana/ eles têm carro, eles têm grana/ eles têm casa e a grama é bacana / só assim eles podem voltar/ e pegar um sol em Copacabana"), fez colagens meio joycianas em "Outras palavras" ("Parafins gatins alphaluz sexonhei da guerrapaz/ Ouraxé palávoras driz okê cris espacial"), teceu loas ao planeta em "Terra" ("Quando eu me encontrava preso/ Na cela de uma cadeia/ Foi que eu vi pela primeira vez/ As tais fotografias/ Em que apareces inteira / Porém lá não estavas nua/ E sim coberta de nuvens"), tramou versos com habilidade quase provençal ("A carne, a arte arde, a tarde cai/ No abismo das esquinas/ A brisa leve traz o olor fugaz/ Do sexo das meninas") e compôs uma belíssima elegia em "Oração ao tempo"

("Por seres tão inventivo/ E pareceres contínuo/ Tempo tempo tempo tempo/ És um dos deuses mais lindos/ Tempo tempo tempo tempo [...]/ E quando eu tiver saído/ Para fora do teu círculo/ Tempo tempo tempo tempo/ Não serei nem terás sido/ Tempo tempo tempo tempo").

Mas talvez a sua mais completa tradução esteja nas entranhas de "Sampa": "é que Narciso acha feio o que não é espelho".

* * *

A entrevista foi gravada em Londrina (PR), *no inverno de 1985, quando Caetano Veloso excursionava pelo Brasil com o show Velô. Aconteceu no restaurante do hotel onde estava hospedado, após um espetáculo para mais de dez mil pessoas, e teve a participação do poeta Rodrigo Garcia Lopes, da jornalista Bianca Vasconcelos e da professora Sonia Weil.*

Posteriormente, o cantor e compositor continuou com intensa produção artística, gravando mais de vinte álbuns, escrevendo livros, compondo trilhas para filmes e firmando uma carreira internacional. Alguns dos discos lançados: Totalmente demais *(1986)*, Estrangeiro *(1989)*, Circuladô *(1991)*, Fina estampa *(1994)*, Livro *(1997)*, Noites do Norte *(2000)*, A foreign sound *(2004)*, Cê *(2006)* e Zii & Zie *(2009)*.

Ao longo dos anos, no entanto, ele mesmo procurou minimizar ideias e atitudes do início da carreira, flertando com o popzinho mais descartável e com diluições maçantes do samba e da música rural, feitas sob medida para encher os bolsos de executivos das gravadoras, emburrecer os consumidores e espalhar o culto às celebridades ocas "como a touca de um bebê sem cabeça".

* * *

Quando você surgiu no cenário musical, logo veio dizendo da necessidade de retomar a linha evolutiva da música popular, a partir da bossa nova, mais especificamente de João Gilberto. Quase vinte anos depois, como você se coloca no panorama musical?

Eu falei essa história da linha evolutiva antes de tomar, propriamente, as decisões tropicalistas. Eu tinha a nostalgia de uma evolução cultural, reconhecível, que fizesse uma história, que fizesse sentido, que tivesse certa coerência. Esperava que houvesse uma continuação daquilo que a bossa nova tinha começado: uma modernização madura da criação musical no Brasil. Mas, na altura do tropicalismo, de certa forma, minha atitude foi inversa. Foi de abandonar uma atitude evolutiva em favor de uma atitude revolucionária. Ou seja, virar os assuntos pelo avesso, os temas formais e conteudísticos da bossa nova, e enfrentar a transa da criação de música popular no Brasil pelo lado que não fosse uma evolução linear do que tinha acontecido a partir da bossa nova, mas pelo lado oposto. De modo que essa ideia de linha evolutiva e as atitudes que nós tomamos com o tropicalismo, às vezes, criam um pouco de confusão.

Em termos de linguagem, significava, por exemplo, encurtar a distância entre música popular e música erudita moderna? E também tentar captar nas letras das músicas a realidade fragmentária que estava surgindo no Brasil mais acentuadamente?
Não creio que a gente pudesse dizer que tinha a intenção de encurtar a distância entre música popular e erudita, mais ou melhor do que a bossa nova. Não se tratava disso. Se havia em alguns momentos do tropicalismo o contato mais direto com a criação de música erudita de vanguarda no Brasil, havia também um desleixo proposital com relação à construção harmônica das canções – um desrespeito pela forma das canções e pelo modo de interpretá-las, que era uma aproximação também com o que havia de mais vulgar, mais banal e de mais baixa qualidade na própria música popular. Ao mesmo tempo que a gente tinha contato com Rogério Duprat, Damiano Cozzella, Júlio Medaglia, a poesia concreta, tinha contato também com a bolerada comercial, cafona – que era considerada de mau gosto –, com o *rock* nacional – que era representado, naquele momento, pela Jovem Guarda –, com o Chacrinha, com os Beatles, que ainda eram considerados um lixo no Brasil.

Você nunca pareceu ter receio de trabalhar dentro do "monstro" da comunicação de massa – o rádio, a televisão. Essa sua posição de trabalhar dentro do circuito de consumo é devido a quê?

Na verdade, isso é porque a gente descobriu que de fato estava nessa posição. Isso é uma das razões por que eu não poderia lhe dizer, por exemplo, que a Tropicália era uma continuação da linha evolutiva da bossa nova, ou que era uma aproximação maior com a música erudita. De jeito nenhum. Porque essa aproximação também com a cultura de massa, essa atitude de quem se reconhece mesmo no meio da indústria de diversão para as grandes massas, isso, de certa forma, é o oposto da depuração e do cuidado.

Mas você tem canções e discos provocativos, como o *Araçá azul*, por exemplo. É um disco de ruptura, cheio de ruídos, de inovações ousadas.
Araçá azul é estranho só porque não tem base, não tem baixo, bateria e guitarra em todas as faixas. Não é aquele tchan-tchan-tchan de todas as músicas que tocam no rádio. É só por isso que *Araçá azul* é esquisito. A maioria dos músicos eruditos que conheço acha *Araçá azul* um lixo.

E você?
Eu adoro. Mas acho que é música popular, confusa, muito romântica, lírica e experimental, no sentido mais primário do termo.

Você nunca pensou em fazer música atonal, como vem fazendo o Arrigo Barnabé?
O *Araçá* é atonal em muitos momentos, porque não tem... Eu falo que a minha matéria-prima é a palavra cantada, e no *Araçá azul* tem música que não tem letra nem música nem banda. Tenho vontade de fazer coisas estranhas. Mas gosto também de ouvir as músicas que tocam no rádio. Seria inautêntico se eu fosse um músico e meio poeta experimental na América Latina pra ser respeitado na França, na Itália, de maneira destacada de todo mundo. Não. Prefiro ir mais ou menos junto. O desenvolvimento das rádios, das técnicas de gravação, a tecnologia, tudo isso conta. E eu me sinto mais independente do que essas coisas independentes que poderiam ser feitas. Não posso, não seria autêntico se dissesse que não preciso vivenciar isso, com entrega total. Não me interessava só fazer *Araçá azul* a vida inteira. Aquilo eu fiz quando cheguei do exílio. Queria tomar contato com o estúdio, fazer uma coisa sozinho. A minha cabeça estava num momento em que eu precisava fazer aquilo pra quebrar um negócio. Sentia vontade disso. Eu jamais serei linear. Não vou ficar fazendo todo ano um disco como *Velô*, cada

vez mais benfeitinho. Também não sou o desenvolvimento tecnológico capitalista do Brasil. Penso sobre tudo isso porque me interessa. Sou artista. Sou livre. Não tenho nada a ver com essas coisas. Tenho a ver com tudo, mas nada me prende.

Você tem insistido em dizer que trabalha com o banal mas que nem sempre o resultado é banal.
É, embora eu trabalhe com o banal, o resultado do que faço não é necessariamente banal.

E você disse que muitas pessoas não sentem a menor dificuldade de chamar *(o cineasta Ingmar)* Bergman de gênio mas não diriam o mesmo de Mick Jagger.
Ah, não, ninguém. A gente vai ver um filme de Bergman, tipo *Sonata de outono*, e é muito cafona. Puta, a mulher teve um filho, o filho morreu e eles não dizem logo pra gente, aí tem inveja de mãe com filha, um psicologismo antiquado, chato, que parece que torna a vida pretensamente séria e tal. Embora Bergman tenha coisas lindas também. Mas, de todo modo, acho que as pessoas se enganam muito com isso. Acho que é um engano cultural. Às vezes eu via um *show* dos Rolling Stones, sobretudo entre 1969 e 1973, e era muito melhor que um desses filmes de Bergman. Pra mim. Uma coisa mais profunda. Mexia mais com os assuntos que exigiam da minha capacidade de inteligência, revolvia mais as fibras dos meus sentidos e da minha emoção.

Augusto de Campos, como Ezra Pound, diz que a poesia está mais para a música do que para a literatura. No seu trabalho são claros certos interesses poéticos. Hoje, quais seriam esses interesses?
Não sei, eu vou fazendo. Quero falar cada vez mais espontaneamente e mais eficazmente, como palavra cantada. Não gosto muito de falar em poesia porque ela tem uma história, uma tradição, um desenvolvimento, que veio dar em livros...

E em música também.
Sempre teve na música. Sempre houve canções. Antes de haver música instrumental, havia música cantada. Antes a poesia era cantada e a música era cantada. Antes de se separar. O Ocidente separou tudo. É tudo muito com-

plexo. De todo modo, na tradição do Ocidente moderno, eu não me colocaria entre os poetas. Eu me colocaria entre aqueles caras que fazem arte de diversão, que divertem as massas. É uma coisa que começou depois da Revolução Industrial, e o cinema e o disco não seriam possíveis sem isso.

Mas de repente você coloca "Podres poderes" para tocar no rádio. E coloca "O homem velho", que tem uma trama poética muito elaborada, parece poesia provençal.
E daí? Quem disse que as massas são o fim da picada? Não tenho nada contra as massas. Nem contra as carnes *(risos)*. Não sinto muito essa nostalgia, essa melancolia que alguns artistas do início do século sentiam em face do problema da cultura de massa. Já nasci nisso. Muita gente tinha ódio do cinema, achava que o cinema ia acabar com tudo, ia acabar com a sensibilidade. As pessoas viam aquelas fábricas e o cinema, achavam que o futuro ia ser horroroso. Hoje em dia o cinema ficou uma coisa ótima.

Antes de você gravar o "Pulsar", no disco *Velô*, havia uma gravação sua num livro de circulação restrita do próprio Augusto de Campos. Quando você tira o poema daquela esfera e joga no circuito de consumo, ele assume um significado maior?
É normal. É normal. Isso acontece. Não vejo muito mistério nessas coisas. As pessoas cantam, às vezes, na plateia. Imagino também que algumas pessoas devem pular a faixa no disco. Mas ela é tão pequena, não precisa pular.

No entanto, muita gente que comprou o *Araçá azul* voltou à loja para devolvê-lo.
Muita gente comprou e devolveu. *Joia* é um disco meio assim, também, concretista.

Você se coloca dentro dessa discussão de pós-modernismo?
Sou pós-morenista *(risos)*. Não sou muito culto para discutir essas coisas. Isso tem que ser discutido pelo Décio Pignatari.

Você está sendo modesto, irônico, ou acha isso mesmo?
É verdade. Não estudo muito. Mas acho legal essa discussão. Também sou pós-moderno. Acho que o Augusto de Campos está certo. Somos todos pós-

-tudo. O próprio Roberto Schwarz fez uma análise do poema e desceu o pau no Augusto *(refere-se a uma polêmica em torno do poema "Pós-tudo", de Augusto de Campos)*. Mas a própria análise dele mostra que o poema é genial. Mas o Roberto é assim, né? Meio pós-marxista. Aquela ideia meio irônica do poema num país socialista, erguido como um monumento.

Mas com essa sua postura não fica parecendo um vale-tudo? Tudo é legal, tudo é bacana...
Mas eu não sei. Muita gente até hoje chama de arte moderna o que foi moderno no início do século. Um quadro de Picasso ainda hoje é tão esquisito quanto quando ele pintou. Agora, com a cultura de massa, depois da *pop art*, um cara andando por Londres e vendo uma pessoa com um lado da cabeça raspada, um olho pintado de preto, um lado da camisa rasgado, um sapato alto outro baixo, aí você começa a ficar habituado. Você já começa a ver um quadro do Picasso com mais naturalidade. Aí muita gente começa a dizer: "Ah, a arte moderna não tá com nada". Começa a ver grandes intelectuais franceses, ou mesmo alguns jornalistas brasileiros, dizerem: "Ah... Daqui a pouco a gente vai dar razão à União Soviética, que proibiu esse negócio de arte moderna e *pop art*". E vai ser curioso porque algumas coisas da União Soviética, aquela coisa realista-socialista cafona deles, ficam bonitas aos nossos olhos. Não é engraçado isso?

Seu trabalho sempre dividiu crítica e público. Hoje quase todo mundo fala bem. Isso não é muito chato?
Não, não. Olha, tem muita gente que não gosta de baiano. Porque baiano é chato mesmo. Eu gosto do Jorge Amado, adoro Dorival Caymmi, eles me adoram e todo mundo fala que tudo é lindo, e todo mundo se adora, nós nos amamos, entendeu? Os mineiros fazem tudo caladinhos. Mas a gente fica dizendo: "Ah, adoro Dorival Caymmi". Todo dia. "Gal é maravilhosa, Gil é meu amor, meu irmão, meu namorado, meu tudo. Bethânia". É tudo verdade. A gente fala porque se sente feliz. Tem um lado assim, meio excessivo. Eles têm razão. Tem que ter alguém pra contrabalancear esse exibicionismo carnavalesco dos baianos. Mas, enfim, não precisa ofender, né?

Você está com 43 anos e continua com uma energia bastante jovial. Por outro lado, a letra de "O homem velho" pinta o retrato de um cara que já

tem "a alma saturada de poesia, *soul* e *rock'n'roll*". Você se considera um cara maduro?
Em certos aspectos, sim, tenho uma vocação para a maturidade. Um lado da minha personalidade está pra isso. Outros, não. Sou um pouco dependente de cuidados, assim, mais ou menos maternos. As minhas ligações com mulheres me levam muito a essa atitude de um pouco de dependência. Parece que só posso resolver tudo se a mulher concordar. Não acho que isso é maduro. Tem coisas minhas que são adolescentes.

E sexo? Você acha que as pessoas estão mais liberadas?
Acho que hoje tem mais preconceitos do que quando eu tinha 28 anos. Talvez agora torne a melhorar. Mas deu uma encaretada do meio dos anos (19)70 pra cá. Careta também é legal, mas prefiro um lance mais libertário. Mesmo nos Estados Unidos, nos países mais desenvolvidos, teve uma volta muito grande do tabu da virgindade. Antes da aids. Com esse negócio agora, é uma limitação das nossas ações. Isso tem que ser sanado. Objetivamente. É só o que interessa. É uma coisa de saúde pública. Uma lástima. Mas é igual à sífilis no passado. É horrível.

A religiosidade africana tem um espaço importante no seu trabalho. Você é um cara religioso?
O candomblé é meio misturado, é uma religião feminina. É uma religião politeísta. Ela se adapta aos acontecimentos, joga com o real de uma maneira múltipla. É um jogo de sedução, mistério, mentira, verdade, mistificação, milagres, deslumbramentos, descobertas, dúvidas. Ela não instaura uma lei, uma norma, uma regra. No candomblé os santos sentem ciúme, inveja, traição. É igual à Grécia. São coisas básicas da mente humana. A probabilidade de acontecerem essas coisas é fortíssima por causa da situação em que nos encontramos.

Na música "Um índio", você fala de "uma estrela colorida brilhante". A presença de discos voadores em suas músicas não acontece só uma vez. Você acredita nisso?
Não acredito muito, não. Sou meio cético pra essas coisas. Acho um pouco chatas essas coisas sobrenaturais. Tenho um pouco de medo e de preguiça. Talvez por falta de desejo. Eu não desejo outra vida, ter um corpo astral, não

desejo ir para outra dimensão. Não desejo nada disso. Desejo o aqui. Tenho horror de adivinhação do futuro. Sou cético. Mas sou místico também. Acho que tem muito mistério. Sinto a dimensão do mistério. Mas não acredito racionalmente em reencarnação e nem tenho vontade de ter outra vida. Acho tudo isso um saco. Este momento único é só este e não quer dizer nada. Isso também é difícil pra aceitar. É mais difícil. Que é só isso e fim. Que não tem mais nada e não significa nada pra ninguém. Não faz sentido com outras coisas do Universo. Nada. É um acaso. Não está sendo filmado, não tem um diretor, não tem nada. É assim mesmo. É isso aqui. É um abismo total. Tem que ser místico até pra sentir isso. Tem que ser zen. Não tem explicação. Não faz sentido. Não é pra fazer sentido.

Folha de Londrina *(Caderno 2)*, 23 de agosto de 1985

Lenine:
"O futuro é aqui"

Quando uma cantora do porte de Gal Costa dizia que não havia bons compositores novos no Brasil, uma geração inteira de excelentes criadores revigorava a música brasileira na surdina, despercebidos pela mídia e pelos chefões da indústria fonográfica, mas não pelo público. Entre os novos bardos, inquietos e cheios de energia, estava Osvaldo Lenine Macedo Pimentel, ou apenas Lenine, pernambucano do Recife (1959). Em parceria com o percussionista carioca Marcos Suzano, ele lançou em 1993 o CD *Olho de peixe*, um dos ótimos trabalhos musicais dos últimos tempos.

Com duas turnês consagradoras em território europeu (Alemanha, França, Bélgica e Holanda), *shows* nos Estados Unidos e na Venezuela, e inúmeros outros Brasil afora, a dupla enlouquece plateias por onde passa, com um batuque vigoroso, suingado, dançante, forrado com poesias de altíssimo nível. O caminho de Lenine, como o de quase todos de sua geração, no entanto, foi longo. Seu primeiro disco, *Baque solto*, saiu dez anos antes. Nesse tempo todo, foi aprimorando suas composições, cercando-se de parceiros de primeira (como Bráulio Tavares e Lula Queiroga) e distribuindo canções para outras cantoras, especialmente Elba Ramalho. Quando ressurgiu em cena, trouxe uma mistura vibrante de ritmos tradicionais com *funk*, *hip hop*, *rock'n'roll*, um estilo próprio de tocar violão e versos bem acima do blá-blá-blá que se ouve nas rádios comerciais: "A leste das montanhas da nação Cherokee/ Um índio na motocicleta cruza o deserto/ Ao longe o cemitério onde dorme o pai/ Mas ele sabe que seu pai não está ali/ É mais é mais é mais além" (parceria com Bráulio Tavares, Lula Queiroga e Ivan Santos).

Enquanto aguarda o sinal verde para novas investidas nas capitanias do *establishment* musical, Lenine desponta cada vez mais como um dos grandes talentos da atualidade. Composições suas estão na boca de Elba Ramalho ("Miragem do porto"), Ney Matogrosso ("Mais além"), Daúde ("Hoje eu quero sair só"), Zizi Possi ("Olho de peixe"), Mestre Ambrósio ("Benjaab") e muitos outros.

Com olhos e ouvidos bem abertos, o compositor pernambucano revela as raízes de sua mistura musical, evidencia a importância do violão em seu som suingado e insiste que o Brasil precisa ficar mais atento à safra de compositores que há alguns anos vem injetando novo vigor na moderna música popular.

* * *

Quando esta entrevista foi realizada, no verão de 1996, Lenine já havia gravado e mixado seu segundo disco, O dia em que faremos contato, *que acabou saindo no ano seguinte. Depois dele, vieram* Na pressão *(1999),* Falange canibal *(2002),* In cité *(2004),* Acústico MTV *(2006) e* Labiata *(2009), que consolidaram sua carreira nacional e internacional.*

* * *

Como surgiu a ideia de montar um duo, você e Suzano, violão e percussão apenas?
Foi mais ou menos espontâneo. É verdade que *Olho de peixe* era um projeto antigo; eu queria trabalhar com a síntese. Queria colocar o violão em primeiro plano. Porque antes, com banda, com baixo, guitarra, piano, o violão acabava sumindo. Eu pegava a composição que tinha feito e transpunha todas as células rítmicas para os instrumentistas. Entrava o som do baixo, que já estava implícito na música, a guitarra fazendo a harmonia, o piano fazendo uma subdivisão do que eu já fazia no violão. Quando passava tudo para os músicos e saía

tocando, o que acontecia? O violão desaparecia. Eu sempre tinha que rever o que tinha composto e me colocar no meio daquela massa sonora. Resultado: eu tinha que recompor o violão, fazer outra levada. Chegou um ponto em que resolvi fazer o inverso: colocar o violão em primeiro plano. Depois que ouvi o violão no primeiro plano, pensei: "rapaz, agora só precisa do ritmo".

Mas você já tinha esse jeito ritmado de tocar violão?
Já, porque comecei como baterista. A minha formação é de percussionista. Trabalhei com instrumentos de percussão durante muito tempo.

Faltava alguém que viesse somar com o seu violão?
Exatamente. Quando vi Suzano tocando pela primeira vez, percebi imediatamente: é esse o cara para fazer essa síntese, porque tem o mesmo tipo de linguagem. Nós já tínhamos uma admiração mútua. Ele tinha uma banda de música instrumental chamada Aquarela Carioca, que considero um marco na história da música instrumental brasileira, porque criou uma música genuinamente brasileira com informações do *pop*, do mundo em geral, mas genuinamente brasileira. Então, caiu como uma luva. A visão de mundo dos dois é parecida. A paixão por Miles Davis. Tem algumas coisas que a gente ouve sempre: King Crimson, Indiscipline, *hip hop*. Se não uma visão, uma audição parecida.

Miles Davis, King Crimson, *hip hop* são todas referências estrangeiras e, ao mesmo tempo, sua música é genuinamente brasileira. Está ligada à cultura popular e soa muito nova, dentro de uma faixa *pop*. O que você está procurando com a sua linguagem?
Não estou procurando nada, sinceramente. O som que faço nada mais é do que um pretexto para viabilizar o prazer que sinto nessa relação com a música. Só, exclusivamente. É legal quando você identifica essa coisa do Nordeste, do Brasil, de maneira geral, mesmo porque raiz é o que está por baixo, não tem que estar à mostra. As pessoas identificam ou não. No ano passado fizemos muitos *shows* fora do Brasil, e o público identificava o que era mais evidente pra ele. Tinha a carga do Brasil, mas tinha o *funk* ali. Muitas pessoas diziam: esse som é extremamente *rock'n'roll*. Existem muitos universos musicais no meio daquela massa sonora. Porque o som é extremamente sem preconceito.

Mas você identifica isso, essa ligação forte com a cultura popular brasileira?
Claro. Faz parte da minha formação. Mas essa informação brasileira foi muito inconsciente. Não me lembro de, com menos de 16 anos, parar pra ouvir música brasileira. Eu não gostava, achava malfeito, mal executado. Não o processo do palco. O processo fonográfico. Era o que me interessava na época, porque eu tinha som quadrifônico, só tinha disco importado. Quando ouvia som nacional na minha *pickup* Garrard, que era o que tinha de mais moderno na época, era quase inaudível.

Você diz tecnicamente?
Tecnicamente, lógico. Não estou falando do teor poético nem musical. Estou falando da resolução sonora. Não tinha a tecnologia e não tinha a cultura desse universo pra fazer direito. Tanto é que a primeira vez que ouvi o *Realce*, do *(Gilberto)* Gil, caí de quatro. Rapaz, mas que resolução sonora! Ali estava Liminha pilotando pela primeira vez, tinha uma mudança sonora.

Depois dos 16 anos você acompanhou mais a evolução da música brasileira?
Sim. Na verdade, a minha grande tomada de consciência para a música brasileira não foram os baianos, foram os mineiros. Ali, sim, eu vi uma produção fonograficamente benfeita, quando ouvi Milton Nascimento, a turma do Clube da Esquina, Lô Borges, Beto Guedes, Toninho Horta. Aquela efervescência musical, que era muito mais de estúdio do que de palco, é que me arrebatou. Ah, é possível fazer um som aqui no Brasil e ser benfeito, ser antenado. Não estou falando de agora. Estou falando da época em que cronologicamente isso funcionou. São duas coisas diferentes. Adoro ver Gil no palco, mas adoro ouvir Milton no disco. Acho que esses dois símbolos foram essenciais pra mim. Quero fazer direito no disco e descobri o prazer do palco. O Nordeste tem muito essa coisa de ser pra fora, de ter esse vigor.

Você nasceu no Recife?
Isso.

Viveu muito tempo lá?
Até os 20 anos de idade. Fui ao Rio pra ver um filho meu nascer. Estava es-

tudando engenharia química, faltavam seis meses pra me formar. Tranquei a matrícula e fui adiando, adiando, e estou no Rio fazendo música até hoje.

A música do Nordeste tem uma identidade muito forte, tanto no som quanto na poética. Nas suas letras aparecem umas imagens meio medievais, meio na tradição dos trovadores, e ao mesmo tempo é uma poética muito moderna, muito antenada com o momento atual. É um ângulo de visão e um jeito de fazer as coisas bem diferente do Sul do Brasil. Você acha que pelo fato de ter nascido no Recife e ter morado lá durante vinte anos essas influências favorecem uma forte identidade artística?
Sim, claro. A influência mais poderosa é aquela que é inconsciente. Você faz, não percebe a referência, e de repente diz, "Pô, é lógico, isso aqui é Manezinho Araújo". Meus pais adoram música. Lá em casa, final de semana era música direto. Depois dos 16 anos resolvi conhecer um pouco de música brasileira e fui botando na minha frente os grandes compositores, os grandes intérpretes. Percebi que já conhecia quase todos. Conhecia a fundo a obra de Luiz Gonzaga, de Jackson do Pandeiro, mas conhecia a fundo também Beatles, Stevie Wonder. Tive uma carga de informação musical muito ampla. Essa carga de informação, que é subliminar, que é inconsciente, que é o que a gente chama de raiz, e que na verdade é o que está segurando a árvore para dar os frutos, isso tudo foi importantíssimo. O Nordeste tem mesmo uma tradição musical muito forte, já está ali no sangue.

Quais foram suas influências maiores?
Principalmente Stevie Wonder. Queria fazer um som como o desse cara. Mas não queria ser reconhecido imitando Stevie Wonder. O que eu fazia? Primeiro copiava, copiava, copiava, depois escondia, escondia, escondia. Nesse processo de copiar e esconder, você acha uma nova maneira de fazer, vai descobrindo uma maneira sua de se expressar e de mostrar sua visão de mundo. Atrelado a isso, tive um processo de complicar e descomplicar.

Isso no violão?
No violão e na maneira de compor. Queria uma levada no violão, um *groove*, uma melodia, que não se parecesse com nada. Quero fazer uma coisa diferente. Sempre tive essa compulsão de não querer fazer o óbvio.

Você disse que antes compunha e levava suas composições para uma banda, e o som do violão sumia. Curioso é que com Suzano, apenas vocês dois, o som é vigoroso, mais até do que de muitas bandas. Como conseguem isso?
Aí é o ponto central, que arrebata as pessoas. No Brasil mesmo, e principalmente fora do Brasil, as pessoas ficam embevecidas. Porque elas não esperam isso. Quando você chega em qualquer lugar do mundo e diz assim, "ah, é um *show* de música brasileira, violão e percussão", remete logo a bossa nova, a Tom Jobim, a Baden Powell, que é muito legal, mas é completamente antagônico àquilo que a gente faz. Não fazemos um som intimista. Ao contrário, a sonoridade é extremamente extrovertida. Isso arrebata as pessoas.

Sem precisar de uma banda.
E o som soa como o de uma banda. Isso porque trabalhamos muito com frequências. O meu violão tem as baixas, as médias e as altas frequências, que eu exploro. Suzano também. Então soam seis músicos ali. Algumas vezes até oito, porque tem o ruído da levada, a sujeira, que eu exploro muito. Neguinho não entende isso. Mas pra funcionar tem uma pessoa que é fundamental, que se chama Denilson Campos.

Engenheiro de som?
Exatamente. Denilson é coprodutor do disco *Olho de peixe*. A força que as pessoas percebem nesse som deve-se muito ao dedo dele. Esse som pode soar fraquinho se o técnico não entender.

Isso tem a ver com a qualidade técnica que você estava dizendo há pouco?
Exatamente. Pra chegar a essa força sonora tem muito estudo de engenharia de som, estudo de frequência. As minhas faixas de frequência vão de tantos a tantos hertz, a baixa frequência do Suzano, que é o caso da moringa, ou do pandeirão, só pode ir de tanto a tanto. Então, não tem sobreposição de frequência. Não tem sensação de embolação. Não existe isso porque cada frequência está no seu lugar. Isso é fundamental.

As letras de *Olho de peixe* são ímpares também, muito acima da média. Você trabalha com alguns parceiros e também escreve, certo?
Sou um defensor dessa promiscuidade sadia, da parceria. Trabalho muito

sozinho, mas não gosto, prefiro a cumplicidade de alguns parceiros. Meus parceiros mais assíduos são Bráulio Tavares, Lula Queiroga e Dudu Falcão. Mas sou parceiro também de Aldir Blanc, Paulo César Pinheiro, Capinam. Gosto dessa troca, acho muito enriquecedora para ambas as partes. Sou um cara que gosta do texto. Acho mesmo que 50% do *Olho de peixe* está nas letras. "Eu quero tudo que dá e passa/ quero tudo que se despe/ se despede e despedaça". Isso tem uma poesia, uma musicalidade dentro da música. É algo pensado, estudado. O texto é muito importante no meu trabalho. Tanto que, dos *shows* que fizemos fora do Brasil, o que mais gostei foi em Caracas. Porque as pessoas estavam entendendo as letras.

A música brasileira sempre consegue arrebatar as plateias no exterior, não é?
O Brasil tem esse grande poder de exportação que é a cultura. Esse negócio do Chico César dizer "Mama África", Mama África não, Mama Brasil. O Brasil já é a mistura da mistura da mistura. Aqui o português comeu a índia, o negro comeu a filha do português, a filha já agarrou um mulatinho. Existe essa mistura de fato. Eu ouvi o Caetano *(Veloso)* falando um negócio muito interessante, que no Brasil existe um preconceito muito velado. E ele dizia com muita sabedoria: "Mas é lógico, o mínimo que o preconceituoso tem que fazer é esconder o preconceito". Engula o seu preconceito. Não tenho que ouvir seu preconceito, não. Tem que respeitar os outros. Isso é educação. Cada vez que saio do Brasil, reconheço essa coisa. O lugar é o Brasil. A gente precisa só mais de um tempo pra resolver o básico, que é educação.

Talvez até resolver um desprezo que se tem aqui dentro mesmo.
É. Um negócio autoflagelativo até.

Porque, vendo a sua trajetória, você não é um garotinho, está aí faz um tempo e só agora é que está aparecendo. Você acha que tem uma disposição da mídia, da indústria cultural, para que surjam novos talentos?
Acho que essa disposição já é uma conquista de quem está fazendo. Estamos vivendo uma onda de autoestima, e isso é maravilhoso.

Está um clima propício ao surgimento de novos artistas?
Eles já estão aí. Durante muito tempo ouvi as intérpretes divulgando os

discos e falando assim: "Ah, estou gravando Chico, Caetano, Gil, entre outros". E no "entre outros" estavam Zé Miguel Wisnik, Itamar Assumpção, Chico César, Lenine. Hoje, essas pessoas já são referências. As intérpretes já dizem: estou gravando Caetano, Gil, Chico, Lenine, Zé Miguel Wisnik, entre outros. Já tem uma nova fase de "entre outros".

Mas durante algum tempo as pessoas só falavam de Chico, Caetano, Gil, Milton. Parecia que a cultura musical brasileira havia acabado neles.
Era como se tivesse acabado a história da evolução da música popular brasileira. Será que parou aí? Não parou, não. Continuou numa efervescência muito grande. A mídia é que não quis olhar. A mídia, algumas vezes, tem certa prepotência, assim: se não te conheço, você não existe – a partir do momento que te conheço, você é novo. Já vi matéria falando sobre os novos compositores em que encabeçavam a lista José Miguel Wisnik, Edvaldo Santana, que estão aí já faz algum tempo. Parece que ninguém fazia música. De uma hora pra outra começou a fazer.

Isso mostra a defasagem da mídia.
Sem dúvida. Mas está mudando.

A geração do Caetano, do Milton, os caras com 20 anos de idade estavam gravando e sendo comentados.
Os caras tiveram a oportunidade que ninguém teve, que é documentar a evolução como compositor, como intérprete. Quem é que teve essa deixa? Ninguém teve, não. Só quem teve foi essa geração. O resto todinho, não.

E o disco novo, você gravou com o Suzano?
Não. Lógico que tem a participação do Suzano, que não poderia deixar de ter. Mas se *Olho de peixe* trabalhava com a pausa e com a síntese, esse novo disco trabalha com a overdose. Descobri o *sampler* como mais um instrumento a serviço da criatividade e pirei com a possibilidade de misturar ainda mais. O disco é bem diferente do *Olho de peixe* no conceito, mas é muito parecido na assinatura, porque está lá o violão e aquela maneira de tocar, estão lá as minhas composições, que foram o fio condutor do *Olho de peixe*, como são o fio condutor do disco *O dia em que faremos contato*.

Esse título tem um quê de ficção científica.
Sou um aficionado por ficção científica e pelos quadrinhos, e queria transpor para esse disco o universo do futuro, mas o futuro do passado, o futuro da década de 1950, Flash Gordon. É uma coisa que mexe com a tradição, com a cultura brasileira de um modo geral, mas com um olho no futuro. Além desse disco, tenho vários outros projetos.

Quais, por exemplo?
Tenho outro, que se Deus quiser deve rolar também, que é um tributo a Jackson do Pandeiro. Jackson merece um documento importante, porque foi um cara que não deixou seguidor, não deixou escola. Ficou uma lacuna muito grande depois da morte dele. Meus estímulos são muito em cima de projetos. Não quero só fazer meus discos de carreira. Sou um ingênuo, um romântico. Se gosto de alguma coisa saio dizendo pra todo mundo, quero estar junto e tal. É isso que me motiva a continuar fazendo música. Não posso perder esse prazer, nunca. Tem o "Irreverência ou Marte", que é só pegar a coisa da picardia na música popular brasileira. Você vê o Genival Lacerda, essa coisa da picardia, do trocadilho, do trava-língua. A cultura brasileira é cheia disso e a garotada não sabe direito. Talvez eu tenha a função de levantar essa bola. Não numa atitude de resgate, que isso é coisa pra bombeiro, mas de falar: "Olha, isso é bom, podia ter sido feito hoje, continua atual". Nós, músicos e intérpretes ligados com o Brasil, devemos ter essa função histórica.

Você está bem animado com a música brasileira atual, então?
Rapaz, acho que essa autoestima é uma coisa extremamente feliz. O Brasil é essa mistura. A gente está comendo tudo ao redor mesmo. A gente comeu a música africana, a música árabe, a música oriental, da mesma forma que comeu o *rock*. Esse universo *pop* encontrou um terreno fertilíssimo aqui. O Brasil, sem dúvida nenhuma, é o futuro da cultura mundial. Essa consciência planetária vai descobrir cada vez mais que é aqui onde está o caldeirão, onde as coisas estão sendo misturadas, sem preconceitos. Aqui é o futuro, mesmo.

O Tempo *(Caderno Magazine)*, 1996

O silêncio ruidoso de Arnaldo Antunes

Quando anunciou sua saída dos Titãs, em 1992, depois de dez anos na banda, Arnaldo Antunes passou por uma grande virada em sua vida. Acostumado a fazer *shows* em grandes ginásios, para até 15 mil pessoas, teve que se contentar com salas menores, de trezentos lugares, além de amargar um exílio das emissoras de rádio. De *popstar* a artista *cult*.

Seu primeiro trabalho solo, *Nome* (1993), um pacote multimídia (disco, vídeo e livro), não alcançou grande repercussão junto ao público. *Ninguém* (1995), o disco seguinte, também passou longe das grandes vendagens alcançadas pelos Titãs. Com *O silêncio* (1996), Arnaldo vai pouco a pouco quebrando as resistências, mas ainda continua à procura de públicos maiores. "Parece incrível, mas muita gente ainda me encontra na rua e pergunta: como vão os Titãs?".

Cantor que publica livros, poeta que sobe ao palco e cospe raivosamente suas músicas, artista *pop* que flerta com o vídeo e o computador, Arnaldo, paulistano de 1960, se revela um sujeito múltiplo. Desde o início da carreira, nos anos *(19)*80, publicou quatro livros de poesia – *Ou e* (1983), *Psia* (1986), *Tudos* (1990) e *As coisas* (1992) – e gravou sete discos com os Titãs – *Titãs* (1982), *Televisão* (1985), *Cabeça dinossauro* (1986), *Jesus não tem dentes no país dos banguelas* (1987), *Go back* (1988), *Õ blésq blom* (1989) e *Tudo ao mesmo tempo agora* (1991).

Nesta entrevista, gravada no Rio de Janeiro, na primavera de 1996, ele fala não apenas sobre sexo, drogas e *rock'n'roll*, mas também sobre religiosidade, vida, morte e, claro, música e poesia.

* * *

Na segunda metade da década de 1990 e nos primeiros anos do século XXI, Arnaldo continuou bastante ativo, publicando os livros 2 ou + corpos no mesmo espaço *(1997)*, Doble duplo *(antologia de poemas lançada na Espanha, 2000)*, 40 escritos *(coletânea de artigos para jornais, organizada por João Bandeira, 2000)*, Outro *(em parceria com a poeta Josely Vianna Baptista e a artista plástica Maria Angela Biscaia, 2001)*, Palavra desordem *(2002)*, ET, eu, tu *(em parceria com a fotógrafa Márcia Xavier, 2003)*, Como é que chama o nome disso *(2006) e* n.d.a. *(2010). Também gravou os* CDs Um som *(1998)*, O corpo *(2000)*, Paradeiro *(2001)*, Tribalistas *(em parceria com Carlinhos Brown e Marisa Monte, 2002)*, Saiba *(2004)*, Qualquer *(2006)*, Ao vivo no estúdio *(CD e DVD, 2007) e* Iê iê iê *(2009). Rita Lee, Cássia Eller, Marisa Monte, Ira, Nelson Gonçalves e Gilberto Gil, entre dezenas de outros intérpretes, gravaram músicas suas. Apresentou ainda performances, poemas visuais e vídeos em festivais no Brasil, Europa e Estados Unidos.*

* * *

Seu terceiro CD chama-se *O silêncio*. Por quê? A sociedade atual faz muito barulho?
Não é uma crítica à coisa da poluição sonora, mas acaba acontecendo nesse sentido também. Mas tem outra leitura. Sempre você tem som e silêncio. Por mais isolado que você esteja, vai ter sempre o ruído do seu próprio coração batendo.

E por que o *rock* faz tanto barulho?
É natural. Não sei se faz mais barulho do que as grandes orquestras. É outro

tipo de som. A gente está num tempo mais barulhento. Talvez o ouvido do homem tenha se acostumado a volumes mais altos, e é natural que a arte explore essa potencialidade. O volume acaba sendo um recurso estético a ser explorado, assim como os timbres, as divisões rítmicas. A estética da modernidade tem um pouco a ver com isso.

Vendo seu *show*, dá pra sentir uma potencialidade meio tribal, aquelas batidas fortes de bateria. O *rock* tem mesmo essa força tribal?
Acho que sim. Tem essa coisa primata, essa pulsão primitiva que vem do ritmo. Não só o *rock*, mas o *reggae*, o *funk*. Todas as músicas que induzem à dança e à catarse resgatam esse aspecto tribal. Um *show* de *rock* não é só música; é comportamento, coisa cênica. Tudo isso resgata essa coisa primitiva.

Pode funcionar como uma válvula de escape para certas tensões?
Toda manifestação catártica é um pouquinho isso. O carnaval, por exemplo. A sociedade precisa disso. Quando eu cantava "a gente não quer só comida/ a gente quer comida, diversão e arte", é porque isso é uma necessidade mesmo. Isso realmente acontece num *show* de *rock*. Para outras pessoas não, pode acontecer num outro evento, mas sempre tem essa necessidade de desaguar tensões.

No seu *show*, percebendo o tipo de força que se cria com a plateia, tenho a impressão de que se você incitar as pessoas a quebrar tudo, pode realmente virar um quebra-quebra geral.
Todas essas situações de perda de consciência individual para a celebração conjunta de uma consciência coletiva são um pouco violentas. O *rock* é violento, muitas vezes uma torcida de futebol é violenta, o carnaval é violento. Claro que precisa manter os limites. Muitas vezes se torna uma violência realmente perigosa, e a gente tem que tomar cuidado. Mas essa histeria é um estado muito interessante. Uma pessoa dançando alucinada num *show* é um estado próximo a uma pessoa parada, meditando num templo zen. Tem ali uma alteração de consciência. A diferença é que numa manifestação artística você não manipula aquilo para determinada direção. O grande perigo é a manipulação desse tipo de energia para outras finalidades que não a artística. No caso da política, das movimentações de

massa, da manipulação dessa energia coletiva para determinada finalidade, isso acaba sendo sempre meio perigoso.

Tem uma música no CD *O silêncio*, chamada "Inclassificáveis", que remete a "Lugar nenhum", na qual você dizia "não sou brasileiro, não sou estrangeiro". Como você se vê sendo um brasileiro roqueiro?
Recentemente um cara me perguntou, lembrando justamente essa música: "Você não acha meio perigosa essa coisa de ficar totalmente desapegado do seu país?". Acho muito mais perigoso o nacionalismo, o patriotismo, esse tipo de sentimento. Foi isso que gerou o fascismo. Estou cada vez menos identificado com esses registros medianos em que vivem as pessoas, seja nacionalidade, raça, casta, religião, classe social. Claro que vivo no Brasil, não deixo de ser brasileiro, tenho RG brasileiro, me preocupo com política. Agora, a minha utopia se traduz em sair desse tipo de compartimentação. Outra pergunta que me fizeram: "Qual a sua religião?". Não tenho religião, tenho religiosidade. Não estou interessado em instituições religiosas. Essa coisa do "Inclassificáveis" passa muito por isso. Uma grande contribuição do Brasil ao mundo é essa miscigenação racial, o sincretismo religioso, a mistura estética. Acho isso tudo muito sadio. A contribuição original que o Brasil tem pra dar ao mundo passa por aí.

Por outro lado, a gente percebe esse processo de globalização avassalador sendo empurrado pelos países ricos. Nesse processo não é legal manter uma identidade, não fanática, mas uma identidade original diante do mundo?
Quando falo na contribuição do Brasil, falo de uma contribuição originalíssima, que é um tipo de mistura que só se faz aqui. Mas isso não passa por um sentimento nacionalista, patriótico.

Quando você lançou seu primeiro disco solo, depois de sair dos Titãs, disse que se sentia como se estivesse recomeçando a carreira. Foi difícil esse recomeço?
Está sendo difícil, assim como foi difícil começar a carreira com os Titãs. Tive dificuldades para fazer *shows*. Queria ter feito muito mais *shows* do que fiz.

Com os Titãs você fazia *shows* para dez mil pessoas. Hoje está fazendo em

lugares pequenos, para trezentas, quatrocentas pessoas. Como você se sente com isso?
Gosto de fazer *shows* em lugares pequenos. Não sinto falta daquilo. Mas demorei um pouco pra me acostumar com esse descompasso e ter essa consciência de que era realmente um recomeço, que não estava nada garantido pelo público que eu tinha dentro dos Titãs. As rádios não tocaram e até hoje não tocam música minha. Agora está começando a tocar. Espero que toquem muito mais. Pintou uma espécie de resistência fodida, de rádio, de público, de produtores de *shows*. Acho que isso se deve um pouco a um sentimento de traição que as pessoas sentiram.

Como assim?
Uma coisa que estava dando supercerto, todo mundo adorava, de repente o cara sai, como se tivesse traído. Tem uma leitura passional disso, que impõe certa culpa em cima de mim. Como se eu não pudesse ter feito aquilo. Senti muito esse tipo de sentimento meio passional.

Por parte de quem, da mídia, do público?
Da mídia e do público. E, além disso, tem a coisa da informação no Brasil ser muito lenta. Hoje, depois de quatro anos, depois de três discos solo, as pessoas ainda me encontram na rua e perguntam: "E aí, como vão os Titãs?". É difícil sair de uma banda do tamanho dos Titãs. Qualquer coisa que está muito fixa dentro da cultura popular, você de repente muda aquilo e as pessoas... Uma coisa rasteira, ninguém entende direito, demora. Nunca achei também que ia ser fácil.

Você saiu dos Titãs e lançou um disco "difícil" para o gosto médio...
Quem disse que era difícil foi a mídia. Sempre falei que era um produto *pop*. Eu queria que tocasse no rádio, acreditava nisso. O meu interesse nunca foi deixar de trabalhar dentro da cultura *pop*, de tocar no rádio, de fazer *shows*. Hoje reconheço que tinha as dificuldades mesmo, essa coisa de querer trabalhar com várias linguagens num mesmo produto e num mesmo projeto estético, o vídeo, a poesia, a música. Tinha uma estranheza. Mas nunca pensei nesses termos de dificuldade. Sempre acho que é muito direto. Agora, as pessoas vêm falar, "o Arnaldo está mais *pop* ou menos experimental". Esse tipo de divisão entre *pop* e experimental eu não faço. Sempre quis ser

ouvido pelo maior número possível de pessoas. Mas nunca vai me interessar fazer um produto artístico que esteja só redundando formas já preexistentes.

Quando lançou *Nome*, você disse que tinha a intenção de estar sempre tentando alargar os limites dentro da redundância do consumo. É possível isso?
É um pouco utópico, mas minha utopia é essa. Isso desde a época dos Titãs. Tinha momentos como "Polícia", momentos de empurrar isso, não só no nível estético mas comportamental também. É claro que tem graus disso que ficam impossíveis, você perde um pouco o diálogo com o público, ou não. Mas não quero que o meu trabalho deixe de ser *pop* nem que deixe de ser experimental.

Você se referiu à musica "Polícia". Hoje a gente vê as pessoas clamando por mais segurança. Como você vê a instituição *polícia*?
Essa questão da violência, da segurança, a grande solução não é pena de morte, não é mais polícia na rua. É educação. O garoto que está crescendo na periferia, no morro ou na favela, e não tem alternativa de trabalho, de educação, claro que para ele vai ser muito mais sedutor o caminho da marginalidade. Não é aumentando a violência em cima dos bandidos que você vai... Claro que tem que ter polícia, porque a situação existe. Ela cumpre um papel e tem que fazer o papel direito, mas continuo acreditando na coisa de direitos humanos. O sistema penitenciário no Brasil é uma vergonha. É óbvio que aquilo nunca vai regenerar uma pessoa. Ao contrário: se a pessoa tinha um pouco de pureza é ali que ela vai perder, vai sair mais corrompida. Se você quer acabar com a violência, quer dar condições igualitárias para as pessoas, a saída passa pela educação. A instituição *polícia*, em si, se ela cumpre o papel dela da maneira correta, ótimo. A música "Polícia" é contra o abuso de poder injustificado. A pessoa está sem documento e você já sai batendo, ou está com um baseado e você vai torturar pra perguntar quem deu. O que é isso? Não é assim. Sou a favor da discriminalização da maconha.

De todas as drogas?
Todas as drogas, apesar de achar que isso requer um preparo cultural que, para o Brasil, ainda é cedo. Mas sou a favor da discriminalização do uso de todas as drogas. O problema é a violência do tráfico. Isso é outra questão. Mas o uso em si, acho que a pessoa tem que ser livre para fazer o que quiser.

Muitos poetas e escritores escreveram sob o efeito de drogas. Como você vê essa relação entre drogas e criatividade?
Já produzi com e sem drogas, e não acho que dependa, às vezes atrapalha também. É uma relação que não tem regra. Pode ter gente que funcione muito bem trabalhando assim, tem gente que não consegue escrever uma linha que preste. Cada pessoa descobre o seu mecanismo. Eu, por exemplo, não tomo droga há um tempão e continuo fazendo as minhas coisas. Já fiz também sob efeito de droga.

Você passou quase um mês na prisão por causa de drogas. Como foi?
Ah, foi horrível. Chato pra burro. Não tenho muito o que falar disso, não. Faz tanto tempo. Onze anos. Foi horrível.

Você tocou no assunto de religiosidade. Quando estava com os Titãs você não cantava a música "Igreja"...
Ih, isso é bobagem. Era uma coisa muito pessoal. Não quero nem falar disso. Tinha outras músicas que eu e o Branco *(Mello)* não cantávamos, a gente saía do palco, não era uma coisa relevante para ter um significado. Tanto que depois de um tempo eu passei a cantar, justamente pra desfazer essa coisa de, ah, o Arnaldo é carola. Já falei, não tenho religião, mas tenho religiosidade.

Como é a sua religiosidade?
A minha questão não é com nenhuma instituição religiosa, nem católica, nem nada disso. Mas acho também que essa coisa do ateísmo é muito ingênua. Ah, é só matéria e acabou! Não acho que é só matéria.

Você tem alguma prática dessa religiosidade?
Não, tenho leituras, já fiz ioga, já frequentei candomblé, tenho contatos com isso. Já fiz um monte de coisas diferentes. Estava próximo de uma coisa egípcia, técnicas de tratamento da energia. É muito difícil você ter certeza de alguma coisa nesse sentido. Não sei, é um terreno onde só há dúvidas.

Quem vê você no palco, com aquela *performance* catatônica, deve achá-lo completamente maluco. Você é casado, tem filhos. Como é sua relação palco/vida particular?

Claro que sou completamente diferente do que sou no palco e do que sou aqui, conversando com você. Mas a possibilidade de ser nessas duas situações é que resulta no que sou realmente. Nem lá nem aqui eu estou representando. Cada situação puxa de mim um lado que é tão verdadeiro quanto o outro, mas que se adapta diferentemente em cada situação.

E o palco funciona como uma maneira de potencializar esses outros lados?
Sem dúvida. A experiência do palco é nutrição. Adoro fazer *shows*. É uma carga energética fodida, alimenta o resto da minha vida. Assim como outros momentos de intensidade vão alimentar os momentos menos intensos. É assim com o sexo, com as experiências religiosas, as experiências criativas, as alterações de consciência, de sensibilidade. Tudo isso são coisas que vão alimentando a vivência cotidiana e impregnando os momentos menos inspirados.

Sexo, drogas e *rock'n'roll*. Hoje a gente tem aids, *crack*, e o *rock'n'roll* continua. O que mudou?
Isso a Marina *(Lima)* falou numa entrevista: liberdades conquistadas são liberdades conquistadas. Cada época tem seus fantasmas. Perigo sempre há de pintar por aí. Tudo é perigoso, é a vida. Imagina, usar a aids como pretexto para fazer discurso moralista. Ou mesmo o *crack*. Esse tipo de coisa você não vai ver em mim.

Tem um verso no novo CD que diz "a morrer ninguém foi ensinado e todos morrerão". O *rock'n'roll* tem uma história de tragédias, a morte sempre rondando. Como é a morte pra você?
Em primeiro lugar, esses mitos comportamentais que cercam o *rock'n'roll*, mito de rebeldia, de transgressão, de que você tem que se drogar, tem que se matar, acho tudo isso muito chato. A relação da vida com a produção artística é muito mais complexa, muito mais cheia de filtros do que o mero reflexo de vivências. A minha relação com a morte... não sei, acho que é a relação de quem está vivendo, consciente de que a cada dia você está mais perto da sua morte, inevitavelmente. É uma coisa normal, que acontece com todo mundo. Todo mundo morre, apesar de você nunca estar preparado para a morte. Mas meu desejo é ver isso serenamente. Não me angustiar com a ideia da morte.

Quando você canta "a morrer ninguém nos ensina", é uma crítica também a uma sociedade que tem pavor da morte?
Não, é uma constatação natural de que não existe ensinamento possível.

Mas existem culturas que cultivam uma relação com a morte muito mais tranquila.
Sei que existem culturas em que as pessoas têm plena consciência do momento em que vão morrer e até se preparam pra ele. Seria melhor se a gente tivesse mais essa vivência. Agora, eu acho que a morte está presente o tempo todo. Tem a morte absoluta, mas tem graus disso também, onde você encosta ali – e sempre esses contatos em vida com a morte são alimentos pra vida.

Você já encostou alguma vez?
Não... Eu acho que num orgasmo você encosta, numa viagem de ácido. Esses momentos... Já, já encostei... Grandes emoções que te tiram do ar, sabe? Tem isso. Ali é morte. A vida da gente tem esses momentos. Só que, claro, você volta melhor.

A velha pergunta: qual a função da arte?
Alimento. A gente não vive só de alimento físico. Senão você vai definhando. É que nem ar, que nem comida. Pra mim, é artigo de primeira necessidade.

Revista dos Bancários *n. 15, novembro de 1996*

Grande Otelo:
um rei amargurado

Quando Sebastião Bernardes de Souza Prata abriu a porta de seu apartamento, na rua Siqueira Campos, em Copacabana, foi uma surpresa. Sabia que era um homem de pequena estatura física, mas não imaginava que fosse tão baixinho. Na televisão e no cinema, nunca havia notado esse detalhe. Talvez tenha sempre me detido mais na grandeza que ele assumia quando vestia a pele de seus personagens. Naquele instante, entendi claramente o trocadilho: na minha frente estava o Grande Otelo.

A segunda surpresa foi em relação ao seu estado de humor. Esperava dar boas risadas com esse homem, que sempre levou plateias inteiras às gargalhadas. Mas durante as duas tardes de entrevista, nos dias 17 e 18 de novembro de 1992, ele manteve um constante tom de seriedade, não soltou sua veia cômica em nenhum momento. Demonstrava, às vezes, sinais de amargura e certa impaciência em relembrar fatos de sua carreira e de sua vida. Assim mesmo, respondeu a todas as perguntas com aguda lucidez e chocante consciência. Simpático, ao final do encontro, entregou-me alguns textos inéditos escritos de próprio punho e confidenciou que gostaria de publicar um livro de poemas com prefácio de Jorge Amado.

Mostrou ainda fotos que guardava dentro de uma velha pasta. Entre elas, uma em que aparece ao lado de Bibi Ferreira, em uma cena da peça *O homem de La Mancha*, dirigida por Flávio Rangel, da qual sentia enorme orgulho; outra, ao lado do cineasta norte-americano Orson Welles, com quem trabalhou no famoso, conturbado e nunca concluído filme *It's all true*; e uma terceira do *set* de filmagens de *Macunaíma*, dirigido por Joaquim Pedro de Andrade.

Respingos de amargura, de fato, aparecem em vários momentos desta entrevista. Com mais de cem filmes na bagagem e um tanto equivalente de peças teatrais, cultuado no Brasil e no exterior, sua figura acompanha a própria história do cinema brasileiro. No entanto, ele mesmo apontava uma enorme distância entre "o ator Grande Otelo e o cidadão Sebastião Prata": "Sou um mito, muito bem, mas quem é que paga minhas contas?", reclama em um trecho da entrevista. "Sou um enclausurado em minha própria casa", revela, em outro.

Mineiro de Uberlândia, nascido a 18 de outubro de 1915, Sebastião Prata começou a galgar o caminho da fama pelas mãos de Jardel Jércolis, que o batizou com o apelido The Great Otelo. Jardel colocou-o no elenco de três musicais na década de 1930: *Goal*, *Maravilhosa* e *No tabuleiro da bahiana*, que alcançaram enorme sucesso. Dali saltou para o Cassino da Urca, onde trabalhou com Linda Batista, e logo em seguida para a Cinédia e a Atlântida, os dois maiores estúdios cinematográficos brasileiros. Em 1945 estrelou *Não adianta chorar*, o primeiro dos 13 filmes em que atuou ao lado de Oscarito, criando uma das duplas mais célebres do cinema nacional.

Ao mesmo tempo que figurava nas telas, manteve intensa atuação nos palcos, trabalhando em peças e musicais que fizeram fama, como *Você já foi à Bahia?*, *Feitiço da Vila* e *Teu cabelo não nega*. Em parceria com Herivelto Martins, escreveu várias composições, entre elas "Fala Claudionor", "Adeus Mangueira" e "Vida vazia". O reconhecimento de seu talento pelos diretores do Cinema Novo veio com *Macunaíma* (1969), no qual interpreta o lendário personagem de Mário de Andrade.

Grande Otelo morreu em 26 de novembro de 1993, aos 78 anos, em Roissy, França, após sofrer um "acidente cardiovascular brutal" quando desembarcava no aeroporto Charles de Gaulle (em outras duas ocasiões, o ator já havia sido internado em estado grave, com problemas cardíacos). Ele era esperado no Festival dos Três Continentes de Nantes, onde seria homenageado durante uma mostra sobre o cinema negro da África e das Américas.

* * **

Esta entrevista foi feita originalmente para a revista Marie Claire, *mas acabou não sendo publicada. Permaneceu inédita até três anos e cinco meses após a morte do ator, quando saiu no jornal* O Estado de S. Paulo.

* * **

O senhor acompanhou praticamente todo o desenvolvimento do cinema brasileiro, trabalhou muito no teatro e foi parar na televisão. O que acha da televisão em relação ao teatro e ao cinema?
A televisão é a continuidade da sétima arte, do cinema. O problema é que hoje existe uma tecnologia sofisticada de comunicação e as pessoas se comunicam cada vez menos.

E o que tem achado do cinema brasileiro?
Acho que estamos ainda em um momento de hesitação: não sabemos se pegamos aquela linguagem do Glauber Rocha, de uma câmera na mão e uma ideia na cabeça, ou se voltamos para a chanchada. Na minha opinião, deveríamos voltar para a chanchada, a chamada comédia brasileira, que é a comédia dos romances, como *Macunaíma*. Jorge Amado, outro exemplo, é um autor que teve vários romances televisionados, e sempre com sucesso. Por quê? Porque é a vida brasileira. Nós temos a nossa internacionalidade para mostrar. Não precisamos mostrar a internacionalidade dos outros.

A televisão tem algo a contribuir para o trabalho do ator?
A televisão sempre ajuda, e ainda pode ajudar muito, o ator brasileiro. Desde que a televisão deixe de ser tão consumista como é. Mas gosto muito de novelas: elas têm começo, meio e fim, envolvem a gente, como acontecia antigamente com os folhetins. A gente esperava semanalmente um folhetim e hoje espera diariamente a novela. O folhetim sempre interessou, não só no Brasil, como na Europa.

A novela contribui para o crescimento do ator?
Contribui porque tudo é muito rápido. O ator tem que raciocinar muito rapidamente, muito mais que no teatro. Enquanto um ator no teatro pode preparar uma piada em dois dias, na televisão tem que ser na hora. Sempre improvisei muito na televisão. Quer um exemplo? Vivi no mato quando criança, e perseguia seriema. Quando estava fazendo a novela *Sinhá Moça*, tinha que explicar para o ator que contracenava comigo, que era por acaso meu filho Pratinha, como é que um negro encarava a ideia da liberdade. Aí lembrei do tempo que queria caçar seriema. Seriema não se caça, é impossível, ou quase impossível. Então, eu disse a ele: "Olha, a liberdade dos negros no Brasil é feito a seriema; você vai devagarinho, ela vai devagarinho, você corre um bocadinho, ela corre um bocadinho, você corre mais, ela corre mais. Se você correr muito, ela abre as asas e voa, e você nunca consegue pegar a liberdade". O autor gostou disso e encaixou na novela.

O senhor acha mesmo que a liberdade é algo inatingível?
Ninguém é livre no mundo. Houve um filme francês que se chamou *O salário do medo*. É isso o que a humanidade está ganhando: o salário do medo. Medo de ficar nu, medo de passar fome, medo de não ter onde morar.

Quais são os seus medos hoje, aos 77 anos de idade?
São os medos comuns de toda a gente. Tenho medo de que os meus filhos não se deem bem, que eu não me dê bem. Diante do público sempre tive medo de não conseguir aquela gargalhada que eu planejei no momento de uma piada. Medo de que o público não achasse a menor graça.

E isso aconteceu muitas vezes?
Acontece com todo ator.

Qual é a sensação nesse momento?
É uma sensação de frustração. É a mesma sensação que o repórter sente quando faz uma reportagem e depois vai escrever e percebe que não ficou boa. Rasga tudo e escreve novamente.

Só que nesse momento eu estou só, não tem um público me olhando.

Não, você não está só, tem uma multidão em torno de você, que é sua autocrítica.

Mas isso do salário do medo, da perda da liberdade, é uma coisa mais ampla, não?
Todos nós temos nossos temores, e daí vem o salário do medo. Isso já existe há muito tempo, desde que o capitalismo tomou conta do mundo. Não tenho expectativas de que as coisas melhorem, porque a humanidade piora cada vez mais. Não tenho, e ninguém em sã consciência pensa que vai melhorar. Não acuso o capitalismo; é um direito dos povos negociar, sempre se negociou. Só acho que deve haver uma troca justa. Hoje, o capitalismo é selvagem. Essa opinião que estou expressando é muito batida, não deveria usá-la nesta entrevista, mas não vejo outra. A ganância daqueles que sobem ao poder é muito grande. Na minha opinião, a ganância é do ser humano, o ser humano nunca está satisfeito. Se você tem o carro do ano, quer ter o carro do ano que vem. Não digo que seja uma figura à parte, mas eu poderia ser um cara que teria que ter o carro do ano todos os anos.

O senhor tem essa expectativa?
Não. Tenho a expectativa de ter um carro que me conduza, simplesmente. De ter o dinheiro na medida do que preciso.

E o senhor tem hoje o que precisa?
Teria, se eu fosse uma pessoa sozinha. Sou uma pessoa com compromissos. Tenho que posar diante da sociedade como ator e tenho que posar diante da minha família como chefe de família.

É difícil conciliar os dois papéis?
Bastante. Tenho quatro filhos homens e uma mulher. Quatro homens do casamento oficial e uma mulher de uma aventura. A mãe dela ainda está viva, casou-se com outro. Estou procurando tratar dos meus filhos e dos meus netos do jeito que posso. Não tive o necessário cuidado que deveria ter com relação aos filhos, deveria ter pensado mais neles e não pensei.

Em que termos?
Não economizei para a educação deles. Consegui colocar três filhos num

bom colégio, mas eles não terminaram o curso, não fizeram faculdade, não seguiram a carreira como deveriam. E hoje eles têm muita dificuldade na vida. Fiz muitas amizades nas minhas noites de boate, de farra, mas essas amizades hoje se escondem. Foram bons amigos do ator Grande Otelo. Não foram amigos do cidadão Sebastião Prata.

Existe uma distância muito grande entre o ator Grande Otelo e o cidadão Sebastião Prata?
Existe. O público estabelece uma grande distância. Para o público, o ator é sempre o ator, só. O ator não tem família. Ninguém reconhece isso. Se o ator tem uma família, naturalmente ele quer dar o conforto que essa família merece. De certo modo eu dei o conforto de que minha família precisou. Dos quatro meninos, três foram educados no Colégio Anglo Americano, que era um colégio muito bom. Mas não terminaram o curso e hoje passam dificuldades. Mas prefiro falar do meu trabalho, muito embora tenha que ser compreendido quando falo. A maioria das pessoas costuma dizer que sou genial. Acho isso muito ruim. Não sou genial coisa nenhuma. Apenas vivo a vida e trato de tocar como posso. Sou um ator preocupado com a situação das artes e um chefe de família preocupado com os problemas familiares.

O senhor se considera incompreendido?
Não, sou perfeitamente compreendido. Demora um pouco pra que me compreendam, mas acabam me compreendendo. Por exemplo, me perguntam: "Poxa, por que você saiu da *Escolinha do Professor Raimundo*?". Saí porque aquilo era pouco pra mim. Não podia dizer isso devido aos compromissos que tenho com o Chico Anysio, compromissos morais. Então, simplesmente me afastei.

Que tipo de trabalho gostaria de fazer neste momento?
Ando com uma ideia meio esquisita pra qualquer pessoa, uma peça que se chamaria *Palmas para o perdedor*. Acho que o perdedor também tem direito a palmas, porque ele teve coragem de chegar até lá. Então, merece palmas. Quero fazer um personagem que seja um ator em decadência. Para todos os efeitos, o ator Grande Otelo está em decadência. Mas, para o ator Grande Otelo, não está em decadência coisa nenhuma. Apenas não apareceu aquilo que ele quer fazer.

A sua imagem está muito associada ao humor, ao riso, ao tipo engraçado. Nas suas entrevistas, sempre transparece um lado bem pouco cômico. Como é isso?
É assim que vejo o mundo, mais para o lado trágico do que cômico. Qualquer pessoa que pense acho que vê o mundo assim. Levo a própria vida, lutando e fazendo as coisas que tenho que fazer, mas com pena do mundo. Vejo cenas na tv que dão pena. Cenas que talvez a gente já tivesse visto mas não prestou atenção. Hoje, com mais idade, presto mais atenção e me preocupo mais.

O senhor é uma pessoa que farreou bastante, se divertiu muito e também sofreu bastante. Hoje, o que pesa mais na balança?
O que pesa mais é o tempo que farreei. Foi um tempo perdido. Pesa, mas não me dá remorso. Porque, afinal de contas, a vida é isso. Lamento que não tenha cumprido aquilo que um cidadão normalmente cumpre, que é cuidar da família e tal. Também sinto que, devido à minha profissão, não poderia tratar a família 100% como deveria.

Há um folclore de que o senhor era um tremendo farrista. Confere?
Sim, me diverti bastante. Inconsequentemente, às vezes. Hoje não tenho capacidade nenhuma de me divertir nem de divertir os outros.

O senhor se sente uma pessoa amargurada?
Não é bem amargurada. Eu me sinto como uma pessoa que não deu certo. Não fez dez pontos na vida. Foi até cinco, seis pontos.

Ao mesmo tempo o senhor é um patrimônio do Brasil. Como fica isso?
O ator. Mas o cidadão não é.

E o ator fez dez pontos?
Para o ator sempre falta um ponto a mais. O ator sempre tem um ideal que ele gostaria de realizar.

Quais?
Quero fazer um filme, que se chamaria *Saudades do Elite Clube*, e não consigo. Gostaria de fazer a peça *Palmas para o perdedor*, mas não consigo. Vou vivendo de salário. Nunca fui um empresário, nunca soube me organizar.

Ainda há tempo para encurtar essa distância entre o ator e o cidadão?
Há e não há. Hoje sou um homem doente, não tenho mais a energia que tinha. A minha cabeça funciona bem, acho eu. Mas a energia já não é a mesma.

Gostaria de insistir mais nesse ponto, nessa distância entre o ator e o cidadão. O senhor é reconhecido no Brasil, é praticamente um mito e, ao mesmo tempo, sente essa distância grande entre o ator e o cidadão. Como pode acontecer isso?
Veja bem: o ator não deixa de ter todos os impostos que tem um cidadão. Sou um mito, muito bem, mas quem é que paga minhas contas? Um senador da República propôs uma pensão especial para o ator Grande Otelo. E, agora, o cidadão Sebastião Prata precisa dela e não tem com quem reclamar. Só recebo desculpas.

Quem é esse senador?
É amigo meu, Ney Maranhão.

Como o senhor se equilibra emocionalmente entre o mito e o cidadão?
Bem, o cidadão não sai de casa, fica em casa o tempo todo. E quando o mito sai, cumprimenta todo mundo, brinca com todo mundo e representa pra todo mundo. Todo mundo me conhece na rua. Mas conhece o ator, não conhece o cidadão. No fundo, as pessoas gostariam que eu representasse o tempo todo.

Emocionalmente, não é difícil manter esse equilíbrio?
Muito difícil. Então, qualquer hora que você chegar na minha casa, vai me encontrar aqui. Sou quase um enclausurado na minha própria casa. Tenho uma certa dificuldade de lidar com o lado prático da vida, ir ao banco, essas coisas. É difícil, porque o artista é muito sentimental, lida muito com as coisas do coração. Se eu fosse um ator que não lidasse com o coração, estaria milionário.

Nunca se preocupou em ter um empresário, uma pessoa que lidasse com o lado financeiro?
Estou me preocupando agora. De uns tempos pra cá tenho um empresário que trata do negócio do dinheiro pra mim, porque não sei tratar. Tem que ser assim. Veja na América do Norte, todo artista tem seu agente.

Mesmo com toda a popularidade, o senhor não ganhou dinheiro?
Olha, eu trabalhava na Urca e ganhava duzentos mil-réis por dia. A Linda Batista ganhava quinhentos mil. Isso não me incomodava, porque os duzentos mil-réis davam para eu fazer o que quisesse. Era muito dinheiro.

Por que ganhava menos que ela?
Bem, os negros no Brasil nunca foram bem remunerados. Há brancos também que não são bem remunerados. Hoje em dia, então, nós temos uma multidão de brasileiros, negros ou brancos, que não são bem remunerados. Agora, se você se conforma com o que tem, você vive bem.

Durante uma parte da sua vida, muitas pessoas, principalmente profissionais da área, se referiam ao senhor como uma pessoa que chegava atrasada, bebia muito. O que pensa dessas pessoas, desse tipo de comentário?
Problema delas, não meu. Caminho por dentro da minha vida do jeito que devo caminhar e na hora que devo caminhar.

Isso interferiu na sua vida, atrapalhou muito?
A sociedade tem seus cânones, e principalmente uma pessoa como eu deve estar dentro desses cânones. Como sou relapso, revoltoso, revoltado, não me interessa muito isso, não.

O senhor disse certa vez que já nasceu zangado. Grande Otelo é um rebelde?
É rebelde, sim, por vários motivos.

Quais?
Não vamos entrar aqui num motivo muito importante que é a cor. Não interessa entrar nesse motivo porque o negro ou o branco, no Brasil, sofrem as mesmas dificuldades, na minha opinião. Se ele é educado, se é rico, está bem na vida. Se não é educado, se não é rico, está mal. Pronto, acabou.

O fato de ter nascido pobre, negro, foi motivo de muita discriminação?
Nasci pobre, sou negro, mas fui educado. Isso foi que atrapalhou o contexto geral.

O senhor foi moleque de rua...
Em São Paulo.

Como era isso?
Era a vida de moleque de rua de boa índole: pedia comida e as pessoas me davam comida, dormia na rua, nos Correios, vendia jornais. Naquele tempo a ingenuidade e a facilidade com que o povo vivia não davam espaço para o moleque pensar em roubar ninguém. Ele pedia e recebia. Hoje ele pede mas não recebe. Então diz: vou roubar.

O senhor foi protegido, praticamente adotado, por famílias ricas, não é?
A família que me trouxe de Uberlândia era de teatro e me ensinou a trabalhar no teatro. Era a família de dona Iara Isabel Gonçalves. Quando eles foram pra Itália, eu estava fugido de casa e não fui. Fiquei em São Paulo e ela deu parte no Juizado de Menores. Até que o juiz me apanhou na rua, me botou no Juizado de Menores, que nessa época era na rua do Paraíso. Depois a dona Maria Eugênia de Queiroz foi buscar uma menina pra ajudar na cozinha e o juiz de menores apelou pra que me levassem, porque eu era inteligente e, se fosse bem protegido, poderia dar em alguma coisa na vida. Ela teve pena da minha situação e me levou, me colocou no grupo escolar do Arouche, depois na escola Caetano de Campos e depois no Liceu Coração de Jesus.

Por que fugia dessas casas? Não era bem tratado?
Porque eu queria conhecer gente. Não fugi da casa do dr. Queiroz. Mas ali aconteceu um fato que o aborreceu muito. Na época, havia aparecido o ioiô e eu queria comprar um, mas não tinha dinheiro. Ele tinha uma biblioteca maravilhosa, com livros que já estavam meio carunchados e tal. Achei que poderia vender um daqueles livros que ele nem ia se dar conta. Vendi um livro do jurista Clóvis Beviláqua. O dr. Queiroz sentiu falta e veio me perguntar. Eu disse que havia vendido porque estava todo carunchado. Então, ele se aborreceu e disse que eu arranjasse outro tutor e eu arranjei o Miguel Max, que era de teatro. Mas ele não me trouxe para o Rio de Janeiro, me levou para o interior de São Paulo e eu queria vir para o Rio de Janeiro. Daí, fugi e vim para o Rio com a Companhia de Arte Jardel Jércolis.

Falando em teatro, como acontece o trabalho de construção de um personagem? Algum método especial?
Sou um personagem que se compôs desde que começou a falar. Desde que comecei a falar e alguém me ensinou a primeira canção, comecei a ser ator, sem saber. Depois me ensinaram outras coisas e eu aprendi: me ensinaram a ler e a escrever, a dizer uma poesia, a dizer um monólogo, me ensinaram a viver um personagem. O primeiro personagem que vivi foi em 1926, na minha terra, Uberlândia. Entrava em cena e dizia: "Mim estar alemão de santas catarrinas". Foi a primeira frase que eu disse em cena. Eu já havia aparecido em cena no circo, mas foi muito passageiro. No teatro é que venho atuando há sessenta e poucos anos.

Como foi a preparação do personagem Macunaíma, por exemplo?
Construí esse personagem de acordo com o diretor. Penteei meu cabelo do jeito que achava que devia pentear, o diretor gostou. Fizeram a roupa que eu deveria vestir e me disseram as palavras que eu deveria dizer, como deveria proceder, como deveria funcionar e eu funcionei como ele mandou, o Joaquim Pedro de Andrade.

Mas isso é uma coisa natural? O senhor já entra na pele do personagem e...
Claro. É só me explicar o que tenho que fazer.

Quais as diferenças para o ator entre trabalhar no teatro e no cinema? No teatro o público está ali, na frente, vendo o ator de corpo inteiro. No cinema, o público vê pelo olho da câmera. De repente, estou ali vendo só seu rosto. Como isso interfere no trabalho do ator?
Se eu fosse diretor estaria vendo pelo olho da câmera. Mas não sou diretor, não estou vendo. Estou representando aquilo que o diretor mandou que eu representasse. Às vezes dou algum palpite, mas, em geral, é o que o diretor manda fazer. Sou um ator muito obediente.

Mas não existe uma grande diferença entre fazer uma peça e um filme?
Não tem, não. Basicamente é a mesma coisa. Tenho que retratar um personagem, entro no personagem e interpreto.

Depois de mais de cem filmes e um tanto equivalente de peças, tem algum grande personagem que não fez e gostaria de fazer?
Tudo que gostaria de fazer é o papel do perdedor. Tenho um argumento de cinema que nunca foi levado a sério, que se chama *O homem do surdo*. Fico pensando nas agruras que sofre um homem que bate surdo dentro de uma escola de samba. Esse homem envelhece e já não tem forças para bater o surdo, então tem que ser substituído. Tenho outra ideia que é o *Saudades do Elite*, sobre as coisas que se passavam no Elite Clube. Gostaria de botar no cinema pra todo mundo ver e não consigo. Gostaria de mostrar também minhas poesias, meu lado de compositor. Gostaria de fazer um pequeno livro, com prefácio do Jorge Amado. Tenho um pequeno livro pronto. Uma dessas poesias é uma espécie de bilhete de Carmen Miranda para o Brasil, uma coisa que eu idealizei. Ela nos Estados Unidos, mandando um bilhete para o Brasil. Assim: "Ai quem me dera, quem me dera voltar/ Pra ver Copacabana numa noite de luar/ Levar uns encontrões na rua do Ouvidor/ Andar na Cinelândia numa tarde de calor/ Subir no morro pra ouvir a batucada/ Falar de novo com a rapaziada/ Tomar um guaraná na arquibancada do Flamengo/ Sambar na Praça 11 toda cheia de dengo". Enfim, é um bilhete da Carmen Miranda. A segunda parte diz assim: "I wanna be back/ I have not tristeza/ Here, the samba is just uma beleza/ I make miséria with my rhythm quente/ Mestre Ari (Barroso) faz melodias que machucam a gente/ A turma do bloco fica crazy and say: hello/ So, I asked: What happening is do/ Se houver uma brecha pico a mula e estou com tudo/ I am deliciosa, estou com tudo e não estou prosa". Esse é um dos meus poemas. É muito antigo.

O senhor falou agora da pessoa que toca o surdo e quando envelhece precisa ser substituída. A velhice traz muitas limitações?
Traz limitações para o homem do surdo, que já não tem a mesma força; para o jóquei, que já não tem o mesmo pulso.

E para o ator?
Para o ator não traz muitas, não. Porque o artista é sempre idealista, sempre tem alguma coisa pra realizar e, se ele não consegue, deixa na mão de outro pra realizar, e fica tão satisfeito como se ele tivesse realizado.

No mundo de hoje, quando a juventude é supervalorizada, a velhice é respeitada?

A velhice é respeitada, mas não tanto quanto gostaria. Mesmo porque o velho fica cansado e é muito mais interessante o velho ficar lendo um livro, ouvindo um disco, ficar vendo um programa de televisão, do que ficar agindo, trabalhando e gastando forças, mesmo que esteja com a cabeça em ebulição.

O projeto *Palmas para o perdedor* está ligado à ideia de velhice?
Não, não tem nada a ver com o velho. É um sujeito qualquer que teve coragem de se expor, de fazer o que ele acredita. Tanto faz ter 15 anos, como 30, 40, 50. Ele acredita, então vai lá e faz. E, se ele perde, merece palmas. Mas isso não tem a ver comigo. Não me considero um perdedor.

Consta que o senhor é um ator com uma grande capacidade de improvisação. É isso mesmo?
Essa questão do improviso é muito relativa, porque todo ator improvisa. Alguns improvisam mais, outros menos. Até que improviso muito pouco em comparação com alguns atores. Porque sou muito policiado em relação aos improvisos. Houve uma época em que começaram a cortar os meus improvisos. Aliás, desde a Atlântida que cortam meus improvisos.

Por quê?
Porque sou muito moleque, porque sou negro, porque não tenho inteligência, porque acham que não fui instruído, acham que sou burro, que não tenho educação pra usar um improviso na hora certa. Fui vetado no Itamaraty devido a esse fato. Trabalhava na boate Night and Day quando o Eisenhower visitou o Brasil. Todo o elenco do Night and Day foi convidado, menos eu, porque o chefe do Itamaraty ficou com medo que eu faltasse com o respeito com o presidente da República dos Estados Unidos.

Bem, mas há uma história com outro norte-americano: Orson Welles. Como foi que apareceu a oportunidade de filmar com ele?
A minha história com Orson Welles foi muito simples, mas como ele era um americano que me dedicou muita amizade e eu sou um negro, teve uma grande repercussão. Ele foi realmente meu amigo, da maneira como os americanos são amigos. Trabalhei com ele, conversamos muito e fui um dos mais bem pagos. Enquanto os outros ganhavam setenta mil cruzeiros, eu ganhava quinhentos mil.

Como o senhor o conheceu?
No Cassino da Urca. Não fui eu que o conheci, ele que me conheceu. Ele foi ao cassino escolher um elenco. No dia seguinte, quando começou a filmagem, ele achou estranho que eu não estivesse no meio dos atores que foram cedidos pela Urca e mandou me procurar e fez grande amizade comigo.

O Cassino da Urca tinha cedido o elenco para o filme?
Tinha cedido um elenco, mas eu não estava no meio. Ele estranhou que eu não estivesse.

O que realmente aconteceu com as filmagens?
Não sei. É uma história muito discutida e eu tenho ouvido várias versões e não me atrevo a citar nenhuma das versões que aconteceram com a vinda de Orson Welles, sobre o fato de o filme nunca ter terminado. Não discuto sobre isso.

O senhor sabia qual era a história do filme?
Sabia apenas o que eu tinha que fazer.

O que o senhor fazia?
Gaiatices na escola do morro.

Qual era o seu personagem?
Um personagem qualquer, um moleque do morro.

Quais foram seus momentos mais gloriosos nessa longa trajetória de artista?
No palco *O homem de La Mancha*, na TV a novela *Sinhá Moça*, e na vida o nascimento do meu primeiro filho.

Gostaria de saber um pouco do seu lado religioso. O senhor é umbandista?
Em São Paulo estudei no Colégio Coração de Jesus, colégio de padre. No Rio, através do Herivelto Martins, me interessei pela umbanda. Hoje, estou meio dividido. Mas acredito mais na Igreja Espírita Umbandista do que na Igreja Católica.

Qual é o seu santo na umbanda?
Xangô.

Essa religiosidade é muito importante na sua vida cotidiana?
Muito importante. Se o homem não tem uma religião, seja ela qual for, ele não vale nada, porque não acredita em nada.

O senhor já passou por uma UTI duas vezes, em estado grave. Como foi ter visto a morte de perto?
Não vi a morte de perto. É uma besteira pensar que quem passa por uma UTI vê a morte de perto. Não vi nada. Fui entubado e os médicos fizeram o que tinham que fazer. Fui, inclusive, desenganado. Já estavam até preparando meu jazigo, e não morri.

Mas a pessoa volta de uma experiência dessas como se não tivesse acontecido nada?
Voltei como se não tivesse acontecido nada. Continuei minha vida onde ela tinha parado. Pra mim, a morte é uma coisa muito simples. Você nasce, vive e morre. Você começa a morrer quando nasce. Essa é a lei da vida.

O Estado de S. Paulo *(Caderno 2), 8 de abril de 1997*

Três textos inéditos de Grande Otelo[1]

E agora, Bastião?...

E agora, Bastião?
Tu tá meio veio.
Tá meio cansadão.
Mas ainda tá vivo.

---

1 Estes textos foram cedidos pelo próprio ator, para que saíssem junto com a entrevista – o que ocorreu, quando ela foi publicada no "Caderno 2".

Que qui si vai fazê?
Paciência...
Tu inda tem que brigá pela sobrevivência.
Não tá dando pra tu pisá na bola.
Tem qui mostrá o que aprendeu na Escola.
Na vida de Escola e na Escola da vida.
Vai tê que i nas dividida!
Tu andou pelos cassino,
Nos tempo qu'inda era um minino.
Meteu as caras nos cinema,
Deitô e rolô, andô si divertindo...
Cumeçô na Barra Funda,
Groselha cum cachaça.
Tirô a groselha, deixô a cachaça só.
Bebeu a cachaça da tua mãe,
E a cachaça da tua avó...
Dispois teve de pará.
O figo já tava ruim, dando nó.
E agora, Bastião?
Faz o que tu pudé!...
Num dá pra trás, não.
Vai em frente,
Graças a Deus, tu inda fala.
T'impeteca, estufa o peito
Qui tem gente na sala.

Instantâneo amazonense

John – Oh! Tu,
Que lembras o lynce no olhar!
Gato selvagem.
De galho em galho a saltar!
De pulso forte,
Ao ferir o duro lenho,
Pra saber o teu nome,

É que de tão longe venho!
Quem és?
Sering – Um seringueiro!
John – Qual o teu nome?
Sering – Brasileiro!
John – Deves então te alistar,
Tua pátria te chama pra lutar!
Sering – Sou um soldado, na legião dos desconhecidos,
Um dos muitos que não serão esquecidos!
John – Onde é tua casa, seringueiro?
Sering – No meio, bem no meio,
Oh, Forasteiro,
Deste maravilhoso seringal,
Onde eu que sou ninguém,
Na luta formo também,
Pela paz Universal!
É isso aí, moçada
Do Teatro da Senzala
A gente saímos para o Teatro da Casa Grande
Caminhamos para o Teatro dos Palmares
Onde a estrela foi Zumbi
Partimos depois junto com vocês
Para o Teatro da Vida
E foram dramas, comédias
E foi a farsa e foi a música
A música negra no Teatro do Mundo
Pedacinhos que somos das gentes
Caminhando dentro do tempo
E para o tempo
É isso aí! moçada.

Poesia à moda de Vinicius

E se o amor viesse...
A calar a luz da manhã nascente?

Então eu seria, amor, alegremente,
No chilrear dos pássaros,
No frio das flores orvalhadas
No olhar batido de sol novo
De todas as amadas...
E se o amor viesse...
No meio-dia de calor de sol a pino?
No vai e vem da vida, eu seria
Escolar diligente, amor menino...
Amor insuspeitado, furtivo
De quem não sente no momento,
As incertezas do amor tormento...
E se o amor viesse...
Amando,
Amando na tarde caindo?
Entrando dentro da noite que vinha vindo
Haveria de ser um amor calmo.
No gris do plenilúnio, seria um amor lindo
No amor meu, não saberia eu,
Se o amor seu dela estaria chorando,
Se os nossos amores estariam sorrindo...
E se o amor viesse de noite?
Ouviria da noite os ruídos noturnos
Ou então gemidos de esquecidos noturnos
O amor seria sussurro de ladrão roubando
Seria o amor gemido de amor amando,
E seria o amor, langue, gemido das amadas
Num coro de rezas, nas madrugadas
Olhos esgazeados em lampejos de desejos
Coral harmônico de mais de mil beijos
Até que o dia de novo raiasse,
Na manhã radiosa de outro sol que nasce
Tímido como sempre, lá no céu ficasse
Na espera ansiosa de que o amor chegasse,
Pra que de novo, amada
E outra vez te amasse...

Mário Bortolotto:
o vagabundo do asfalto[1]

Mário Bortolotto (Londrina, 1962) não brinca em serviço quando se trata de abrir as portas do inferno e mostrar a encrenca em que estamos metidos. Dramaturgo, ator, poeta e cantor de *blues-rock*, suas peças não param de ser encenadas em São Paulo e outras cidades do país. Entre elas, algumas já se tornaram clássicos do *underground*: *Uma fábula podre* (1989), *Nossa vida não vale um Chevrolet* (1990), *Medusa de Rayban* (1996), *Vamos sair da chuva quando a bomba cair* (1998), *Efeito urtigão* (1999) e *Hotel Lancaster* (2000), entre mais de outros cinquenta textos (a maior parte reunida nos livros *Peças de Mário Bortolotto – Volumes I, II e III*). Lançou também uma novela policial (*Mamãe não voltou do supermercado*), um livro de poesia (*Para os inocentes que ficaram em casa*) e um CD (*Cachorros gostam de bourbon*). A dramaturgia marcada pelo ritmo do cinema, dos quadrinhos e do *rock'n'roll* lhe valeu dois grandes prêmios teatrais: o Shell, de melhor autor, e o APCA, pelo conjunto da obra, ambos em 2000.

Sua escrita – e aqui entenda-se também o trabalho como diretor e ator do grupo Cemitério de Automóveis, que fundou em Londrina, em 1982 – é uma das mais contundentes das que se fazem hoje no Brasil. Toda a sua obra zomba sem a menor piedade do pesadelo contemporâneo, assombrado pelos clichês vazios de novos ricos, pagodeiros, duplas sertanejas, peruas que se

---

[1] Com a colaboração de Marcos Losnak e Rodrigo Garcia Lopes

acham estrelas, *showmen* bajuladores, pastores mercenários e apresentadores de televisão com seus tiques e truques para encher os bolsos. Assistir a uma encenação de Bortolotto é como celebrar uma revanche.

Sem clichês políticos, Bortolotto dá vida a uma matilha de personagens que sabem das sacanagens dos bacanas e devolvem o troco com a mesma moeda. O corrosivo sarcasmo de suas parábolas teatrais coloca em confronto o mundo *fake* da indústria do espetáculo e o mundo real dos matadores de aluguel, dos ladrões de carros, dos viciados, dos punheteiros, dos desajustados. Dizem que seu teatro é violento. Bem menos do que a engrenagem que reserva a alguns o conforto comprado nas prateleiras de importados e, a outros, o desespero.

Mas, prestem atenção, muita atenção, em um detalhe: por trás de todo o escárnio há um sentimento de compaixão. Não pelos "vencedores" que se exibem com doses de narcisismo muito bem pago. Não. Há compaixão por aqueles que só se fodem e que insistem em se manter vivos. Pelos malucos. Pelos atormentados. Pelos bêbados. Pelas putas que lavam com uísque os pecados dos meninos.

Perto da sua escrita descarnada, enfocada sempre pela ótica dos que não se integram à sociedade, a maioria do que se lê por aí parece contos de fadas para embalar o sono dos inocentes que ficaram em casa.

* * *

A entrevista foi feita por e-mail, no outono de 2002. Depois disso, Bortolotto continuou com uma produção vertiginosa, escrevendo, dirigindo e atuando em novas peças de sua autoria, como Homens, santos e desertores *(2002),* A frente fria que a chuva traz *(2003),* O que restou do sagrado *(2004),* Brutal *(2009) e* Música para ninar dissonauros *(2010); adaptando textos de outros autores, como* Tanto faz, *de Reinaldo Moraes,* O herói devolvido, *de Marcelo Mirisola,* Faroestes, *de Marçal Aquino,* Chapa quente, *de André Kitagawa, e* O natimorto, *de Lourenço Mutarelli. Sua peça* Nossa vida não vale um Chevrolet *foi adaptada para o cinema com o título* Nossa vida não cabe num Opala, *pelo diretor Reinaldo Pinheiro, e ganhou vários prêmios. Publicou ainda o romance* Bagana na chuva, *a coletânea* Peças de Mário Bortolotto – volume IV *(ambas em 2003),* Atire no dramaturgo *(crônicas, 2006),* Um bom lugar pra morrer *(poemas, 2010)* e DJ – Canções para tocar no inferno *(contos, 2011)*. Gravou os CDs Tempo instável *(2009)*, com a banda homônima, e Velhos bêbados barrigudos tocadores de blues *(2010)*, com a Saco de Ratos, com a qual se apresenta com frequência em bares, cafés e teatros nas noites paulistanas.

* * *

Nas suas peças há quase sempre uma sátira mordaz à publicidade, à televisão e às figurinhas carimbadas da mídia, como Jô Soares, Gerald Thomas, Caetano Veloso etc. É só tiração de sarro ou uma crítica explícita?
Sei lá. Acho os caras engraçados, então, tiro uma. E quando você aluga os caras, é claro que de alguma maneira você também tá fazendo uma crítica ao comportamento deles. Mas o básico pra mim é não perder a piada. Se depois disso ainda rolar uma provocação, melhor ainda. Não tenho nada em particular contra esses três citados. Vejo as peças do Gerald, ouço os discos do Caetano e assisto ao programa do Jô, mas é claro que o jeitão e a atitude deles, às vezes excessivamente vaidosa, proporciona boas piadas. Principalmente quando se levam a sério em demasia.

Ao mesmo tempo que ironiza o ambiente *fake* da televisão, você conhece todos os programas, do *Big Brother* ao *Superpop*. Qual a leitura que você faz desse lixo televisivo? Esses programas acabam servindo de material de criação para suas peças?
Cresci em frente à televisão, assistindo *Túnel do tempo, Corrida maluca, Agente 86, Manda-chuva*. Sempre fui fissurado em televisão. Sou um *zapper* ensandecido. Meu passatempo em hotéis onde tem TV a cabo é ficar deitado na cama massacrando impiedosamente o controle remoto. Vou editando os programas. Fica um resultado meio Fausto Fawcett, tá ligado? Uma colagem *pop* alucinada. Promovo um *cut-up* televisivo. Então, vocês podem imaginar como ando deprimido. Nunca a televisão brasileira esteve tão absurdamente ruim. A televisão tá um lixo mesmo. Tá foda. Não consigo mais conceber a vida sem um controle remoto. Santos Dumont que me desculpe, mas o controle remoto é a invenção do século.

O que a linguagem do cinema ou dos quadrinhos traz para a composição das suas peças?
Eu aprendi a ler lendo HQ. Meu tio era surdo e, por isso, não assistia TV nem ia constantemente ao cinema. Ele comprava muito gibi, tinha um guarda-roupa cheio. Eu me esbaldava. Então, é claro que os quadrinhos têm uma importância fundamental na minha formação literária. E quanto ao cinema, é a mesma coisa. Sempre fui rato de cinema. Começa lá com *Tarzan*, bangue-bangue, filmes de gladiador, até você ir descobrindo os diretores legais de ação como Walter Hill, John Carpenter e entender que tudo veio de Sam Peckinpah. Aí você começa a prestar atenção em Scorsese, Coppola, e daí você saca os fodões mesmo, do tipo Truffaut, Cassavetes, Godard, Kurosawa, e dessa salada toda você finalmente arma a sua lista de referenciais.

Você se opõe frontalmente ao teatro político de grupos como a Companhia do Latão. Por quê?
Não tenho nada contra o teatro político. Tenho contra o teatro caga-regras. O teatro que pensa que é único. Sou pela diversidade. Cada um faz o teatro que quiser e do jeito que quiser. O importante é que faça bem, com conhecimento de causa. Não suporto patrulha ideológica. Gente me dizendo qual é o tipo de teatro que tenho que fazer. Se eu quiser fazer uma peça inteira falando sobre o rótulo de uma garrafa de Jack Daniel's, tenho todo o direito. Assiste a isso quem quer. No caso do Latão, é que acho o teatro deles chato pra caramba. Chato e superestimado. É uma rapaziada classe média brincando de fazer teatro político. E eles são muito pedantes. Queria saber se o público a que eles pensam que se destinam realmente gosta dos espetáculos deles.

Muitos dos seus personagens são bêbados, drogados, viados, putas, ladrões de carro, caras durões. Muitas vezes você os coloca em contraposição com personagens de classe média, da elite cultural. É o caso do matador de aluguel de *Medusa de Rayban*, que recebe uma grana pra apagar um diretor de teatro de vanguarda. Qual a intenção de contrapor personagens aparentemente tão distantes?
Teatro tem que ter conflito, senão perde a graça. Dia desses eu estava participando de um debate e uns caras começaram a defender uma dramaturgia da paz. Ah, tá bom. Não é possível, cara. O bicho tá pegando na rua e os caras querendo fazer teatrinho da paz. Você fica exilado, num quarto, sozinho, es-

crevendo um texto. Só vale a pena escrever se aquilo te motivar inteiramente. É por isso que só escrevo sobre o que me interessa; caso contrário, vou jogar futebol, bilhar ou qualquer coisa assim, mais edificante.

Mesmo criando personagens barra-pesada, que estão na pior, fodidos, suas peças sempre têm um tom engraçado, muitas vezes de um humor pra lá de negro. Você se considera um comediante?
Sou um puta de um cara mal-humorado. E não tem nada mais engraçado que um sujeito mal-humorado, com raiva do mundo. Acho que é daí que vem o meu humor. Um humor meio emputecido, cruel.

Você se preocupa em inovar a linguagem do teatro?
Ah, eu não. Já tem gente demais preocupada com isso. Eu passo. Vou fazendo o meu teatro de maneira que eu possa sentir orgulho, pra sair do buraco mesmo. Se pintar alguma coisa nova, pode crer que foi acidente. Não perco o meu sono com isso.

Você é um inquieto pesquisador de música, de literatura, de cinema e do próprio teatro. Há uma cultura brasileira totalmente submersa, que ainda não veio à tona?
Ah, claro. Em todas as áreas. Conheço atores geniais que ninguém conhece. Bandas do caralho. Como já dizia o grande "sábio" Paulo Ricardo: "no submundo repousa o repúdio".

Além de dramaturgo e ator, você é poeta, gravou parcerias com músicos e também um CD de *blues*. Como a poesia e a música (especialmente o *rock* e o *blues*) entram no seu teatro?
Meu critério pra gostar de música é gostar de música. Seria simplista dizer que gosto de *rock* e *blues*. Eu gosto de coisa pra caralho. É mais fácil dizer do que não gosto: música brega sertaneja, forró, pagode, axé, *dance* e *tecnopop*. O resto eu ouço com a maior atenção. Tenho uma coleção considerável de CDS e LPS e uma das coisas que mais curto, em teatro, é montar trilha sonora.

Se fosse mencionar um elenco de dez criadores, nas várias áreas, que te influenciaram e marcaram sua linguagem, quem você mencionaria e por quê?
Na prosa literária com certeza o Charles Bukowski. É o maior. Tem muita gente

que diz que ele é um sub-Henry Miller. Foda-se. Eu gosto de Henry Miller, mas prefiro o velho Buk. Em poesia, o Dylan Thomas, poetaço bebum e alucinado. Em interpretação, definitivamente, ninguém é mais inspirador que Marlon Brando. Roteirista de HQ, o cara que mais me impressionou foi o Garth Ennis. Gosto de uma porrada (Warren Ellis, Brian Azzarello, Frank Miller, Alan Moore, G. Berardi), mas quando li *Preacher*, foi um choque. Em música o cantor mais fudidão é Van Morrison. É o antídoto mais eficaz pras noites de desespero. Em cinema, gosto de Jim Jarmusch, Abel Ferrara e Hal Hartley, que são diretores americanos que não se encaixam no padrão americano. Gosto da mitologia americana, mas não consigo aceitar a maneira como essa mitologia é retratada no cinemão americano. Essa glorificação do herói americano é simplesmente asquerosa. Em contrapartida, também não tenho saco pra esses filmes iranianos e essas bostas de Dogma[2]. Em fotografia, meu ídolo é o Robert Frank. E, finalmente, em dramaturgia, ninguém foi mais conciso e eficaz que Plínio Marcos. Também sou fã de Sam Shepard, Eric Bogosian, Lyle Kessler, Niger Williams e uma porrada de dramaturgos brasileiros da minha geração, mas Plínio é foda. Só não gosto da fase mais mística dele. Essa eu prefiro ignorar.

Os heróis (ou anti-heróis) de seus textos são em sua maioria marginais, *outsiders*, fracassados. Por que a paixão por esses personagens?
Identificação, né, cara? A gente gosta dos iguais. Sou o tipo de sujeito talhado pro fracasso. Não facilito. Não fico babando diante de qualquer possibilidade de sucesso. Tô predestinado a ser um fodido. Então, meus personagens vão ter que vir comigo. E não tenho saco pra escrever sobre gente rica e bem-sucedida. Acho tremendamente sem graça. Admiro caras que conseguem, como o Bret Easton Ellis, por exemplo, mas definitivamente minha praia é outra.

Toda a sua obra (dramaturgia, prosa e poesia) é pautada pela linguagem oral. Trata-se de uma escolha deliberada?
Eu escrevo com o ouvido. Quando meus personagens falam, eu verdadeiramente os escuto. Até quando escrevo um poema, consigo nitidamente ouvir o merda do meu alterego se lastimar. É foda. Mas acho que a parada toda fica realmente mais verdadeira.

---

2 Refere-se ao movimento cinematográfico Dogma 95, criado por Lars von Trier e Thomas Vinterberg.

Em sua dramaturgia as histórias são pautadas pelo conflito. Seja na relação amorosa entre homem e mulher, ou entre homem e mundo. Parece dizer que o eterno conflito – mesmo que gere alguma harmonia – seria o destino das coisas, tanto no amor como no mundo. O ser humano estaria fadado ao conflito?
Não existe dramaturgia sem conflito. Não existe vida sem conflito. Se você observar, vai perceber que o grande problema do homem é que ele não consegue ficar quieto no seu canto. Quando tá com uma mulher, fica sempre pensando na possibilidade de ficar sozinho. Quando tá sozinho, fica louco pra arrumar uma mulher. É uma merda. Nós estamos condenados à infelicidade de um jeito ou de outro. Pelo menos é possível produzir bons textos a partir dessa constatação.

A amizade masculina é um tema recorrente em suas histórias. Os amigos seriam os únicos confiáveis – e os únicos que nos suportam – num mundo cada vez mais hostil. A amizade seria uma espécie de quartel-general da verdade, da generosidade, da sinceridade?
Gostaria de crer que sim. Acho até que já acreditei bem mais nessa balela. Mas o meu ceticismo cáustico vem crescendo assustadoramente nos últimos anos. E os amigos têm sua grande parcela de culpa nisso. A maioria está se mostrando uma cambada de cuzões. Qualquer interesse pessoal, qualquer vaidadezinha, já é motivo pra terminar com uma amizade que parecia verdadeira. Já não sou aquele cara de varar noites conversando em botecos. Nunca sei com quem que eu tô conversando. Tô ficando cada dia mais antissocial. Meus textos tendem a ficar ainda mais sombrios, mais cínicos e totalmente desprovidos de qualquer coisa que se possa chamar de "Esperança".

Outro tema recorrente é a violência urbana. Por que a escolha do tema? Como você encara a violência nos dias de hoje?
Só dá pra encarar com uma Uzi israelense. *No chance*. E, à medida que as diferenças sociais aumentarem, como me parece inevitável, a violência também vai aumentar.

Você já foi acusado várias vezes de machista por tratar as mulheres, em seus textos, sem pudores. Ser machista virou um crime ou há uma inversão de neurose na sociedade atual?

Engraçado que eu não me considero machista. Não sou feminista, obviamente. Não quero nenhuma mulher me dando ordens e me enchendo o saco, mas as mulheres que me conhecem mais intimamente sabem também que não sou de ficar mandando nelas, como qualquer machista adora fazer. Sou bem sossegado. Mas sou de um tempo em que mulheres eram mulheres e homens eram homens. Isto é, não tem muito o que discutir. Eu decididamente não me encaixo nessa denominação que se convencionou chamar de "novo homem". Não vou dividir funções em casa porra nenhuma. Nós temos interesses diferentes. Assuntos diferentes. Simples. Adoro mulheres e procuro encontrá-las, sempre que necessário, para fazer aquelas coisas que gostamos de fazer em comum, uns com os outros, o que inclui, também, conversar. Adoro conversar com mulheres, adoro ouvir as mulheres, mas uma de cada vez, porque duas mulheres falando é insuportável, e mesmo uma mulher interessante, quando se junta com outra, geralmente acaba ficando fútil do ponto de vista masculino. Fico achando que elas devem pensar o mesmo de nós, o que é muito normal. Evidentemente nós temos pontos de vista diferentes. Ainda bem. Agora, o que com certeza eu não sou é politicamente correto. Sendo assim, em alguns textos os meus personagens são francamente misóginos. Se, a partir disso, querem fazer uma análise superficial da minha personalidade, da minha literatura ou da minha dramaturgia, que fiquem à vontade. Eu é que não vou tentar desmentir ninguém. É claro que hoje em dia há uma inversão de neurose. Sofro muita patrulha por causa dessa merda. Foda-se. Não escrevo pra agradar ninguém e não vou ficar posando de bom-moço.

Você cresceu na periferia de Londrina e desenvolveu grande parte de seu trabalho na cidade. Londrina teria algum papel, objetivo ou subjetivo, em sua arte?
Porra, é claro que sim. Sou do Jardim do Sol com o maior orgulho. Pra onde eu for, vou carregar Londrina comigo, quer ela queira ou não. Mas meus personagens, assim como eu, não são bairristas. Eles estão sempre se deslocando, em movimento. Eles saem de Londrina e caem na estrada. Talvez um dia eles voltem, mas antes eles vão andar por aí, vão ver qual é.

Revista Coyote *n. 2, inverno 2002*

Marcatti:
o bizarro método da podridão

Aqueles que conhecem o traço sujo e o universo escatológico de Marcatti podem jurar de pés juntos diante do diabo que ele tem um altar a Robert Crumb no quarto dos fundos da sua casa. Primeiro erro. Os personagens perdedores, as taras estranhas e os becos sórdidos de suas histórias, continuariam jurando, só podem ser influências de Charles Bukowski. Segundo erro. Marcatti, a mais bizarra referência dos quadrinhos *underground* brasileiros, detesta Crumb: acha suas histórias messiânicas demais. É mais chegado em Gilbert Shelton, Hunt Emerson e Wolinski. Também não gosta de Bukowski: prefere Ionesco, Sartre e Henry Miller. E quem imagina o quadrinista como um maluco de pedra acaba caindo de cara no terceiro erro.

Francisco de Assis Marcatti Jr. é um criador surpreendentemente disciplinado. Sistemático até. Desenha todos os dias pela manhã. Segue um curioso método racional para criar suas histórias, baseado em gráficos e esquemas matemáticos inspirados nos filmes comerciais americanos. E domina todas as etapas de criação e edição de histórias em quadrinhos, da impressão à comercialização dos gibis.

Ao lado de Angeli, Laerte, Luiz Gê e Lourenço Mutarelli, Marcatti é um dos monstros (no sentido literal) dos quadrinhos adultos brasileiros. De longe, o mais podreira. Suas *pin-ups*, prostitutas e donas de casa possuem invariáveis peitos enormes e vícios nojentos. Um pobre coitado tem uma hemorroida gigante (que acaba se tornando sua melhor amiga), outro aprecia banquetes de larvas e há aquele que se farta com sangue de menstruação. Mas se engana quem enxerga apenas molecagem nessas aberrações. Elas são pretextos para escancarar um lado esquisito, mas engraçado, desse animal chamado *Homo erectus*. Como escreveu o jornalista Jotabê Medeiros: "Marcatti é a podridão da comédia humana. A rejeição pública a seu trabalho esconde uma dose de ignorância: o sujeito é um dos mais geniais artistas de quadrinhos do país".

Em trinta anos de carreira, desde a primeira criação estampada na revista *Papagaio*, aos 15 anos de idade (1977), publicou mais de 150 histórias (o que soma algo em torno de 1.500 páginas) e cerca de quarenta revistas, a maioria impressa numa Rex-Rotary, *offset* dinamarquesa que comprou aos 18 anos de idade. São títulos como *Lodo*, *Mijo*, *Refugo*, *Prega*, *Ventosa*, que ele lançava pela própria editora Pro-C e vendia de mão em mão em portas de bares, teatros e cineclubes, ao longo dos anos 1980. Depois, seus quadrinhos ganharam cores, conquistaram editoras maiores e chegaram às bancas, através do gibi *Frauzio*, que atingiu tiragem de trinta mil exemplares, e livros mais robustos: *Restolhada* (2000), *Mariposa* (2005) e o recente *A relíquia*, adaptação do romance de Eça de Queirós. No meio do caminho ainda soltou do zoológico humano as patologias do antológico *Glaucomix*, em parceria com Glauco Mattoso, fez mais de uma dezena de capas de discos, entre eles *Brasil* e *Anarkophobia*, da banda *punk* Ratos de Porão, e faturou quatro prêmios HQ Mix.

Aos que conhecem os ambientes sujos de seus quadrinhos, habitados por moscas, larvas e criaturas pervertidas, mas desconhecem o *backstage* das ideias e opiniões do criador, esta entrevista pode ser surpreendente. Gravada em seu escritório no Tatuapé, Zona Leste de São Paulo, no dia 22 de abril de 2006 *(mas publicada só dois anos depois)*, a conversa revelou um artista metódico, consciente e bem informado.

Aos que não conhecem nem a obra, nem o autor, bem-vindos ao estranho mas engraçado mundo deste que já foi chamado de Georges Bataille dos quadrinhos nacionais.

* * *

Você começou a publicar muito cedo. A sua primeira história em quadrinhos saiu quando você estava com 15 anos. O que borbulhava na sua ca-

beça? **Você vem de uma família que tinha ligação com literatura ou com quadrinhos?**
Venho de uma família católica, só que meus pais eram ligados à ala progressista da Igreja, a ala do dom Paulo Evaristo Arns. Existia uma consciência um pouco mais avançada politicamente. Mas eu sempre fui alheio. Meu negócio sempre foi desenhar. Desde criança. Tenho histórias em quadrinhos guardadas de quando eu tinha 7 anos. Minha irmã, sim, era uma devoradora de livros. Ela sempre foi a mais intelectual de casa. Foi através dela que comecei a me ligar em Hermann Hesse, Jean-Paul Sartre. Moleque, eu lia essas coisas.

E quadrinhos?
Lia bastante. Aos 15 anos, o grande tesão era o Henfil. Adorava o Fradim. Mas meu sonho não era fazer histórias em quadrinhos profissionalmente. Era ser guitarrista de *rock*. Não levava os quadrinhos a sério.

Quando foi que você começou a desenhar a sério?
Foi com a publicação de uma história minha na revista *Papagaio*. Até então, minha cabeça estava no *rock*. Quando vi minha história publicada, aí pegou. O desenho impresso é outra coisa. Isso me estimulou.

Você chegou a comprar uma impressora *offset* para fazer suas próprias revistas. Como foi isso?
No final da década de (19)70 o clima já estava melhorando, abertura política, o pessoal que fazia publicações alternativas começou a ir pra grande imprensa. Toda a imprensa alternativa começou a sumir. Então eu pensava: como vou publicar minhas histórias? Quando peguei o tesão pelos quadrinhos, não tinha mais onde publicar. Quando completei 18 anos, peguei uma herança deixada pelo meu pai, que morreu quando eu tinha 11, e resolvi comprar minha impressora, pra fazer meus próprios gibis.

Você desenhava, imprimia e vendia? Tinha total autossuficiência?
Fazia tudo. Durante muitos anos virou minha profissão. Sempre fui muito metódico. Dormia de manhã, desenhava à tarde e à noite ia vender gibi. De terça a domingo ia para as portas dos cinemas, teatros e bares, principalmente do Bexiga.

Era uma coisa disciplinada?
Sempre fui muito disciplinado. Tenho uma meta de fazer três páginas por dia. Desenho sempre no mesmo horário. É até meio doente. Agora que tenho meu escritório, faço produção gráfica, e o meu horário para desenhar é pela manhã. Depois do almoço faço os trabalhos que me pagam as contas.

Você nunca conseguiu se manter só com quadrinhos?
A única época em que vivi de quadrinhos foi quando eu vendia de mão em mão. Mesmo já com quatro anos de casado, com filho, eu me sustentava com gibi. Mal e porcamente, né? Mas durante três, quatro anos, vivi disso. Minha esposa ia comigo. Parecíamos dois *hippies*.

Era outra época também. Havia a poesia marginal, poetas vendendo seus livros nas ruas, não é?
É. Inclusive um dos meus concorrentes era o Plínio Marcos. Era engraçado. Às vezes eu chegava pra vender e o Plínio Marcos brincava: "Sai daqui, moleque, você é muito feio, está espantando minha freguesia". Mas nunca tive um contato mais profundo com ele. É uma pena. Tenho vontade de um dia adaptar um livro dele para os quadrinhos.

A sua temática é bastante agressiva, mexe com temas tabu. Você é uma referência muito forte do quadrinho *underground*. Você se sente *underground* mesmo?
Se você pegar todas as minhas histórias, na ordem cronológica, vai perceber que houve uma quebra muito grande de temática, em determinado momento. De 1976 até mais ou menos 1986, todas as minhas histórias eram sempre pessimistas, tinham um tom derrotista. Inclusive não gosto daquela fase. Em 1986 houve uma mudança completa do desenho e das histórias. O humor veio de vez. Foi um momento muito importante. Foi quando senti que estava realmente fazendo quadrinhos. Antes eu só publicava.

A que você atribui essa ruptura? O que aconteceu?
Várias coisas. Tem uma pessoa muito importante nesse período que é o Vanderley Mendonça. É um poeta que começou a conviver muito com a gente. Ele queria fazer roteiro. Um cara muito culto e muito bem-humorado. Ele falava muito do Crumb. Eu nunca gostei muito do Crumb.

Você não gosta do Robert Crumb?
Não.

Por quê?
O Crumb é muito messiânico. Daquele tipo: eu sei a verdade, vocês não sabem nada, deixa eu explicar a vocês o que é o mundo. Ele acha que tem a verdade e tem a responsabilidade de falar para o leitor.

Caramba, eu pensava que você adorava o Crumb. Suas histórias têm a ver com o universo dele.
O desenho dele é maravilhoso. Mas o conteúdo é que me incomoda. Qualquer pessoa que trabalha com comunicação, com arte, precisa ter certo senso de responsabilidade. Não pode ser um cabeça de vento, que não tem nada a dizer, mas também não dá pra ser arrogante a ponto de pensar "Eu sou um formador de opinião, vou mudar o mundo". Isso eu acho demais.

Você se identifica mais com o Gilbert Shelton, com os *Freak brothers*?
Mais. Porque o Gilbert Shelton é um cara, talvez, que não se leve a sério. Ele acha que o que ele faz é nada. É humor, *gags*. Acho que ele está pouco se fodendo. Ele faz um humor leve. Mas como é um cara culto, o trabalho dele é rico. É excelente. Ele não se leva a sério, não se coloca no pedestal, essa coisa toda.

Desde o início você nunca curtiu Crumb?
Nunca. Gostava muito dos desenhos, mas as histórias eu achava lamentáveis. Bom, mas vamos voltar ao que estava falando sobre o meu amigo Vanderley. Ele me dizia: "Mas, pô, você faz igualzinho ao Crumb" *(risos)*. Até 1986 as minhas histórias eram basicamente isso. Ele dizia: "Você está fazendo a mesma porra". E durante esse período ele começou a me mostrar coisas de Eugène Ionesco. Ele falava que o legal era o nada. Foi quando fiz uma história completamente desprendida. Não tinha a preocupação de passar uma mensagem, porra nenhuma. Queria chutar o pau da barraca mesmo.

Que história é?
Liberô geral. Com essa eu chutei o pau da barraca. É engraçado porque a história anterior é completamente diferente, chama-se *Strike*, tem até uma

conotação política. E da noite pro dia virou completamente. *Liberô geral* é uma putaria brava. Todas as histórias a seguir vieram assim, sem preocupação de falar nada. Só uma tiração de sarro. Uma coisa meio irresponsável, uma puta diversão. O humor foi crescendo e partindo mais para uma coisa do relacionamento.

***Liberô geral* tem um formato que até parece aqueles gibis infantis, mas é uma história pesada, tem sexo em família de uma maneira escancarada, o pai come o filho, enquanto a mãe chupa a piroca do cachorro. É um humor...**
Barra-pesada.

Isso é intencional?
No começo foi deliberado. Pensava: vou fazer a escrotidão. Em determinado momento algumas pessoas vieram me cobrar. Sempre fui muito antenado nos comentários de pessoas que não são envolvidas com quadrinhos. Gosto de me autocriticar e ouvir pessoas que detestam o que eu faço. E teve uma moça que disse uma vez: "Sabe que isso é coisa de criança? Criança é que gosta de comer merda e achar graça. Gosta de comer meleca e ficar cutucando o próprio cu. Isso é infantil". Entendi isso como a falta de seriedade. É como se eu quisesse me afastar da escatologia e não conseguisse. Dali em diante comecei a pensar na história como um romance, ou novela. Hoje costumo dizer que sou um romancista. Ou que escrevo novela. E acontece que lá dentro a escatologia já não é mais o mote principal. Não é assim: ah, vou fazer a história de um cara que come bosta. Não, vou fazer uma história de um cara que conhece uma garota, casa com ela, e acontece um drama assim e assado. Só que o que envolve o drama é a escatologia. A história principal poderia ser feita como uma novela mexicana.

Mas esse tema familiar do *Liberô geral*, que aparece em outras histórias, é obviamente um tema que choca. Em *Não convide Aristides para o jantar*, o avô come a neta. No *Saudosa velhota*, o sobrinho transa com a tia Surubinha.
Ele fica triste porque comeu o cu da tia, lambuzou o pau de mel e as abelhas mataram a velha. Então, ele guarda a boceta dela no aquário.

Por que esses temas?
Sei lá, cara. Isso eu nunca soube responder. Mas repare: a gente está aqui falando dessas coisas e rindo. Porque é muito engraçado mesmo. É inimaginável. Muita gente me pergunta: de onde você tira essas coisas? Não sei. Acho que todo mundo tem isso. Uma coisa que eu não gosto é de lidar com a violência como a violência é. Essa coisa da agressão entre os personagens, da humilhação. Entre eles aquilo é natural. Comer merda, ou a larva do cu, ou a hemorroida gigantesca, isso faz parte do mundo deles. O que torna a coisa engraçada.

Comparando com *Bórgia*, do Alejandro Jodorowsky e do Manara, por exemplo, que enfoca os bastidores do Vaticano, com cenas de incesto, de poder e tal... aquilo é tremendamente pesado. Não é humor. É outra coisa. Você já trabalha com temas chocantes, mas são situações tão absurdas que acabam provocando o riso.
Não quero ser messiânico. Muitas pessoas já me falaram: seu trabalho lembra muito Nelson Rodrigues. Não gosto disso. Nelson Rodrigues é punitivo. Ele pune os personagens. Não lido com as minhas situações como se fossem um crime. Lido com naturalidade. Não tenho um tom grave sobre o assunto. O caso do *Bórgia* é diferente. É sério e é fato. E aí é grave. Nas minhas histórias, não. É o relacionamento humano. A convivência humana. Porque a gente é um animal social que ainda não sabe trabalhar com isso.

A escatologia é uma coisa que está muito identificada com o seu trabalho. Fala-se em Marcatti, a primeira coisa que vem à cabeça é escatologia. Isso incomoda?
Não. Ao contrário.

Mas seu trabalho para na escatologia?
Não, não para. Tem quadrinistas que estão começando, que têm influência do meu trabalho. Eles pensam pela escatologia. Começam a fazer uma história, falam de coisas nojentas. Não é como eu penso. Uso a escatologia como uma explicação da história principal, como uma parábola para falar de certas situações. A escatologia não é o mote principal.

Qual é o mote principal?
É o relacionamento. Antes de 1986, daquela fase em que houve uma ruptura

no meu trabalho, eu nutria um ódio imenso pela raça humana. Como se a melhor coisa que pudesse acontecer com o planeta fosse a extinção da raça humana. A partir de 1986 mudei completamente. Hoje tenho adoração por tudo o que é humano. Principalmente as cagadas. Sinto como se a humanidade estivesse na adolescência. Queremos ser homens, mas ainda somos crianças. E fazemos um monte de merda. Queremos ser sérios e somos um bando de loucos. O que é o certo? Qual o objetivo? Nirvana? Acho tudo uma grande baboseira. Somos o que somos. O que fazemos. Não o que queremos fazer.

Quando você trabalha com a escatologia de alguma forma está querendo nos lembrar da nossa condição animal?
Sim. O homem equilibrado, na visão da sociedade, é aquele que vai escondendo seus instintos. Tenta-se a todo custo criar uma identidade como ser racional. O que é uma grande besteira. Se a gente visse como as coisas funcionam por dentro, entenderíamos que somos animais como o gato, o cachorro. A gente é um bicho que pensa. E esse pensar é que é divertido. Esse dilema de estabelecer regras e metas é que cria toda essa coisa doente. O cara que acha que conseguiu alguma coisa provavelmente aniquilou todas as vontades, todos os desejos e todos os instintos. É um cara bem problemático.

Estamos vivendo numa época em que há um culto pelo vencedor. Existe toda uma mística de se qualificar e requalificar profissionalmente, de ser o fodão. Pode-se dizer que você tem simpatia pelos perdedores?
Não é simpatia. Eu vejo que os vencedores não existem. Eles são perdedores com uma excelente equipe de *marketing*. Eles sabem se vender como vencedores.

No quadrinho, você tem a imagem, o desenho, e tem um processo literário, de condução da história, de criar personagens, colocá-los em movimento. Você tem essa preocupação literária?
A forma como eu raciocino o desenvolvimento de uma história é literária. Hoje, até mais cinematográfica. Pra ser mais justo, hitchcockiana. Tem uma coisa que sempre me incomodou desde que comecei a fazer quadrinhos: a história da inspiração. Não acredito na inspiração. Tenho que produzir histórias a qualquer momento. Não tem essa de "hoje não estou inspirado". Tenho que trabalhar. Tenho que terminar uma história e começar outra, em qual-

quer circunstância. E só consigo fazer isso através de uma estrutura mecânica. É uma coisa que estudo muito, a forma mecânica, pra poder fazer uma história com toda a segurança.

O que você chama de mecânica?
Medição de tempo: quanto tempo uma cena vai se desenvolver dentro de uma história, se aquela cena merece destaque dentro do conjunto. Aprendi muito com aquela mecânica dos 15 minutos do cinema americano: a cada 15 minutos acontece uma coisa num filme americano. São pequenos picos, pequenas histórias, até que se leva a um ponto, e depois se conclui. Mas são sempre pequenas histórias. Se você pegar um filme bem comercial, botar no aparelho de DVD e ficar medindo o tempo, vai perceber: vai aparecer uma personagem feminina aos 15 minutos, aos 30 aparece um dilema, uma reversão nos 45. A mecânica da construção da história, pra mim, é assim. Como os personagens se cruzam, em que momento alguma coisa vai acontecer. É sistematizado.

Mas como você lida com a surpresa, o acaso, que são comuns no processo de criação artística?
Primeiro, não vou contar com um mote, nunca. Ah, tive uma ideia, vou contar uma história. Sempre bolo as histórias abrindo o dicionário. Abro o dicionário ao acaso, escolho uma palavra e faço uma história.

É um método, mesmo?
É um método. É doente. Mas eu preciso ter a gaveta cheia de originais.

Além dessa mecânica, que outras influências você tem do cinema? Quando está criando uma história, você pensa em enquadramento, sequências etc.?
Sim. Uma vantagem que o quadrinho tem sobre o cinema é o fato de poder mudar o tamanho da tela. Posso criar um quadro maior ou menor. Mas, no geral, tem muitas semelhanças com o cinema. O ângulo da cena, se vou visualizar de baixo ou de cima, se o fundo vai ser preto, se vai ser claro, se vou fazer cenário ou não, aquele *close*, aquela cena. Trabalho com a profundidade de campo também. É como se eu desfocasse o fundo porque quero um *close* ali. Aquela cena pede aquela expressão. Uma coisa que consegui fazer no

Mariposa é não usar mais aquele recurso que em quadrinhos chamamos de recordatórios: "no dia seguinte", "mais tarde". Aboli completamente. Estamos acostumados a ver cinema já há tantos anos que acabamos entendendo que houve uma quebra, um corte.

***Mariposa* é sua história mais longa (oitenta páginas). Em perspectiva, como você enxerga o aprimoramento do seu próprio trabalho? Em que estágio você está hoje?**
Estou caminhando para aquilo que sempre busquei: seriedade nos quadrinhos. Essa coisa de ser um trabalho autoral. E a coisa de contar histórias. Até o *Mariposa*, minha melhor história era *Creme de milho com bacon*. Porque é uma história que eu julgava muito bem contada. Quando saiu o *Mariposa*, gostei muito, mas hoje, relendo, acho que deveria ter umas cento e poucas páginas. Tem muitas cenas que eu poderia desenrolar melhor. Ainda estou meio frustrado com essa coisa de contar uma história. Essa é a minha busca: fazer uma história longa com fluência literária.

Você já chegou nesse ponto?
Nem perto. Sempre gostei de pensar dessa forma, de ter um objetivo absurdamente... delirante. Porque, no mínimo, acabo fazendo alguma coisa razoável. Se penso em fazer a coisa mais maravilhosa de todos os tempos, no mínimo vou fazer uma coisa interessante. Se me contentar em ser um mais ou menos, pode ser que fique bem pior do que isso. Pelas próprias limitações que tenho. Vivemos num tipo de estrutura social que não permite mais que a gente tenha os recursos que os grandes escritores, que os grandes pensadores tinham no passado.

Como assim?
O nosso tempo é outro. Hoje a gente trabalha com segundos. Outro dia eu estava lendo a história do relógio. Durante séculos o relógio tinha um ponteiro só. Ninguém se importava com minutos. Que horas são? 1h. Não tinha essa de 1h04. Estava perto do almoço, passou a hora do almoço, está perto da janta. Era o que interessava. O tempo da humanidade era outro. E isso influi na forma de fazer as coisas. O tempo de parar pra ler, pra contemplar, isso não existe mais. O tempo que a gente leva pensando hoje é muito menor do que no passado.

Você adaptou o *Manual do pedólatra amador*, do Glauco Mattoso. Como foi trabalhar com ele?
Muito legal. Na verdade, não foi uma adaptação minha. Foi a quatro mãos. Nós fizemos juntos o roteiro. Ele escolhia os trechos, o que ele queria publicar, fazia os esboços, e eu entrava mais com a mecânica, com a distribuição em cenas.

O Glauco é muito metódico, não é?
E extremamente visual. É impressionante.

Ele enxergava ainda?
Enxergava. De um olho. E bem mal. Mas a leitura dele é extremamente visual. O roteiro vinha praticamente pronto. A minha participação na construção do roteiro foi muito mais de *gags* ou de esticar uma cena ou diminuir outra. Comparando com o cinema, fui como um editor, um montador. O Glauco é um cara muito completo. É genial.

Você disse da sua ambição literária com o quadrinho. O trabalho com o Glauco teve um significado importante nesse sentido?
Acredito que essa minha aspiração veio muito da experiência com o Glauco. Ele é muito culto. Pra mim foi um choque lidar com a quantidade de informações e a capacidade intelectual dele. A experiência do *Glaucomix* foi a semente desse processo. Eu reconstruiria o *Glaucomix* hoje com, pelo menos, o dobro de páginas. Porque o livro original é intercalado com conceitos. Na adaptação para os quadrinhos, o Glauco achou melhor tirar essa parte conceitual, ficar só com os fatos. Hoje eu faria o contrário. Daria os fatos pra reforçar os conceitos. Outra coisa legal do *Glaucomix* é que a história final não está no livro. Se eu tivesse adaptado sozinho, teria sido fiel. O Glauco não foi fiel à obra dele. Ele reescreveu o livro em forma de quadrinhos. Isso pra mim foi uma lição. Você poder contar a mesma história de outra forma, com outra linguagem, aproveitando os recursos dessa nova linguagem.

Em suas entrevistas você sempre falou sobre a aspiração de viver de quadrinhos. E você nunca conseguiu. Você teve que desenvolver outros trabalhos, como *designer* gráfico, trabalhar com a imprensa sindical. Por que é tão difícil viver da própria criação?
É uma questão de mercado. O que acontece no Brasil é um problema muito

maior. Costuma-se dizer que o artista não é reconhecido. Isso não é bem verdade. Ninguém é reconhecido. O sujeito que trabalha de servente de pedreiro ganha uma merda, mas eu me julgo longe de ser capaz de fazer o que o cara faz. Ou por falta de força física ou por falta de conhecimento mesmo. O profissional brasileiro em qualquer setor não é valorizado. Incluindo quem trabalha com cultura. É verdade que existem caras muito bem pagos, milionários, essas duplas sertanejas etc.

Mas a música tem uma lógica particular. O artista faz *shows*. Vive mais dos *shows* do que da venda de discos. E também não são todos que conseguem. Porque tem o jabá do rádio, da TV. E hoje os artistas precisam vender cada vez mais. Um milhão de cópias. Caras como Caetano Veloso, Gilberto Gil, e muitos outros, passaram muitos anos vendendo vinte, trinta mil discos – vendem bem hoje – e conseguiram viver artisticamente do próprio trabalho.
Era um momento de construção de mercado. Pra mim mercado é uma coisa mais ampla. Mercado é público. No Brasil existe mercado e existe público para o que a gente faz. O que não tem é distribuição, é mecanismo industrial. Naquele momento, a indústria fonográfica não era tão poderosa. Hoje, é uma máquina de ganhar dinheiro. Que, por acaso, faz discos.

Essa impossibilidade de viver do próprio trabalho é frustrante? Ou você convive na boa?
Ao contrário. Não sei se por uma questão de sobrevivência, sobrevivência espiritual, é bom estar atuando em outra área, completamente diferente. Evito ao máximo usar meus desenhos no meu trabalho diário. Porque é uma forma de eu absorver outro tipo de informação, de sair do meu meio, de conviver com um universo de pessoas que nem leem quadrinhos, de conviver com um universo empresarial. Como indivíduo social, acho isso enriquecedor. É o que faz parte da vida da gente o tempo todo, o banco, a conta, ir na prefeitura resolver problema de imposto. Isso é muito produtivo também, são informações novas. Não é ficar sentado o dia inteiro desenhando e me fechar pro mundo. Isso é improdutivo.

No início da nossa conversa você falou uma coisa curiosa, tendo em vista as suas histórias. Você falou que era católico.
É, fui coroinha.

Era um leitor da Bíblia?
Sim. Catecismo, tudo *(risos)*. Li muito. Minha família é de católicos praticantes. Meus pais sempre foram envolvidos com a Igreja. Tenho argumentos de sobra pra ser um ateu convicto.

Revista Coyote *n. 16, verão de 2008*

Daiju:
um monge capixaba

Monge Daiju ("árvore grande", em japonês) mora no alto de uma montanha, no município de Ibiraçu, a sessenta quilômetros de Vitória do Espírito Santo. Todas as manhãs ele acorda antes do sol para simplesmente ficar em silêncio. Sentado diante de uma parede branca, em posição de lótus, espinha ereta, respiração abdominal, os dedos da mão esquerda pousados dentro da mão direita, polegares unidos formando uma concha num ponto um pouco abaixo do umbigo, Daiju estuda a si mesmo. "O zazen *(meditação)* é o estudo de si mesmo. Para estudar a si mesmo é preciso esquecer de si mesmo", diz.

O zazen é a espinha dorsal da vida cotidiana no Mosteiro Zen Morro da Vargem, o primeiro da América Latina, fundado em 1974, do qual Daiju é o responsável. Quatro vezes ao dia os monges e praticantes sentam-se em esteiras de palha de arroz diante da parede do zazendô (templo da meditação) e permanecem imóveis durante quarenta minutos, sem emitir uma única palavra. Teóricos diriam que se trata de uma via de acesso para chegar ao *satori* (iluminação), um conhecimento que está além do raciocínio lógico. Mas, na prática, a requintada postura corporal, transmitida de mestre para discípulo através de mais de dois milênios e meio, busca simplesmente favorecer uma respiração natural. "A respiração do bebê", como diriam os monges.

"No zen se diz que o mais difícil não é atingir a iluminação, mas esquecer a iluminação", afirma Daiju. "O zazen é uma prática, não é teoria. O mais importante é sentar e perceber o que acontece. A pessoa não vem aqui para rezar ao Buda. Ela vem para entrar em contato com a própria mente." Por isso, tudo no alto do morro é organizado para manter a mente concentradamente distraída ou distraidamente concentrada. Os minutos de meditação são marcados com varinhas de incenso. Sinos soam avisando o horário de despertar, de comer, de trabalhar e de descansar. O tempo tem cheiro e voz.

    Capixaba, nascido em 1954, Daiju viveu cinco anos nos mosteiros Zuiou-ji (construído há mais de setecentos anos em Niihama, ilha de Shikoku) e Eihei-ji (fundado por mestre Dogen em 1244, nos arredores de Fukui, aos pés do monte Daibutsu). Imerso na vivência zen, suas palavras inclinam-se mais para a linguagem poética do que para a dogmatização religiosa ou filosófica. A busca da resposta inesperada, da surpresa, que muitas vezes dá um nó no raciocínio lógico, transparece cristalina em vários trechos desta entrevista gravada no alto do morro da Vargem, numa generosa área de mata atlântica, no primeiro dia da primavera de 1989.

* * *

Em setembro de 1989 passei uma semana no Mosteiro Zen Morro da Vargem, com o fotógrafo Bernardo Magalhães. Na ocasião, fiz a primeira entrevista com o monge Daiju. Uma das coisas que me impressionaram, além do rigor da prática zen, foi o bom humor constante no mosteiro. Os monges haviam ganhado quarenta galinhas-d'angola e quatro gansos, um macho e três fêmeas. Num primeiro momento, ficaram bastante agradecidos. Porém, o presente virou um transtorno. As galinhas, cacarejando sem parar, inclusive durante a noite, estavam acabando com o silêncio do mosteiro. Restavam as gansas, com a promessa de suculentos ovos. Estavam todos na expectativa. Porém, os dias se passavam e nada. Até que descobriram que apenas uma delas era, de fato, fêmea. Muitas semanas depois, ela finalmente resolveu botar. Um único ovo. Um dos monges foi inspecionar o viveiro, como fazia todas as manhãs, e acabou pisando nele. O fato virou uma anedota no mosteiro.
Nos anos seguintes, eu passaria outras temporadas no morro da Vargem, a maior delas de quarenta dias. Numa dessas ocasiões, no verão de 1993, fiz a segunda entrevista.

* * *

O que é o zen?
É, o que é o zen?

É uma doutrina religiosa?
Religião, para o zen-budista, é o estudo de si mesmo. Para estudar-se a si mesmo é preciso ter um verdadeiro esquecimento de si mesmo. E para ter um esquecimento de si mesmo é preciso ser uno, integrado com tudo o que nos cerca. O mais importante é estar esquecido de si mesmo.

O zazen é a técnica utilizada para estudar-se a si mesmo?
O zazen é o início, meio e fim do zen. Mas o estudo de corpo e mente tem que estar em qualquer atividade do cotidiano. O zazen são só quarenta minutos diários de meditação. O dia tem 24 horas. Não é apenas o zazen que se faz sentado, em silêncio. É um zazen andando, correndo, mijando.

E através do zazen incessante tenta-se chegar à iluminação?
No budismo se diz que o mais importante não é conhecer a iluminação, mas esquecer a iluminação.

É necessário frequentar um templo para ser um zen-budista?
No budismo não se tem obrigação de ir ao templo. O templo está na própria pessoa.

Buda é considerado um santo?
Não existe idolatria ao Buda no budismo, como existe idolatria ao Cristo no cristianismo. Nós somos um Buda. Isso é que é importante.

Para o zen é mais importante lavar a tigela após o almoço do que procurar o Buda no templo?
O mais importante é procurar a tigela e lavar o Buda.

O discurso lógico não parece ser muito importante para o zen, não é?
A palavra tende a corromper os outros sentidos. O *koan (espécie de enigma*

proposto pelos mestres aos discípulos, para bloquear o intelectualismo e desenvolver a intuição) é uma maneira de igualar os outros sentidos ao nível da razão.

Adão foi expulso do Paraíso por cometer um erro. No zen existe o caminho certo e o caminho errado?
Quando alguém pergunta qual o caminho, o zen simplesmente responde: "caminhe".

Por que os monges usam a cabeça raspada?
Cabelo é como ignorância: cresce, a gente corta.

É uma atitude de humildade também?
Sim. É um desapego a qualquer tipo de vaidade.

A humildade parece ser uma atitude muito importante no zen.
Humildade é desapego. O desapego traz lucidez, sabedoria. Às vezes você não tem um carro e quer ter um. E sofre com isso. Nós vivemos muito tempo aqui no mosteiro sem ter um carro. Hoje temos uma Toyota e a usamos. Mas enquanto não a tivemos, ela não fez falta.

O desapego não pode gerar conformismo?
Pode-se correr esse risco. Mas religião é criação incessante. Não é estagnação. É uma mente de procura. O zen fala de uma mente incessante. Se você tem uma mente de criação incessante, não pode se conformar. O desapego é importante para não trazer ilusão. O conformismo pode ser também uma ilusão. Pode ser uma doença espiritual. Saúde espiritual é uma coisa viva, empolgante.

O Brasil está doente espiritualmente?
Acho que o Brasil vive uma crise de presente. Saúde espiritual inclui harmonia entre os tempos, o passado, o presente e o futuro. Vejo que o Brasil vive um excesso de presente. O presente exagerado cria interesses exagerados, cria muito individualismo. Quando não se tem uma compreensão desses três tempos, você não consegue entender a sua colocação dentro desse universo. Fica dentro de um buraco.

O mosteiro Morro da Vargem fica no alto de uma montanha, isolado do corre-corre do cotidiano. O isolamento é fundamental no treinamento do monge?
Os mosteiros geralmente estão em lugares mais retirados. Isso não é uma lei, mas é uma coisa mais ou menos natural. Mas a própria história do monge é de levar essa experiência, esse conhecimento, para o mundo comum. O conhecimento não é uma coisa que você adquire para você – adquire para todos os seres. Um dos símbolos do budismo é a flor de lótus. A flor de lótus é uma flor branca, linda, imaculada. E ela nasce dentro da lama. Não nasce dentro da água limpa.

Parece que o zen está sempre afirmando o humano. Na maioria das religiões ocidentais parece que o fato de ser humano é um erro, um motivo de extremo sofrimento.
O zen não faz distinção entre espírito e matéria, entre corpo e mente. Sem corpo não existe mente e sem mente não existe corpo.

E sem morte não existe vida? Só pode morrer quem está vivo?
Vida e morte são uma coisa única, o tempo todo. Não fico preocupado com o que vai ter na morte. A morte vai ter suas finalidades próprias. A vida tem seu passado, presente e futuro. A morte também.

Para o zen a vida é um milagre?
É.

E os milagres acontecem com frequência?
Os milagres são incessantes. Hoje mesmo aconteceram dois grandes milagres: a gansa botou um ovo e o Alexandre *(um dos praticantes residentes no mosteiro)* pisou em cima dele e o quebrou.

Folha de S.Paulo *(Caderno D'), 15 de outubro de 1989*

Monge Daiju e o tambor silencioso do zen

No início dos anos *(19)*70, o capixaba Cristiano Bitti era um jovem estudante brasileiro de medicina em Portugal. Em um dos períodos de férias, resolveu conhecer o Marrocos. Ao visitar um cemitério de Marrakech, deu de cara com um monge budista, morando em uma casinha minúscula. "Parecia uma casinha de cachorro, de tão pequena, ali, no meio dos túmulos", diz. O monge sentado em meditação causou-lhe enorme impacto. De volta a Portugal, começou a se interessar por alimentação natural, ioga e práticas de medicina "alternativa", como acupuntura e homeopatia. Pesquisando sobre o assunto, acabou deparando com livros sobre o zen.

Tudo aconteceu muito rapidamente. Ao retornar para o Brasil, sem concluir o curso de medicina, passou a ler tudo o que encontrava sobre zen-budismo. Logo percebeu que, se quisesse ir fundo, de fato, teria que praticar. Acabou viajando para São Paulo diversas vezes, onde fez os primeiros zazens no templo budista da rua São Joaquim, no bairro japonês da Liberdade. O interesse, cada vez maior, o levou a um centro zen no México, onde passou alguns meses.

Novamente de volta ao Brasil, visitou o mestre Shingu Sokan, em São Paulo, e conheceu outros jovens capixabas e mineiros. Juntos, fundaram o Mosteiro Morro da Vargem, no alto de uma montanha a sessenta quilômetros de Vitória, no Espírito Santo, em agosto de 1974. Alguns anos depois chegou o monge Tokuda, japonês, com mais experiência no treinamento zen. "Aqui tinha uma área de mata bastante devastada, ocupada com pasto e café. Não tinha telefone, luz, nem estrada. O acesso era muito difícil. Éramos muito novos e vivíamos em condições precárias. Várias pessoas passaram por aqui esses anos todos. Uns largaram a vida monástica", conta.

Cristiano levou o treinamento a sério. Em 1978 embarcou para o Japão, para se aprofundar na vida monástica, nos mosteiros de Eihei-ji e Zuiou-ji. Voltou cinco anos depois como monge Kogaku Daiju e assumiu a responsabilidade pelo Mosteiro Zen Morro da Vargem, onde continua vivendo.

Daiju me contou toda a história do seu envolvimento com o zen, da criação do mosteiro, do treinamento no Japão e do retorno ao Brasil, entre os dias 2 e 7 de janeiro de 1993. Foram cinco horas de gravação, uma hora por noite. Todo o material daria um pequeno livro à parte. Aqui, concentrei-me mais nos trechos sobre os conceitos do zen. Embora seja avesso a explicações, o monge generosamente falou sobre os princípios dessa prática e sobre o significado de muitos "pequenos rituais" que permeiam o cotidiano do mosteiro. Ainda assim, para mentes que buscam explicações lógicas em tudo, a conversa pode parecer, em alguns momentos, completamente sem sentido. Nada mais natural para um tipo de conhecimento que passa além, aquém ou ao largo da velha lógica ocidental. Afinal, já diziam os antigos mestres: "Se alguém pergunta o que é o zen e o outro responde, nenhum dos dois sabe o que está falando".

* * *

O zen fala em não ação. Vivendo no mosteiro alguns dias, a gente percebe que a vida aqui é bastante ativa. Onde está a não ação?
A não ação é quando você pode agir com a mente una. Não quer dizer não agir. O universo está sempre se movendo e a criação é uma coisa incessante. O próprio estado de zazen, que é aparentemente imóvel, é uma coisa com bastante movimento. Quando o zen fala em não agir, não é ficar parado, imóvel. Fosse assim, não haveria vida.

A não ação pode confundir as pessoas e levar à estagnação?
Estagnação não tem nada a ver com o zen. O zen é completamente dinâmi-

co, bastante criativo e uno com a realidade. Se a realidade está mudando, você tem que mudar também.

Existem três coisas que parecem essenciais dentro da rotina do mosteiro: o zazen, a alimentação e o trabalho. Elas estão no mesmo nível de importância?
Estão. Literalmente traduzido, *za* quer dizer "sentado" e *zen* vem de *dhiana*, que quer dizer "meditação". É o estado de meditar sentado. Mas esse estado de sentar não é simplesmente sentar com a perna cruzada. É como você levar para a vida cotidiana essa mente sentada. O trabalho dentro do zen é muito importante justamente porque vem dar um movimento a esse sentar. É muito importante que a pessoa consiga levar essa mente zen para a sua vida cotidiana. Senão, não existe zen. Não existe nada no mosteiro que não seja uma prática de meditação. O dia, no mosteiro, começa ao entardecer, e não pela manhã, como a gente normalmente acredita. O sono é uma prática de zazen. Existe um método para dormir.

Como é esse método?
Dorme-se com a postura de nirvana do Buda. Não é só dormir, se entregar, acabou o dia. Dentro do mosteiro essa é uma das práticas importantes de meditação.

O dia começa antes de se dormir?
O primeiro zazen é o zazen da noite, não é o da manhã. Durante toda a noite tem um tambor que fica tocando, simbolicamente. É o relógio do tambor. Enquanto não tem sol, o tambor está funcionando, está pulsando. Você está dormindo, mas tem o som, mesmo que você não esteja ouvindo. É o ritmo da prática. A prática atenta.

E a alimentação, qual é o papel dela na vida do mosteiro? Tem algum significado especial a porta da cozinha estar voltada para a porta do zazendô (*local onde se pratica a meditação*)?
São dois templos: o templo da cozinha e o templo da meditação. Um é o templo que alimenta a mente. O outro, o templo que alimenta o corpo. Como no budismo não existe mente sem corpo, nem corpo sem mente, esses dois templos estão no mesmo nível de importância.

O trabalho seria o movimento?
Justamente. No trabalho você está dinamizando corpo e mente na sua vida diária.

E a postura do zazen. Como é?
No budismo fala-se em mente correta, respiração correta, atitude correta, visão correta, paladar correto. O caminho para tudo isso é uma postura correta. É uma coisa prática. As pessoas às vezes gostam de uma coisa enfeitada, bem temperada. A meditação no budismo não tem nenhum adorno. É simples: sentar consigo mesmo, e as coisas naturalmente vão acontecendo dentro dessa concentração. O início é um pouco duro. Porque é como amansar um cavalo. Cada um de nós está acostumado a se mover o dia todo. Parar tudo de uma vez acaba sendo uma surpresa pra gente. Às vezes assusta.

Essa postura do zazen tem uma função prática, de levar a esse estado de meditação?
É, você precisa ter uma postura de olho, de boca, de mão, de ombro, de perna. Para haver menos dispersão. Mas, na verdade, o que mais importa na postura de zazen é a postura da coluna. Porque é daí que vem a postura de respiração. Se essa respiração for correta, o estado mental é um estado mental correto. A postura de lótus, entre todas, é a que dá uma base mais firme para a coluna. Com as pernas cruzadas você está bem enraizado. A coluna é como uma árvore: se ela tiver uma raiz boa, é uma árvore firme. Pode vir vento que ela está ali, firme, segura.

Qual é a importância do *kyosaku* (*bastão de madeira utilizado para dar fortes pancadas no ombro do praticante*) no zazen?
O *kyosaku* não tem nenhum sentido de punição. É completamente diferente disso. Ele tem um método, tem que ser batido num lugar certo. Não pode ser batido de qualquer jeito. A pessoa que recebe o *kyosaku* também precisa saber disso, o local em que ela vai receber, o ombro, como ela vai dar esse ombro. O *kyosaku* vem para ajudar. A pessoa que bate agradece. A pessoa que recebe também agradece. A pessoa que segura o *kyosaku* está, naquele momento, fazendo uma prática dura, que exige muita concentração. Tem uma postura para segurar o *kyosaku* que é bastante cansativa. A finalidade do *jiki-dô*, a pessoa que passa o *kyosaku*, não é sim-

plesmente bater. É corrigir uma postura, corrigir um queixo, corrigir um ombro. Às vezes você acha que está sentado certo e não está, está meio caído para a direita, está meio caído para a esquerda. O *jiki-dô* mantém essa atenção e, num certo sentido, mantém também certa tensão dentro da sala. Porque quando o *kyosaku* passa atrás de você, a sua prática fervilha, ela entra em ebulição *(risos)*.

O zazen é uma prática que se faz em silêncio. Por outro lado, os sons dos sinos são muito importantes, eles orientam a vida dentro do mosteiro. Esses sons dos sinos têm algum significado especial em relação ao silêncio do zazen?

Mas o som do sino é uma coisa silenciosa. Se o sino é bem tocado, a gente nunca ouve. Você só ouve quando ele é mal tocado. Essa é uma prática muito importante para o iniciante: como tirar o próprio som do sino.

Qual é a importância do sino dentro do mosteiro?

O sino é como o sangue, pulsando, que dá vida ao mosteiro. O mosteiro é um conjunto de órgãos, cada templo corresponde a um membro do corpo humano. Quando um sino soa num desses templos, chama os praticantes para aquele local. Como o sangue vai para o pulmão, vai para o pé, vai para a cabeça, o sino também vai dando vida a cada um desses órgãos. Sem o sino é muito difícil conceber um mosteiro.

Depois do zazen sempre há um sutra (*espécie de liturgia, com palavras curtas, num ritmo circular, cantado com voz grave*). Esses sutras têm função especial ao serem entoados após um período de quarenta minutos de silêncio?

Os sutras são mantras. Todos eles têm sons especiais. Temos evitado traduzir esses sutras que a gente canta, porque o que importa é o som. Os japoneses acham muito engraçado porque em inglês, português, francês, alemão, a gente pega um sutra desses e lê em dez minutos. Eles passam uma vida inteira estudando. Porque um ideograma tem milhares de significados, você pode ter milhares de interpretações. Em cada mestre, em cada monge, em cada experiência do dia, você lê esse sutra e o interpreta de uma forma diferente. O som do mantra é sempre o mesmo, mas o significado está sempre mudando.

E nesse caso importa muito saber o significado desses sons?
É o que importa menos. O que importa é estar recitando firme, recitando bem. O que importa no sutra é você cantar. No zen a gente fala que canta com a barriga (*hara*), não canta com a boca. Tem que cantar com o abdome, com uma respiração firme. Não é uma voz comum que você usa no dia a dia. Ela sai de um outro lugar mesmo. É como um punhal, você enfia até onde quiser. Não pode ter dúvida.

As reverências existentes nas cerimônias também fazem parte desse estudo de si mesmo que o zen fala? Ou tem um sentido de reverência ao Buda?
Pra fazer uma reverência benfeita, às vezes leva uma vida. Então, não pode perder tempo com o Buda. O *gashô* (*um dos tipos de reverências*) é de um requinte, é todo medido, tem toda uma postura milenar, toda uma concentração. É muito difícil em termos budistas você pensar em ajoelhar diante do Buda e ficar pedindo coisas. Isso não tem nada a ver. A cerimônia é uma coisa em que cada monge tem que estar completo em si. Se estiver desatento com a sua atitude, com a sua postura, ele não vai cumprir as suas funções.

Nas refeições, antes do monge ou do praticante tocar na comida, ele oferece um grãozinho para os espíritos famintos.
É de três a sete grãos.

Quem são esses espíritos famintos?
É um estado nosso mesmo de mente. Como no mosteiro não se pode ficar comendo fora de hora, quando chega nesse horário da refeição, você realmente está com fome. Então, os espíritos famintos, nesse caso, estão na sua plenitude *(risos)*. Primeiro oferece para eles. Depois o monge come.

Essas regras não parecem gratuitas. Elas fazem parte também do treinamento?
A função do treinamento é desenvolver esse estado de atenção o tempo todo. Por isso também o uso do *oryoki*, que é um conjunto de cinco tigelas, com as quais o monge vai comer a sua refeição. Existe um método, exige muita atenção, tem muitos detalhes. Tem o comportamento de comer, uma postura ao segurar essa tigela. Por isso a comida é uma coisa tão importante dentro do budismo. Porque é uma prática.

O banho também tem um método?
A sala de banho também é um templo. E, como um templo, ele é um lugar de prática espiritual. É o templo da limpeza do corpo e da mente.

E o gesto de raspar a cabeça, qual é o significado?
Primeiro, é a renúncia da vida comum. Mas tem vários significados. Um deles é que os monges e as monjas raspam a cabeça. Então, não tem homem nem mulher. As monjas, talvez só as roupas íntimas sejam diferentes. No Japão eu posso chegar e pegar a roupa emprestada de qualquer monja amiga. É o mesmo enxoval. Só calcinha e sutiã talvez, essas peças íntimas, que mudam. Olhando um monge ou uma monja de longe não tem diferença nenhuma. Não tem distinção entre homem e mulher dentro da prática. Outro aspecto importante: não tem monge mais novo nem monge mais velho; quando se raspa a cabeça, todo mundo se equipara.

Tem o sentido de desapego e humildade também?
É, desapego e humildade principalmente. Por último, talvez piolho *(risos)*. Uma comunidade com 1.500 monges, como tinha na China, poxa, se pegasse piolho, seria terrível. Você imagina isso coçando durante o zazen *(risos)*.

E por que a humildade e o desapego são tão importantes para o zen?
Acho que são importantes na vida de qualquer um. Se você aprende a renúncia, você pode ter tudo. A humildade é questão de espaço. Por isso o zazen leva à humildade imediata, porque é o espaço menor que um ser humano pode ter, consciente, com o olho aberto, acordado. Quer dizer, aquele espaço da sua postura, imóvel. Quando você tem isso, pode se satisfazer com qualquer coisa. Você pode comer um caviar e pode comer um pedacinho de pão de ontem com aquela mesma alegria. A humildade não está na renúncia, está na valorização das coisas.

Você falou em monges e monjas, disse que para o zen não existe mente sem corpo nem corpo sem mente, e eu quero fazer uma pergunta com relação ao sexo. Como o budismo encara esse assunto?
O budismo fala de mente correta, respiração correta, caminhar correto, sentar correto, e sexo deve ser sexo correto, né? *(risos)*

Mas o monge faz algum voto de celibato?
Existem dois tipos de monges: aquele que está recluso, na vida monástica, esse tem uma vida solteira, celibatária. E tem o monge de templo, aquele que desenvolve um trabalho junto à comunidade. No Japão, 90% desses monges de templo são casados. Isso não quer dizer que o monge de vida monástica não possa passar para a vida de templo. É só pedir desligamento do mosteiro e passar. Levando vida de monge de templo, ele pode ter uma casa particular, morar com a sua família, levar os filhos à escola, como qualquer pai de família. Agora, no mosteiro isso é impossível. É uma vida de comunidade. Não tem espaço para uma vida particular.

O fato de uma pessoa estar casada não é nenhum empecilho para se chegar a um estado de compreensão maior. Ou é?
Empecilho na espiritualidade, não. O que eu vejo são as dificuldades naturais. Eu, solteiro, posso me deslocar para qualquer lugar. Não tem nada que me impeça. Esse estado se chama *unsui*. *Un* quer dizer nuvem, *sui* quer dizer água. Como as nuvens, nunca tem forma, e como a água também. Um monge casado não pode nunca ser *unsui*. Nunca pode ser uma nuvem. Então, dificulta várias partes do treinamento. Se eu hoje quiser ir para o Nepal, passar dois anos lá, não tem nada que me impeça. Se eu fosse casado, já me impediria.

Mas isso não quer dizer que o monge não possa ter relações sexuais.
É, talvez não. Acho que pode acontecer, quem sabe? Não tem nada que impeça. O budismo não tem esse voto de castidade, tem um voto de treinamento. Se as coisas acontecerem dentro desse voto de treinamento... Mas o monge é uma pessoa como qualquer outra. Está sujeita a erros, a equívocos, que podem até mesmo aprimorar o treinamento.

Mas se não tem o certo e o errado, como pode ter o erro?
Então. Não erra nunca, né? *(risos)*

Uma coisa que a gente percebe também no zen é um constante bom humor. Ou isso é uma característica deste mosteiro?
O humor é o carro-chefe do zen. Senão, vai para aquele lado meio pálido a que a religião começa a levar, meio anêmico, desnutrido. A pessoa vai cain-

do naquele estado de anemia profunda, no final está subjugada. O humor te levanta, faz rasgar esse caminho difícil que é o caminho da prática religiosa. Sem humor não existiria o zen.

Você tem dois nomes: Daiju, nome de vida, e Kogaku, nome de morte. Como é isso?
Todo monge recebe esses dois nomes: um nome de vida e um nome que seria usado depois da morte. Mas, por enquanto, só posso tratar do nome de vida. Só atendo por esse nome, neste momento. Depois de morto, quem sabe, se alguém chamar Kogaku, eu grite *hay (risos)*.

O zazen é um dos pontos centrais do zen. O que se procura com o zazen?
No zazen se procura o autoconhecimento.

Procura-se estudar a si mesmo?
Estudar a si mesmo e esquecer a si mesmo. Quando se estuda a si mesmo verdadeiramente, se esquece de si mesmo. Com isso a gente pode encontrar essa unidade com a nossa vida.

O zazen se faz em silêncio. Por que o silêncio é tão valorizado pelo zen?
O zazen se faz o dia todo, em qualquer lugar, em qualquer situação. O zazen sentado é preferível que seja num lugar silencioso. Pra você ter uma concentração boa. Agora, o zazen verdadeiro você pode fazer dentro do metrô. No centro de São Paulo. Se não houver zazen na sua vida diária, não existe zazen.

Mas o silêncio não é uma coisa bastante valorizada pelo zen?
Silêncio é quietude. Mas o silêncio está dentro do cano de descarga de um caminhão. Tem que descobrir esse silêncio verdadeiro, que está em todas as partes. O silêncio que está na montanha é muito fácil.

Existe a noção de castigo no zen?
Não existe, não. A disciplina, o *kyosaku*, tudo aquilo que se faz no zen é para despertar a mente do praticante, trazê-la à realidade. A pessoa só está negligente quando ela está dispersa, desatenta. A mente zen é desenvolver uma mente de plena atenção. Por isso o *kyosaku*, às vezes a repreensão. Mas como castigo, isso não.

Mas o *kyosaku* tem esse sentido de repreensão por causa de um erro?
Não, pode ser até por um acerto. A pessoa pode apanhar até porque está sentada certa. Não tem esse critério do certo e do errado.

Então qual é o critério para se bater com o *kyosaku*?
É muito difícil, porque o lema é "usar à vontade, sem pensar". Quando você não pensa, quando só a vontade atua, como é que você vai explicar? Tudo o que eu falar agora eu estarei falando como pensamento. A vontade só ocorre na hora.

Essa disciplina rígida que existe no zen muitas vezes é confundida com as normas e regras de outras religiões, que se seguem cegamente. Essa disciplina existe exatamente por quê?
Pra trazer a liberdade. O treinamento zen é igual a um treinamento de bailarino. É um treinamento puxado, mas para trazer leveza nas posturas, na sua mente. Ele exige muito. Agora, duro, eu não sei. Se fosse uma coisa obrigatória, se a pessoa estivesse fazendo sem vontade própria...

Existe a ideia de pecado no zen?
Toda religião tem o lado da ética, da conduta. O zen fala de mente correta, postura correta, respiração correta, visão correta, audição correta, paladar correto; se preocupa com esse aspecto. A ação em si vai advir dessa situação. O zen evita colocar ao sujeito "isso está errado", "isto está certo". Muitas vezes, uma coisa aparentemente ruim, que aparentemente seria um pecado, é uma necessidade.

Pode-se aprender com isso?
É, pode-se aprender com o pecado. Bastante.

Em um dos sutras, pedem-se forças para salvar os outros seres. Como é isso? O zen tem a intenção de salvar as pessoas? As pessoas precisam ser salvas?
No budismo existe o voto do bodisatva. O voto do bodisatva é aquele que só entra em estado de nirvana quando todos os seres entrarem em nirvana. Não somos nós aqui na montanha, comendo arroz integral, respirando ar puro... Isso pode levar a um sentimento egoísta. Então, existe dentro dessa

prática diária essa renúncia por todos os seres. O monge verdadeiro pararia na porta e só entraria quando todos os seres tivessem capacidade de entrar. É um lado muito bonito. Não é uma procura individual.

O que é exatamente o estado de nirvana?
O nirvana é a morte do ego.

O ego é uma coisa muito valorizada na sociedade contemporânea. É preciso ter um ego grande para fazer sucesso. O zen busca justamente o contrário: a morte do ego. Por quê?
Nós também precisamos de muitas coisas. Precisa ter um caráter forte, uma mente firme, perseverante, de luta. Isso é necessário. Porque a pessoa pode achar que não precisa ter nada e cair na passividade. Agora, é bom quando se quer uma coisa maior, uma coisa que possa beneficiar um conjunto. Tem uma coisa no meio ambiente, que a gente reparou, que tem tudo a ver com o budismo. A floresta tem um teto, uma altura. E em cada lugar desponta uma árvore emergente, ela é maior do que as outras, ela se sobressai. Por que acontece isso? Porque a floresta acumula gases e ela empurra uma dessas árvores pra cima. Essa árvore, que é mais alta do que as outras, serve como respiradouro da floresta. Na vida também é assim. Algumas pessoas, às vezes, são empurradas a se sobressair, para que a floresta possa respirar. Não é ela que está se sobressaindo sozinha. É uma condição do meio. Isso é muito importante quando a gente entende essa relação. É interdependente. As árvores que estão em volta dependem dela. Ela depende das árvores que estão em volta. As coisas se beneficiam mutuamente. Quando ocorre essa relação de benefício, esse problema do ego vai sendo resolvido.

O zazen é uma das poucas disciplinas de meditação que se fazem com os olhos abertos. Por quê?
O zazen é uma forma de meditação não só com o olho aberto. Você tem que estar com o ouvido aberto, tem que estar consciente.

Fechar os olhos e tentar entrar em outras esferas não tem nada a ver com o zazen?
Não tem nada a ver. Zazen é uma coisa sem enfeite. É a realidade, do jeito que ela é. A quietude dessa realidade, a observação dessa realidade.

É uma meditação consciente?
Consciente.

Mas ao mesmo tempo não se diz, no zen, que a verdadeira pessoa brota do inconsciente?
Mas se você está observando quietamente esta realidade, as coisas afloram. Aquilo que você normalmente não tem tempo de ver vai aflorar dentro dessa observação. O Buda está dentro da gente. A questão é como revelar esse Buda. É você trabalhar para revelar essas coisas que estão dentro de você. A mente búdica está em todos os lugares. Com essa observação, você vai aflorar essa mente búdica.

O cão tem a mente búdica?
Com certeza. O gato também.

A gente está conversando aqui há um tempão. A essência do zen pode ser transmitida através de palavras?
O pior de tudo é que não. Acho que nós perdemos um grande tempo. Falamos em vão *(risos)*.

A Notícia *(Caderno Anexo), 16 de outubro de 1995*

Kaká Werá Jecupé: palavras de um Homem-Lua

Kaká Werá Jecupé é um caso raríssimo de escritor no Brasil. Índio tapuia, ou txucarramãe (guerreiro sem arma), como ele prefere, descendente dos ancestrais habitantes das terras "descobertas" pelos portugueses, ele resolveu romper o silêncio de cinco séculos e escrever a história vista pela ótica dos que habitavam o "Novo Mundo" há milhares de anos. O resultado é o livro poético-mitológico *A terra dos mil povos* (1998).

Nascido em 1964, na periferia sul de São Paulo, próximo de Parelheiros, onde há ainda uma aldeia guarani remanescente, Kaká estudou em escola pública, onde conheceu a história oficial do país, que jamais incluiu as culturas indígenas. Foi o estopim para o mergulho em suas próprias raízes (segundo ele, o pai é de origem kaiteté e a mãe, kaxixó, da região de Montes Claros, MG). Passou, então, a se envolver com os guarani[1] de Parelheiros e a peregrinar por várias aldeias, ouvindo dos índios mais velhos a memória viva dos ancestrais.

Cansado da visão oficial, que trata os indígenas como primitivos, Kaká mostra toda a riqueza cultural milenar desses povos e coloca o dedo na grande ferida da sociedade "civilizada": a ignorância.

---

1   Utilizei o nome dos povos no singular, seguindo a convenção adotada pelo próprio Kaká Werá e por muitos antropólogos. Segundo eles, o nome refere-se à nação indígena ("a nação Guarani", por exemplo), e o plural, nas línguas de origem, é designado oralmente de outra forma, muitas vezes com um prefixo.

* * *

Após a publicação desta entrevista, ouvi opiniões controversas de antropólogos e estudiosos. Alguns questionavam as origens indígenas de Kaká Werá Jecupé. Outros elogiavam seu trabalho, afirmando que ele tem importante contribuição para a difusão das culturas ancestrais. O fato é que a conversa a seguir, gravada no inverno de 1999, em São Paulo, poucos meses antes das comemorações dos quinhentos anos de Brasil, traz conhecimentos, informações e opiniões ainda bem pouco assimiladas pela sociedade brasileira.
Nos anos seguintes, Kaká publicou mais dois livros: Tupã Tenondé *(2001) e* As fabulosas fábulas de Iauaretê *(2007).*

* * *

Há um trecho em seu livro, *A terra dos mil povos*, em que você escreve: "De acordo com a nossa tradição, uma palavra pode proteger ou destruir uma pessoa. Uma palavra na boca é como uma flecha no arco". O que significa exatamente a palavra para o índio?
Para o tupy-guarani, "ser" e "linguagem" é uma coisa só. A palavra que designa "ser" é a mesma que designa "palavra": *ayvu*. Alma e som. A própria palavra *tupy* significa "som em pé". Nosso povo enxerga o ser como um tom de uma grande música cósmica, regida por um grande espírito criador, o qual chamamos de *Namandu-ru-etê*, ou Tupã, que significa "o som que se expande". É a partir daí que começa a relação do tupy-guarani com a palavra. Um dos nomes de "alma" é *neeng*, que também significa "fala". Um pajé é aquele que emite *neeng-porã*, aquele que emite belas palavras. Não no sentido de retórica. Não. O pajé é aquele que fala com o coração. Porque fala e alma é uma coisa só. Você é o que você fala. É por isso que os guarani-cayowá, por desilusão dessas relações com os brancos, preferem recolher sua palavra-alma: se matam enforcados *(como continua acontecendo em Dourados, em Mato Grosso do Sul)*. Porque a garganta é a morada do ser. Por aí você pode ver que a relação da linguagem com a cultura é muito profunda para o tupy-guarani.

Você diz também que o nome de uma pessoa é muito importante para a cultura indígena. Como se nomeia uma criança dentro dessa tradição?
Na tradição tupy-guarani existem sete nomes somente. Sete nomes universais. Todos os demais são reinvenções humanas. Esses sete nomes originais são nossos sete pais primeiros, nossos ancestrais. O humano herdou desses sete pais o dom de nomear, de continuar a criação. Esses seres primeiros, que os tupy-guarani chamam de *Nanderu*, são divindades. São elas que sustentam o movimento do mundo. Toda a nossa descendência humana vem desses nomes. Quando um ser é batizado espiritualmente, ele recebe o que seria equivalente ao sobrenome. O sobrenome norteia a sua linhagem. Daí a importância do nome. É o nome ao qual a sua alma está ligada. A sua ancestralidade espiritual.

Quais são as sete divindades às quais você se referiu?
Elas são conhecidas como Werá, Karaí, Jacairá, Tupã, que são os quatro que sustentam o mundo. Depois tem Namandu, Jasuká e Jeguaká, que são divindades que sustentam o espírito.

Cada pessoa do povo tupy-guarani pertence a uma dessas linhagens?
Sim. É muito comum ver, entre os guarani, pessoas chamadas Werá Popyguá, Werá Mirin, ou então Tupã Jeguaká, Tupã Poty, Karaí Poty. Sempre vão aparecer esses nomes.

Em seu livro percebe-se também o uso de palavras bastante substantivadas, como Homem-Lua, Mulher-Sol, Tribos-Pássaros. Por que isso?
Dentro dessas linhagens primordiais, que são estruturas de sustentação, existem os cruzamentos que foram feitos. Homem-Lua está ligado a um cruzamento de heranças, de dons herdados, de uma qualidade do homem com uma qualidade lunar, que gerou um temperamento, uma qualidade de Homem-Lua. São para definir esses entrecruzamentos que qualificam a estrutura de um ser.

Nesse caso específico de Homem-Lua, é interessante a inversão, porque o homem está normalmente associado ao Sol. E a mulher, à Lua.
A cultura tapuia acha que é o ideal da humanidade, o Homem-Lua e a Mulher-Sol. O ideal de um clã perfeito. Existem alguns seres que manifestaram essa qualidade.

Você se refere no livro aos sete tons primeiros, e o último é o silêncio. Levando-se em conta que a palavra é tão importante para os tupy-guarani, o que significa o silêncio?
O silêncio está em tudo. O tupy, esse "som em pé", se manifesta em três corpos: o corpo físico, um corpo que a gente chama de corpo de som, e um corpo que a gente chama de corpo de luz. Esse corpo de luz é representado na cultura através dos cocares, das cores. O corpo de som está ligado a duas qualidades de energia, que são o *katamiê* e o *wakmiê*, as polaridades feminina e masculina. Esse movimento do ser é equilibrado em sete tons ancestrais. Muitas danças servem para alinhar, afinar o instrumento que é a sua alma, que é esse corpo de som. Para a filosofia tupy, trata-se do corpo que liga o céu e a terra, a sua estada na matéria e a sua estada no espírito, por onde você tem as sensações, os sentimentos, as percepções. Esse corpo é movido por vibrações, é um corpo de som. Os cantos são entoados para equilibrar esse corpo. E o silêncio é o som dos sons. Tem esse sentido da essência do todo. Há sons que são ligados com a estrutura corporal física, outros que estão ligados à nossa estrutura corporal sensorial e à estrutura corporal mais sutil, que é o espírito. Aí entra o silêncio. A língua portuguesa reconhece cinco vogais. A língua tupy-guarani tem seis: *a, e, i, o, u* e *ÿ*, que é um som mais gutural. E o sétimo é o silêncio.

Aí não tem representação.
Não tem.

Existe uma dança específica para cada um desses tons, dessas vogais?
Não. A nossa expressão tem todos esses tons, como uma música. Agora, cada tom trabalha uma questão específica: *ÿ*, para nós, está ligado à terra, à vitalidade; *u*, à água, emoção; *o*, ao fogo, ânimo; *a*, ao coração, essa qualidade de atrair e expandir, com sentimento que flui; *e* está ligado à expressão; *i*, à percepção, intuição. Cada tom tem ligações com aspectos do ser. Os guarani dizem que nós temos um *nanderekó*, o nosso lugar no mundo. Esse *nanderekó* possui temperamentos. Esses temperamentos estão ligados a quatro sons, que estão ligados com quatro elementos, que manifestam o nosso humor: terra, água, fogo e ar. São esses quatro elementos que determinam um pouco a nossa personalidade. E tem sons que avivam o nosso eu interior: são como notas musicais. Na hora dos cantos, trabalham-se os aspectos que

precisam ser trabalhados. Nosso *nanderekó* tem uma qualidade que propicia uma harmonia. Essa harmonia é manifestada pelo nosso espírito, pela nossa linguagem, pelo nosso ser interno. Os cantos e as danças manifestam essa harmonia, afinam, alinham o nosso estar no mundo.

Nesse estar no mundo, o sonho parece algo muito importante para grande parte das culturas indígenas. O que é o sonho?
O sonho é o momento em que nós estamos despidos desse *nanderekó*, dessa estrutura racional de pensar. Estamos no puro estado de espírito, no *awá*, no ser integral. É um momento em que a gente entra em conexão com a nossa realidade mais profunda. Por isso, o sonho é vital. Ele faz essa ligação com o nosso eu verdadeiro. Porque esse *nanderekó* nos deixa com uma percepção muito limitada das coisas da vida. Dentro do estado de sonho, você entra em conexão com o todo e com esse eu maior que você é. No sonho o seu espírito literalmente viaja e pode ser direcionado para onde quiser ou para o momento que quiser. Claro que isso exige um treinamento, como aprender a falar.

Quem é o responsável por esse treinamento nas tribos?
Normalmente um sábio. Cada mestre tem o seu modo de ensinar. De maneira geral, os ensinamentos dizem respeito a você se preparar para ter os seus sonhos consciente. Todo o sistema consiste em educar a sua mente racional para que ela perceba que não é a senhora do seu corpo, mas um instrumento do seu espírito sonhador, do seu espírito livre. A concepção de sonho para um índio não é a concepção de uma coisa irreal e impalpável. No sonho você vai trazer a multidimensionalidade do mundo. A doutrina que educa para o sonho consiste em você perceber as camadas de dimensões que é o mundo e orientar esse lado mais racional a estar consciente dessas outras dimensões. Um sábio te prepara para fazer essas trajetórias de voos conscientemente.

Você controla o seu sonho?
Não controla, mas o seu lado consciente pode direcionar o seu sonho. Por exemplo: você está precisando dar uma mensagem a alguém que está a trezentos quilômetros dali. Você pode orientar você mesmo, através dessa sua razão, e dizer "eu vou viajar agora no meu sono e dar o recado assim para Fulano de Tal". E aí, a pessoa lá vai receber.

Ela vai estar sonhando também?
Vai.

Através dos sonhos a tribo acaba recebendo sinais de como agir em determinadas situações?
É.

O pajé é o grande responsável por sonhar esses sonhos?
Não.

Uma criança pode ter um sonho que indique caminhos para a tribo?
Pode. Entre alguns povos existe uma coisa que se faz pela manhã, que se chama "roda do sonho". Eles reúnem cinquenta pessoas, fazem uma roda e começam a contar os sonhos. E aquele sonho vai dando uma direção para o cotidiano ou, às vezes, dá uma mudança de rumo na aldeia. Às vezes pode surgir um sonho em que aparecem sinais assim: "Olha, vocês têm que mudar de aldeia já". Uma sequência de sonhos que indique isso. É claro que tem sempre aquele que é o que sabe ler o sonho. Entre o povo krahô, que é um povo muito celebrativo, tem uma pessoa que é o sonhador da tribo. Se está tendo uma reunião, uma dança em volta do fogo, ele deita com a cabeça voltada para a fogueira e dorme. Depois ele narra o sonho, no dia seguinte. Os povos lidam com o sonho dessa maneira, tendo como princípio essa relação do sonho como um momento de liberdade do espírito, quando o espírito vê tudo por todos os ângulos.

Você diz em seu livro que houve um momento em que as nações indígenas se dividiram em três tradições: a tradição do Sol, da Lua e do Sonho, à qual pertenciam os tapuia. Isso quer dizer que os tapuia se tornaram mais sonhadores?
Nem mais, nem menos. Os tupy desenvolveram toda uma filosofia e uma ética que partem da palavra, do som. A palavra-alma é o eixo. Isso norteia toda a vida espacial, a forma das ocas. Os tupy influenciaram muitos outros povos no Brasil há milênios. É um povo expansivo, um povo mais Sol. Teve também um povo mais contemplativo, mais Lua, embora a tradição do sonho também tenha um caráter mais contemplativo, mas tem um povo que deixou isso mais marcado, na arte, os marajoara, os tapajó. Deixaram

fragmentos, toda uma prática cultural. E o povo que não deixou nenhum sistema filosófico, nenhum sistema numa arte definida, mas que tem uma força de expressão muito grande, é justamente o povo tapuia, os xavante, krahô. São povos mais nômades. Não deixaram nenhum sistema de agricultura, mas um sistema fundado na liberdade e na relação com o espírito e com a terra, através do sonho. Não que só tenha feito isso. Como os xavante, que são remanescentes da macro-jê. É um povo que tem uma identidade cultural muito forte. É um povo que se fundamenta pelo sonho.

A escrita foi sempre determinante no contar a história. Você se refere, no seu livro, a uma espécie de escrita indígena grafada nas cestarias, nos desenhos. Essa é a grafia indígena?
A escrita que é considerada pelo ocidental diz respeito a um tempo linear, presente, passado, futuro, a que a civilização está presa. A escrita que os povos indígenas deixaram, e que se manifesta até hoje, está ligada a outra frequência da realidade, que é muito mais simbólica. Os povos indígenas têm a sua escrita, mas ela é inacessível a essa frequência que a civilização reconhece como escrita. Essa escrita se manifesta no corpo, através das pinturas corporais, se manifesta nas cestarias, nas cerâmicas. Tem um livro que a *(antropóloga)* Lux Vidal organizou chamado *Grafismo indígena*. Esse livro dá uma ideia da riqueza dessa escrita nativa.

Você falou da relação da escrita com o tempo, que a escrita do branco diz respeito a um tempo linear. Como é a relação dos povos indígenas com o tempo?
Tive a oportunidade de viver dentro da sociedade urbana, vivi uma parte da minha vida dentro de uma comunidade guarani, e pequenos espaços da minha vida entre os kamaiurá, krahô, xavante. Uma coisa que determina o tempo para o povo krahô, por exemplo, é a passagem da chuva para o verão, ou a passagem do dia para a noite. O povo nunca esteve preocupado em quebrar essa passagem. Por viver tão integralmente esse movimento, é como se o tempo fosse um eterno hoje. Mesmo nascendo criança, ficando adulto, tornando-se velho. Cada ciclo é vivenciado com seus ritos de passagem. É viver o agora. Tem a festa da castanha, a festa do pequi, da mandioca. Tem esses ritmos na aldeia colocando na cultura uma melodia. Eles vivem aquela melodia e tudo é um grande hoje. O tempo da civilização é muito tenso.

Na sua ótica, a "descoberta" do Brasil foi mesmo uma descoberta ou uma invasão?
Desencontro. Desencontro que provocou e continua provocando situações gravíssimas, chacinas. A realidade indígena atual não é fácil. Ainda hoje, em grandes áreas do país, é na base do tiro, de expulsões, conflitos com fazendeiros, mineradores. Os interesses que provocam essas ações continuam sendo os mesmos: interesses econômicos. Hoje tem um elemento a mais que são essas megainstituições da ciência, da química, das indústrias farmacêuticas, que estão praticando a biopirataria, roubando todo um conhecimento ancestral que os povos indígenas detêm a respeito de ervas medicinais. Existem também as missões religiosas que causam profundo desequilíbrio. O povo guarani é profundamente religioso. Se você corta a estrutura religiosa natural do povo, com o pretexto de que eles não são religiosos, isso acaba com o povo.

E qual é a raiz principal desse desencontro?
A semente desse desencontro está numa sociedade que tem na sua estrutura de cultura a questão do *ter*. Encontrou uma cultura, aqui, voltada para o *ser*. Esse foi o ponto crucial do desencontro. Uma sociedade que se volta para o *ter* gerou visões que ainda hoje estão presentes nas condutas, na divisão de classes, nas ideologias. Por trás de tudo está essa visão do *ter*, do acúmulo de bens. Essas duas visões diferentes geraram as dificuldades dessas culturas em se encontrarem. O tupy não estava preocupado em delimitar território. O próprio nome diz: tupy, um "som de pé", um ser. O xavante se autodenomia *awen*, que significa "gente". Aí chega um povo que se diz português. E o que é o português? Um povo que vive num determinado território, que é dono daquele território, e quer se expandir para outros lugares. Ou o francês. Essas duas visões muito diferentes provocaram essa dificuldade das culturas de se encontrarem.

Os europeus chegam trazendo o "progresso" e veem os que estavam aqui como primitivos. Como você pensa essa relação: civilizado x primitivo?
Para quem fundamenta a sua vida e a sua cultura no *ter*, a noção de progresso consiste em ver ao seu redor o maior acúmulo de bens materiais. Quando encontra uma civilização que não está norteada pelo *ter*, acha que ela é inferior. A noção de progresso do povo indígena, especialmente do povo tupy-

-guarani, consiste em respeitar o princípio de que as coisas existem para serem transformadas e recriadas pelo homem. Esse é o nosso dom, o dom de criar. E essas coisas criadas podem ser trocadas. Esse é um fundamento, para que o nosso dom de criar continue se manifestando. Os outros fundamentos dizem que quatro coisas não podem ser trocadas, nem vendidas: o sol, o ar, a terra e a água. Progresso, para nós, é você desenvolver a sua capacidade criativa, a sua expressão no mundo. Isso se manifesta na forma de lidar com o espaço e com a natureza na forma de celebração. O progresso desse povo estava dentro dessa lei.

São duas maneiras bem diferentes se encarar o "progresso"?
Sim. O desenvolvimento da ciência e da sabedoria dos povos indígenas se deu através dessa percepção interior, do desenvolvimento celebrativo através das danças, dos cantos, das pinturas corporais, da relação harmônica com a natureza. Nós tínhamos o nosso progresso. Esse é um ponto que precisa ser muito bem colocado para se perceber o tamanho do abismo que provocou esse desencontro.

Noções de riqueza material não faziam muito sentido para os povos nativos?
Veja: quando os espanhóis chegaram, encontraram três grandes civilizações, os incas, os maias e os astecas. Eles tinham monumentos, pirâmides, engenharia hidráulica. Eles procuravam andar com essas duas essências juntas: o *ter* e o *ser*. Quando os espanhóis chegaram, perguntaram para os maias se conheciam algum povo rico. Eles disseram que havia um povo muito rico além das montanhas: os incas. Mas os maias estavam dizendo que os incas eram ricos porque eles tinham a maior variedade de milhos e a melhor tecnologia de plantio de milho em situações inóspitas. Quando os espanhóis chegaram lá, viram a arte toda tecida em ouro. Mas o ouro não era a riqueza dos incas. Não era a isso a que os maias estavam se referindo. Estavam falando da tecnologia de agricultura, essa sabedoria, essa ciência. A noção de riqueza dos povos que estavam aqui era muito diferente da dos europeus. Então, havia progresso aqui, que foi solapado, e a noção de progresso a gente tem que reconsiderar para poder verdadeiramente respeitar a civilização que estava aqui. É preciso que a civilização olhe para os índios com menos prepotência, até para perceber por que a civilização está entrando em colapso.

Por que a civilização está entrando em colapso?
A civilização não está entrando em colapso porque a bolsa de valores cai, sobe. Tudo isso é blefe. A sociedade hoje vive do blefe dessas pessoas que lidam com mercado futuro. Como é que pode uma economia se basear no blefe? Que progresso é esse? A economia do povo inca se baseava na capacidade de lidar com o inverno e com a esterilidade da terra, sem passar dificuldade, sem que isso onerasse e fosse transformado em miséria para a população. Isso era riqueza. A riqueza da sociedade civilizada está fundada no blefe. Isso que a sociedade chama de progresso chegou num nível de tamanha cegueira que não percebe o quanto ela vive de autoengano.

Uma cegueira em relação a valores mais profundos da existência?
É. Isso para um tupy-guarani é terrível. Para o tupy-guarani, a palavra tem espírito. E na sociedade civilizada as pessoas vivem de palavras sem espírito. Não têm força, não têm verdade. E é isso que é chamado de progresso. Uma economia que se funda na falação de um monte de gente que fica igual uns loucos, gritando, na bolsa de valores, aí cai o dólar. Isso mexe com a vida de milhões de pessoas. Quem sofre as consequências, na verdade, é o cidadão. Aquele que efetivamente constrói, que planta, que propicia a estrutura para aquele povo estar ali discutindo leis, discutindo estratégias de desenvolvimento. Mexe com este que efetivamente lida com a realidade. Essas duas noções de progresso têm que ficar claras. Quando ficar clara essa visão, vai ser possível a gente promover um encontro cultural.

Como poderia ter sido esse encontro?
Poderia ter havido um desenvolvimento de ambos os povos, sem que isso representasse a quebra da essência cultural dos povos. Um encontro baseado no respeito, na verdadeira integração, no intercâmbio. Hoje em dia existem lideranças indígenas que fizeram sua antropofagia cultural: souberam entrar em contato com a civilização branca e souberam fortalecer sua cultura ancestral. São os exemplos de como poderia ter sido o contato. Poderia ter havido um amadurecimento tanto da cultura nativa quanto da cultura que veio pra cá. Isso não ocorreu. A cultura ocidental até hoje pratica valores que são de um tempo que já se concluiu. Essa coisa da conquista, da expansão, de ter que acumular terras e bens. Não digo que isso seja uma visão da civilização em geral, não. É a visão de meia dúzia. Não

diz respeito mais à realidade de hoje. Isso é totalmente retrógrado. Primitivo. Não evoluído.

Você está preparando um encontro de entidades indígenas, através do projeto Arapoti. Qual é a ideia desse encontro?
Arapoti significa "renascimento". A morte do nosso parente Pataxó, em Brasília, queimado por garotos brancos, me levou a pensar na juventude brasileira. (*Refere-se ao índio pataxó Galdino Jesus dos Santos, que morreu queimado por rapazes de classe média alta enquanto cochilava num ponto de ônibus, em 1997.*) A que ponto chegou essa civilização, que gera uma juventude que tem essa atitude? Fiquei muito preocupado. Então, pensei em fazer um encontro de tribos, trazer as nossas cerimônias e interagir com a juventude, porque ela está precisando, ela está manifestando a doença da civilização.

E o que significa esse projeto com a juventude dos brancos?
É um projeto de descatequização da ignorância. Quem tem a relação com o respeito humano são as culturas indígenas. As culturas indígenas têm muitas ferramentas que educam o ser. Esse encontro está sendo nomeado como "Um rito de passagem para uma nova tribo humana". O grande problema da juventude, que fez chegar nessa monstruosidade, é que ela perdeu o contato consigo mesma, com seus ritos internos, com as passagens, com os ciclos. Os povos indígenas marcam esses ciclos através de ritos, cerimônias, num processo de educação fundado nas mitologias. A sociedade não tem isso, e a juventude fica sem saber o que ela é e sem responsabilidade por nada.

Como você vê essa questão da integração? Existem algumas tribos que estão no meio da selva. Como ficam essas tribos? Você acha que se deve deixá-las lá, vivendo em paz. Como se resolve isso?
Atualmente, no Brasil, existem cerca de 350 mil índios, 206 etnias, 180 línguas. Dessas nações todas, 70% estão nos limites da civilização, vivendo nas periferias das cidades. A maioria perdeu bastante suas tradições. Todo o meu projeto é no sentido de valorizar, respeitar nossas raízes, recuperar a autoestima desses povos. Meu projeto é voltado para esses povos. Porque os povos que estão no Xingu, na Amazônia, enquanto estiverem numa situa-

ção ecologicamente equilibrada, preservada, eles são os nossos professores de ancestralidade. Devem ficar lá, se quiserem. Os que devem ser educados são os agressores dessa cultura. É preciso sensibilizá-los para que percebam a besteira que estão fazendo. Os fazendeiros, os garimpeiros, as mineradoras. Esses organismos é que devem ser educados. Isso compete à cultura da sociedade, investir nessa sensibilização. Porque os povos indígenas são patrimônios vivos da humanidade.

Em quinhentos anos de colonização, com o desaparecimento de centenas de etnias, qual foi o patrimônio que o Brasil perdeu?
O maior patrimônio que o Brasil perdeu é o patrimônio da sabedoria. Muitos desses povos desenvolveram sistemas de relações com o meio ambiente, com a medicina, que hoje em dia são os aspectos mais relevantes e procurados no mundo, como o desenvolvimento autossustentado, a psicologia profunda, coisas que essa sabedoria já tinha e que não foi absorvida, aproveitada. A biomedicina, a fitoterapia, a medicina natural. A economia, que eu chamo eco-nomia, fundada na interação com o ciclo local, com as relações locais daquele povo. Coisas que estão sendo lembradas agora e que já existiam em abundância aqui. Veja o povo japonês, que o mundo reconhece como uma nação tecnológica, rica, mas que não abre mão da sua ancestralidade. Na sua arte, nas vestimentas, na sua expressão filosófica. E o brasileiro tem vergonha. Não sabe da sua própria cultura. Tem todo um modelo insistindo no imaginário que vê o índio como um pobre coitado, que não desenvolveu *shopping center*, que não tem progresso. Há ainda a possibilidade da sociedade atual rever as suas raízes, ter a percepção desse patrimônio.

Perceber a nossa própria riqueza?
Claro. Esse negócio de separar Primeiro Mundo, Segundo Mundo, Terceiro Mundo, isso não é uma verdade. Com essa riqueza de flora, de fauna, de povo, você acha que o Brasil é um país pobre? Jamais. Nós somos uma grande nação. Não tem esse negócio de Terceiro Mundo. É mais um blefe, e eu não sei por que a sociedade acredita nele. Eu ando pelas serras, florestas, cerrados, trabalho diretamente com a natureza, com o povo indígena, com o povo da roça. Não tem ninguém mais rico do que a gente. Também já andei muito fora do Brasil. Falam de Nova York. Nunca vi lugar mais fúnebre! Aquela coisa sempre escura, saindo fumaça debaixo do chão. Chamam

aquilo de Capital do Mundo. Se aquilo ali for modelo de civilização, realmente a gente está muito longe. Mas eu acho que não é nem para eles mesmos. Tem uma angústia dentro deles. Os americanos queriam saber o que é a cultura indígena. Senti neles uma necessidade de resgatar alguma coisa que realmente fizesse sentido para o interior daquelas pessoas, que as fizesse lembrar quem elas são. O homem não é filho daquela fumaça fúnebre que fica saindo pelos bueiros. Ele é filho da terra. A essência humana nasceu nas águas, na montanha, na árvore, nos animais. Não está na megalópole.

Revista IstoÉ, *21 de julho de 1999*

FONTES: DANTE E UNIVERS | PAPEL: PÓLEN SOFT 90g/m
DATA: 04/2012 | TIRAGEM: 3.000
IMPRESSÃO: LEOGRAF